국제통상학의 이해

Global Business and Trade

이정세 · 손상기

정독
DEEP READING

머리말

한국경제에서 대외무역이 차지하는 비중은 여전히 높다. 1960년대 계획적으로 경제개발을 시작한 이후 산업화에 필요한 자본과 자원은 절대적으로 부족한 상황이었지만 수출을 통한 경제성장은 지금까지 이어져 오고 있다. 그 결과 오늘날 교역규모가 세계 10위권 이내의 수준을 유지하고 있으며, 무역은 한국경제의 성장을 견인하고 있는 동력으로 작용하고 있다.

돌이켜 보면 한국이 상대적으로 부족한 자본과 자원의 열악한 조건을 메울 수 있는 것은 오로지 우수한 인력의 양성이었다. 그동안 대학은 무역전문인력을 배출하는 교육기관으로서 중요한 역할을 담당하였다. 무역과 관련한 인재 육성을 위해 1960년대부터 '무역학과'를 설립하여 전문인력을 양성해 왔을 뿐만 아니라 무역학의 학문적 체계를 정립하기 위해 부단히 노력해왔다.

무역학은 학문적으로 밀접한 관련성이 있는 경제학이나 경영학과 비교해 독립된 학문으로서 인정받는 데 많은 난관이 있었다. 학문적 체계를 수립하기 위해 인접 학문인 경제학, 경영학 그리고 법학의 필요한 논리와 이론을 빌려 활용하지 않을 수 없었다. 그런 이유로 최근까지도 무역학의 체계는 전공자의 기초학문의 성향에 따라 다양한 시각이 존재한다. 학문 분야의 명칭 또한 1990년대 들어서 무역학을 '국제통상학'으로 병용하거나 혼용하여 사용하고 있다. 물론 무역과 국제통상이라는 개념의 차이에 대해 이견이 있고 개념의 차이를 전제로 차별적으로 사용하기도 한다.

일부 개념의 차이에도 불구하고 무역학 혹은 국제통상학의 연구 분야는 세 분야로 나눌 수 있다. 첫째는 국제교역의 기본원리와 무역정책의 효과 등에 대해 경제학 이론을 바탕으로 설명하고자 국제무역이론 분야, 둘째는 국제기업의 경영관리 활동에 대해 경영학을 확장해서 적용한 국제경영 분야, 셋째는 국제기업의 상거래 실무를 체계적으로 정리한 국제상학실무 분야이다.

그러므로 지금까지 무역학 혹은 국제통상학에 대한 입문서는 세 분야의 내용을 포괄하고 있다. 집필자에 따라 분야별로 다루는 내용의 비중이 다양하게 나타나기도 한다. 세부 분야별 내용을 빠짐없이 수록하고 있어서 지식에 대한 정보가 충실하다는 것은 장점일 수 있으나 입문서로서 각 세부 분야는 이론적 배경을 달리함으로써 분야별 새로운 용어를 익히고 배운다는 것은 쉬운 일이 아니다. 그러다 보니 입문서로서 서술 관점(point of view)의 일관성을 놓치기 쉽다.

가령 국제무역이론 분야에서는 국가차원의 거시적 시각에서 논의되고 설명해야 하고, 국제경영 및 국제상학실무 부문은 기업차원의 미시적 시각으로 접근하게 된다. 어떤 분야이든 입문서는 분명한 시각과 관점을 가지고 서술의 일관성을 유지하는 것이 혼란을 최소화할 수 있을 것이다.

따라서 본서는 세계화(globalization)와 정보통신 기술을 배경으로 발전하고 있는 전자무역과 국경간 전자상거래(cross-border e-commerce) 환경 속에서 활동하고 있는 국제기업의 시각에서 내용을 구성하였으며, 독자들의 이해에 도움이 될 수 있도록 가능한 많은 관련 사례를 제시하였다. 이 책은 4부 15장으로 다음과 같이 구성하였다.

제1부 국제통상의 기초원리에서는 국제통상의 개념, 세계화에 따른 국제통상환경의 변화, 산업화의 진전과 글로벌시장에 대해 먼저 다루고 난 후 이러한 현상을 설명하는 국제통상 및 무역이론을 소개하였다.

제2부는 국제통상정책과 국제통화제도에서는 국제통상정책의 기본방방향과 정책의 수단과 효과, 한 국가의 통상정책에 지대한 영향을 미치는 자유무역협정(FTA)과 경제통합 문제, 국제거래를 원활하게 수행하기 위한 국제통화제도, 국제통화의 사용과 관련하여 필연적으로 부딪히는 외환시장과 환율, 환율의 결정요인, 환율변동이 기업활동에 미치는 영향, 외환시장과 밀접한 관련성을 갖는 글로벌 금융시장을 다루었다.

제3부는 글로벌 비즈니스에서는 글로벌 비즈니스를 수행하는 기업의 형태와 국제거래 대상의 특성에 따라 결정되는 해외진출방식을 먼저 소개하고, 전자무역을 바탕으로 이행되고 있는 무역거래의 탐색과 계약체결과 무역계약 이행의 실무과정, 그리고 전자상거래와 온라인무역을 소개하였다.

제4부는 글로벌경영에서는 글로벌기업 활동의 핵심 관리영역으로서 해외투자의 재원관리, 글로벌공급사슬 관리, 글로벌마케팅 관리를 중심으로 오늘날 글로벌기업이 안고 있는 경영관리의 과제와 전망을 다루었다.

끝으로, 이 책이 국제통상학에 관심을 가지고 입문하는 모든 이들에게 좋은 길잡이가 되길 바라며, 책의 내용 중 미흡하거나 잘못된 부분은 전적으로 저자들의 천학비재로 인한 것임을 밝혀 두고자 한다. 무엇보다 책의 출판을 기꺼이 허락해 주시고 편집을 위해 애써주신 도서출판 정독의 임직원 여러분께 진심으로 감사드린다.

2021년 8월 31일

이정세 · 손상기

차 례

PART 1
국제통상의 기초원리

PART 2

국제통상정책과 국제통화제도

Chapter 05 국제통상정책의 기본방향과 수단

International Trade Policy

PART 3

글로벌 비즈니스

Chapter 09 글로벌기업의 해외시장 진출

Entry Modes of International Market

Chapter 10 무역거래의 탐색과 계약체결

Establishing of International Trade Contract

PART 4

글로벌기업의 경영관리

Chapter 13 글로벌기업의 투자와 재원관리
Foreign Direct Investment and Financial Management

Chapter 14 글로벌기업의 공급사슬관리
Global Supply Chain Management of Global Enterprise

P / A / R / T

01

국제통상의 기초원리

Chapter 1

국제통상학, 무엇을 어떻게 할 것인가?

Scope of International Trade & Management

제 1 절 무역과 국제통상의 개념

제 2 절 국제통상학의 연구영역

제 3 절 국제통상학의 연구방향

모든 배움의 시작은 관심이다. 배우고자 하는 것에 대해 무엇을 알고 싶고, 현재 내가 모르는 것이 무엇인지 먼저 관심을 가지고 스스로 깨닫는 것이 우선이다. 알고 싶어 하는 것이 무엇인지도 모르고, 내가 무엇을 모르는지도 모른 채 배움을 시작하는 것은 무모하다. 알고 싶어 하는 것에 대한 갈망이 배움의 시작이어야 한다.

사회과학은 정치, 경제, 사회 등 사회현상에 대해 가설을 세우고, 관찰과 조사, 그리고 분석을 통해 가설을 검증하여 특정 현상의 인과관계(cause & effect)를 밝히는 학문이다. 끊임없는 탐구와 연구 활동의 결과, 진리를 발견하고 지식에 대한 체계를 세우면서 그것을 실제 사회에 적용하고자 하는 것이다. 즉 다양한 차원의 연구를 통해 어떤 사회현상이 왜 일어났는지를 기술하고 설명(describe & explain)할 수 있게 되고, 나아가 축적된 연구를 바탕으로 앞으로 일어날 현상을 예측(predict)하는 것은 물론 궁극적으로 바람직한 방향으로 사회현상을 통제(control)하는데 그 의의가 있다. 그러므로 사회과학의 한 분야로서 국제통상학은 사회현상 중 국제통상이라는 현상을 대상으로 연구하는 분야이다.

따라서 이번 장에서 다음과 같은 주제를 다루고자 한다.

첫째, 현재 학계나 업계에서 별 구분 없이 사용하고 있는 무역과 통상에 대한 개념을 논한다.

둘째, 국제통상학의 학문적 계보와 연구영역을 설명한다.

셋째, 향후 국제통상학이 관심을 가지고 중점적으로 연구할 분야와 방향을 제시한다.

무역과 국제통상의 개념

제 1 절

1. 국제무역

일반적으로 무역(international trade)은 한 나라의 상품을 다른 나라에 매매 혹은 교환하는 활동을 의미한다. 한 나라의 상품을 다른 나라에 판매하는 것을 수출(export)이라 하고 다른 국가로부터 상품을 구매하는 활동을 수입(import)이라고 한다. 무역이라는 단어 속에는 단순히 매매와 교환이라는 뜻을 내포하고 있지만, 무역을 용어로 쓸 때 국내에서 사고파는 행위는 이에 포함하지 않는 것이 일반적이다. 실제 무역은 당연히 국가와 국가 사이에 수출입 활동으로 받아들이고 있다. 일례로 우리 주위 어떤 사람이 수출입을 하는 회사에서 일한다고 할 때 무역회사에 다닌다고 하지 굳이 국제무역회사에 다닌다고 하지 않는다. 하지만 상황에 따라 국제무역이란 용어를 쓰기도 한다. 우리나라와 외국이라는 주관적 입장을 떠나 상품이 국제적으로 매매되고 교환되는 현상을 객관적인 개념[1]으로 볼 때 사용된다. 즉 제3자의 시각에서 국가와 국가 사이의 수출입과 관련된 상거래 행위와 관계를 나타낼 때 적절한 표현이다. 어떤 학자나 국제기구에서 무역 현상을 언급할 때 단순히 최근 국제무역의 동향이 어떠하다고 하는 것이 자연스러운 표현이라고 할 수 있을 것이다.

그러면 국제무역은 왜 발생하며, 매매와 교환의 대상이 되는 것은 무엇일까? 국제무역의 발생 원인에 대해서는 추후 별도로 자세하게 논의하겠지만 우선 간단히 설명하기로 한다. 상거래 활동으로서 지리적 범위가 한정된 국내를 벗어나 먼 지역과 물품을 사고팔게 된 것은 먼 옛날부터 있어 왔는데 처음 물품의 교환행위는 순전히 주어진 자연적 조건의 차이에서 기인했을 것이다. 자연환경에 따라 자신이 거주하는 지역 내에서 구할 수 없는 물품이 있었을 것이고, 그것을 비교적 거리가 멀리 떨어진 다른 지역에서 구할 수 있다면 천릿길을 마다하지 않고 교환을 시도했을 것이다. 국제무역이 본격화되는 초기에는 비단, 도자기, 향신료, 담배, 설탕 등이 주로 거래된 품목인데, 이와 같은 물품은 주로 자연환경의 특성에 따라 특정 지역에서 집중적으로 생산되는 것들이다. 향신료와 설탕은 인도를 비롯한 동남아 지역, 담배는 아메리카대륙, 비단과 도자기는 중국에서 집중적으로 생산되었으므로 생산지의 지역적 편향성이 국제무역을 촉진하는 이유였다. 물론 근대에 들어서면 일부 국가에서 산업화가 먼저 진행되었고, 이때부터는 경제·사회적 조건의 차이, 즉 제품을 만드는데 들어가는 생산비의 차이에 따라 국가마다 생산에 유리한 특정 물품을 전문적으로 생산하는 특화(specialization)가 이루어지면서 자연스럽게 국제분업체제가 확립되었다. 이러한 국제분업의 확대는 국가들 사이에 생산비 차이를 더욱 극대화하는 효과를 만들었고, 이로써 국제무역이 더욱 촉진되는 계기가 되었다.

국제무역의 규모가 커지면서 동시에 거래의 대상물 또한 더 다양해졌다. 산업혁명을 계기로 공업화가 진행되었고, 정보혁명 시대를 거치면서 다종다양한 물품이 생산되고 거래되고 있다. 산업이 발전하면서 거래의 대상물의 유형과 종류는 계속 늘어나게 된 것이다. 현재 세계시장에서 거래되고 있는 것들을 크게 나누면 먼저 유형의 상품(visible goods)과 무형의 기술과 서비스(invisible technology & service), 각종 지식재산권, 그리고 전자적 형태의 무체물(electronic intangible goods)을 들 수 있다. 아울러 최근에는 거래에 수반되는 동시에 거래를 촉진하는 역할을 하는 자본거래를 무시할 수 없게 되었다.

유형의 상품은 개인 소비자, 기업 그리고 정부가 필요로 하는 각종 공산품과 농·축산물, 이들의 생산을 뒷받침하는 원유나 철광석과 같은 원료와 원자재 등이 있다. 무형의 기술과 서비스는 물질적인 것이 아닌 무형의 서비스를 말하는데, 일례로 상업, 운수, 통신, 보험, 관광, 선전과 광고, 공연, 가사, 숙박, 경영 자문 등이 있으며, 기술은 특정 물질의 제조기술, 제조공정, 생산과정의 노하우(know-how) 등이 있다. 정보혁명이 진행되고 있는 오늘날에는 과거에 상상하지 못했던 음원, 영상, 컴퓨터 소프트웨어, 캐릭터, 방송 포맷 등과 같은 전자적 형태의 무체물이 활발하게 거래되면서 대규모 시장을 형성하고 있다.

한편 오늘날 무역의 확대를 위한 필수조건은 국경을 초월한 투자(no investment, no trade)이다.[2)] 국제거래를 촉진하기 위해 해외 현지에 관련 기업에 투자하거나 직접 공장을 설립한다. 해외투자에 필요한 금융조달이 이루어지면서 자본거래가 활발하게 이루어지면서 국제금융시장이 그 어느 때보다 발전되었다.

지금까지 설명한 것을 바탕으로 국제무역을 정의하면 국제무역은 국경을 초월하여 특정 재화와 서비스, 전자적 형태의 무체물은 물론 필요한 자본을 효용의 가치가 적은 곳에서 높은 곳으로 이전시킴으로써 거래대상의 경제적 가치를 증대시키는 활동이라고 할 수 있다.[3)]

2. 국제통상

무역은 주로 상품, 서비스, 지식재산권 등을 국가 간에 거래하는 것을 의미하는 것으로 오랫동안 받아들여 왔으나, 주지한 바와 같이 무역을 확대하고 지속하기 위해 해외투자가 함께 이루어지면서 필요한 자본과 노동이 국경을 넘어 빈번하게 이동하게 되었다. 그러면서 이와 관련된 국가 혹은 국제적 차원에서 법과 제도는 물론 무역과 관련성이 있는 사회, 정치, 외교와 같은 비경제적 활동을 포괄적으로 다룰 수 있는 적절한 용어로서 국제통상(international commerce)이라는 용어가 자주 사용되기 시작하였다.

실제, 상거래 중심의 무역 거래는 [그림 1-1]에 보는 바와 같이 복잡하고 다양한 요인들의 작용 속에서 이루어지는 것이 현실이다.

세계시장은 실질적으로 기업과 소비자들의 거래가 이루어지면서 형성되는

[그림 1-1] 국제통상이 이루어지는 환경

시장이고, 필요에 따라서 시장을 규제하고 통제하려는 국가와 연관이 있는 국제 조직이 관여하게 된다. 즉 국제무역은 거래에 참여하는 글로벌기업의 경영전략과 지구촌 소비자의 수요패턴과 취향, 특정 산업의 기술 발전 등의 작용으로 이루어지지만, 그 이외에도 기업들끼리 사적 거래에 개입하는 국가의 무역 관련 법규와 세계무역기구(WTO)와 같은 조직의 규범, 국가 간 조약 등이 거래에 직접 영향을 미친다.

한편 2008년 글로벌 금융위기의 경험에서 보듯이 시시각각 금리와 환율의 변화에 민감하게 반응하는 국가와 글로벌기업의 대응은 글로벌 금융시장에 의해 실물거래 시장이 얼마나 결정적인 영향을 받는지 너무나 잘 보여주었다. 때로는 경제외적 상황도 무시할 수 없다. 돌발적으로 발생하는 전쟁이나 환경변화, 코로나와 같은 전염병이 전 세계로 확산하는 팬데믹이 일어날 때 국제무역이 어떠한 영향을 받는지 현재 우리는 경험하고 있다.

따라서 국제통상은 무역거래 활동 그 자체를 포함하여 국제무역의 환경요인으로 무역을 가능하게 하는 모든 시스템을 총칭한다고 정의할 수 있다. 즉 무역 거래에 직·간접적으로 연관된 상품, 수출입행위, 정책, 외교, 제도, 협상, 환경, 지정학적 배경, 언어, 기호, 소비 습관, 사회간접자본, 물류 등의 활동까지도 포함한다.[4] 예를 들어, 무역 거래와 관련하여 국가가 주도적으로 관여하여 상호 간 또는 다자간 협상과 협력을 통하여 국가 사이의 각종 경제교류에 영향을 미치는 제약요인과 촉진요인을 포괄한다.

요컨대, 국제통상은 유형의 상품을 국제적으로 사고파는 교역뿐만 아니라 기술과 지식재산권, 서비스, 국제투자, 노동과 자본이동 등의 교환을 포함하며,

최근 국제통상의 주요 이슈

2020년 우리의 관심을 불러일으킨 국제통상의 주요 이슈들은 일본의 수출규제로 인한 **한-일 간의 외교와 통상 분야의 갈등, 미국과 중국의 외교와 무역전쟁, 환율전쟁, 전염병 코로나(COVID-19)로 인한 각국의 보호무역 강화**에 따른 글로벌경제의 침체를 대표적으로 꼽을 수 있다.

국가 사이의 관계, 국제규범과 질서와 같은 법률적 제도 등을 조정하고 확립하는 것과 관련된 포괄적인 활동이다.

3. 무역과 국제통상의 개념에 대한 다양한 견해

(1) 일반적 구분

국제무역과 국제통상은 기본적으로 명확히 구분하여 사용하기도 하지만 그렇지 못한 경우도 흔히 있다. 용어를 구분할 때 사용하는 기준은 거래대상의 범위, 활동의 범위와 한계, 거래의 기간 등이 활용된다.[5)]

거래대상의 범위를 기준으로 살펴보면 국가 사이에 일어나는 상품, 서비스, 지식재산권 등의 거래에 한정할 때 국제무역이라는 용어를 주로 사용하는 반면 국제통상은 상품, 서비스, 지식재산권을 포함한 자본, 노동 등 여러 가지를 함께 거래하는 경우에 사용된다.[6)]

활동의 범위와 한계라는 측면에서 보면 국제무역은 직접적인 경제활동이고 국제통상은 간접적인 경제활동을 포함하는 것으로 받아들이기도 한다. 직접적인 경제활동이란 무역을 하는 개인이나 기업이 주로 '상품' 거래를 의미하는 것으로 한정하여 사용하며, 간접적인 경제활동이란 상품을 포함해 정치, 경제, 사회적 상황까지 포함한 포괄적인 거래를 포함하는 개념으로 받아들인다. 그래서 국제무역은 전통적이고 일상적인 표현이며, 국제통상은 법과 제도적 측면을 강조한 전문적 표현으로 사용한다. 국제무역이라는 용어는 예전부터 사용해왔고 일반인들도 흔히 사용하는 용어이다. 하지만 국제통상은 현재 법과 제도를 고려해 전문적인 용어로 받아들이는 경향이 있다. 또한, 한 국가와 다른 국가 사이의 경제활동을 포함하는 용어라는 것이다. 즉 통상조약이라는 말은 있지만, 무역조약이라는 말은 잘 사용하지 않는 것처럼 통상조약은 국가 사이에 무역과 교류 등의 경제교섭을 하면서 필요한 대우를 약속하는 광범위한 국제적 계약으로서 의미를 갖는다.

거래 기간을 기준으로 판단하면 국제무역은 주로 단기적 거래의 특성을 나타내고, 국제통상은 중장기적 교역의 특성을 의미하기도 한다. 실제 국제통상은 거시적인 거래를 뜻하는 단어로써 중장기적인 거래를 의미할 때가 많다.

요컨대, 국제무역과 국제통상은 크게 구분하지 않고 혼용하는 경우가 많지만, 국제무역은 일반적이고 보편적으로 사용하는 데 반해, 국제통상은 법과 제도적 측면이 강조되고 현대무역에 영향을 미치는 여러 가지 요인들을 포괄하는 의미로 사용되고 있는 것이 현실이다.

(2) 영역에 따른 구분

무역과 국제통상의 차이에 대한 또 다른 주장으로 국제거래에 수반되는 활동에 관한 관심을 사적 영역(private sector)을 대상으로 하는가 아니면 국가 혹은 국제기구 차원의 공적 영역(public sector)을 대상으로 하는가에 따라 견해가 갈리기도 한다.[7)]

사적 영역(private sector)을 대상으로 하는 견해는 국가들 사이의 상거래를 포함하는 경제교류 활동이라는 공통의 관심에도 불구하고, 무역은 개인 혹은 기업과 같은 개별 경제주체가 더 합리적 경제생활을 추구하기 위해 국경을 넘어 다른 국가의 경제주체들과 상품, 서비스 그리고 생산요소를 교환하는 사적 경제활동이 주된 관심 분야로 취급한다. 관련된 세부교과목으로 무역실무, 전자무역, 무역 결제, 무역 물류와 운송, 무역보험, 무역 계약, 외환거래, 국제경영, 국제경영전략, 국제마케팅 등이 있다.

이에 비해 국제통상은 국가란 주권 단위가 국가들 사이의 경제교류에 작용하는 제약요인을 강화하거나, 줄이고 제거함으로써 경제활동을 조정하고자 하는 분야로 보는 공적 영역(public sector)의 관점이다. 즉 공적 혹은 공공의 이익을 확보하고자 국가나 국제기구 차원에서 하는 활동과 관련된 공적 영역을 주로 다루게 된다. 주된 관심 영역으로서 국제통상과 관련된 규범과 규칙, 국제통상외교, 국제법, 국제외교협상, 국제정치경제학 등이 있다.

요컨대, 무역은 개인과 기업 차원에서 일어나는 국제상거래의 사적 활동을 의미하고, 국제통상은 무역과 관련하여 국가와 국제적 차원의 지원, 장려 그리고 규제와 같은 공적 영역의 활동을 의미하는 것으로 정리할 수 있다.

그러나 유념해야 하는 것은 개념의 차원에서 명백히 구분하고 있는 것과는 달리 현실에서는 때때로 이 양자를 혼용해서 사용하고 있고, 상황에 따라서 엄격하게 구분하지 않는 경우가 흔하다는 사실이다. 가령, 국가의 무역 규모라든가 특정 국가의 무역 규제, 특정 산업의 통상절차 등과 같은 용례에서 보듯이 혼용하고 있는 현실을 인정할 수밖에 없다.

국제통상학의 연구영역

제 2 절

학문은 연구의 대상에 따라 분류한다. 학문은 인간과 세계를 연구대상으로 하는 철학(philosophy)으로부터 분화되면서 자연을 연구대상으로 하는 물리학, 화학, 생물학, 지구과학과 같은 자연과학(natural science), 산업의 밑바탕이 되는 기계, 전자, 전기, 통신, 건축, 토목 등 각종 과학 기술을 연구하는 공학(engineering science), 문학, 역사, 철학으로 묶을 수 있는 인문과학(cultural science or humanities), 경제, 정치, 외교, 행정, 경영, 국제통상과 같은 사회현상을 연구대상으로 하는 사회과학(social science) 분야 등으로 구분한다. 결국, 국제통상학은 사회현상을 다루는 분야 중 하나이며, 사회과학의 한 분야이다.

1. 무역학과 국제통상학의 출현

무역에 관한 이론과 실무에 관한 연구를 바탕으로 무역학으로 정립된 것은 오래되지 않았다. 학문적 체계를 세워서 연구하기 시작한 것은 우리나라가 각 대학에 무역학과가 설치되기 시작한 1960년 전후의 일이었다.

1960년대에 들어서서 경제의 개발계획과 정책이 구체적으로 입안되어 무역을 통한 경제성장이 국가의 경제 목표로 추구되면서 무역에 관한 연구가 본격화되었다. 1962년부터 경제개발계획이 추진되면서 국내 여러 대학에 무역학과가 설치되었고, 무역의 진흥을 위해 정부와 공공기관, 관련 민간단체의 설립이 가속화되었다. 정부의 경제 관련 부처와 기존의 한국무역협회, 대한상공회의소를 비롯한 대한무역진흥공사, 한국경제개발협회, 한국경제개발연구소, 한국무역연구소 등이 설립되어 무역에 관한 연구를 본격적으로 시작하였다. 그 결과 1960년대 초반 무역학이나 한국무역에 관한 연구가 활성화되어 많은 연구저작물이 발표되었다.

1970년대에 들어서서 무역이론과 정책, 무역전략, 그리고 무역실무와 법규, 외환과 관련된 세부적인 연구가 진행되었다. 특히, 1971년에 설립된 한국개발연구원(KDI)과 1977년에 창설된 산업연구원(창설 당시는 국제경제연구원) 등은 경제·무역에 관한 종합적인 전문연구기관으로서 많은 연구자료와 학술지를 펴내어 한국 무역학의 발전에 크게 이바지하였다.

무역학은 1970년대 이후 비교적 단시일에 많은 연구가 이루어지면서 급속히 발전되어 왔지만, 1990년대부터 변곡점을 맞이하게 된다. 즉 급격한 세계화의 진행과 세계무역기구(WTO)의 출범, 그리고 21세기 지식기반사회로의 전환으로 무역 관련 문제가 복잡성을 띠면서 다차원적인 접근이 필요하게 되었다. 이때부터 이러한 현상을 포괄할 수 있는 국제통상이라는 용어를 자연스럽게 사용하게 되었다. 예를 들어, '각국 정부의 적극적인 세계화 정책과 일부 국가의 신보호무역주의의 정책으로 통상압력이 증대되는 동시에 국제통상 마찰이 빈번하게 발생하고 있다'라는 식의 표현이다. 이에 더해 글로벌기업은 급변하는 통상환경에 적응하기 위해 해외투자를 증대시키고, 인터넷과 같은 정보통신기술의 상업적 응용 등 거래양식을 획기적으로 변화하였다. 이러한 통상환경의 극적 변화를 반영하여 체계적 연구와 국제통상 전문인력의 양성을 목적으로 많은 대학이 무역학과를 국제통상학과로 개명하거나 전환하여 설치하게 되었다.[8)]

2. 국제통상학의 연구영역

국제통상학은 응용학문으로서 경제학, 경영학, 통계학, 법학과 같은 인접 학문은 물론 수학, 심리학 등 다양한 학문이 연구에 활용되면서 학제적 접근(interdisciplinary approach)을 통해 정립해 나가고 있다.

학계의 일치된 견해는 아니지만, 국제통상학의 연구영역을 나누면 일반적으로 다음과 같다.

(1) 국제경제

국제경제 분야는 경제학을 기반으로 국가 단위의 차원에서 국가 사이에 무역의 원인, 무역으로부터 얻는 이익, 교역조건의 결정원리 그리고 무역이 국가경제의 발전에 어떤 영향을 미치는지에 관한 문제를 주로 다룬다. 또한, 국가가 활용할 수 있는 통상정책의 수단과 효과, 국제규칙과 규범 등은 물론 거시적 차원에서 국제금융시장과 외환시장의 운영원리, 통상정책과의 관련성을 연구하는 분야이다. 관련 교과목으로 국제무역이론, 외환론, 국제금융론, 국제통상정책론, 국제수지론 등이 있다.

(2) 국제경영

국제경영 분야는 경영학을 기반으로 글로벌기업이 국제 활동을 하면서 효과적으로 대응하고 경영하는데 필요한 국제경영, 국제경영전략, 국제마케팅, 국제재무, 글로벌 공급사슬, 국제유통 및 물류 관리 등을 연구하는 분야이다.

[그림 1-2] 국제통상학의 영역과 교과목

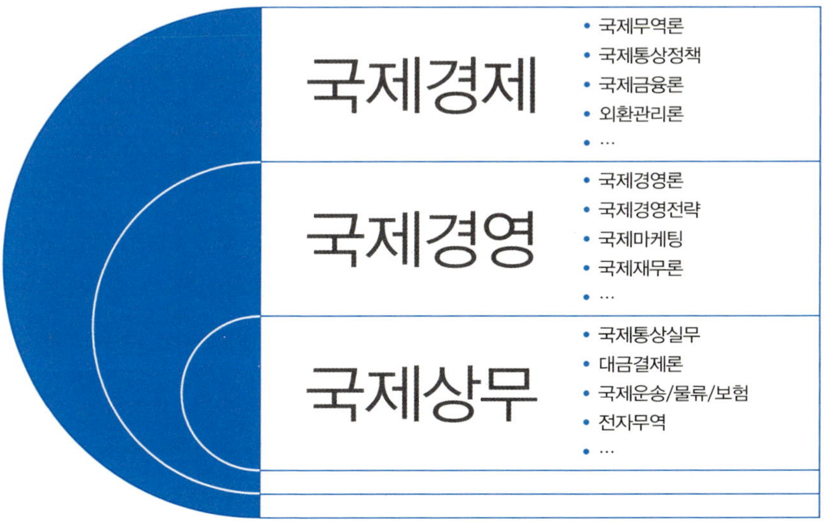

(3) 국제상무

국제상무 분야는 거래 관련 계약법과 관습을 바탕으로 국제기업들이 실제 무역거래를 하는데 필요한 각종 거래 실무를 다루는 국제통상실무, 전자무역, 국제운송과 물류, 해상보험, 대금결제, 국제유통, 상사중재, 무역 관련 국내법과 국제규칙과 법규 등의 국제상무학 분야이다.[9)]

제 3 절 국제통상학의 연구 방향

현실에서 국가와 정부가 직접 거래의 주체가 되는 통상은 특수한 경우를 제외하고 거의 일어나지 않는다. 국제통상은 실제 특정한 국가에 속한 기업이나 개인이 다른 국가의 기업이나 개인 사이에서 일어난다. 때때로 교역을 확대하기 위해 각국의 기업들은 필요에 따라 상대 국가에 생산 공장을 이전한 후, 현지생산과 판매를 목적으로 자본, 노동력, 자원 등 생산요소를 이동시키거나 그에 필요한 경영관리 활동을 전개하기도 한다. 그래서 한 국가의 통상활동은 결국 각국의 개인이나 기업의 국제통상 활동 결과에 따른 총합이며, 해당 국가의 수출입 규모가 된다. 국제통상의 현장에 국제기업이 있는 것이고, 국가는 정책 혹은 제도 등으로 국제기업의 통상활동을 촉진할 수 있도록 지원하거나 때로는 국익과 관련한 특정 목적을 달성하기 위해 규제하거나 지원하는 역할을 한다.

국제통상 활동에 대한 경제주체로서 역할과 기능을 고려할 때 국제통상의 연구 방향은 크게 두 갈래로 나누어 볼 수 있다, 우선 국제통상환경을 조성하는데 결정적 영향을 미치는 국제통상 관련 기구의 통상제도와 규범, 이를 반영한 각국의 통상정책과 제도, 외환시장을 포함한 국제금융시장의 메커니즘에 관한 것이 한 분야이다. 또 다른 분야는 실질적으로 통상활동을 주도하는 기업의 관점에서 효율적인 비즈니스를 수행하는데 필요한 경영관리와 전략 차원의 연구이다. 이러한 주제들에 대한 연구성과를 얻기 위해 관련 학문으로서 경제학, 경영학, 법학 등을 응용한 학제적 접근(inter-disciplinary approach)이 필요하다. 한 분야의 독립된 학문으로서 체계를 확립하기 위해 각 분야 연구자들의 활발한 학술적 소통과 교류는 필수적인 조건이다.[10)]

참고문헌

1) 두산백과(https://terms.naver.com/entry.nhn?docId=1067177&cid=40942&categoryId=31864)

2) 피터 드러커(김용국 역), 『새로운 현실』, 시사영어사, 1989년, 160쪽.

3) 김시경·박동렬·이원근, 『최신 무역학개론』, 삼영사, 2012년, 32쪽.

4) 이신규, 『국제통상론』, 도서출판 두남, 2011년, 19-20쪽.

5) 기획재정부 공식 블로그: bluemarbles.tstory.com/1854

6) 박종수, 『국제통상원론』, 박영사, 1997년, 7쪽.

7) 지성표, '국제통상학과 무역학의 차이에 관한 일고,' 「국제통상연구」, 한국국제통상학회, 1999년. 183-207쪽.

8) 상게논문.

9) 김영철 외, 『국제무역실무론』, 두남출판사, 1999년.

10) 인덕근, '국제통상의 학문적 발전과 정책적 성과,' 「국제지역연구」, 26권 2호, 2017년 여름 1-14쪽.

핵심내용정리

- 무역의 정의
- 국제통상의 정의
- 무역과 국제통상의 차이
- 국제통상학의 학문적 영역

토론과제

1. 국제통상학이 지향해야 할 향후의 연구 방향은?
2. 국제통상학이 지향해야 할 향후의 연구의 주요 과제는?

Chapter 2

세계화와 국제통상환경

Globalization, Changing Business Environment

세계화는 우리의 삶을 송두리째 바꾸고 있다. 대륙과 대양을 사이에 두고 지역별로 독립된 특성을 가지고 살던 세상은 이제 하나로 연결되어 있다. 교통과 통신의 발달로 상호 연결성이 높아지면서 거리의 멀고 가까움은 별 의미가 없게 되었다. 운송의 발달로 지구는 이미 일일생활권으로 들어왔고, 인터넷과 모바일 기반의 통신기술은 세계 어느 곳에 있든 언제든지(ubiquitous) 의사소통을 가능하게 만들고 있다.

기업의 활동 무대 역시 국경을 초월하여 원하는 국가와 지역에서 생산하고, 전 세계시장을 상대로 판매 활동을 하고 있다. 세계화가 진행되면서 세계시장은 동조 현상을 보이면서 하나로 통합되어 가고 있다. 이러한 환경 속에서 기업의 국제통상 활동 역시 국제적으로 통일된 규범과 규칙의 범위 내에서 이루어지는 것이 자연스러운 일이 되었다. 따라서 본 장에서는 역사적 맥락에서 세계화의 시작과 진행 과정을 간단히 정리한 후, 지금의 세계화가 국제통상과 글로벌기업에게 미치는 영향과 환경, 세계화의 빛과 그림자에 대해 언급하고 최근 탈세계화 경향의 의미에 대한 설명을 곁들이고자 한다.

첫째, 세계화의 의미

둘째, 세계화의 시작 그리고 지금

셋째, 글로벌기업의 차원에서 세계화란 무엇인가?

넷째, 세계화는 어떠한 국제통상 환경을 조성하고 있나?

다섯째, 세계화는 국제기업을 포함하여 우리의 삶에 어떠한 빛과 그림자를 만들고 있나?

여섯째, 최근의 탈세계화 경향의 의미는?

세계화

제 1 절

1. 세계화의 의미

(1) 일반적 의미

세계화(globalization)란 경제, 사회, 문화 등 각 부문에서 국경이라는 장벽이 없어지고 사람과 물자, 기술, 문화 등이 자유롭게 교류하게 되면서 국경을 넘어서 상호의존성이 높아져 세계가 하나로 연계되고 통합되어 가는 추세 혹은 경향이라고 말할 수 있다.

세계화를 쉽게 피부로 느낄 수 있는 것은 우리의 일상생활과 밀접한 사회와 문화 분야일 것이다. 2012년 지구촌에 '말춤' 열풍을 일으킨 싸이의 '강남스타일'은 유튜브에서 2019년 현재 '32억뷰' 이상[1]을 기록할 정도로 아직도 우리의 기억 속에 남아있다. 이후 방탄소년단(BTS)의 노래는 여전히 세계인의 사랑을 받고 있다. 물론 유럽과 미국의 다양한 음악 역시 국경을 넘어 전 세계 각국의 음악 애호가들에 의해 그동안 꾸준히 사랑을 받아왔다. 사회문화의 한 분야인 대중음악 시장은 오래전부터 세계화의 길을 걸어왔다.

국제사회의 외교 문제로서 시리아나 예멘과 같은 특정 국가 혹은 지역의 내전과 전쟁은 난민 문제를 만들었고, 이는 즉각 세계가 해결해야 하는 세계적 차원의 문제가 되었다. 이제 세계는 국가 혹은 지역을 단위로 운영되고 작동되는 단계를 넘어서고 있다. 2019년에 시작된 코로나(COVID-19)와 같은 전염병은 전 지구적으로 유행하는 팬데믹 현상을 일으켰다. 인류가 어느 때보다도 밀접하게 연결된 채 하나의 세계 속에서 더불어 살아가고 있음을 몸소 경험하고 있다.

경제는 어느 분야보다 세계화가 가속화되었다. 미국의 세계적인 석학 피터 드러커는 일찍이 그의 저서에서 1970년대 초 석유수출국기구(OPEC)와 미국 정부의 변동환율제 이행으로 인해 국제경제(international economy)는 **글로벌경제(global economy)**로 전환되었다고 지적하면서 세계경제가 세계 여러 나라의 국내경제를 크게 좌우하고 있다고 언급한 바 있다.[2]

이제는 미국이나 EU, 중국, 독일, 일본과 같이 경제적으로 영향력이 있는 한 국가의 경제적 상황은 세계경제 전반에 바로 영향을 미친다. 일례로 2008년 미국의 금융위기가 글로벌경제의 침체로 이어진 것과 2010년 그리스의 국가부도 사태로 인한 유렵연합국가(EU)의 경제 혼란은 바로 세계금융시장에 부담으로 작용하기도 하였다. 이렇듯 세계경제는 서로 연동되어 있으며, 국제무역 분야 역시 예외가 아니다. 그동안 각국은 세계무역기구(WTO)의 적극적인 참여와 자유무역협정(FTA) 체결의 확대를 통해 꾸준히 무역장벽을 낮추어 온 결과 무역의 자유화가 크게 진전되었다. 더욱이 최근에는 인터넷 및 모바일 기술을 바탕으로 한 전자상거래가 크게 활성화되면서 각국의 기업과 소비자들에 의한 해외직판 혹은 해외직구 활동으로 국가 사이의 무역장벽은 자연스럽게 해소되는 경향을 보이고 있다.

봉준호의 '옥자' 한국영화인가 미국영화인가?

봉준호 감독의 영화 '옥자'에 관한 여러 논란 가운데 하나는 이를 한국영화로 볼 것인가, 미국영화로 볼 것인가이다. 감독과 제작진 대다수가 한국인이지만 미국 자본에 바탕을 둔 넷플릭스 작품이기 때문이다. 조금 정확히 표현하자면 옥자는 '프로듀스드 바이(produced by) 넷플릭스, 디렉티드 바이(directed by) 봉준호'라고 표현하는 것이 맞다고 생각한다. 만약 제품에 표기되는 원산지 표시 방식으로 한다면, 옥자라는 제품의 레이블에는 '메이드 인 코리아/USA'라는 다소 우스꽝스러운 표기가 되지 않을까 상상해 본다.

한국경제, 전용주〈딜라이브 대표〉, 2017. 7. 25.

(2) 기업활동의 세계화

글로벌기업은 국제적 협업과 분업을 바탕으로 공급사슬망(supply chain network)을 형성하면서 관련 기업들 사이에 국경을 초월한 상호의존도가 점점 높아져 가고 있다. 기업들이 글로벌시장에서 조달, 생산, 판매 활동을 활발하게 전개하고 있는 현실을 그대로 반영한다면 기업의 활동 측면에서 세계화는 생산과 시장의 세계화라고 그 의미를 압축할 수 있다.

> **What is Globalization?**
>
> Globalization refers to the shift toward a more integrated and interdependent world economy. Globalization has two main components: the globalization of markets and the globalization of production.[3)]

생산의 세계화(globalization of production)는 기업들이 생산자원, 노동력, 기술과 시장의 접근성이 좋고 효율적인 생산이 가능하다면 전 세계 어느 국가에서든지 공장을 세우고 원하는 물품을 생산하게 되었다는 의미다. 가까운 예로 한국의 삼성전자나 LG전자는 미국, 중국, 베트남 그리고 각 대륙의 주요 거점지역에 공장과 판매 법인을 세우고, 현지시장과 세계시장에 공급할 가전제품과 스마트폰 등 전자·통신기기들을 생산하고 있다. 현대-기아자동차 역시 미국의 앨러바마와 조지아에서 자동차를 현지 생산하고 있으며, 중국, 인도, 멕시코, 브라질 그리고 체코 등의 국가에서도 공장을 운영하고 있다. 그 외에도 국내 대기업은 물론이고 중소 규모의 기업도 시장접근의 용이성 혹은 효율적인 생산을 위해 해외에 진출하고 있는 것은 보편적 현상이 되었다.

시장의 세계화(globalization of market)는 각국의 자원과 상품, 금융자본 시장이 다른 국가 혹은 지역의 시장과 밀접하게 연동(synchronization)되거나 통합(integration)되면서 마치 하나의 시장으로 움직이는 시장의 단일화를 의미한다.

대표적인 사례로서 스마트폰은 세계가 하나의 시장으로 움직이고 있다는 것을 잘 나타내주는 상징적인 제품이다. 2020년 현재 스마트폰은 한국의 삼성 갤럭시, 중국의 화웨이 샤오미, 미국의 애플 아이폰 시리즈가 세계시장에 공급을 대부분 점유하면서 세계시장을 놓고 치열한 경쟁을 지속하고 있다. 자동차 시장도 빼놓을 수 없는데, 미국의 빅쓰리(포드, GM, 크라이슬러), 일본의 토요타, 닛산과 혼다, 한국의 현대-기아, 독일의 아우디와 폭스바겐, BMW 그리고 프랑스의 푸조시트로엥, 중국의 지리, 창안, 바오쥔 등이 미국, 유럽, 중국 등의 주요 시장에서 사활을 건 치열한 경쟁을 하고 있다.

글로벌기업의 활동을 좀 더 깊이 들여다보면 세계시장이 하나로 연결되어 있다는 것을 더욱 실감할 수 있다. 기업의 핵심 활동은 원료, 원자재와 부품의 조달, 제품의 생산, 판매, 아이디어의 활용 등인데, 현재 이러한 기업활동이 전 세계적으로 물 흐르듯이 연결되는 순환적 고리가 만들어져 있다. 즉 오늘날 대부분 기업은 세계화의 진전으로 인해 글로벌공급망(global supply chain)에 크게 의존하고 있다. 단순한 상품조차 모든 공급의 조달경로를 연결해 보면 너무 복잡해서 특정 상품이 어느 나라에서 만들어졌다고 단정하기 어려울 지경이다.

예를 들면 노동력이 많이 들어가는 전자제품에서 의류에 이르기까지 거의 모든 제품의 생산과정 가운데 상당 부분이 중국, 베트남, 인도, 태국 등과 같은 아시아 국가에서 이루어지고 있고, 방글라데시, 캄보디아, 인도네시아 등의 비숙련노동자들 역시 이 생산과정의 일부를 담당하고 있다. 제품이 완성되기까지 하나의 나사에서 염료와 페인트, 구리와 유리에 이르기까지 중간재와 부품들의 조립, 포장과 기타 작업공정을 거치면서 제품이 완성되기까지 정해진 공급사슬망을 따라 세계를 순회하고 있다. 한편으로 유럽의 기업들은 미국에서 소프트웨어를 개발하고, 아시아에서 제품을 만들며, 중동에서 업무지원을 하고 있다. 그리고 상품과 서비스를 판매한 모든 시장에서 고장수리 등 사후서비스(A/S)를 제공하기 위해 현지의 협력기업과 합작투자를 병행하고 있다. 상품은 이제 어느 한 국가에 의한 생산물이 아니라 바야흐로 **'전 세계에 의한 생산(made everywhere)'**이라는 상표를 붙여야 마땅하다.[4)]

2. 세계화를 촉진하는 요인과 환경

(1) 세계화 촉진환경

세계화를 촉진하는 환경은 무엇일까? 세계화가 국가 혹은 지역 간에 장벽이 없이 사람과 물자, 정보가 빈번하게 교류하는 것이고, 느낌으로 이 세계가 더 가깝게 만드는 현상(smaller world)이라면, 무엇보다도 고도의 통신과 수송기술(advanced communication & transportation technology)의 뒷받침 없이는 불가능하다.

첫째, 교통의 발전은 사람과 물자를 원하면 언제든지 빠른 시간 내에 목적지로 이동시킬 수 있는 환경을 조성한다. 주요 교통수단이라고 할 수 있는 선박,

항공기의 대형화와 고속화, 철도와 자동차 기술의 획기적 발전으로 운송수단의 원할한 보급이 확대되었다. 주요 대륙을 연결하는 기반시설, 즉 도로망, 철도망, 공항과 항만, 원유와 천연가스를 운반을 위한 파이프라인 등의 확장은 세계를 하나로 연결하기 위한 필수적인 인프라이다.

둘째, 정보통신의 발전은 거리의 격차에도 불구하고 실시간으로 원하는 정보를 서로 주고받을 수 있도록 만들어 세계시장을 통합하고 연동시키는 결정적인 역할을 하고 있다. 빠른 정보교환은 세계를 하나로 묶어 주는 핵심 수단이다. 1990년대 이후 인터넷의 보급과 활용이 보편적 현상이 되었고, 2000년대 이후 본격적으로 상용화한 위치기반 무선통신 기술의 비약적인 발전은 언제 어디서든지 서로 정보를 주고받을 수 있는 **유니쿼터스(ubiquitous)시대**를 만들어 내면서 실질적인 '지구촌시대'를 만들고 있다.

결국, 세계화를 촉진하는 교통과 통신 관련 기반시설은 지구의 모든 부문에 대한 연결성(connectivity)[5]을 높이면서 국경을 초월하는 세계, 즉 국가의 단순한 연결보다 더 큰 세계사회(global society)를 만들어가고 있다.

(2) 세계화 촉진요인

경제활동에 있어서 세계화의 촉진요인은 무역이익의 증대, 글로벌기업의 해외직접투자의 증가, 수송비의 경감, 무역장벽의 감소 등을 들 수 있다.[6]

1) 무역이익의 증대

자유무역을 주창하는 이론에 따르면 특정 국가가 더 싸게 생산할 수 있는 재화를 전문(특화)화하여 집중적으로 생산하고, 이를 다른 국가와 서로 교환한다면 양 국가 모두에게 이익이 된다고 주장한다. 국내시장만을 대상으로 활동하던 기업은 무역을 통해 새로운 시장을 개척할 수 있고, 시장의 확대를 통해 더 큰 수익을 창출할 수 있다. 따라서 정부는 무역이 증대되면 기업의 이익이 증대될 것으로 기대하여 무역을 장려함으로써 세계화를 촉진시키는 역할을 한다.

2) 해외직접투자의 증가

글로벌기업의 해외직접투자는 투자 현지국에 자본과 기술이전, 고용창출과 재정수입의 증대를 가져다줌으로써 경제성장에 도움을 줄 수 있다. 따라서 각국 정부는 해외직접투자를 유치하기 위해 세금의 인하와 같은 인센티브를 포함한 다양한 투자유치 정책을 수립하고, 실행하고 있으며, 해외직접투자를 통한 실질적인 이점을 강조하면서 해외기업의 유치를 장려한다.

3) 수송비의 절감

교통통신의 발달로 인한 국가 사이의 수송비용 하락은 세계화를 촉진시키는데 중요한 요인이다. 도로망의 확대, 커뮤니케이션의 네트워크 확대, 항공 교통의 발달에 따라 운송비용이 낮아지고 이에 따라 무역의 지리적 범위를 확대하고, 글로벌시장의 규모를 키우고 있다.

4) 무역장벽의 감소

전 세계적으로 확대되고 있는 무역장벽의 축소를 통해 세계화가 한층 급속히 진행되었다. 관세와 무역에 관한 일반협정(GATT) 이후 새롭게 출범한 세계무역기구(WTO)체제의 출범에 따라 무역장벽을 철폐하고 소모적인 무역분쟁의 효율적인 해결을 위해 노력하고 있어서 세계화의 안정적 환경을 조성하고 있다.

1990년대부터 활발하게 전 세계적으로 활발하게 추진된 지역 혹은 국가들끼리 맺는 자유무역협정(FTA)은 참여한 국가들 사이의 무역장벽을 제거함으로써 무역자유화를 더욱 가속하는 힘으로 작용하고 있다.

제 2 절 세계화의 역사

지구는 언제부터 경제활동이 하나로 연결되기 시작했을까? 지구 역사의 시작은 대서양, 태평양, 인도양 등 대양을 사이에 두고 대륙별로 나누어져 상당한 기간 동안 독자적으로 진행되어왔다. 각 대륙에 살던 사람들은 각자의 사회와 문화, 경제적 특성을 가지고 독립적으로 살아오다가 언제부터인가 대륙을 가로지르고, 대양을 넘어 사람들이 넘나들면서 상업적 교류와 함께 점차 하나로 연결되는 역사를 만들었다. 역사적으로 세계화는 언제 어떻게 시작되었고 언제부터 빠르게 진행되었는지 살펴보는 것은 의미가 있을 것이다.

1. 실크로드의 시대

세계화의 시작은 상대적으로 미미하기는 하지만 먼저 육상 교역로의 개척과 밀접한 관련이 있다. 지구에서 가장 큰 대륙인 유라시아(Eurasia)의 내륙을 통한 본격적인 교류는 13세기 몽골이 세계제국으로 등장하면서 시작되었다. 몽골이 중국의 북부 지역에서 발원하여 점차 서쪽의 여러 지역을 제패하면서 기존의 실크로드(silk-road)[i]를 강화하였고, 마침내 아랍지역 내 상업망을 하나로 결합하였다. 즉 페르시아만에서 지중해에 이르는 '향신료로드(spice road)'와 실크로드가 하나로 통합되어 유럽과 아시아를 하나로 잇는 유라시아 대륙에 국제적인 순환 상업망으로서 무역로가 최초로 형성되었다.

당시 아라비아 상인들은 실크로드와 홍해 - 인도양을 거점으로 해상교역로를 통해 각종 향신료[ii]와 중국의 비단, 종이, 도자기 등을 이탈리아의 베니치아 상인을 통해 유럽 전역에 공급하였다.

그러나 몽골제국의 통치하에 안전성이 확보되었던 육로는 1250년부터 100여 년밖에 지속하지 못했다. 몽골제국의 등장으로 북쪽의 투르크인들의 집단이동이 가속화되면서 인구가 더욱 늘어났고, 투르크인들의 여러 소국 중에서 오스만 1세가 거느린 유목민 집단이 강대한 국가로 성장했다. 오스만 왕조의 등장과 세력 확장으로 전쟁과 혼란이 거듭되면서 아랍지역 내의 몽골제국은 분열되었고, 기존 육상 교역로의 큰 흐름은 해상항로로 전환을 모색하지 않을 수 없게 되

i) 비단길(Silk Road)이라고 일컫는 실크로드는 고대 중국과 서역 각국 간에 비단을 비롯한 여러 가지 무역을 하면서 정치·경제·문화를 이어 준 교통로의 총칭이다. 총길이 6,400㎞에 달하는 실크로드라는 이름은 독일인 지리학자 리히트호펜(Richthofen, 1833~1905)이 처음 사용했다. 중국 중원(中原) 지방에서 시작하여 허시후이랑(河西回廊)을 가로질러 타클라마칸 사막(Taklamakan Desert)의 남북 가장자리를 따라 파미르(Pamir)고원, 중앙아시아초원, 이란고원을 지나 지중해 동안과 북안에 이르는 길이다. [네이버 지식백과] 윤경철, 실크로드 - 동서양을 이어 준 기원전 고속도로, 대단한 지구여행, 2011. 8. 1.

ii) 후추, 정향, 생강, 육두구 등을 말한다.

[그림 2-1] 실크로드(silk-road)

었다. 특히 이라크 – 페르시아를 축으로 하는 교역망은 이집트 – 홍해 쪽으로 주요 상업망이 이동함으로써 인도양에서 중국 남해에 이르는 바닷길이 한층 중요하게 되었다.[7)]

15세기 중엽에 이르러 오스만제국은 지금의 이스탄불(콘스탄틴노플)을 함락하고 무역 통로를 장악하기에 이른다. 이탈리아를 비롯한 유럽 사회는 이미 후추와 같은 향신료를 비롯한 도자기, 비단 등의 수요가 급증하던 때였고, 이를 구매하는데 필요한 금과 은이 절실히 필요했다. 무엇보다도 오스만제국에 의해 장악된 기존의 무역 통로를 활용하기 어려워지면서 새로운 무역 통로로서 바다를 통한 항로를 개척할 필요성이 절실해졌다.

2. 대항해의 시대

동떨어진 세계의 대륙을 하나로 연결하게 된 것은 신항로 개척에 따른 대항해시대[iii)]의 결과이다. 유럽의 변방에 불과하던 이베리아 반도의 작은 나라 포르투갈

iii) 대항해시대(大航海時代) 또는 대발견 시대(大發見時代, 영어: Age of Discovery, Age of Exploration)는 15세기 후반부터 18세기 중반까지 유럽의 배들이 세계를 돌아다니며 항로를 개척하고 탐험과 무역을 하던 시기를 말한다. 그 과정에서, 유럽인들은 자신들이 알지 못했던 아메리카 대륙과 같은 지리적 발견을 달성했다. 이 시기 이전에 중국 명나라 정화의 대항해 등, 해상

[그림 2-2] 대항해시대의 항로

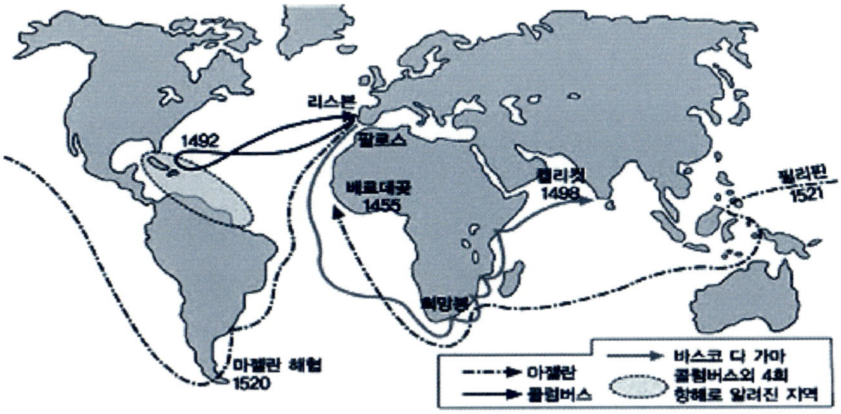

을 시작으로 스페인, 네덜란드, 영국이 차례로 뛰어들면서 경쟁적으로 식민지를 확보하고자 하는 제국주의 시대로 이어졌다.

(1) 포르투갈

포르투갈은 1415년부터 지리학과 해양 전략에 깊은 관심을 가지고 있던 엔리케(Hennrique) 왕자의 전폭적인 지원에 따라 지리, 해양, 조선, 항해 등에 관한 지식을 축적하였다. 기선을 준비하고 항해술을 익힌 후 먼저 실패를 거듭하면서 희망봉까지의 항해를 성공시키고 마침내 1497년 바스코 다 가마(Vasco da Gama)는 최초로 홍해를 거치지 않고 인도양을 횡단하여 인도의 남부 캘리컷(Calicut)에 도착한 후 리스본으로 돌아오는데 성공했다.[8] 항해의 성공과 함께 인도산 향신료와 물품을 본국으로 가져와 항해 경비의 60배 이상의 이익을 얻을 정도로 최초의 해상무역은 대성공이었다. 이 항해를 계기로 이집트－홍해 무역 통로는 위축이 되었고, 아라비아 상인은 몰락해 갔다. 이를 계기로 1509년에 이르러 포르투갈은 인도양의 맹주로 등장하면서 무역을 독점하기 시작하였다.

무역이 이루어지고 있었기 때문에 철저하게 유럽인의 관점에서만 바라본 편협한 용어라는 비판도 존재한다(위키피디아: ko.wikipedia.org).

(2) 스페인

스페인은 이사벨 1세 여왕의 관심과 지원으로 1492년 그리스토퍼 콜럼버스(Christopher Columbus)가 '지구는 둥글다'는 당시의 과학지식에 힘입어 유럽을 기점으로 대서양을 가로질러 서쪽으로 계속 항해하면 인도에 도달할 수 있다는 믿음을 가지고 항해한 결과, 아메리카 대륙의 바하마에 도착함으로써 최초로 대서양 횡단에 성공하였다. 당시 콜럼버스는 인도에 도착했다고 생각했고, 그래서 그곳의 원주민을 인디언(Indian)이라고 명명하는 계기가 되었다. 이 항해를 통해 콜럼버스는 향신료 대신 다량의 황금과 은을 확보하는데 성공하였고, 이후 계속된 항해를 통해 금과 은을 약탈하는 과정에서 강성했던 현지의 아즈텍, 마야, 잉카 등의 제국이 몰락하는 결과를 초래하였다.

(3) 네덜란드

1602년부터 네덜란드 역시 인도와 아시아 해양무역에 참여하기 시작하였다. 네덜란드는 왕실 중심의 자금지원에 의한 항로개척과 무역이 이루어진 스페인과 포르투갈과 달리 항해에 필요한 경비와 투자는 다수의 투자자로부터 기금을 형성하여 수행하는 방식을 취하였다. 마치 오늘날 주식회사(유한회사)와 같이 다수의 투자자로부터 자본금을 마련하는 형식을 취한 것이다. 이것은 나중에 동인도회사의 창설에 기반이 되었다. 네덜란드 동인도회사는 이후에 세계 전역에 걸쳐 15,000개의 거점에 지부를 두고 상선 16,000척을 운영하면서 아프리카 희망봉 탈취, 타이완 점령, 일본 대외무역의 독점, 인도네시아 식민지 건설, 뉴질랜드, 남미의 브라질 점령 등의 왕성한 업적을 쌓았다.

(4) 영국

영국은 해양개척과 무역의 후발국이었다. 여왕 엘리자베스 1세의 관심과 제도혁신을 통해 1572년에 이르러서 프랜시스 드레이크에 의한 대서양 횡단을 시작하면서 스페인과 충돌하였고, 나중에 아메리카 대륙의 버지니아를 식민지로 만드는 데 성공하였다. 1580년에 드레이크는 최초로 세계 항해 일주에 성공한다. 이후 영국은 스페인과의 해전(1588년), 네덜란드와의 해전(1652~1654년)을 모두 승리로 이끌면서 동인도 제도와 대서양의 북미대륙 간 무역을 주도해 나갔다. 영국은 약탈적 식민지 무역을 통해 축적된 자본을 바탕으로 이후 제임스 하그리브(James Hagreaves)의 '제니 방직기'(1766)와 제임스 와트(James Watt)의 증기기관(1769년) 발명을 계기로 산업혁명의 기반을 마련하였다. 산업혁명이 진전되면서 영국은 '세계의 공장'으로서 식민지 국가를 포함해 전 세계의 국가를 상대로 무역을 주도하였다. 1850년 기준으로 세계교역량의 20%를 담당하였고, 세계 공산품 교역량은 40%를 차지할 정도였다.[9)]

요컨대, 유럽의 포르투갈, 스페인, 네덜란드 그리고 영국의 대항해시대를 거치면서 상업적 교류의 차원에서 본격적인 세계화가 시작되었다. 이를 바탕으로 조선과 항해기술, 통신기술의 획기적 발전이 이루어졌고, 정치, 외교, 통상, 문화, 사회 등 다양한 분야에서 지구적 차원으로 교류가 확대되면서 오늘날과 같은 세계화의 초석을 만들었다.[iv)]

3. 산업화의 시대

19세기 이후 세계화는 산업혁명[v)]을 먼저 주도한 국가들에 의해 전 지구의 대륙을 식민지체제로 경영하면서 오늘날과 같은 모습의 형태에 근접하게 되었다.[10)] 산업혁명 이후 영국과 프랑스와 같은 유럽의 강대국들은 식민지 쟁탈전을 벌이게 되었고, 그 결과 물자의 거래와 사람의 교류가 세계적 범위로 확대되었다. 특히, 이 시기에 그동안 소외되었던 아프리카와 일부 아시아 국가들이 식민지로 전락하면서 강제적으로 문호가 개방되어 세계질서에 편입되었다.

이러한 과정에서 규모의 경제를 이용하여 제품과 제조공정을 표준화함으로써 산업화가 빠르게 진전되었고, 공산품의 대량생산이 가능하게 되었다. 동시에

iv) 참고로 오늘날 중국이 부상하면서 모든 분야에서 세계를 제패하고자 하는 정책의 일환으로 '중국몽'을 표방하고 무역을 포함한 외교적 영향력을 확대하기 위한 장기전략의 하나로 서구유럽을 향한 무역로를 구축하는 일대일로(one belt, one road) 프로젝트를 추진하고 있다. 이는 과거 실크로드의 현대식 확장판으로서 일명 '신실크로드'라고도 불린다.

v) 산업혁명(Industrial Revolution)은 18세기 중반부터 19세기 초반까지, 약 1760년에서 1820년 사이에 영국에서 시작된 기술의 혁신과 새로운 제조 공정(manufacturing process)으로의 전환, 이로 인해 일어난 사회, 경제 등의 큰 변화를 일컫는다.

산업화에 따른 도시화로 생활 수준이 향상되었고, 급속한 인구 성장이 이루어졌다. 인구와 소득의 증가는 상품에 대한 지속적인 수요를 창출했다.

이 시기에 일어난 교통혁명은 세계화를 더욱 촉진하는 환경을 조성하였다. 해상에서는 동력을 장착한 기선이 출현하였고, 내륙에서는 한 번에 대규모 수송이 가능한 철도가 부설되면서 국제운송비용을 크게 줄였다. 이에 더해 항공기가 개발되어 처음에는 군사용 목적으로 활용되다가 2차 세계대전이 끝나고 1950년대부터 상업용 여객기의 본격인 취항이 이루어졌다. 이로써 세계 주요 도시 간에 신속하게 여객과 화물을 이동할 수 있게 되었다. 항로의 확대는 국경을 초월하여 사람과 물자를 더욱 편리하고 빈번한 왕래를 가능하게 만들었고, 이로 인해 국제무역은 더욱 활발해졌다.

제2차 세계대전 이후, 세계 경제를 활성화하고 무역의 발전을 위해 무역에 관한 국제규범과 통화제도의 기틀을 마련하였다. 우선 무역 활성화를 통한 세계 경제의 성장을 촉진할 수 있도록 무역장벽을 제거하고 자유무역을 조성하기 위한 국제기구의 설립을 시도하였다. 그 결과, 일단 관세와 무역에 관한 일반협정(GATT)에 합의하였다. 이 협정을 근거로 세계무역을 크게 활성화할 수 있도록 무역장벽을 줄이고 제거하기 위한 협상의 장을 마련하였고, 무역분쟁 해결 절차를 준비하게 되었다. 아울러 미국이 주도하고 서구 주요 선진국들의 협력으로 국제통화제도로서 국제결제와 금융의 틀을 마련하기 위한 국제통화기금(IMF)를 만들어 냈다.

1995년에는 GATT라는 협정체제에서 세계무역기구(WTO)로 전환됨으로써 자유무역의 기틀은 더욱 공고하게 되었다. 2000년대 들어서 세계무역기구를 통한 다자간 협력체제의 한계를 극복하고자 많은 국가들이 양자간 또는 소규모 다자간 자유무역협정(FTA)을 체결하면서 급속한 자유무역 환경을 조성하고 있다.

4. 가상공간의 시대

1990년대에 들어서서 인터넷과 같은 저비용 통신 네트워크의 구축은 통신의 효율성을 높이고, 통신비용을 크게 줄였다. 위치와 관계없이 컴퓨터를 사용하여 더 많은 작업을 수행할 수 있게 되었다. 이제 세계화는 현실 속의 공간만이 아닌 인터넷을 기반으로 하는 컴퓨터 네트워크를 매개로 하는 가상공간을 병행하여 활용하는 시대에 접어들었다.

20세기 후반에 발명된 위성통신을 이용한 위치기반기술(GPS)과 결합한 인터넷은 '인터넷상의 가상공간'라는 인류 역사에 없던 공간을 창조해 냈다.[11] 스마트폰의 보급과 더불어 가상공간의 접근이 더욱 편리해지면서 내가 원하는 시간에 언제든지 가상공간에 접속이 가능해졌다. 비용을 거의 지불하지 않고도 전 세계 어느 지역과도 언제든지 연결할 수 있게 된 것이다. 기능적인 활용은 더욱 다양화되었고, 공간의 확장은 상상을 뛰어넘고 있다.

가상공간의 기능적인 활용은 경제, 산업, 행정, 교육, 의료, 국방 등 거의 모든 분야에 걸쳐서 적용되면서 그 영역을 확대해 가고 있다. 개인끼리 소통과 커뮤니케이션은 채널이 다양해져서 SNS, 블로그, 유튜브, 개인 홈페이지 등이 활용되고 있고, 기업들은 경영관리와 판매를 위한 쇼핑몰이나 쇼핑사이트, ERP, CRM, SCM, 빅 데이터(Big Data), 블록체인 등과 같은 기술을 활용해 경영정보 시스템을 구축하여 경영관리의 효율성을 극대화하고 있다.

주지한 바와 같이 정보통신기술을 활용한 전자상거래시장은 당연히 국경의 경계에 거의 구애받지 않고 가상시장의 규모를 무한히 키우고 있다. 더욱이 이제 증강현실기술(AR)의 발전으로 현실과 가상의 경계가 점차 모호해지는 세상이 만들어지고 있다. 이제 우리는 또 다른 가상의 세계가 현실의 세계와 결합하면서 어떤 장애나 경계가 없는 새로운 활동 영역이 만들어지는 시대에 살고 있다.

제 3 절 세계화에 따른 국제통상환경

세계화가 진행되면서 기업을 둘러싼 통상환경은 많은 변화를 겪고 있다. 통상환경은 늘 변화하게 마련이고, 기업은 변화하는 통상환경에 적응하기 위해 끊임없이 노력하고 있다. 지금 이 순간에도 변화하고 있는 통상환경의 특성을 언급하는 것이 별 의미가 없을지 모르나, 시간의 흐름을 통해 다음과 같이 일정한 방향성과 경향성을 띠고 있다는 점은 주목할 필요가 있다. 첫째, 무역의 자유화다. 세계무역기구(WTO)와 자유무역협정(FTA: Free Trade Agreement)은 무역장벽을 제거해 나가는 노력을 꾸준히 확대시키고 있다. 둘째, 세계 금융시장의 단일화다. 국제금융시장은 실물 거래시장과 함께 나란히 세계화되었고, 전 세계가 마치 하나의 시장처럼 운영되는 금융시장의 통합화가 가속화되어 왔다. 셋째, 가상공간의 전자상거래시장의 형성이다. 인터넷 및 모바일 기술을 기반으로 국경을 자연스럽게 초월하는 가상공간을 통해 전자상거래시장이 상상을 뛰어넘는 속도로 확대되고 있다. 넷째, 다국적화된 글로벌기업의 발전이다. 대부분의 글로벌기업은 현지 혹은 제삼국의 기업과 공동투자 혹은 합작을 통해 서로 거미줄처럼 얽히고설킨 '거미줄형 합작투자(spider-web joint venture)'를 형성하고 있다. 아울러 생산에 필요한 부품과 원자재 조달은 글로벌 공급사슬망에 크게 의존하고 있다. 다섯째, 주요 선진국들이 환경보호 정책을 강화하면서 '탄소세'의 도입과 산업 분야별 환경규제로 인해 각국의 산업정책과 통상정책은 대전환이 불가피하다.

1. 자유무역을 위한 꾸준한 노력[12)]

(1) 세계무역기구

오늘날 세계무역기구(WTO: World Trade Organization)의 운영은 자유무역을 실현하는데 큰 효과를 거두었다.[13)] 세계무역기구는 단숨에 만들어지지는 않았다. 세계무역기구를 만들기 전까지 1947년에 설립되어 세계의 무역질서를 이끌어

[그림 2-3] WTO 홈페이지

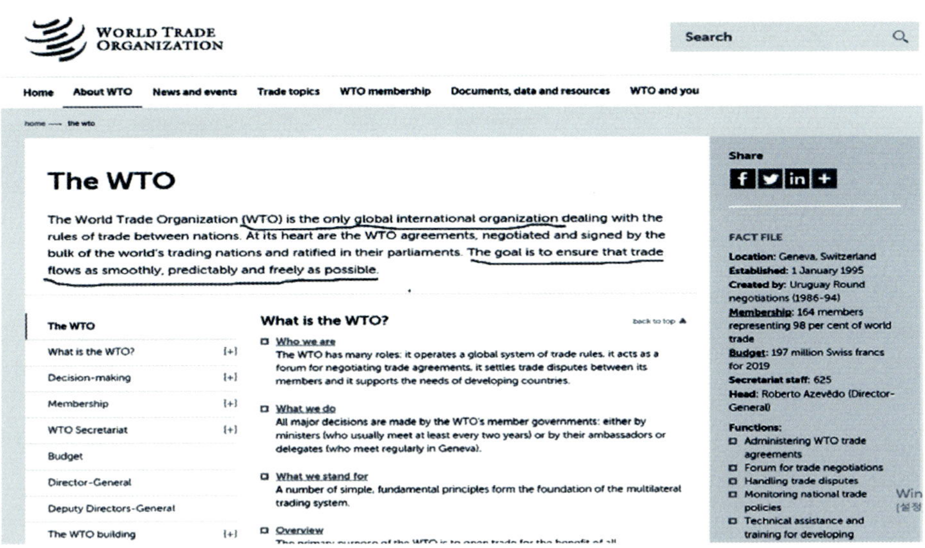

온 것은 관세 및 무역에 관한 일반협정(GATT: General Agreement on Tariff and Trade)에 의한 체제였다. GATT체제에서 회원국들은 이해를 조정하면서 1994년 4월 모로코의 마라케시에서 개최한 우루과이 각료회의에서 WTO 설립협정에 최종 합의함으로써 1995년 1월 1일 세계무역기구가 공식 출범하게 되었다.

GATT는 기본적으로 다자간협정(multilateral agreement) 체제로 운영되어왔으며, 세계무역기구 역시 이러한 원칙을 그대로 계승하면서 각종 관세와 비관세 같은 수출입 제한수단을 축소하거나 제거함으로써 무역거래를 더 자유롭게 할 수 있는 환경을 조성하였다. 그 결과 국경 없는 무한경쟁시대로 돌입하는 새로운 국제통상 환경이 만들어졌다. 특히 미국 등 일부 국가가 쌍무압력을 넣거나 국내 정책에 대해 일방적으로 강요하는 등의 부담은 약해지고, 다자주의가 더 큰 힘을 얻을 수 있게 되었다.

(2) 자유무역협정

세계무역기구의 활동 외에도 각국은 국제통상을 더욱 확대하기 위해 자유무역협정(FTA: Free Trade Agreement)을 통한 노력을 병행해왔다. 자유무역협정은 주

[그림 2-4] 한국과 FTA체결현황-발효기준

자료: 산업통상자원부(https://www.fta.go.kr/main)

로 국가들 사이의 **양자협정(bilateral agreement)**을 바탕으로 거래하는 물품에 대한 관세나 비관세를 대폭 줄이거나 폐지하기로 약속하고 이행하는 방식이다. 북미자유무역협정(NAFTA)을 비롯하여 전 세계적으로 350개가 넘는 자유무역협정이 체결되어 있다.

우리나라는 자유무역협정을 적극적으로 추진한 결과 2019년 현재 칠레, EFTA, ASEAN, 인도, 페루, 미국, 터키, 호주, 중국, 뉴질랜드, 베트남, 콜롬비아 등 52개국과 자유무역협정이 발효되었으며, 2020년 11월 중국이 주도하는 RCEP[vi] 협정이 최종 타결되었으며, 이에 서명하였다.[14]

자유무역협정 외에도 지리적으로 인접한 국가들끼리 물자는 물론이고 노동력과 자본 이동의 문턱을 낮추거나 없애는 경제공동체를 지향하는 **지역통합(regional integration)**이 있다. 유럽연합(EU)과 아세안(ASEAN)이 그 대표적 사례이며, 통합된 역내 국가들끼리 거래가 활성화되고, 더 큰 단일시장이 형성됨으로써 **규모의 경제(economy of scale)** 효과를 얻게 된다.

---

vi) 역내 포괄적 경제동반자협정(Regional Comprehensive Economic Partnership)으로 동남아시아 국가연합(ASEAN) 10개국과 한중일 3개국, 호주·뉴질랜드 등 총 15개국의 관세장벽 철폐를 목표로 하는 일종의 자유무역협정(FTA)이다.

2. 국제금융시장의 세계적 통합

자유무역을 위한 노력을 지속하면서 상품시장은 하나의 세계적 단일시장으로 변모하였다. 국제거래의 결제나 금융에 꼭 필요한 국제통화와 관련한 국제금융시장 역시 특정 국가 혹은 지역을 넘어 통합되고 세계화되었다.

국제금융시장의 세계통합 현상을 극적으로 보여 준 가까운 예는 2008년 '글로벌 금융위기'이다. 그 원인은 미국 내에서 발생한 소위 서브프라임모기지(sub-prime mortgage)에 의한 부실 금융거래였다. 이때 발생한 미국의 금융위기로 인해 한 나라의 금융위기가 세계 다른 여러 나라의 경제에 쉽게 악영향을 미친다는 것을 단적으로 보여주었다. 쉽게 다른 나라로 위기가 확산된 원인은 그 어느 때보다 국가들 사이에 자유로운 돈의 흐름이 가능해졌기 때문이다. 결국, 미국에 닥친 금융위기로 인해 다른 여러 나라 경제에 영향을 미치게 되었고, 세계적인 경기침체까지 불러온 것이다.

국제금융의 흐름을 나타내주는 각종 경제지표의 움직임 역시 세계 금융시장이 하나의 시장처럼 움직이고 있다는 것을 나타내주는 본보기이다. 대표적으로 각국의 주가지수 연동현상이다. 우리나라의 주가지수인 코스피(KOSPI)와 코스닥(KOSDAQ)은 대부분 세계경제에 영향력이 가장 큰 미국의 다우존스(DOW-JONES)나 나스닥(NASDAQ)지수, 중국의 상하이종합지수 등에 연동하여 움직이고 있는 경향성을 보이고 있다.

금융시장에서 자금의 차입비용(이자)이라고 할 수 있는 금리는 어떤가? 마찬가지로 미국의 금리가 내리거나 오르면 바로 그 영향을 받아 국내의 금리인하 혹은 인상을 압박하는 요인으로 작용한다. 금리 또한 연동되고 있다.

각국이 사용하는 통화가 다르기에 국제금융거래가 일어나면 반드시 외환거래가 수반된다. 미국의 달러나 유로화 등 주요 통화에 대한 교환수요와 공급의 사정에 따라서 환율은 늘 변동하게 마련인데, 오늘날 **외환시장(foreign exchange market)**은 세계 주요 외환시장의 거래를 24시간 연계시켜 운영하고 있다. 모든 시장정보가 환율에 신속하게 그리고 지속적으로 반영되면서 하나의 범세계적 시장으로서 기능을 수행하고 있다.

3. 전자상거래시장의 급성장

1990년대 이후의 인터넷 발달과 보급에 따라 세계경제에서 B2C(기업과 개인)와 B2B(기업과 기업) 전자상거래시장이 꾸준히 확대되고 있다. 전자상거래시장의 꾸준한 성장을 뒷받침하고 있는 배경에는 편리한 주문과 판매처리를 위한 정보통신기술의 발전과 배송을 위한 도로망과 데이터처리 기술과 같은 인프라가 있다.

정보통신기술 발전에 따라 컴퓨터와 태블릿, 스마트폰의 보급 확산으로 인터넷 사용자가 증가하고, 전자결제 등 안전하고 편리한 결제시스템이 발달하면서 전자상거래시장이 빠르게 성장하고 있다. 스테티스타(Statista)[vii]는 2021년 전 세계 전자상거래시장의 매출은 약 2조 6,996억 달러에 이를 것으로 예상되며, 2025년에는 약 3조 4,533억 달러를 돌파할 것으로 전망하고 있다([그림 2-5] 참조). 아울러 빅 마켓 리서치 (Big Market Research)는 전 세계 전자상거래 지불시장은 2017년에 2,426억 달러를 기록했으며, 2018년부터 2025년까지 13.1 %의 연평균 성장률로 2025년에는 6,469억 달러를 기록할 것으로 예상하고 있다.

[그림 2-5] 글로벌 전자상거래 매출전망

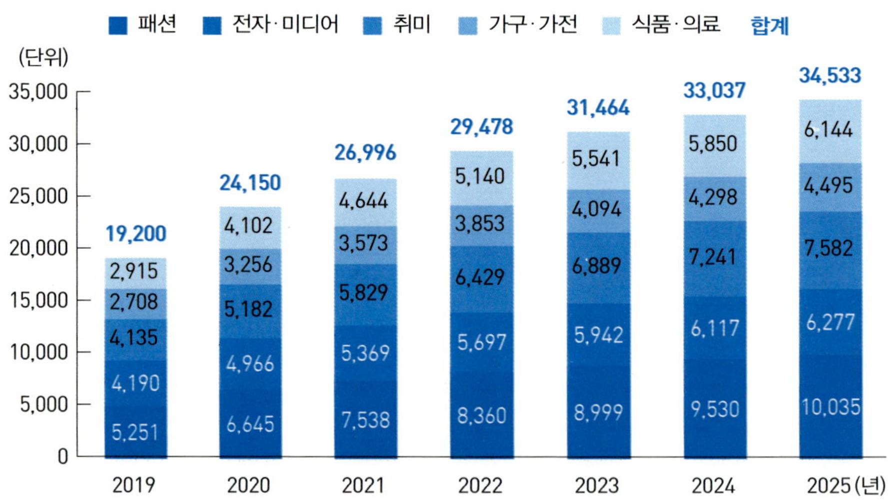

vii) Statista는 시장 및 소비자 데이터를 전문으로 하는 독일 회사.

이와 같은 시장성장의 원동력은 도로망의 확충으로 물류 인프라 발달하면서 신속한 배송과 정확한 상품 추적이 가능해졌고, 급증한 온라인 주문-판매 물량을 손쉽게 소화할 수 있게 되었고, 물류창고 자동화와 인공지능(AI) 기술 도입으로 물류비용의 절감에 있다. 심지어 저온 상태로 신선식품을 유통하는 콜드체인이나 시간 단위의 초고속 배송서비스가 구현되는 등 물류시스템이 급속히 진화함으로써 편리성과 품목 다양성을 높이고 있다.

전자상거래의 확대는 기존의 국제통상에서 절대적인 비중을 차지하던 기업과 기업(B2B) 간의 거래는 물론이고 기업과 개인 간의 거래(B2C)도 빠른 속도로 늘어난 결과다. 전자상거래의 특성상 거래의 과정에서 국경이라는 구분과 장벽에 크게 구애받지 않고, 언제 어디서 누구든지 원하는 인터넷 쇼핑시장에 접근하여 원하는 물품을 간단한 절차를 거쳐 구매할 수 있는 크로스보더 이커머스(cross border e-commerce)가 성행하는 것은 당연한 현상이다.

4. 글로벌공급사슬 체계의 확산

세계화가 진행되면서 대부분의 대규모 기업들은 국경을 초월하여 필요하고 원하는 지역에 공장과 회사를 설립하여 운영하는 다국적기업(Multinational Enterprise) 혹은 초국적기업(Transnational corporation) 형태로 운영되고 있다. 이 중 많은 다국적기업은 다양한 목적을 가지고 외국의 기업과 합작하거나 혹은 전략적 제휴 형태로 설립하여 운영되면서 기업이 어느 나라 기업이냐 하는 국적의 개념은 사실상 의미가 없어졌다. 투자나 기타 조건의 합작을 통해 설립하여 공동으로 운영한다는 것은 이해가 서로 거미줄처럼 얽혀 있다는 의미이며, 자본, 기술, 노동력, 에너지의 상호의존성을 전제하는 것이다. 실제 공산품 국제무역의 30~50%가 다국적기업의 계열사 간 내부거래(intra-firm trade)인 것으로 추산되고 있으며,[15] 외부의 협력업체를 통해 생산에 필요한 대부분의 원료와 부품을 조달하고 있다. 즉 한 글로벌기업이 특정 상품을 생산하는데 필요한 원료나 원자재, 부품 등은 세계시장의 공급사슬망(supply chain)[viii]에 크게 의존하고 있다.

---

viii) 공급사슬(supply chain) 혹은 공급망은 기업의 공급사슬은 원재료를 획득하고, 이 원재료를 중

아울러, 오늘날 대부분의 국가들은 생산을 포함한 각종 경제활동에 필수적인 각종 원유 및 천연가스 등 에너지 자원과 광물자원, 식량 등을 상당부분 해외에 의존하고 있는 실정이며, 그 어느 때보다 그 비중이 높은 것이 현실이다.

5. 글로벌 환경규제의 강화

향후 국제적 환경규제의 강화는 국제통상 활동에 큰 영향을 미칠 것이다. 최근 유럽연합과 미국은 기후변화에 따른 지구온난화로 인한 위기가 심각하다고 판단하여 정책의 일대 전환을 꾀하고 있다. 대표적인 예로서 탄소국경세[ix] 도입이다. 2026년부터 유럽연합은 역내로 수입된 제품에 탄소국경세를 부과하고, 2035년에는 내연기관 차량 판매를 금지한다고 발표하였다. 이는 2050년까지 탄소중립(이산화탄소 배출 제로) 달성을 목표로 정한 유럽연합 회원국들에게 제시한 초강력 탄소배출 감축패키지다. 미국 역시 '탄소조정세' 부과에 합의하면서 기후위기에서 비롯된 '친환경' 흐름에 동참하고 나섰다. 사실상 탄소발 글로벌 무역전쟁이 발발한 모양새다.[16]

글로벌 차원의 저탄소 사회로의 대전환은 앞으로 각국의 산업정책과 통상정책에 크고 빠른 대전환을 요구하고 있다.

6. 국제통상환경의 미래

코로나 전염병에 의한 팬데믹 현상 이후 주요국은 자국우선주의 남발, 미-중 갈등의 심화, 국제공조의 약화 등으로 경쟁적 보호무역 현상이 대두되고 있다.

최근 한국무역협회의 보고서 '포스트 코로나19 시대 통상환경의 변화'에 따르면 코로나19는 글로벌 보호무역주의가 확산되던 시기에 발생해 바이러스 종식과 경제위기 극복을 위한 국제사회의 공조를 기대하기 어렵다고 진단하고 있

간재나 최종재로 변환하고, 최종제품을 고객에게 유통시키기 위한 조직 및 비즈니스 프로세스의 네트워크다.

ix) 탄소국경세란 탄소 배출에 대한 규제가 약한 국가가 규제가 강한 국가로 상품, 서비스를 수출할 때 적용받게 되는 무역관세의 일종이다.

다.[17] 특히 미국 등 주요국은 자국 산업을 보호하기 위해 앞다퉈 경제 개입을 확대하고 무차별적인 보조금 지급에 나서고 있다. 내년부터는 무역구제, 반덤핑 등 수입규제 조치도 늘릴 전망이다. 인도, 독일, 이탈리아 등은 경영난에 빠진 자국 기업이 외국자본에 헐값에 팔리지 않도록 외국인 투자 심사를 강화하는 추세이며, 유럽연합(EU), 미국, 일본은 중국 중심의 글로벌 밸류체인에 대한 반성으로 해외에 진출한 국내 제조 기업을 다시 국내로 돌아오도록 하는 리쇼어링(reshoring) 정책을 시도하는 기업에 대한 인센티브를 늘리고 있다.

보고서는 G2인 미-중 갈등 심화가 코로나19 극복을 위한 국제공조를 어렵게 하는 가장 큰 요인이라면서 미국의 대중국 수출의 감소와 중국의 미국 상품·서비스 수입 확대에 대한 합의 이행 가능성이 희박해지면서 미국은 보조금, 환율, 수출입 통제 등 다양한 사안을 두고 통상 압박의 수위를 높여갈 것으로 예상되어 세계경제 전반의 성장 저하가 우려되고 있다.

한편, 코로나가 통상환경에 부정적 영향은 부인할 수 없지만 팬데믹(pandemic)으로 인한 비대면 전자상거래 등 온라인 비즈니스의 확대로 디지털 무역의 활성화를 기대할 수 있게 되었다. 그간 지지부진했던 세계무역기구(WTO) 전자상거래 협상 등 디지털 무역에 대한 국제규범 논의가 새롭게 급물살을 타고 전염병 치료제 개발을 위한 개인 의료정보 활용 및 국경 간 자유로운 이전 등은 데이터 경제가 활성화되는 계기가 될 수 있다.

탈세계화 경향 제4절

1. 세계화의 명암

세계화의 영향은 국제통상을 비롯한 경제 부문을 포함해 사회와 문화에 커다란 영향을 미치고 있다. 경제 부문의 현상을 집중해 살펴보면 세계화는 양면성을 가지고 있다.

세계화의 속도만큼 글로벌 경제는 그 어느 때보다 양적 성장을 거듭하였고, 국제교류가 원활해지면서 각 국가 혹은 지역의 다양한 문화가 어우러져 문화의 창조 활동이 풍성해지고 있다. 문명으로부터 소외되어 있던 지역의 사람들에게 발전의 혜택이 확대되고 있다는 것은 세계화의 긍정적 측면이라고 할 수 있다.

하지만 세계화는 무한경쟁을 조장하면서 국가 혹은 지역, 계층 간에 소득분배의 불균형과 고용에 대한 불안을 조성하고 있다. 자본의 이동이 자유로워지면서 국제금융시장의 불안정성 역시 증가하고 있다. 이로 인해 사회의 불안정성이 높아지고 있어 일부에서는 '세계화의 덫'을 주장하며 소위 반세계화 운동이 나타나기도 하였다.[18]

2008년 미국의 금융위기를 맞이하여 '월가를 점령하라(Occupy Wall Street)'라는 시위가 대표적 예이다. 또한, 세계화는 각 지역과 국가가 가지고 있는 문화의 고유성과 다양성을 해치고, 인권과 환경을 파괴하는 주범이라고 비판하고 있다. 분명 세계화의 과정과 그 결과로 말미암아 명암이 교차하고 있는 것이 명백해 보인다.

2. 탈세계화 현상

지난 20여 년간 선진국에서 산발적으로 나타났던 반세계화의 움직임은 2016년 영국에서 브렉시트가 가결되고 미국에서 트럼프 대통령이 당선되면서 거대한 흐름이 됐다.[19] 이에 더해 코로나19의 팬데믹 현상은 탈세계화(deglobalization) 현상을 부추기고 있다.

미국의 트럼프 대통령이 집무를 시작하면서 자국우선주의(America First)정책을 선포하였고, 이를 계기로 특히 미국은 최대 무역상대국인 중국과 대립각을 세우면서 세계 패권 다툼의 양상으로 치닫고 있다. 중국에 대한 관세의 과중한 부과와 중국기업의 제재, 기술 주도권 전쟁 등 보호무역정책을 강화하였다. 트럼프 대통령의 뒤를 이은 바이든 행정부 역시 중국을 견제하고, 중국의 굴기를 억제하기 위한 공급망의 탈중국화를 시도하고 있으며, 그 결과 탈세계화의 주요 원인으로 작용하고 있다.

또한, 코로나19의 팬데믹 현상은 세계화에 커다란 걸림돌이 되고 있다. 코로나 전염병의 전 세계적 확산으로 글로벌 수요가 위축되면서 주요국들은 자국의 고용 및 산업경쟁력을 유지하기 위해 점차 자국우선의 보호무역주의를 채택하는 경향을 보이고 있다. 주요국의 국내적 갈등에 국가 간 복잡한 이해관계, 코로나19 대유행까지 겹쳐 향후 당분간 탈세계화 흐름은 이어질 것으로 예상되는 상황에서 향후 글로벌시장이 어떻게 전개될지 귀추가 주목된다.

참고문헌

1) 헤럴드경제, 2019년 6월 14일.

2) 피터 드러커/김용국 역, 전게서, 139쪽.

3) Hill, Charles, W. L., *International Business,* McGraw-Hill, 2002, p 5.

4) 피라그 카나(고영태 역),『커넥토그래피혁명』, 사회평론, 2016년, 246-247쪽.

5) 피라그 카나(고영태 역), 상게서, 31-72쪽.

6) 박의범 외,『세계화와 글로벌경영』, 두남출판사, 2010년, 48-49쪽.

7) 주경철,『대항해시대－해상팽창과 근대세계의 형성』, 서울대학교 출판문화원, 2018년 7쪽.

8) CCTV경제 30분팀/홍순도역,『무역전쟁』, 랜던하우스, 2011년, 33쪽.

9) 상게서, 74쪽.

10) Luke Martell, *The Sociology of Globalization*, Policy Press, 2010.

11) 유현준,『공간이 만든 공간』, 을유문화사, 2020년, 367-368쪽.

12) Williams, Alex O., *International Trade and Investment-a Managerial approach,* John Wiley & Sons, 1982. pp.3-5.

13) 세계무역기구(WTO) 홈페이지(https://www.wto.org/index.htm)

14) 우리나라 FTA체결 및 추진현황(http://www.fta.go.kr/main/situation/kfta/ov/)

15) 장하준(김희정 옮김),『장하준의 경제학강의』, 부키(주), 2014년, 129쪽.

16) 한국일보, EU 이어 미국까지… 탄소발 무역전쟁에 위협받는 '수출 코리아', 2021, 7. 16.

17) 무역협회, 보도자료, '팬데믹 끝나면 '경쟁적 보호무역이 몰려온다.' 2020년. 5월 13일.

18) 하랄트 슈만역/강수돌 역,『세계화의 덫』, 영림카디널, 2003년.

19) KDI경제정보센터, '코로나19로 또다시 타격 입은 세계화…탈세계화 흐름 당분간 이어질 듯'(https://eiec.kdi.re.kr/publish/naraView.do)

핵심내용정리

- 세계화(globalization)의 의미: 생산의 세계화, 시장의 세계화
- 세계화를 촉진하는 환경과 요인
- 세계화의 역사적 단계: 실크로드의 시대, 대항해의 시대, 산업화의 시대, 가상공간의 시대
- 세계화 현상에 따른 국제통상환경의 특징 변화

토론과제

1. 세계화의 진행에 따라 세계경제(global economy)의 생산구조와 시장은 어떻게 변모하게 되었는가?
2. 코로나19로 인한 비대면 환경의 조성으로 인한 전자상거래의 확산은 시장의 세계화에 어떻게 영향을 미치고 있나?
3. 최근 탈세계화 현상은 세계화에 어떻게 영향을 미칠 것인가?

Chapter

3

산업화의 진전과 글로벌시장

Changing Production Mode and Global Market

제 1 절 산업의 발전과 생산요소

제 2 절 산업화의 진전과 생산양식

제 3 절 산업구조의 변화와 글로벌시장

제 4 절 국제경쟁력은 무엇이 결정하나?

시장이 형성되는 원리는 간단하다. 물이 위에서 아래로 흐르듯, 값싸고 품질이 좋은 제품은 생산지에서 그것을 원하는 지역의 시장으로 유입되어 거래된다. 즉 제품의 경쟁력은 근본적으로 생산에 꼭 필요한 생산요소의 조건과 그것의 활용에 달려 있다. 자본, 노동, 토지로 대표되는 생산요소의 조건은 공급될 수 있는 양과 질적 문제에 따라 다르다. 생산요소의 활용효과는 생산지의 조달환경에 따라 결정될 것이며, 산업의 구조와 유형 그리고 시대에 따라 결정된다.

인류가 경제활동을 시작한 이래 시대를 주도하는 산업은 기술의 발전과 더불어 항상 변화하고 발전해 왔으며, 그에 대응하여 생산양식이 바뀌어 왔다. 산업은 시장의 필요(needs)에 부응하여 변모해 왔으며, 최적의 경쟁력을 갖춘 제품을 생산하기 위해 끊임없이 생산방식을 혁신해 왔다. 그래서 경쟁력이 있는 제품만이 시장을 키우고 지배할 수 있었다.

따라서 본 장에서 산업이 어떻게 발전해 왔으며, 산업발전의 단계에 따라 제품의 경쟁력을 결정하는 생산요소의 활용방식은 어떻게 달라져 왔고, 그에 따른 생산양식의 혁신은 현재 세계시장을 주도하고 있는 산업에 어떤 영향을 주었는지 설명하고자 한다.

첫째, 국제통상의 기본원리를 배경으로 시대에 따라 생산요소의 중요도는 어떻게 변화되어왔나?

둘째, 오늘날 무슨 산업이 세계시장을 주도하는가?

셋째, 글로벌시장에서 미래를 주도할 산업은 무엇인가?

넷째, 특정 산업의 국제경쟁력 결정요인은 무엇인가?

산업의 발전과 생산요소

제 1 절

1. 생산요소의 의의

산업이란 인간의 경제활동을 풍요롭게 하기 위한 재화와 서비스를 생산하는 활동이다. 생산은 재화를 만드는 행위나 과정이라고 할 수 있는데, 무엇을 만들어 내려면 어떤 것들이 필요할까? 경제활동의 과정에서 기업이 어떤 제품을 생산하기 위해 꼭 필요한 것을 생산요소(factors of production)라고 한다. 바로 토지(land), 노동(labor), 자본(capital)이다. 이 세 가지는 경제학에서 생산비를 결정하는 기본 요소로서 중요하게 취급해왔다. 산업이 고도로 발전하면서 전통적인 생산요소에 기술(technology), 경영관리(management) 능력 등을 추가하기도 한다.

토지(land)는 땅을 말한다. 농사를 짓기 위한 농지, 공장을 짓기 위한 공장 터, 땅속에 묻혀있는 천연자원을 포함한다. 자연에서 나오는 천연자원은 구리나 철광석 등의 광물자원은 물론이고 석유나 가스 같은 에너지 자원, 깨끗한 공기와 같은 환경까지 모두 이에 해당한다. 모든 재화와 서비스의 생산은 기본적으로 땅 위에서 만들어지기 때문에 토지 없이 그 무엇도 생산할 수 없다.

노동(labor)은 재화나 서비스를 생산하는 데 필요한 사람의 노력을 말한다. 몸을 이용해 일하는 육체노동, 특별한 기술을 이용해 일하는 기술노동, 머리를 써서 일하는 정신노동이 모두 노동이다. 생산요소의 하나로서 노동의 양도 많아야 하지만 노동의 질 또한 중요하다. 노동의 질은 노동의 생산성을 의미하며, 이를 높이기 위한 노력으로 작업의 분업화, 노동 조건의 개선, 기계화 등을 추구해왔다.

자본(capital)은 생산 활동하는데 필요한 재료, 기계, 시설이나 제품 개발에 필요한 자금 등 그것을 마련하는 데 들어가는 돈을 말한다. 즉 자본은 영리를 얻기 위하여 생산에 사용되는 화폐이다. 하지만 넓게는 자본에 자본재를 포함하기도 한다. 자본재란 노동의 대상이 되는 원료, 노동의 수단이 되는 도구나 기계, 노동 설비인 공장 건물 등 생산에 필요한 재화를 말한다. 따라서 자본재는 생산 수단이며, 중간 생산물이다. 그래서 자본은 일정한 기준에 따라 여러 가지로 분류할 수 있다. 기술이나 전문 지식을 가지고 생산활동에 참여하는 인간을 인적 자본이라 하고, 기계나 공장의 건물 등을 실물자본이라 한다. 또 도로, 철도, 통신, 교량 등을 사회간접자본이라고 하는데, 이는 이것들이 직접 재화를 생산하는데 투입되지는 않지만, 간접적으로 생산활동을 돕기 때문에 그렇게 부른다. 요컨대 일반적으로 자본은 돈이라고 할 수 있는데, 각종 자본재와 구분하는 용어로서 돈을 화폐자본이라 한다.

주목할 것은 이 세 가지 생산요소는 경제발전의 단계나 산업구조, 생산양식에 따라 활용방식이나 생산에 투입하는 비중이 다르다는 점이다.[1)]

2. 경제발전단계와 생산요소의 활용

지구에 인류가 출현한 이래 생존과 번영을 위한 경제활동을 하면서 어떠한 단계를 거쳐 발전해 왔는지에 관한 주장은 학자마다 실로 다양하다. 편의상 여기서는 인간이 어떠한 유형의 활동을 통해 무엇을 얻는가 하는 경제행위에 초점을 맞추어 시대의 구분을 단순히 수렵-채집시대, 농업시대, 산업시대, 지식기반시대로 구분한다.[i)]

(1) 수렵과 채집의 시대

수렵-채집시대는 현생 인류가 직립보행은 하면서 자연으로부터 먹을 수 있는 각종 열매와 곡식을 채집하고, 사냥을 통해 야생동물을 사냥하여 의복과 식생활을 유지했던 시대이다. 이 시대에는 채집활동을 하는 동안 언제 어느 곳으로 가야 원하는 열매와 곡식을 얻을 수 있는지 정확한 판단이 필요했을 것이다. 수렵활동 역시 짐승들의 생태 습성이나 이동의 경로 파악은 물론이고 포획하기 위한 도구와 방법에 대한 지식과 경험은 포획의 성과에 영향을 주었을 것이고, 이는 식량 확보와 생존에 직결되는 문제였다. 채집과 수렵 활동의 성과는 활동 영역으로서 숲이 우거진 넓은 땅과 활동에 참여할 수 있는 건강한 사람의 확보에 달

i) 이러한 경제발전단계설과 가장 비슷한 구분으로서 독일 역사학파의 시조라고 하는 G. F. 리스트는 생산력의 구조라는 관점에서 수렵·목축·농경·농공업·농공상업이라는 5단계로 나눈 단계설이 있다.

려 있었을 것이다. 무엇보다 중요한 것은 힘을 쓸 수 있는 인력은 물론이고 수렵과 채집활동을 효과적으로 수행하기 위한 동식물에 대한 풍부한 경험과 지식이 있는 사람이었다.

(2) 농업시대

농업시대는 섭취할 수 있는 식물을 땅에서 재배해야 하므로 토지가 가장 중요했다. 토양이 좋은 토지는 생산성이 높아 좋은 토지를 차지하려는 사람들 사이에 경쟁이 치열했을 것이다. 넓고 비옥한 토지가 있는 국가나 지역은 농업의 생산성이 높았으며, 부를 창출하는 데 유리하다. 넓은 농토를 소유한 만큼 곡식과 식물을 가꾸고 수확하는데 필요한 노동력의 확보는 필수적이었다. 좋은 종자의 확보와 강하고 세련된 농기구는 생산성을 높일 수 있는 수단이 되었을 것이다. 물론 좋은 종자와 농기구를 갖추기 위해 약간의 자본(돈)이 필요했다. 요컨대 농업시대는 비옥하고 넓은 농토의 확보가 우선 조건이며, 그런 다음 필요한 노동과 자본을 마련하는 것이었다. 역시 농업의 시대가 지속되는 동안 농업의 생산성은 농사에 치명적인 영향을 미치는 천재지변이나 기후를 예측하고 대비할 수 있는 지식을 바탕으로 기후와 토질에 맞는 작물의 선택, 파종 시기와 농식물의 재배 관리, 수확 시기 등의 조절과 같은 농사법에 관한 전문 지식을 가진 사람의 확보에 달려 있었을 것이다.

(3) 산업시대

산업시대는 18세기에 영국의 산업혁명을 계기로 시작되었다. 제임스 와트에 의해 증기기관이 발명된 후 이것을 이용해 방직기를 비롯하여 각종 기계 설비를 개량하면서 옷감을 비롯한 생활필수품을 효과적으로 생산하게 되었다. 단순한 도구나 손으로 생산할 때보다 대량으로 생산할 수 있는 체제가 마련된 것이다. 가내 수공업 체제에서 공장제 기계공업 체제로 전환되면서 농업보다 제조업이 더 큰 부를 창출하는 주요 수단이 되었다. 이러한 공장제 기계공업으로 산업화가 큰 진전을 보이면서 생산에 활용되는 요소로서 토지보다는 자본이 점차 중요해졌다. 광활한 토지가 생산성을 좌우했던 농업시대와는 달리 토지는 공장을 지을 수 있는 정도의 땅이면 충분했다. 대규모 생산을 효율적으로 수행하기 위해서는 공장의 기계나 장비를 설치하는데 많은 자본이 소요되었고, 일정한 규모 이상의 공장을 짓는데 필요한 자본의 확보가 매우 중요하게 되었다. 산업혁명 이후 기술이 발전하고 산업이 고도화되면서 노동의 중요성이 다시 주목받기 시작하였다. 산업화 초기에 필요했던 다수의 미숙련 노동력이 아니라 기술력을 갖춘 기술자, 숙련 노동자, 능력 있는 관리자가 산업 현장에 필요했다. 특히 관리 전문인력은 생산기술과 공정이 복잡해지면서 품질이 좋은 제품을 만들도록 노동자를 관리하고, 조직을 효율적으로 운영하는 데 꼭 필요한 역할을 하는 존재가 되었다.

(4) 지식기반시대

지식기반사회의 출현은 20세기 말엽에 진행된 산업구조, 사회관계, 문화와 의식의 급격한 변화와 함께 컴퓨터, 월드 와이드 웹(World Wide Web)과 같은 인터넷 정보통신기술의 도입과 확산이 결정적이었다. 그래서 지식기반 사회를 정보화 사회라고도 한다. 정보통신기술의 핵심 구성 요소는 지식(knowledge)이다. 산업의 핵심이 물질에서 지식으로 바뀌었고, 이에 따라 새로운 지식의 중요성이 과거 어느 때와 비교할 수 없을 정도로 커졌다. 21세기 들어 정보통신기술의 개발과 응용이 더욱 고도화되면서 인공지능, 빅데이터, 로봇기술, 사물인터넷(IoT) 등 한 차원 높은 기술이 등장하고 있다. 심지어 이러한 고도의 정보기술을 활용하는 시대를 일컬어 3차 산업혁명과 구별하여 4차 산업혁명이라 하고 있다. 3차 산업혁명을 거친 4차 산업혁명의 시대는 무엇이 더 중요한 생산요소가 될까? 당연히 특정 분야의 기술과 지식으로 무장한 인력이다. 그리고 새로운 기술투자를 위한 자본이다. 앞선 시대에 비해 더 창의적이고, 연구개발과 개선 할 수 있는 능력을 갖춘 인력과 새로운 분야의 과학기술에 투자할 수 있는 투자자본이 핵심요소이다.

(5) 경제발전단계와 생산요소

지금까지 경제발전의 단계별로 더 중요하게 활용되는 생산요소가 조금씩 달라져 왔으며, 동일한 생산요소라 할지라도 특성을 달리하는 양상으로 적용되고 활용되어왔다는 것을 설명하였다. 생산의 기본 3요소를 기준으로 판단하면 무엇이 더 먼저이고 중요하다고 단정하기 쉽지 않다. 다만 무엇보다 중요한 사실은 생산의 기본 3요소 외에도 시대를 관통하여 생산의 효율성을 결정하는 데 가장 중요한 역할을 하는 것은 그 성격이 조금씩 다르더라도 정보 혹은 지식을 바탕으로 하는 관리능력(management)이라는 것이다.

수렵채집의 시대에도 언제 어디에 가야 원하는 것을 발견하고 어떻게 그것을 손에 넣을 수 있는지에 대한 정보나 지식이 없이는 남들보다 더 많은 생필품을 확보할 수 없었다. 농업시대라고 예외는 아니다. 언제 어떤 작물을 어떻게 심고 작물을 관리해야 더 큰 수확물을 얻을 수 있는지에 대한 정보와 지식이 필요했고, 양질의 단백질 영양을 보충하기 위해 가축을 어떻게 먹이고 돌봐야 하는지 정확히 알고 목축을 하는 것이 중요했다.

결국, 산업혁명 이후 지금까지 산업발전의 필수적 조건으로 과학기술을 배경으로 하는 고도의 정보와 지식이 결정적이라는 것은 상식에 속하는 일이다. 3~4차 산업혁명의 시대를 일컬어 지식기반 경제사회라고 하는 것은 정보와 지식의 중요성이 그 어느 때보다 중요한 역할을 담당하고 있다는 것을 강조하고 있음을 의미하는 것이다.

산업화의 진전과 생산양식 (제 2 절)

1. 산업화의 진전

미래를 주도하게 될 산업은 무엇일까? 앞서 이미 4차 산업혁명을 언급하였고, 4차산업이 미래 세계시장을 주도한다는 것은 쉽게 예측할 수 있는 사실이다.

4차 산업혁명은 진행 중일 뿐 아직 완성되지 않았다. 4차 산업혁명의 성격을 명확히 규명하기 위해 먼저 그 이전의 1차, 2차, 3차 산업혁명의 성격을 정리하여 비교하는 것이 필요하다. [그림 3-1] 산업혁명의 발전단계에서 볼 수 있

[그림 3-1] 산업혁명의 발전단계

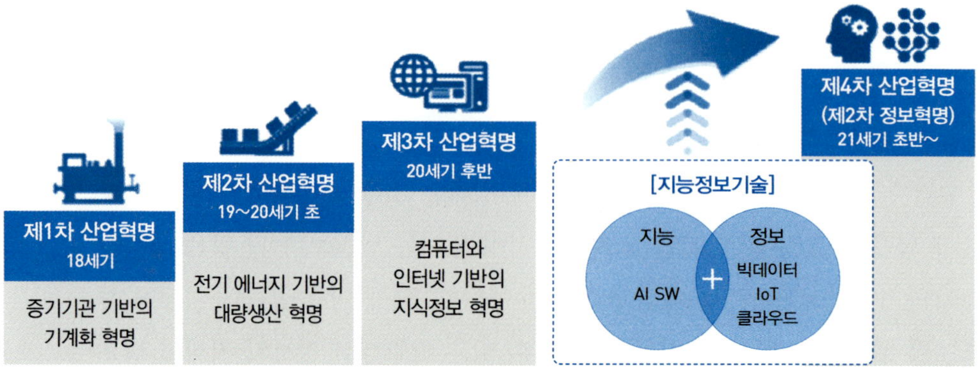

자료: 미래창조과학부 블로그

듯이 일반적으로 1차 산업혁명은 1784년 증기기관의 발명을 기반으로 형성된 기계화에 의해 산업구조가 획기적으로 전환된 시기를 말한다. 2차 산업혁명은 1870년대에 1차 산업혁명에 의한 기계화에 더해 전기가 발명되면서 전기에너지를 기반으로 산업의 대량생산체제가 더욱 공고화된 시기이다. 3차 산업혁명은 1969년에 인터넷이 발명되고 보급되면서 컴퓨터에 의한 정보화와 자동화 생산 시스템의 도입으로 지식정보혁명이 일어났다.

지식정보혁명이 심화하는 4차 산업혁명(The Fourth Industrial Revolution)[ii]은 자연스럽게 생명과학과 함께 로봇이나 인공지능(AI: Artificial Intelligence), 증강현실(virtual reality), 빅데이터(Big Data), 사물인터넷(IoT: Internet of Things)과 클라우드(cloud) 기술의 활용을 통해 실제와 가상의 세계를 통합해 사물을 자동적이면서 지능적으로 제어할 수 있는 가상의 물리적 시스템을 운영함으로써 산업상의 큰 변화를 가져올 것이다.[2)]

즉 인공지능, 증강현실, 사물인터넷(IoT), 클라우딩 컴퓨팅, 빅데이터, 모바일 등 지능 관련 정보기술이 기존 산업과 서비스에 융합되거나, 3D 프린팅, 로봇공학, 생명공학, 나노기술 등 여러 분야의 신기술과 결합하여 실제 세계의 모

---

ii) 제4차 산업혁명이라는 용어는 2016년 세계 경제 포럼(WEF: World Economic Forum)에서 언급되었으며, 정보통신기술(ICT) 기반의 새로운 산업 시대를 대표하는 용어가 되었다.

든 제품과 서비스를 네트워크로 연결하고, 사물을 지능화하는데 이르게 될 것이다. 그래서 제4차 산업혁명은 초연결(hyper-connectivity)과 초지능(super-intelligence)을 특징으로 하고 있다. 이전의 산업혁명에 비해 더 넓은 범위(scope)에 더 빠른 속도(velocity)로 더 큰 영향을 끼칠 것으로 전망된다.[3)]

4차 산업혁명이 진행되면서 다양한 분야의 적용과 무궁한 발전 가능성으로 인해 관련 시장이 어떤 속도로 얼마만큼 성장할 것인지 가늠하기 쉽지 않다. 4차 산업혁명은 곧 인공지능(AI) 혁명이고, 인공지능 기술은 적용과 활용 분야의 한계를 규정짓기 어렵기 때문이다. 인공지능은 앞으로 기업들의 운영을 지능화하고, 제조업을 넘어서 방송통신, 콘텐츠, 투자, 유통 등 전 산업 분야에 두루 적용될 것이다. 이외에도 더욱 지능화된 인공지능이 로봇과 자동차에 적용되어, 생활지원 로봇, 자율주행 자동차로 진화될 것으로 보인다.[4)]

일례를 들면 아마존과 쿠팡은 단순한 온라인 쇼핑기업이 아니라는 것이다. 수많은 주문데이터를 이용하여 빅데이터를 구축한 후 물품 주문, 배송에 대한 예측시스템을 도입 운영하고 있고, 물류센터는 키바(KIVA)라는 로봇을 활용하여 자동화하고 있다. 더 나아가 아마존 웹서비스(AWS)도 클라우드 컴퓨팅산업에서 압도적 일인자가 되어 기업 운영을 위한 솔루션을 기업들에게 웹에서 제공하고 있다. 미래에도 계속 인공지능을 기반으로 사업 활동을 하는 기업들이 미래의 핵심 산업을 지배할 가능성이 크다.

2. 생산양식의 변화

(1) 원료 절약화

미국의 경영학자 피터 드러커는 이미 세계화 따른 세계경제의 특징과 성격의 변화를 지적하면서 전통 산업은 생산과정에서 점차 생산의 요소로서 자원 혹은 원료의 절약화(less material-intensive)가 심화하고 있다는 것을 지적한 바 있다.[5)]

대표적 사례로 1920년대를 대표하는 공산품인 자동차의 경우, 총생산비에서 차지하는 원료와 에너지의 비율이 60퍼센트였는데 반해 1980년대를 대표하는 공산품으로서 '산업의 쌀'이라고 하는 반도체 마크로칩의 경우는 2퍼센트 이하라는 점을 극명하게 대비시켜 제시하고 있다. 이러한 경향은 전화선에서도 찾아 볼 수 있다. 원래 전화선은 구리로 만든 동선이었으나 최근에는 신소재인 글라스파이버(glass fiber)로 급속히 대체되고 있다. 동선은 총생산비에서 원료와 에너지가 차지하는 비용의 비율이 80퍼센트에 가깝지만 글라스파이버는 10퍼센트에 지나지 않는다. 또한, 거시적 관점으로 보아도 마찬가지다. 일본은 1965년에서 1985년에 이르는 20년 동안 공업생산을 2.5배나 신장시켰지만 원료와 에너지의 소비증가는 거의 없었다는 점이다. 이러한 사실은 1985년의 공업제품은 20년 전과 같은 공업제품의 총량을 생산하는데 반 이하의 원료와 에너지만으로 충분했다는 것을 의미한다. 하물며 오늘날 대표 산업이라고 할 수 있는 정보통신 산업의 경우는 원료와 에너지를 거의 사용하지 않는 특징이 있다. 이러한 경향은 다른 말로 산업이 점차 '지식집약화'하고 있다고 표현하기도 한다.

(2) 노동 절약화

세계경제를 이끌고 있는 주력 산업들이 자원 절약화하는 경향과 함께 **노동의 절약화(less labour intensive)**하는 경향 또한 두드러진 변화이다. 특정 산업의 규모가 확대되는데도 생산에 직접 참여하는 현장 인력의 고용은 늘어나지 않는다는 의미이다. 이는 직접 생산에 참여하는 투입 노동단위의 절감을 의미하며, 생산라인의 자동화 혹은 로봇화로 인한 결과이다. 무인 공장화는 이러한 경향을 더욱 부채질할 것이다. 실제 전자 산업과 방직산업의 경우 생산시설의 자동화가 이루어지면서 과거와 비교해 생산설비에 직접 투입되는 인력이 현격히 줄어들었다. 자동차산업을 비롯하여 대부분 산업에서도 생산시설을 자동화하고 로봇시스템을 도입하면서 생산의 현장에 근무하는 노동 인력의 수는 최소화되고 있다. 거시적 통계지표 또한 이를 뒷받침하고 있는데, 미국의 경우 1980년 기준으로 1973년과 같은 수량의 재화를 생산하는데 필요한 공장 노동자의 총 노동시간은 25퍼센트 미만이었다는 것이 이를 뒷받침한다.[6)]

3. 산업화에 따른 사회의 변화

산업혁명 이후 산업화의 진전에 따라 경제와 소비 활동을 포함한 사회적 특성이 변모하였다. 산업화로 나타난 사회적 특성에 따라 산업사회와 후기 산업사회로 구별하여 설명하려는 시도가 많다. 후기 산업사회에 대한 논의는 산업사회가 발전하면서 산업혁명 이후 산업사회가 가지고 있던 고유의 생산양식과 소비양식 그리고 사회-문화적 변화가 이루어지면서 전통적인 산업사회와 구별하고자 하는 시도이다.

전통적인 산업사회는 생산양식을 기준으로 대량생산(mass production)의 시대라고 규정한다. 산업화 초기 동력을 이용한 기계화에 힘입어 표준화를 토대로 설계된 소수의 제품을 대량으로 생산함으로써 비용 절감을 통한 효율적 생산을 가능하게 만들었다. 이른바 소품종 대량생산으로 시장에는 상품의 공급이 넘쳐나면서 소비자에게는 전례가 없는 대량소비(mass consumption) 현상이 나타났다. 시장에서 소비자는 디자인과 색상 그리고 기능이 다양하지 않은 한정된 품목을 선택할 수밖에 없어서 몰개성적인 소비가 이루어졌다. 정보 매체의 형식은 라디오나 텔레비전과 같은 일방통행의 대중매체(mass media)에 의존한 커뮤니케이션이 일반적이었다.

국가의 정부조직에서부터 사기업 조직의 운영은 대체로 피라미드와 같은

[그림 3-2] 산업사회 후기 산업사회의 특징

산업사회	후기 산업사회
• 대량생산(Mass Production) – 소품종 대량생산	• 다품종 소량생산
• 대량소비(Mass Consumption) – 몰개성적 소비	• 개성 중시 소비
• 대중매체(Mass Media) – 일반적 커뮤니케이션	• 양방적 커뮤니케이션
단순화, 전문화, 표준화, 획일화 중앙집권적/수직적 조직형태 물질적 가치 중시	다양화, 비표준화 분권적 조직(TFT) 탈경제적 다양한 가치

수직적 조직체계를 갖추고 중앙집권적 관리 형태가 선호되었다. 특히 기업의 운영에 있어서 효율성이 가장 중요한 가치로 주목받으면서 생산과 조직의 운영에서 표준화를 통한 단순화, 분업을 통한 전문화 등이 중시되었다.

1980년대 들어와서 경제사회 전반에 커다란 변화가 일어나기 시작하였다. 전통산업사회와 달리 소비자는 그저 튼튼하고 값싼 제품보다 자신의 취향에 맞는 아름답고 독특한 제품을 찾기 시작하였고, 기업들은 빠르게 변하는 소비자의 개성에 맞춰 자원과 역량을 총동원하여 신제품을 끊임없이 개발하여 시장에 내놓아야 했다.[7] 자연스럽게 생산은 비표준화된 다양한 품종을 소량으로 생산할 수밖에 없었다. 1990년대부터 인터넷을 기반으로 하는 정보통신기술의 발전은 정보 매체의 활용에 커다란 변혁을 가져왔다. 인터넷을 이용한 블로그, SNS(Social Network Service), 홈페이지, 유튜브와 같은 양방향 소통이 가능한 매체를 기존의 다양한 대중매체를 병행하여 활용하기 시작하면서 양방향 커뮤니케이션 시대로 발전하였다.

정부조직과 사기업 조직의 운영은 수직적 조직체계보다는 권한이 분산된 분권적 조직 형태로 운영되면서 표준화에 의한 획일적 운영 형태가 아니라 특정 과업 중심의 팀제(TFT: Task Force Team)를 통해 조직의 유연한 운영을 통해 성과를 달성하려는 경향을 보이게 되었다. 사회적으로 개성이 강조되면서 물질 중심의 가치에서 점차 탈경제적인 다양한 가치를 소중히 여기는 사회 분위기로 전환되고 있다.

산업구조의 변화와 글로벌시장

제 3 절

1. 산업구조의 변화

산업구조(industrial structure)란 좁은 의미로 한 국가의 국민경제 내에서 산업부문의 구성 비율을 의미하고, 넓은 의미로는 양적인 면에서의 구성 비율만이 아니라 그 질적 측면에서 각 산업부문에서의 자본과 노동의 생산 관계, 자원 및 에너지의 소비, 환경오염, 그 수요구조 혹은 기술구조 등의 문제를 포함한다.[8] 산업구조를 파악하기 위해서 생산구조를 각 생산물의 물리적 성격이나 기술적 인자에 따라 수평적으로 몇 개의 산업부문으로 체계적으로 나누는 것이 먼저다.

산업의 분류는 2 분류법, 3 분류법, 4 분류법 등이 있다. 일반적으로 활용되고 있는 3 분류법에 따르면 1차 산업, 2차 산업, 3차 산업으로 나누며, 1차 산업은 농업, 임업, 목축업, 수산업 등과 같은 원시적 산업을 말하고, 2차 산업은 광업, 제조업과 같은 이른바 근대적 산업을 말한다. 그리고 3차 산업에는 상업, 금융업, 보험업, 운수업, 창고업 등과 같이 재화의 유통에 관한 것과 서비스업이 이에 포함된다.[iii]

한 국가의 전체 경제활동에서 특정 산업에 종사하는 취업자의 수 혹은 창출하는 부가가치의 정도 등에 대한 구성과 상호관계를 나타내는 산업구조는 경제가 발전하면서 변화하는 것이 일반적인 현상이다.

일반적으로 한 나라의 산업구조 변화는 대체로 세 단계 과정으로 나타난다. 먼저 산업화 초기 단계에 있는 국가는 1차 산업의 비중이 높고 토지가 중시된다. 노동 집약적 산업이 발달한 저개발 농업국이나 자원개발 위주의 저개발 공업국이 이에 해당한다. 다음은 공업화가 진전됨에 따라 2차 산업의 비중이 높아지고, 자본이 중시되는 생산의 기계화와 공산품의 생산 비율이 높아지는 개발도

iii) 3 분류법으로 가장 널리 활용되고 있는 것은 경제학자 콜린 클라크의 분류다. 그는 〈경제 진보의 제조건(The Conditions of Economic Progress)〉이라는 책에서 한 나라의 모든 산업을 세 가지로 분류하였다. 곧 제1차 산업, 제2차 산업, 제3차 산업이다.

상국이다. 마지막으로 후기 산업화 단계에서는 서비스산업인 3차 산업의 비중이 가장 높아지고, 정보가 중시되는 고도의 기술 집약적인 산업이 발달한 선진국이 이에 해당한다.

2. 글로벌 상품시장

IMF의 무역통계 발표에 의하면 세계무역규모는 2018년 지구촌 209개국(투발루 같은 작은 소국까지 모두 포함한 수치)은 약 19조 5천억 달러를 수출하고, 약 19조 5천억 달러를 수입함으로써 도합 약 40조 달러에 상당하다고 집계한 바 있다.

국가별로 살펴보면 수출은 중국(약 2조 4,800억 달러), 미국(약 1조 6,600억 달러), 독일(약 1조 5,600억 달러) 순으로 기여하고 있으며, 수입은 미국(약 2조 6,120억 달러), 중국(약 2조 1,350억 달러), 독일(약 1조 2,850억 달러) 순이다. 참고로 한국은 수출 약 6,040억 달러, 수입 약 5,350억 달러로 총 교역규모가 약 1조 달러를 상회하고 있고, 수출은 세계 6위, 수입은 세계 9위의 규모이다.

3. 글로벌 서비스시장

서비스산업(service industry)은 이미 언급하였듯이 상업, 금융업, 보험업, 운수업, 통신, 관광, 의료, 교육, 광고업 외에도 식음료와 숙박업, 컴퓨터와 영상 관련 산업, 문화산업[iv] 등을 포함한다. 서비스산업은 새로운 업태가 계속 생겨나고 있어서 서비스업의 거래 규모는 꾸준히 커질 수밖에 없다. 오늘날 선진국 경제에서 서비스업이 전체 산업에서 차지하는 비중이 날로 커지는 만큼 서비스업의 성장이 곧 경제성장의 열쇠를 쥐고 있다고 해도 과장된 말이 아니다.

참고로 오늘날 세계 경제에서 서비스산업이 차지하는 비중을 보면 아직은 상품거래의 교역 규모에 미치지 못하지만, 그 성장률은 상품거래를 능가한

iv) 유네스코(UNESCO)는 "일반적으로 한 기업이 문화상품이나 그 서비스를 생산, 재생산, 저장, 배포하는 활동이 상업적이고 기업적인 방식으로 경제적인 목적을 위해서 대규모로 이루어질 때 이를 문화산업"이라고 한다. 영화, 방송, 음악, 상업미술, 패션 등과 각종 스포츠와 레저산업이 대표적 예이다.

[그림 3-3] 글로벌 서비스시장의 현황

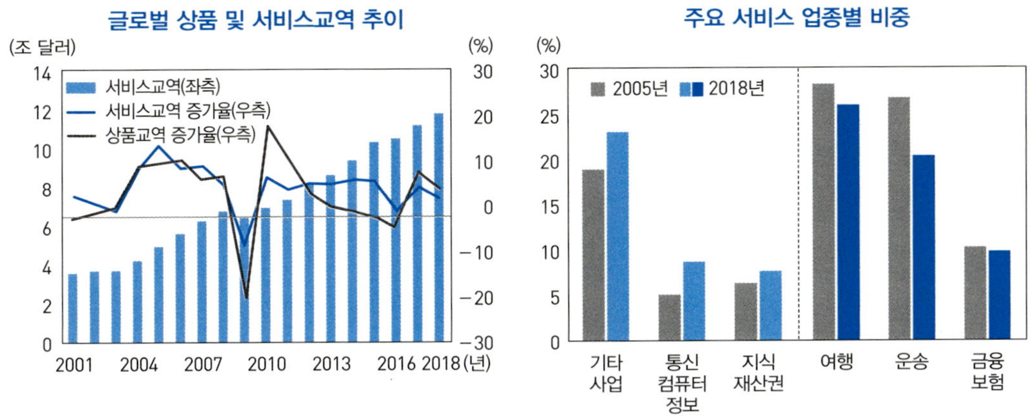

주: 명목수출액+명목수입액 기준
자료: WTO

주: 파랑은 비중 증가(감소)
자료: ITC Trademap

다. [그림 3-3]에서 볼 수 있듯이 2018년 기준 글로벌 서비스 교역금액은 11조 7,000억 달러를 기록해 전 세계 교역 규모의 20%에 그쳤지만, 부가가치 교역기준으로는 50%에 육박하는 수준이다.[9)]

최근 글로벌 서비스교역의 주요 특징으로 고부가가치 교역 확대, 선진국 수출특화 지속, 높은 교역 비용, 높은 외국 법인 교역의 비중 증가를 꼽을 수 있다. 우선 정보통신기술(IT)의 발전과 인터넷 보급 확산, 경제의 지식집약화 등으로 전문 경영컨설팅, 연구개발(R&D), 통신, 컴퓨터, 정보, 지식재산권 사용 등 고부가가치 서비스교역이 빠르게 성장했다. 실제 주요 업종별 비중의 변화를 2005년과 2018년을 기준으로 비교해보면 연구개발(R&D)과 전문 경영컨설팅, 기술, 무역, 기타사업을 포함하는 기타 사업서비스는 18.7%에서 22.5%로, 통신, 컴퓨터, 정보는 5.2%에서 8.7%로, 지식재산권 사용료는 6.4%에서 7.7%로 각각 확대되었다.

글로벌 서비스시장은 산업의 지식집약화 경향과 다양한 서비스업종이 분화되어 발전하고 있다. 특히 미래에 주목할 만한 시장으로서 문화산업과 4차 산업혁명 관련 시장은 그 성장 잠재력으로 인해 글로벌 교역에서 차지하는 역할이 더욱 확대될 것이라는 전망이다.

(1) 문화산업

문화산업 분야에서도 디지털시대가 도래하면서 문화를 소재로 콘텐츠를 생산하여 유통하는 각종 상품이나 서비스가 등장하기 시작하였다. 즉 문화 콘텐츠가 대중이 소비하는 경제활동의 하나가 되었다. 문화가 산업이 되어 자본이 투입되고 기업에 의해 영화, 방송, 음악, 패션 등이 생산되고 유통되고 있다. 문화산업이 공산품의 생산공정과 유사한 분업의 원리가 적용되고, 가능한 한 최소의 비용을 들여서 최대의 이윤을 창출하는 것이 대중문화 생산자들의 공통된 목표다. 따라서 문화산업도 돈을 많이 벌기 위해서 대량생산에 의한 대량소비가 필수이다.[10)]

최근에는 상품화의 영역이 더욱 확대되어 사람들이 일상적으로 즐기던 여가와 오락 그리고 문화와 예술까지도 포함하게 되었다. 예를 들어 미국 영화계에서 블록버스터[v)] 한 작품의 수익은 규모가 큰 자동차 회사의 연간 수익보다 더 크다. 온라인 게임 시장은 인터넷과 모바일 정보통신을 기반으로 확대일로에 있으며, 각종 레저산업과 미국의 골프(PGA & LPGA), 야구(MLB), 농구(MBA), 미식축구(MFL), 아이스하키, 축구 등과 같은 스포츠 분야는 다양한 콘텐츠를 유통하고 있을 뿐만 아니라 용품 관련 산업에도 막대한 영향을 미치면서 시장규모를 키우고 있다.

(2) 4차 산업혁명 관련 산업

서비업 중에서 4차 산업혁명 관련 산업은 대개 정보통신과 밀접한 연관성을 갖는 기술로서 사물인터넷(IoT), 모바일 통신, 빅데이터, 인공지능(AI), 보안, 자율주행 자동차 등이 있다. 참고로 글로벌 시장조사기관인 가트너는 인공지능 관련 시장규모에 대해 2022년에 3조 9,230억 달러를 상회할 것으로 내다봤다.

매킨지 글로벌 연구소는 지난해 인공지능 연구에 앞선 기업은 2030년까지 지금보다 122% 많은 경제적 가치를 창출하겠지만 인공지능 연구에 뒤진 하위 기업은 2030년 현금 창출이 23% 하락한다는 조사 결과를 내놨다.[11)]

---

v) 블록버스터(blockbuster)란 영화에서 단기간에 큰 흥행을 올리기 위해 엄청나게 돈을 들여 만든 대작을 뜻한다.

[그림 3-4] 전 세계 인공지능시장의 전망 (단위: 달러)

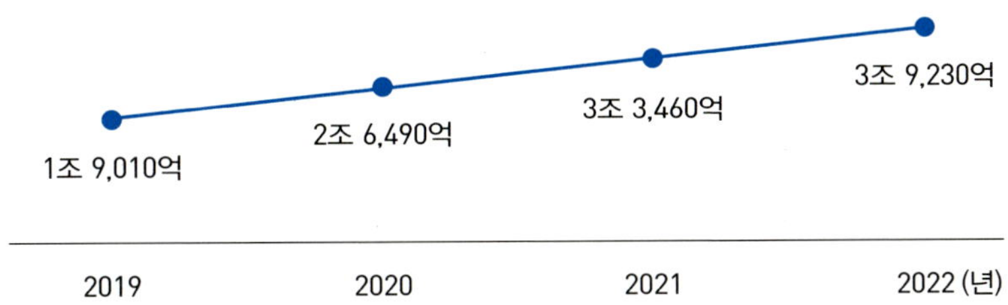

자료: 시장조사기관 가트너

마지막으로 인공지능을 기반으로 자율주행 자동차 시장을 주목할 필요가 있는데, 한 기관의 예측에 따르면 2030년 전 세계 자율주행차 시장규모가 600억 달러에 이를 것으로 전망한 바 있다.[12)]

4. 글로벌 금융시장

글로벌 금융시장은 일반적으로 신용시장(credit market), 외환시장(exchange market), 파생상품시장(derivatives)으로 구성되어 있다. 신용시장은 주식이나 채권과 같은 유가증권 발행과 거래를 통한 자금조달 행위에 의해 형성되는 시장으로서 직접금융시장과 은행을 통해 대여와 같은 형식의 자금조달 행위에 의해 형성되는 간접금융시장으로 나누어진다. 외환시장은 거래의 방식에 따라 현물환, 선물환 그리고 스왑시장으로 구성된다. 파생상품시장은 금리, 환율 등을 대상으로 하는 선물, 옵션, 스왑시장이 있다.

국제통화기금(IMF)이 추정한 글로벌 금융시장의 규모는 2017년 기준 세계 총생산액의 12.8배 이상이다. 한국 GDP의 657배에 달한다.[13)] 국가와 민간부문의 글로벌 채권시장은 215조 달러, 글로벌 주식시장의 시가총액은 81조 4,300억 달러, 선물과 옵션, 그리고 구조화 증권 등 파생금융 상품시장은 544조 달러로 집계되었다. 세계 외환시장의 규모는 2016년 기준 5.1조 달러 규모였으며, 2019년 집계에 따르면 약 6.6억 달러로 그 규모가 빠르게 성장하고 있음을 시사하고 있다.

[그림 3-5] 국제금융시장의 규모

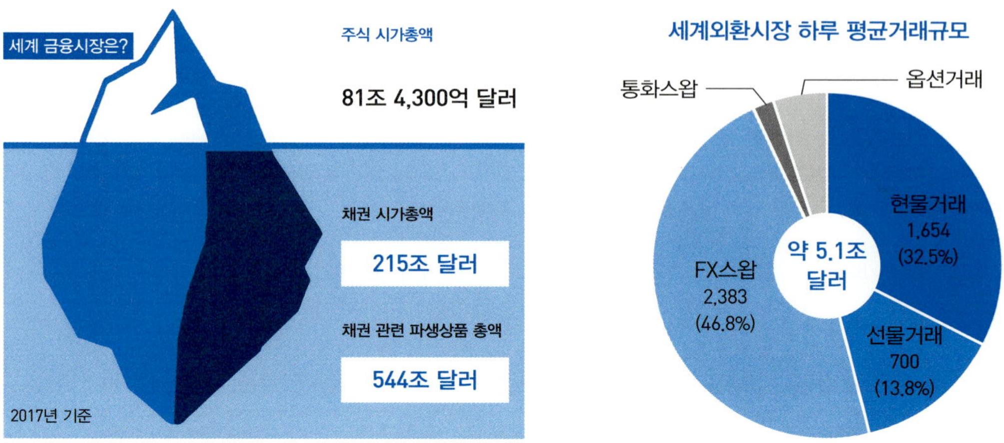

자료: 세계 금융시장규모 – 주간조선, 홍익희의 세상만사: 무역전쟁 이야기③ 미국이 마냥 유리한 것만은 아니다, 2018. 8. 31.
외환시장규모(https://antfx.kr/)

국제금융거래의 본래 목적은 무역과 투자의 결제수단으로서 실물거래의 보조 수단이었다. 이를 위해 국가간 다른 통화를 사용하면서 외환시장이 만들어졌고, 기업과 은행, 은행과 은행 사이에서 외국환 거래가 이루어지게 되었다. 필요하면 은행은 자금의 조정을 꾀하기 위해 해외 금융시장에서 환거래를 하거나 필요한 자금을 조달하기 위한 자금의 대차와 대여를 통해 국제유동성을 원활하게 하는 활동을 한다. 지금까지 이러한 국제간 외환과 금융의 중심은 런던과 뉴욕시장이 담당해 왔다.

언제부터인가 국제금융시장의 규모가 커지고 선진국의 자본축적이 확대되면서 국제거래에 사용되는 대금결제용 화폐의 이동보다 금융과 투자에 의한 수익 창출을 목적으로 하는 거래의 규모가 수백 배 더 커지게 되었다. 이러한 현상에 대해 피터 드러커는 그의 저서 '새로운 현실(1997)'에서 "실물시장을 좌우하는 것은 금융시장이다(It is the symbol economy that control the real economy)"라고 하여 국제무역의 실물거래시장에 대한 국제금융시장의 영향력이 막대해졌음을 지적한 바 있다.

1997년도 아시아 일부 국가를 포함하여 우리가 직접 경험한 '외환위기'는 이러한 현상을 뒷받침한다. 국가 경제의 기본은 탄탄하고 수출 전선에 큰 문제가 없었는데도 서구의 투기자본은 금융시장을 흔들어 단기간에 몇몇 국가의 경제를 곤경에 빠뜨리면서 수많은 회사가 부도를 맞고 회사원들은 일자리를 잃는 고통을 겪었다.

2008년 미국의 리먼 브러더스(Lehman Brothers)로부터 시작된 금융위기는 세계경제 침체의 도화선이 되어 개인은 물론이고 기업들의 정상적인 경제 활동에 치명상을 입혔다. 이와 같이 오늘날 국제금융시장은 금융시장 나름의 자체 동력에 의해 움직이고 있으며, 금융시장의 변동성은 바로 실물거래시장에 막대한 영향력을 미치고 있다는 것을 보여주고 있다.

국제경쟁력은 무엇이 결정하나? 제 4 절

오늘날 정보통신 산업의 발전과 함께 경제사회의 성격은 소위 4차 산업혁명이 진행되면서 빠른 속도로 지식기반사회로 이행하고 있다. 분명한 것은 산업구조는 바뀌어 가고 있고, 시장에서 기업의 생존과 발전의 조건은 달라졌다는 점이다.

이러한 변화의 시대에 기업이 국제경쟁력을 확보하는데 기본적인 생산의 요소는 어떻게 작용할까? 경제가 발전하면서 산업의 구조나 생산양식이 변화하였는데, 어떤 생산요소가 더 중요할까?

일반적으로 다수의 기업이 국제시장에서 특정 재화나 서비스를 내놓고 시장에서 치열한 경쟁을 한다. 거래가 성사되려면 먼저 시장에 출시하는 상품이 시장의 수요를 충족시켜야 한다. 시장이 원하고, 시장에서 거래를 성사시키는 힘이 있어야 한다. 그 힘의 원천은 기본적으로 가격과 제품 자체에서 나온다. 시장에서 가격과 제품은 경쟁력의 원천이다. 가격과 제품의 경쟁력은 판매되는 힘으로 작용하는데, 시장에서는 이를 시장경쟁력이라고 한다.

다시 말해, 글로벌시장에서 기업의 시장경쟁력은 **가격경쟁력**과 **비가격경쟁력**으로 구성된다. 글로벌시장에서 **가격경쟁력**은 자본비와 인건비 등 생산비용과 환율 등에 의해 결정되며, 이는 자국 기업의 상품과 타국기업의 상품 간의 가격 차이로 나타난다. 비가격경쟁력은 제품의 품질, 브랜드, 애프터서비스의 질 등 가격으로 계산할 수 없는 요인에 의해 결정된다.[14)]

가격경쟁력은 대부분 제품의 시장에서 여전히 큰 영향력을 발휘한다. 가격은 경쟁을 위한 필요조건이다. 하지만 오늘날 세계화의 진전으로 인해 기업들은 생산비용의 절감을 위해서라면 세계 어느 곳이든 최적의 생산지를 자유롭게 선택할 수 있다. 어느 기업이나 저임금과 자원에 대한 접근의 편의를 도모할 수 있는 국가에 쉽게 공장을 설립하고 생산할 수 있는 시대이다. 점차 제품 가격의 차별화로 경쟁력을 확보할 기회는 점차 줄어들고 있다.

반면, 비가격경쟁력은 기업의 자체 경영관리능력에 따라 차별화가 가능하다. 기업이 새로운 경쟁력의 원천으로서 제품의 품질, 디자인, 색상, 브랜드, 애프터서비스의 질과 같은 비가격 부문의 비교우위는 기업이 보유한 경험과 지식의 축적과 활용 능력에 의해 창출할 수 있는 것이다. 비가격경쟁력은 더는 물리적인 생산조건을 기반으로 만들어지는 것이 아니라 조직 내 지식과 관리능력에 의한 소프트파워에 의해 발현된다.

폴 로머(Paul Romer)[vi)] 같은 경제학자는 신성장론을 주장하면서 이제는 생산의 3요소가 토지, 노동, 자본이 아니라 재료(things), 사람(men), 아이디어(ideas)라고 주장한 바 있다. 그에 따르면 더 이상 기술이 없어서 물건을 못 만드는 것이 아니라 아이디어가 없어서 물건을 만들지 못할 뿐이지 아이디어만 있으면 타 기업과 차별화된 물건을 만들 수 있다는 것이다. 여기에서 아이디어는 또 하나의 지식을 말하는데, 이는 소프트웨어, 콘텐츠, 데이터베이스 같은 형태를 말한다.

이러한 현상을 반영하는 하나의 흐름으로 기업의 평가척도를 들 수 있다. 과거에는 기업을 평가할 때 매출액, 금융자산, 시장점유율, 실물자산의 규모나 가치가 주요 척도였는데, 오늘날은 그 기업이 조직과 조직 내의 개인이 보유한

---

vi) 폴 로머(Paul Michael Romer)는 미국의 경제학자로, 내생적 성장이론에 기여한 것으로 알려져 있다. 기술적 진보의 문제를 외생적 변수가 아닌 내생적 변수로 본 경제성장모형을 개발하는 데 기여하였다.

집단적 지식을 중요한 자산으로 평가한다. 즉 기업이 가지고 있는 인적자원, 고객과의 관계, 브랜드가치 등이 기업 가치에 결정적 영향을 미친다고 판단한다. 특히, 미국의 포브스(Forbus) 잡지는 매년 전 세계 기업들을 대상으로 기업의 브랜드가치를 기준으로 순위를 매기는데, 2000년대 들어와서 거대한 물적 자산을 보유한 GM, GE, Ford 등과 같은 덩치 큰 회사보다 지식을 기반으로 하는 정보통신 분야의 기업들을 높이 평가하면서 상위에 올려 놓고 있다. 참고로 2018년 순위를 보면 Facebook, Apple, Amazon, Netflix, Google-(FAANG), Microsoft 등의 기업들이 선두를 차지하고 있다.[15] 급속하게 성장하고 있는 중국경제도 바이두, 알리바바, 텐센트, 화웨이 등 정보통신 관련 기업들이 견인하고 있다.

요컨대, 오늘날과 같은 지식기반사회에서 기업의 경쟁력을 결정하는 주 요인은 기업의 물적 자산의 토대나 전통적인 생산요소에 대한 접근의 용이성보다는 생산요소의 질적 수준과 활용도이다. 당연히 그 기업과 기업 내 인력이 가지고 있는 기술력, 관리능력(management)과 같은 지식의 축적을 바탕으로 브랜드가치를 높일 때 기업의 가치는 높게 평가받을 수 있다.

참고문헌

1) 김민주, 『시장의 흐름이 보이는 경제법칙 101』, 위즈덤하우스, 2011년.

2) [네이버 지식백과], 4차 산업혁명, 시사상식사전, pmg 지식엔진연구소.

3) [네이버 지식백과], 제4차 산업혁명, [The Fourth Industrial Revolution], IT용어사전, 한국정보통신기술협회.

4) 고경철, '로봇과 인공지능 그리고 4차 산업혁명,' 로봇신문, 2019년 7월 9일.

5) 피터 드러커(Peter Druker)-김용구 역, 『새로운 현실』, 시사영어사, 1989년, 148쪽.

6) 상게서, 149쪽.

7) 김선영 외, 『세상을 보는 눈 1.6』, 이슈투데이, 2001년, 243쪽.

8) 노동자의 책(http://www.laborsbook.org/dic/view.php?dic_part=dic05&idx=5264)

9) 이투데이, 2020년, 1월 19일.

10) 김창남, 『대중문화의 이해』, 한울아카데미, 2003년.

11) 주간경향, '손정의가 AI를 그토록 외친 이유,' 2019년 8월 19일.

12) 양희태, '4차 산업혁명 시대-자율주행차 어디까지 왔나?,' IT DAILY, 2019년 8월16일.

13) 중앙선데이, '양적완화로 글로벌 금융자산 1,000조 달러 돌파 … 세계 총생산의 12배,' 2018년 1월 17일.

14) [네이버 지식백과], 국제경쟁력, 매일경제, 매경닷컴(http://terms.naver.com/entry.nhn?docId=2238&cid=43659&categoryId=43659).

15) www.forbes.com/search/?q=The%20most%20valuable%20brand%202018#231aa412279f

핵심내용정리

- 생산요소의 의미
- 경제발전단계와 생산요소의 활용
- 산업화에 따른 생산양식의 변화: 자원절약적 경향, 노동절약적 경향
- 세계경제의 성장에 따른 산업구조 변화의 양상
- 국가의 국제경쟁력 결정 요인

토론과제

1. 디지털경제로 전환됨에 따라 미래의 산업은 어떠한 생산요소를 긴요하게 활용하게 될까?
2. 향후 세계시장은 어떠한 산업이 주도할 것인가?
3. 4차 산업혁명의 시대는 인공지능과 로봇, 사물인터넷 등의 활용으로 거의 모든 산업은 노동절약화 경향을 더욱 가속화할 것으로 예상된다. 향후 노동시장에서 살아남을 가능성이 높은 직업군은 어떤 것일까?
4. 4차 산업혁명의 시대에 국가와 기업의 경쟁력은 무엇에 의해 결정될까?

Chapter 4

국제통상과 무역에 관한 이론

International Trade Theories

과학은 우주를 포함하여 이 지구상에서 일어나는 현상에 대한 인과관계(cause and effect)를 밝히는 것이다. 역사적으로 인류는 우주 만물의 복잡한 현상의 원리를 밝히기 위한 모델을 개발하기 위해 힘써 왔으며, 개발된 기존의 모델과 이론은 늘 혹독한 과학적 검증을 거쳐 끊임없이 수정되었다. 가령, 지구가 우주의 중심에 자리하고 있으며, 지구를 중심으로 우주가 운행하고 있다는 그리스의 천문학자 프톨레마이오스의 주장은 15세기까지도 진리인 것으로 받아들였다. 그러다가 오히려 지구가 태양 주위를 자전과 공전을 하며 움직이고 있다는 지동설을 주장한 코페르니쿠스(1473-1543)의 발견에 따라 사고의 대전환, 즉 패러다임의 전환이 이루어진 것이 대표적 예이다.

국제통상의 현상에 대한 보편적인 설명의 틀이라고 할 수 있는 많은 국제통상과 무역이론들이 제시되었고, 시간이 흐름에 따라 통상환경이 바뀌면서 그 시대의 무역 현상을 설명할 수 있는 새로운 이론이 등장하거나 기존의 이론을 수정·보완하는 작업이 이루어져 왔다.

따라서 본 장에서 다루는 내용은 다음과 같다.

첫째,국제통상과 무역이론들의 발전과정을 더듬어 먼저 18세기부터 본격적으로 형성되기 시작한 무역이론, 즉 국가를 거래의 단위로 전제하고 국경을 초월하여 일어나는 국제무역거래가 어떤 동기와 원리에 의해 이루어지는가를 설명하고 있는 전통적 고전무역이론을 설명한다.

둘째, 현대적 새로운 무역이론을 소개한다. 새로운 무역이론은 주로 기업을 분석단위로 하는 이론으로서 세계화의 진전으로 상품, 자원, 자본, 노동 등의 요소이동의 자유와 시간의 흐름에 따른 기술진보, 생산요소량의 변화를 수용한 동태적 이론의 체계를 갖추고 있다.

전통의 고전무역이론

제 1 절

전통적으로 국제무역이론은 국가 간 무역이 왜 발생하는지, 한 나라가 무역에 참여할 경우 어떤 상품이 수출되고 어떤 상품이 수입되는 것인지, 수출품과 수입품의 교환비율은 어떻게 결정되는지, 무역에 참여한 국가들이 얻게 되는 이익이 무엇이며, 그 이익이 국가 간에 어떻게 배분되는지 등의 문제를 주로 다루었다.

18세기 애덤 스미스(Adam Smith)는 국부(national wealth)의 개념을 새롭게 정의하고, 생산비 절대우위(absolute advantage)에 따른 국제분업을 통한 국가 간 자유로운 무역을 주장하였다. 즉 교역하게 될 각국이 상대국보다 생산비가 절대적으로 더 적게 들어 효율적으로 생산할 수 있는 제품을 완전특화(complete specialization)한 후, 자유무역을 통해 원하는 만큼 서로 교환하게 되면 무역을 하기 전보다 무역에 참여한 국가들이 더 많은 생산과 소비를 할 수 있다는 논리다.

이후 데이비드 리카르도(David Ricardo)는 그의 저서에서 비교우위(comparative advantage)의 법칙을 설명하면서, 두 국가 중 한 나라 제품의 생산비가 모두 절대우위를 가지고 있다고 할지라도 상대적으로 절대우위가 큰 제품(한 나라의 비교우위 제품)을 특화하여 생산하면 상대방 국가는 제품의 생산비가 모두 절대 열위에 있다고 하더라도 상대적으로 덜 열위에 있는 제품(비교우위 제품)을 특화하여 생산한 후 두 나라 간 자유무역을 하면 상호이익이 가능하다고 주장하였다.

한편 밀(John Stuart Mill)은 교역 상품의 국제 교환비율과 교역 당사국 간 무역이익의 배분 비율을 설명하였다. 두 상품의 국제 교환비율은 양국의 비교생산비의 상한과 하한 사이에서 결정되는 구간이며, 일국의 수출 제품에 대한 타국의 수요와 타국의 수출에 대한 일국의 수요가 일치하는 점에서 교환비율이 최종적으로 결정된다는 상호수요이론(theory of reciprocal demand theory)을 제시하였다.

고전무역이론은 초기 국제무역 현상을 설명하면서 자유무역을 장려하는 논리로서 상당히 유용하였으나, 분명한 한계도 지니고 있다. 이론의 한계점은 이론을 전개할 때 생산요소 중 오로지 노동만을 고려했다는 것이다. 그래서 국가의 비교우위는 노동생산성의 차이에 의해 결정된다는 전제를 바탕으로 하였다.

아울러 근본적으로 양국 간 노동생산성의 차이를 가져오는 원인이 무엇인지 설명하지 못하였다.

다음으로 헥셔 – 올린(Heckscher-Ohlin)은 그들의 분석에서 생산요소로서 노동과 자본의 조건을 고려하여 무역이론을 확장하면 비교우위의 발생 원인과 무역패턴에 관한 설명을 시도하였다. 이에 더해 요소가격 균등화정리(factor price equalization theorem)를 주장하였다. 요소가격 균등화 정리란 장기적으로 무역을 지속하면 두 국가의 상품 가격은 물론이고 생산요소의 가격이 같아진다는 이론이다.

이후 무역이론으로서 무역에 따른 계층 간 실질소득의 분배에 관한 스톨퍼 – 사무엘슨(Stolper-Samuelson theorem)의 연구, 무역과 경제성장에 관한 립진스키 정리(Rybczynski theorem) 등이 있다.

이와 같은 고전적 무역이론은 논리 전개의 편의를 위해 여러 가지 가정을 하고 있다. 그 가정을 정리하면 다음과 같다.

첫째, 시간이 흘러가도 한 국가의 생산과 소비의 기반이 되는 인구, 자본, 기술 등이 변하지 않는다.

둘째, 이 세상에는 두 개의 국가, 두 가지 물품, 한 가지 혹은 두 가지 생산요소(2 countries × 2 goods × 2 factors)만 있다.

셋째, 생산요소의 생산성과 생산요소의 투입에 따른 생산능력을 나타내는 생산함수는 변하지 않는다고 가정한다. 또한 양국이 보유한 생산요소의 질(quality)과 생산능력은 같다.

넷째, 생산하는 각 물품은 생산할 때 집중적으로 필요한 생산요소의 종류가 다르다. 즉 생산하는 물품마다 다른 요소 집약도(difference in intensiveness by each goods)의 특성을 갖는다. 예를 들면 생산할 때 다른 생산요소보다 상대적으로 노동의 투입 비율이 높은 농산품과 같은 재화의 경우를 노동집약재라고 하고, 생산할 때 상대적으로 자본의 투입 비율이 높은 공산품과 같은 재화를 자본집약재라고 한다.

다섯째, 생산요소의 지역 혹은 국가 사이의 이동은 없다.

여섯째, 시장은 완전경쟁(perfect competition) 상태이고, 생산은 완전고용

(full employment)상태이다. 시장은 독점이나 과점, 카르텔 등이 없으며, 생산에서 유휴 자원이나 설비가 없으며, 고용에서 실업은 없다.

일곱째, 양국이 교역하는 상품의 운송비용은 없으며, 무역활동의 규제가 없는 완전 자유무역(Free Trade- no regulation, no freight)이 실현되고 있다고 가정한다.

1. 절대생산비설

18세기 애덤 스미스(Adam Smith)는 국부의 개념을 새롭게 정의하고, 생산비 절대우위(absolute advantage)에 따른 국제분업을 전제로 국가들 사이에 자유무역을 하면 상호 무역이익을 얻을 수 있다고 주장하였다.[1] 즉 교역을 하게 될 각국이 상대국보다 생산비가 절대적으로 더 적게 들어 효율적으로 생산할 수 있는 제품을 선택하여 생산을 완전특화(complete specialization)한 후, 자유무역을 통해 원하는 만큼 서로 교역하면 교역에 참여하는 양국은 무역하기 전보다 더 많은 생산과 소비를 할 수 있다는 논리다.

앞서 기술한 가정에 따라 애덤 스미스의 절대우위론 또는 절대생산비설(theory of absolute advantage)을 설명하는데 필요한 조건이 [표 4-1]에 제시되어 있다.

전제한 바와 같이 이 세상에는 영국과 미국이라는 나라만 있고, 두 개의 재화가 있으며, 생산에 투입되는 생산요소의 질(생산성)은 같다. 각국은 완전고용과 완전경쟁시장의 조건을 갖추고 있다. 아울러 두 국가 사이의 교역에 따른 운송비용은 없으며, 무역 활동의 장벽과 같은 규제가 전혀 없어서 자유롭게 교역을 할 수 있다.

[표 4-1] 두 국가의 생산 물품과 생산의 조건

구분	영국	미국
직물	30	80
밀	90	40
생산요소(노동)의 총량	120	120

[표 4-1]에 표시된 숫자의 의미는 미국과 영국이 각각 두 물품을 한 단위 생산하는데 필요한 생산요소의 양이다. 가령, 영국은 직물 한 단위 생산하는데 필요한 요소(사실상 노동단위)[i]의 양은 30단위, 밀은 90단위가 필요하고, 미국은 직물 한 단위 생산에 필요한 요소의 양은 80단위, 밀은 40단위가 필요하다는 것을 나타낸다. 생산하는데 필요한 요소의 양이 적으면 적을수록 생산비용이 적게 들고, 많을수록 높은 생산비용이 들어간다는 의미이다. 그렇다면 영국은 미국에 비해 직물을 생산(30:80)하는데 절대우위에 있고, 미국은 밀을 생산(40:90)하는데 절대적으로 유리한 조건이다.

[표 4-2]에서 보는 바와 같이 두 국가가 각국이 생산에 절대 유리한 품목을 특화한 후 교역을 한다고 한다면, 영국은 120단위의 총생산요소를 오로지 생산에 절대 유리한 조건의 직물 생산에 투입하면 네 단위의 직물을 얻을 수 있고, 미국은 120단위의 총생산요소를 밀 생산에만 투입하면 세 단위의 밀을 얻을 수 있을 것이다. 그리고 두 국가가 각국이 생산한 물품, 즉 직물 한 단위와 밀 한 단위를 서로 교환(1:1)하는 무역거래가 이루어진다면 무역한 이후 영국은 직물 세 단위와 밀 한 단위, 미국은 밀 두 단위와 직물 한 단위를 얻어 소비할 수 있게 된다. 결과적으로 각국이 교역하기 전에 각자 생산하고 소비할 때보다 생산에 유리한 조건의 특정 재화를 특화 생산한 후, 교역하면 영국은 직물을 두 단위 더 소비할 수 있게 되고, 미국은 밀 한 단위를 더 소비할 수 있어서 양국은 모두

[표 4-2] 두 국가의 특화 후 무역이익

구분	영국	미국
직물	30	80
밀	90	40
생산요소의 총량	120	120
특화 생산	직물 4단위 생산	밀 3단위 생산
교역조건	직물 1단위 : 밀 1단위	
무역이익	직물 + 2단위	밀 +1단위

i) 상품의 가치나 가격은 그 상품의 생산에 투입된 노동량에 의해 결정된다는 노동가치설을 적용한다면 이해가 쉬울 것이다. 실제, 오늘날 일반 공산품의 경우 인건비가 총생산비에서 차지하는 비중이 60~70% 정도 된다는 점을 고려하면 어느 정도 설득력이 있다.

무역으로부터 일정한 이익을 얻게 된다.

따라서 두 국가가 생산하는 물품 중 다른 나라에 비해 생산비에 있어서 절대 불리한 물품의 생산은 포기하고 절대 유리한 물품은 전문적으로 생산하고, 상대국도 이와 같은 조건에 따라 생산한 후 서로 교역을 한다면 무역으로부터 양국 모두 이익을 누릴 수 있다는 논리를 제시함으로써 무역의 촉진과 장려를 주장하는 근거를 마련하였다. 생산비의 절대우위설은 무역이 발생하는 원인과 무역으로부터 얻는 이익을 최초로 체계적으로 설명하고 있는 이론이지만 만약 어느 한 나라가 두 가지 물품이 모두 생산비 우위를 갖거나 열위에 놓여 있는 조건의 경우라면 무역이 불가능하다는 것을 암시하고 있어서 현실 세계에서 일어나는 무역 현상을 충분히 설명하지 못하는 한계를 지니는 이론이다.[2)]

2. 비교생산비설

데이비드 리카르도(David Ricardo)는 『정치경제와 과세의 원리(Principles of Political Economy and taxation)』라는 그의 저서에서 비교우위(comparative advantage)의 개념을 설명하였다.[3)] 이것은 한 나라 제품의 생산비가 모두 절대우위를 가지고 있고, 상대방 국가가 제품의 생산비가 모두 절대열위에 있다고 하더라도 상대적으로 더 우위에 있는 제품을 특화하여 생산하고, 모든 품목의 생산에 절대 열위에 있는 국가는 상대적으로 덜 열위에 있는 비교우위 제품을 특화하여 생산한 후, 두 나라가 무역을 하면 이 경우에도 상호 무역이익을 가질 수 있다는 논리이다. 이러한 비교우위의 논리에 따르면 무역이 가능한 제품이 더 많아져 교역의 규모가 더욱 확대될 수 있다는 근거로 활용된다.

[표 4-3]에는 미국과 영국이 각각 두 물품을 각각 한 단위 생산하는데 투입되는 생산요소의 양을 표시하고 있다. 가령, 영국은 직물 한 단위 생산하는데 필요한 요소의 양은 90단위, 밀은 100단위가 필요하다. 미국은 직물 한 단위 생산에 필요한 요소의 양은 80단위, 밀은 60단위가 필요하다는 것을 나타내는 것이다. 생산하는데 필요한 요소의 양이 적으면 적을수록 생산비용이 적고 많을수록 높은 생산비용을 부담해야 한다는 것은 절대생산비설과 같다.

[표 4-3] 두 국가의 생산물품과 생산의 조건

구분	영국	미국
직물	90 (90/80)−113%	80 (80/90)−88%
밀	100 (100/60)−166%	60 (60/100)−60%
생산요소의 총량	190	140

그렇다면 미국은 영국에 비해 두 물품의 생산비에서 모두 절대우위에 놓여 있게 된다. 절대우위론의 논리에 따르면 두 국가는 교역이 성립할 수 없는 조건이다. 그러나 리카르도의 비교우위론은 영국이 두 물품 중 미국에 비해 상대(비교)적으로 덜 불리한 직물(125%)을 특화하고, 미국은 상대적으로 더 유리한 밀(60%)을 특화한 후 각국이 특화한 물품을 생산한 후 서로 교역을 한다 해도 무역이익은 발생할 수 있다는 논리를 개발하였다.

[표 4-4]에서 보는 바와 같이 두 국가가 각국이 생산에 상대적으로 유리한 품목을 특화한 후 교역을 한다면, 영국은 190단위의 생산요소를 오직 직물 생산에만 투입하여 2.1단위의 직물을 얻을 수 있고, 미국은 140단위의 총생산요소를 밀의 생산에 투입하면 2.3단위의 밀을 생산할 수 있을 것이다. 그리고 두 국가가 각국이 생산한 물품, 직물 한 단위와 밀 한 단위를 서로 교환(1:1)하는 무역거래가 이루어진다면 무역한 이후 영국은 직물 1.3단위와 밀 1단위, 미국은 밀 1.3단위와 직물 1단위를 얻어 소비할 수 있게 된다. 결과적으로 영국이 미국에 비

[표 4-4] 두 국가의 특화 후 무역이익

구분	영국	미국
직물	90(90/80)−113%	80(80/90)−88%
밀	100(100/60)−166%	60(60/100)−60%
생산요소의 총량	190	140
특화	직물 2.1단위 생산	밀 2.3단위 생산
교역조건	직물 1단위: 밀 1단위	
무역이익	직물 0.1단위	밀 0.3단위

해 두 재화를 생산하는데 절대적으로 불리한 조건에도 불구하고 각국이 교역하기 전 각자 자체적으로 생산하고 소비하는 때보다 비교우위의 제품을 선택하여 특화 생산한 후 교역을 함으로써 영국은 직물을 0.1단위 더 소비할 수 있게 되고, 미국은 밀을 0.3단위 더 소비할 수 있는 무역이익을 얻는다.

비교우위론은 절대우위론의 한계를 극복하고 무역현상을 폭넓게 설명함으로써 근대무역이론의 토대를 구축했다는 데 의의가 있다. 다만 비교우위론 또한 노동가치설에 입각하여 생산의 세 가지 요소 중 노동만을 생산요소로 고려하고 있으며, 비교우위가 발생하는 원인에 대한 설명을 놓치고 있다는 것이 한계점으로 지적되고 있다.

3. 상호수요설

절대우위론과 비교우위론은 왜 특정 제품이 한 국가의 수출 품목이 될 수 있는지, 그리고 무역으로부터 얻는 이익은 무엇인지에 관한 원리를 논리적으로 설명하고 있으나, 국가 사이에 무역이 발생할 때 교역조건은 어떻게 결정되는지에 관한 설명(At what relative price (terms of trade) do countries exchange products?)을 하고 있지 않다. 무역에서 교역조건, 즉 교환비율은 무역의 이익 배분과 직결되는 중요한 문제이다.

일찍이 밀(John Stuart Mill)은 교역 상품의 국제 교환비율과 교역 당사국 간 무역이익의 배분비율을 설명할 수 있는 이론을 제시하였다. 절대우위론과 비교우위론이 공급(생산비)의 조건을 기반으로 논리를 전개한 것과 달리 밀은 수요측면에 주목하여 두 국가의 교역에서 교환비율이 어떻게 결정되는지에 관한 원리를 규명하고자 하였다.[4)]

밀의 상호수요이론(theory of reciprocal demand theory)에 따르면 두 상품의 국제 교환비율은 양국의 비교생산비의 상한과 하한 사이의 구간에서 결정되며, 일국의 수출 제품에 대한 타국의 수요와 타국의 수출에 대한 일국의 수요가 일치하는 점에서 교환비율이 최종 결정된다고 설명하고 있다.

다음 [표 4-5]는 두 국가가 동일한 양의 생산요소를 투입했을 때 생산 가

[표 4-5] 두 국가의 생산조건

구분	한국	중국
스마트폰(X재)	2	2
신발(Y재)	3	4

능한 물품의 단위 수가 제시되어 있다. 즉 양국이 동일한 양의 생산요소를 투입했을 때 한국은 스마트폰 두 단위, 신발 세 단위 생산할 수 있으며, 중국은 스마트폰 두 단위, 신발 네 단위를 생산할 수 있음을 의미한다.

먼저 교환비율을 생각해보면 한국의 경우 동일한 양의 생산요소를 투입하여 각각 스마트폰 2단위와 신발 3단위를 생산한다면 스마트폰 2단위와 신발 3단위는 동일한 가치를 지닌다고 할 수 있기에 한국 시장 내에서 스마트폰(X재) 2단위와 신발(Y재) 3단위는 서로 교환될 수 있는 조건이 성립되며, 중국의 국내시장에서는 스마트폰(X재) 2단위와 신발(Y재) 4단위가 동일한 가치를 지닌 만큼 스마트폰(X재) 2단위와 신발(Y재) 4단위는 서로 교환될 수 있다.

이러한 각국의 생산조건에 따른 국내 교환조건을 바탕으로 두 국가가 비교우위에 있는 상품을 바탕으로 상대국의 비교우위 품목과 교환한다면 그 교환비율은 어떤 범위 내에서 결정이 될수 있을까?

[표 4-5]에서 보면 한국은 스마트폰, 중국은 신발에 비교우위에 있다고 판단할 수 있다. 그래서 한국은 스마트폰을 중국에 수출하고, 중국은 신발을 한국에 수출한다고 가정하면 한국은 스마트폰 2단위를 대가로 최소한 신발을 3단위 이상을 요구할 것이고(국내시장에서 이미 스마트폰 2단위와 신발 3단위가 교환되고 있음), 중국은 스마트폰 2단위를 얻는데 신발 4단위 미만을 내놓으려고 할 것(중국 내에서 이미 신발 4단위로 스마트폰 2단위가 교환되고 있음)이다. 그 이유는 외국과 무역 거래는 양국 모두 국내에서 거래하는 것보다 이익이 있어야 성사될 수 있기 때문이다.

예를 들어 한국의 스마트폰 2단위와 중국의 신발 3.5단위를 교환한다면 양국 모두 만족스러운 거래가 될 것이다. 한국은 국내거래보다 스마트폰 2 단위에

[그림 4-1] **양국의 교역조건**

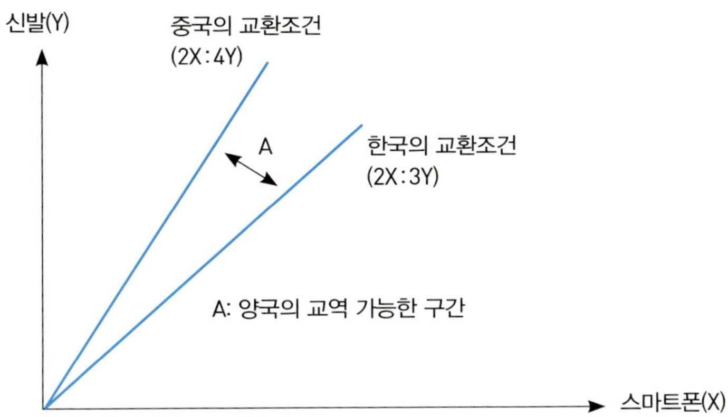

대한 대가로 3.5단위의 신발을 얻을 수 있으니까 신발 0.5단위만큼 이익이고, 중국은 신발 3.5단위에 대한 대가로 스마트폰 2단위를 얻을 수 있으니 역시 신발 0.5단위를 아낄 수 있어서 이익이다. 그러나 실제 양국의 교역조건은 [그림 4-1]에서 제시된 바와 같이 양국의 교역 가능한 범위(A) 내에서 상호수요의 규모와 수요의 탄력성에 따라 유동적으로 결정될 것이다. 즉 수요의 탄력성에 따라 교역조건의 유불리가 작용할 것이며, 자국 상품에 대한 외국의 수요가 커지면 그만큼 유리한 교역조건을 유지할 수 있을 것이다.

상호수요이론 역시 실제 무역 현상을 설명하는 데 한계가 있다. 교역조건의 결정을 비교적 명쾌하고 설명하고 있는 듯 보이지만, 논리를 전개하면서 수요 측면이 너무 강조된 나머지 생산조건의 공급 측면을 무시하고 있어서 통합적인 사고를 하는 데 부족함이 있다.

4. 헥셔-올린 정리

헥셔-올린(Heckscher-Ohlin)은 생산요소로서 노동뿐만 아니라 자본을 추가하여 분석한 무역이론을 제시하였는데, 그 핵심 내용은 한 국가가 가지는 비교우위의 발생 원인과 무역패턴의 결정원리에 관한 것이다.[5)]

제1명제는 요소부존론으로서 국가마다 생산에 필요한 요소부존도(factor endowment)는 다르며, 생산물마다 생산에 필요한 요소집약도(factro intensity)가 다르다는 것이다. 이 지구상에 존재하는 국가가 다양한 만큼 나라마다 생산요소의 요소부존도가 다르다. 일례로 사우디아라비아와 같은 나라는 국토의 대부분이 사막이고 인구밀도도 높지 않지만 대규모 유전을 가지고 있는 반면, 미국은 비옥하고 광활한 국토, 교육과 훈련된 노동력, 충분한 자본력 등을 두루 갖춘 국가이며, 아프리카 대부분의 국가는 토지가 넓고 풍부한 자원 매장량을 가지고 있으나 부족한 자본과 숙련된 노동력이 부족하다. 이와 같이 국가마다 가지고 있는 생산의 조건(요소부존도)이 다르고 생산물품 마다 생산할 때 투입하는 요소집약도가 다르기 때문에 국가별로 생산비에 차이가 발생하게 되고, 생산비의 차이는 결국 국가 간 무역을 촉진하게 만든다. 한 국가의 비교우위(생산비 우위) 원인은 기본적으로 각국이 지닌 생산요소의 부존량 차이에 기인한다고 설명하고 있다.

일례로서 A, B 두 나라에서 옷감과 반도체를 생산하고 있으며, 여기에 필요한 생산요소는 노동과 자본이라고 하자. A국은 상대적으로 노동이 풍부하고 B국은 상대적으로 자본이 풍부하다. 상식적으로 판단하면 옷감은 노동집약적 산업이며, 반도체는 자본집약적 산업이다. 그러면 A국에서는 노동의 상대적 가격이, B국에서는 자본의 상대적 가격이 낮을 것이다. 이때 B국은 자본이 상대적으로 풍부하므로 자본집약적 생산 품목인 반도체를 더 싸게 생산할 수 있고, A국은 노동이 상대적으로 풍부하므로 노동집약적인 옷감을 더 싸게 생산할 수 있을 것이다. 따라서 A국은 옷감에 비교우위를 가지기 때문에 옷감을 수출하고, 보다 열위에 있는 반도체를 B국으로부터 수입하게 되며, B국은 반대의 입장을 취하게 된다는 논리이다.[6)]

제2명제는 요소가격균등화 정리(factor price equalization theorem)이다. 즉 생산요소의 상대가격이 장기적으로 균등화하는 경향이 있다는 것이다. 각국이 풍부한 요소를 꾸준히 집중적으로 활용하게 되면 해당 요소의 공급은 거의 일정한 데 수요가 커지면서 해당 요소의 가격은 상승할 수밖에 없는 결과로 이어져 언젠가는 다른 국가의 요소 가격과 같은 수준에 이르게 된다는 것이다.

이외에도 무역으로 인한 계층 간 실질소득의 분배와 관련하여 스톨퍼-사무엘슨(Stolper-Samuelson theorem)의 연구와 무역과 경제성장과 관련된 이론으로 립진스키 정리(Rybczynski theorem)가 있다.

기존 무역이론의 비판 제 2 절

고전무역이론은 논리를 전개하기에 앞서 많은 가정을 전제하고 있다. 예를 들면 국가들끼리 자본, 노동, 토지와 같은 생산요소의 이동은 불가능하고, 생산요소의 질(quality)은 모두 같으며, 생산요소의 양(quantity)은 시간이 흘러도 변동이 없다. 각국은 완전고용과 완전경쟁 상태이며, 운송비가 들지 않으며, 무역장벽이 전혀 없는 자유무역을 한다고 전제하고 있다. 그런 가정을 바탕으로 국가마다 가지고 있는 노동력, 부존자원(factor endowment), 자본 등 생산에 필요한 생산요소의 조건에 차이가 있으며, 생산조건의 차이는 제품의 생산비에 있어서 차이를 가져오며, 생산비의 차이는 가격의 차이를 가져와 국가 간 무역을 촉진하게 된다는 것이 내용의 핵심이다.

초기 고전무역이론은 국제무역 현상을 설명하고, 자유무역을 지지하기 위한 논리로서 큰 기여를 하였으나, 분명한 한계점도 지니고 있다. 이론의 한계점으로서 생산요소 중 '노동'만을 고려한 모형이라는 점과 비교우위는 노동생산성의 차이에 의해 결정되는데, 양국 간 노동생산성의 차이가 왜 발생하는지에 관한 설명을 하지 못하였다.

기존 무역이론에 대한 비판은 그 이론이 전제하고 있는 가정의 비현실성에서 시작해야 한다. 가정을 통해 현상을 단순화함으로써 이론 전개의 편의성과 명확성을 확보할 수 있을지 몰라도 현실과 너무 동떨어진 가정 위에 개발된 이론은 현실의 국제무역 현상을 설명하는데 설득력을 떨어뜨리는 주 요인으로 작용한다.

현실은 기술이 발전됨에 따라 관련 산업의 생산양식이 혁신되어 생산의 효율성에 영향을 미치며, 이에 따라 생산의 공급조건은 변화하게 된다. 이외에도 시장이 갖는 수요조건의 가변성에도 주목할 필요가 있다. 소비자의 기호는 상황에 따라 바뀌며, 수요 자체의 변화로 인해 국제 교역패턴과 교역조건이 달라진다. 또한 대부분의 시장은 실제 완전경쟁 상태가 아니다. 예를 들어 정보통신 시장에서 애플, 삼성, 마이크로소프트, 구글 등과 같은 세계적 브랜드의 독과점 상태는 이미 불완전경쟁을 어느 정도 인정하고 있는 시장의 조건이다.

아울러 피할 수 없는 현실은 세계화(globalization)의 진전이다. 세계화로 인해 우선 국가 사이에 생산요소의 이동이 자유롭게 되었다. 다국적기업에 의한 해외직접투자가 꾸준히 확대되면서 기업들은 필요에 따라 국경을 초월하여 모든 생산자원을 큰 제한 없이 활용하고 있다. 또한, 각국의 경제는 꾸준히 성장하고 있으며, 인구증가, 신규투자에 의한 자본축적, 새로운 자원의 발굴, 신소재의 개발 등으로 인해 생산요소의 양과 질은 시간이 흐름에 따라 변화하고 있는 것이 현실이다.

그동안 관련 학자들은 고전무역이론의 비현실적 가정에 대한 비판을 토대로 변화된 통상환경 요인의 일부를 수용하여 새로운 이론을 개발하였다. 이를 바탕으로 보다 현실성 있는 설명을 시도하였다. 가령, 경제성장과 기술의 진보와 같이 시간의 흐름에 따른 생산요소와 생산조건의 변화를 수용하면서 이를 반영한 이론을 개발하였고, 비용, 화폐가격 그리고 환율 변수까지 고려한 계량모델을 선보이고 있다.

제 3 절 새로운 현대무역이론

전통 고전무역이론은 기본적으로 무역 현상을 설명하기 위해 국가를 유일한 경제주체 혹은 단위로 간주하고 현상을 관찰하고 분석하여 정립한 이론(country-based international trade theory)이다.[7] 시간이 흐르면서 공업화에 성공한 나라들이 늘어나고, 선진 공업국들이 인건비가 저렴하여 생산비에 유리한 타국에 적극적으로 생산시설을 옮기기 시작하면서 무역의 패턴은 획기적으로 변화되었다. 과거 대부분의 무역은 보완적 무역으로서 공업화에 성공한 국가는 주로 공산품을 수출하고 자국이 생산에 불리한 광산물이나 농산물을 수입하였다. 그래서 무역은 주로 산업간 무역이 주를 이루었다. 이로써 무역에 임하는 양국은 무역으로부터 자국의 경제활동을 보완하는 것이 전형적인 무역패턴이었다.[8)]

그러나 1990년대 전후하여 무역은 자국이 생산하고 있는 공산품이 있음에도 불구하고 타국으로부터 동종의 제품을 수입하여 소비하는 것이 일반화되기 시작하였다. 그러면서 무역은 세계시장에서 동종제품을 놓고 경쟁적으로 판매의 우위를 차지하려고 경쟁적인 양상으로 바뀌면서 전통 무역이론을 가지고 더 이상 이러한 무역 현상을 설명하기 어려워졌다. 새로운 무역 현상, 즉 산업내 무역 현상이 왜 일어나는지 논리적으로 설명하려는 다양한 시도에 의해 새로운 현대무역이론(firm-based international trade theory)이 나타나기 시작하였다.

1. 산업내 무역이론

고전무역이론은 국가마다 가지고 있는 생산요소의 조건 차이로 인해 각국이 경쟁력을 가지는 산업이 달라서 각국이 생산에 유리한 산업은 수출하고, 불리한 산업은 상대국으로부터 수입함으로써 양국이 교역으로부터 모두 이익을 얻을 수 있다는 논리이다. 이들 이론은 대체로 서로 다른 산업간 무역 현상을 설명하는데 유효하고 설득력이 있다. 하지만 공업화에 성공한 국가들이 많아지면서 소득수준과 경제구조가 비슷한 공업국들끼리 같은 산업에 속하는 공산품을 서로 교역하는 '수평적 무역' 현상을 설명하지 못한다. 즉 전통 고전무역이론은 자연환경의 영향으로 포도주 생산에 유리한 프랑스의 포도주와 영국의 옷감이 교역되는 현상을 설명하는데 적절하지만, 독일과 미국 모두 자동차산업이 발달하여 각각 자동차를 자체 생산하여 소비하고 있는데도 독일은 미국의 자동차를 수입하고, 미국은 독일산 자동차를 수입하여 소비하고 있는 현상을 설명하지 못한다.

이러한 무역현상을 설명하기 위해 1979년 이래 엘한 헬프먼(Elhan Helpman), 폴 로빈 크루그먼(Paul Robin Krugman), 켈빈 랭커스터(Kelvin Lancaster) 등은 같은 산업 내에서 무역이 이루어지는 현상을 설명하기 위한 산업내 무역(intra-industry trade)이론을 제시한 바 있다.[9]

오늘날 세계무역의 상당한 부분을 차지하고 있는 산업내 무역이 일어나는 원인을 두 가지 측면에서 설명하고 있다.

첫째, 각국이 같은 제품을 생산해도 성능이나 기능, 디자인 등에서 차별화된 제품(differentiated product)을 만들어서 상대국 소비자의 수요를 자극하고 구매를 이끌어내기 때문에 산업구조가 비슷한 양국이 교역 가능하다.

둘째, 같은 제품을 생산해도 국가마다 생산규모의 차이가 있고, 생산규모가 다르면 당연히 규모의 경제(economy of scales)효과에 의한 생산비의 차이를 초래함으로 산업내 무역이 발생할 수 있다고 설명한다. 결국, 산업내 무역을 통해 소비자들에게 색다른 기능이나 유형(style)의 제품을 선택할 수 있는 폭을 넓혀주고, 소비자 각자의 기호에 맞는 다양한 제품을 낮은 가격으로 구매할 수 있

[그림 4-2] 산업내 무역의 스마트폰시장 사례

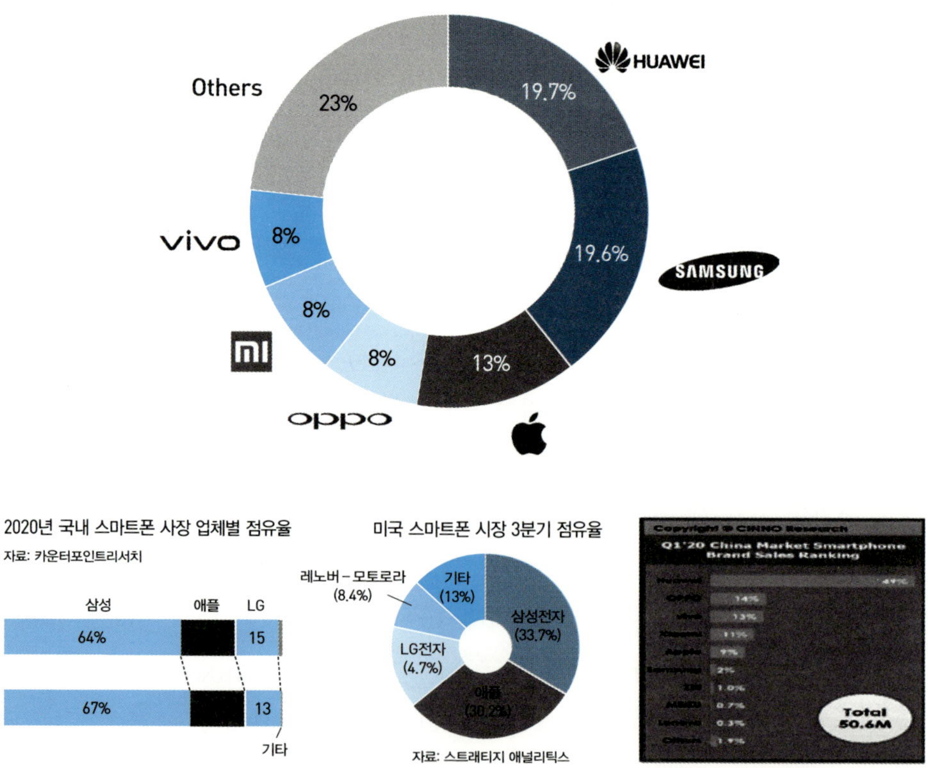

게 해주기 때문에 소득수준과 기호가 비슷한 국가들 사이에 무역이 활발하게 일어난다는 것이다.

2. 대표적 수요이론

일찍이 대표적 수요이론(representative demand theory)이 산업내 무역이론의 기초적인 논리를 제공하였다. 이 이론에 의하면 각국 간의 요소부존에 따른 공급의 조건과 상관없이 나라 간의 수요구조가 유사하면 유사 공산품을 사고파는 무역이 발생할 수 있다는 것이다. 여기서 '대표적 수요'란 국내의 일정규모의 '상당한 국내수요'를 의미한다. 한 나라가 어떤 제품을 상대적으로 싸게 생산할 수 있을 정도로 대규모 수요가 먼저 국내에서 존재하게 되면 이 수요를 충당하기 위해 대규모 생산으로 이어진다. 대규모의 생산으로 인한 생산기술의 학습효과와 생산공정의 노하우의 축적 효과 등으로 인해 품질의 향상은 물론 생산의 효율성이 증대되면서 국내에서 소비하고 남는 분량이 생기게 된다. 이때 이러한 잉여생산물은 소득과 기호가 비슷한 외국의 수요에 부응하여 수출할 수 있게 된다는 설명이다. Linder(1961)는 두 국가가 수요구조의 유사성(similarity)과 중복성이 클수록 교역규모는 더 커질 가능성이 있다고 주장하였다.[10]

3. 제품수명주기이론

제품수명주기이론(Product Life Cycle Theory)의 전제는 대부분의 공산품이 사람의 생명주기와 같이 신생기, 성장기, 성숙기(표준화기), 쇠퇴기를 거친다는 것이다.[11] 그러면서 모든 제품은 수명주기의 변화에 따라 생산의 조건과 시장의 상황이 변화하고, 이에 따라 각 수명주기별 수출과 수입을 주도하는 국가와 기업들 사이에 역할의 전환이 일어난다고 설명한다.

제품수명의 첫 번째 단계는 신생기(new product stage)이며, 새로운 제품의 도입단계를 의미한다. 예를 들어 우리는 휴대용 음악 재생기로 카세트 테이프(일본 소니사의 워크맨이나 국내제조사의 마이마이)나 CD 플레이어를 애용하다가

사례 1 | 한국 휴대전화는 어떻게 수출 효자 품목이 되었을까?

한국전자통신연구원(ETRI)에 따르면 한국의 휴대전화는 1996년부터 CDMA 기술을 활용하여 상용화한 휴대전화의 개발을 시작점으로 하여 오늘날의 스마트폰에 이르기까지 국내외 시장에서 입지를 확대할 수 있었다고 한다. 당시 삼성전자·LG전자 등 CDMA 개발에 참여했던 국내기업들은 당시에 쌓은 기술력을 바탕으로 기존의 휴대전화 시장의 강자로 군림했던 덴마크의 노키아나 미국의 모토롤라를 따돌리고 신흥 강호로 등장했다. 이후 꾸준한 기술혁신을 통해 스마트폰의 개발과 보급이 이어지면서 세계시장에서 꾸준한 경쟁력을 유지하고 있다. 경쟁력 유지의 비결은 우선 발 빠른 기술개발을 꼽을 수 있지만 간과할 수 없는 또 하나의 요인으로 국내시장의 역할을 무시할 수 없다. 국내시장은 신제품의 시장성 여부를 판단하는 실험의 장으로서 역할과 일정한 규모의 시장을 제공하였다.

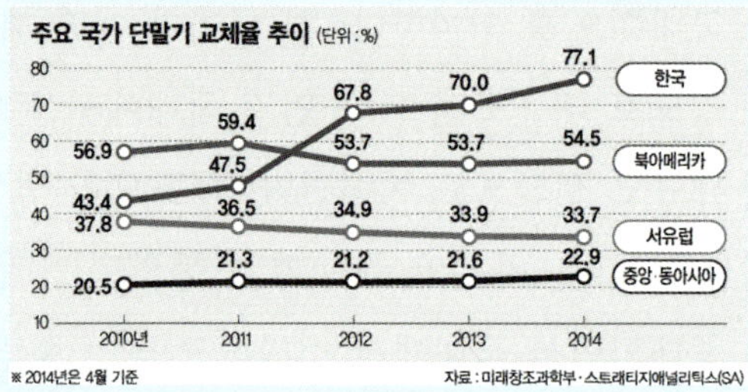

한국의 휴대전화에 대한 시장의 규모는 인구수를 기준으로 보면 미국이나 중국, 인도, 일본보다 표면적으로 작다고 할 수 있으나, 실질적으로 상당한 수요가 자체적으로 만들어지고 있다는 점이다. 그 이유는 그림에서 보듯 휴대전화 개발 초기부터 한국 소비자의 휴대전화 기기변경 주기가 상대적으로 매우 짧아서 인구수에 비해 시장규모가 크다는 것이다. 이로 인해 새로운 휴대전화가 출시되면 국내시장이 시험시장(test marketing)의 역할은 물론 상당한 시장규모를 형성하면서 국내기업들 간 치열한 국내 경쟁을 먼저 거치면서 수출경쟁력을 강화하는 환경을 조성하게 되었다.

어느 날 MP3P가 발명되어 시장에 등장한 것을 알고 있다. 잘 알려진 바와 같이 MP3P를 가장 먼저 상용화한 것은 한국의 기업이며,[ii] 한국의 MP3P가 막 시장에 나오기 시작할 무렵을 신생기라고 할 수 있다. 이 시기의 특징은 아직 제품의 생

---

ii) 1998년 MP3P를 최초로 개발한 회사는 디지털캐스트라는 벤처기업이었으나, 새한그룹이 디지털캐스트에 투자하는 조건으로 마케팅과 유통을 맡으면서 특허권의 공동소유와 기술이전을 통해 세계 최초로 상용 MP3 플레이어인 엠피맨을 출시하였다.

[그림 4-3] 제품수명주기에 따른 수출 주도국

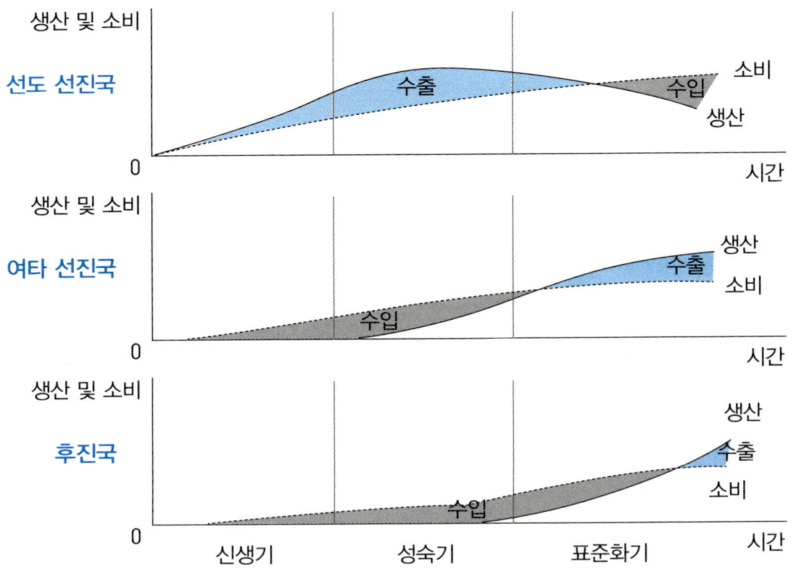

산기술은 조금 불안정하며 시장의 수요 역시 불확실한 상태라고 할 수 있다. [그림 4-3]에서 보듯이 당연히 한국의 새한그룹은 동 제품에 대한 선도선진국 기업으로서 초기에 국내시장에서 자급자족하다가 생산이 확대된다. 얼마 후 국내 소비시장을 넘어서 소비 여력이 충분한 일본, 미국, 유럽 등 여타 선진국에 일부를 수출하게 된다. 시간이 흐르면서 다른 선진국가의 기업들 역시 생산을 시작하면서 생산량을 확대하고 국내시장의 수요에 대응하게 된다.

두 번째 단계는 성장기(maturing stage)이다. 이 단계의 특징은 기술이 안정화되면서 생산량과 판매량이 급증한다. 동시에 기술 잠재력을 갖추고 있는 일본, 미국, 유럽 각국의 기업들은 점차 동 제품의 생산을 확대하기 시작하고, 한국 기업들로부터 수입되는 제품을 자국의 기업들이 생산하는 제품으로 대체하며 국내시장에서 경쟁하기 시작한다. 생산방식은 대량생산 방식으로 전환되면서 대량판매방식이 도입되고, 여타 선진국은 생산량을 늘리면서 수출을 하기 시작하고, 선도선진국인 한국기업과 세계시장을 놓고 치열한 경쟁을 하는 단계에 돌입한다.

세 번째 단계는 성숙기 또는 표준화기(standardized stage)이다. 제품을 생산하는 기술은 점차 보편화하고, 표준화되어 미숙련 노동력에 의해서 생산이 가능한 단계가 된다. 따라서 제품의 경쟁력은 제품의 기술의 차이보다 생산비의 차이가 중요한 경쟁요인이 된다. 선도선진국 기업이나 여타 선진국기업들은 생산비를 줄이기 위해 저임금 노동력이 풍부한 개발도상국으로 공장을 이전하고 현지 생산하면서 가격경쟁력을 유지하기 위해 노력한다. 이러한 결과로 개발도상국에서도 생산이 시작되고 자체 소비하며, 시간이 지나면서 개발도상국 기업에게 기술이 이전되고, 자체 생산이 가능하게 된다. 세계시장을 놓고 개발도상국 기업들이 선도 선진국 기업과 여타 선진국의 기업들과도 경쟁하면서 시장의 주도권을 다투기 시작하는 단계이다.

시간이 흘러 MP3P라는 제품도 스마트폰으로 대체되면서 시장에서 사라졌는데, 이처럼 한때 혁신제품이 시장에서 점차 사라져 가는 시기를 쇠퇴기(decline stage)라고 한다.

4. 포터의 국가경쟁력우위론

마이클 포터(Michael Porter)는 다음의 요소들 혹은 요소들 간의 상호작용이 한 국가의 특정 산업에 있어서 경쟁력을 결정하고, 산업경쟁력을 갖춘 국가의 특정 산업이 국제무역을 주도하게 된다고 하는 국가경쟁력우위론을 주장하였다. 포터는 세계시장의 현실에서 각 산업의 경쟁력의 원천과 무역 현상에 주목하였다. 예를 들면 스위스 기업들은 다른 나라 기업에 비해 왜 정밀기계공업에 강점이 있는가? 일본 기업들은 왜 다른 나라 기업에 비해 자동차 생산과 수출에 경쟁력이 있는가? 미국과 독일의 기업들은 왜 화학 산업에서 다른 나라 기업들에 비해 생산과 수출에 경쟁력이 있는가? 최근의 상황에서 한국의 반도체와 스마트폰 그리고 조선산업의 국제경쟁력은 무엇에 기인하는가? 한 국가가 특정 산업의 생산과 수출의 경쟁력을 갖추기 위한 조건이 무엇인지 분석하여 다음과 같은 요인들을 추출하여 다이아몬드(diamond) 모형을 제시하였다.

첫째, 요소부존도(factor endowment)이다. 이는 생산요소와 관련되어 있는

[그림 4-4] **포터의 국가산업의 경쟁력 결정요인**

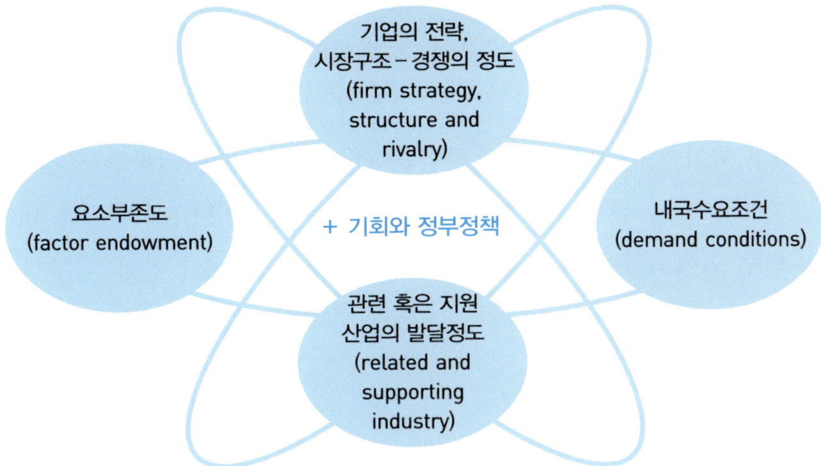

데, 한 나라의 토지 크기나 지하자원의 매장 상태를 포함하여 특정한 산업에 속한 기업의 활동에 직접 혹은 간접적으로 도움이 되고, 제품생산의 경쟁에 필요한 자본, 노동력, 심지어 사회간접자본 등의 생산요소를 보유한 상태를 말한다.

둘째, 수요조건(demand conditions)이다. 특정 산업의 제품과 용역에 대한 국내수요의 규모나 조건을 의미한다. 즉 시장의 규모나 시장의 성장 잠재력을 의미한다.

셋째, 특정 산업을 위한 전후방 연관[iii]과 지원 효과가 있는 연관산업(related and supporting industries)의 발달 정도이다. 즉 특정 완제품 생산에 필요한 원료나 소재, 부품산업, 관련 서비스산업의 국제적인 경쟁력을 얼마나 갖추고 있는지를 의미한다.

넷째, 기업 전략과 구조, 경쟁체제(firm strategy, structure and rivalry)이다. 글로벌 경쟁시장에 대응하기 위한 기업의 대응 전략이 합리적으로 기획되고 실행되는지, 기업의 구조와 경쟁 관계가 어떻게 형성되어 있는가를 말한다. 예를 들어, 1980~90년대 일본의 자동차가 미국 시장에서 두각을 드러낼 수 있었던

---

iii) 전방연관산업은 최종소비자가 주로 접하는 업종이며, 후방연관산업은 주로 제품 소재를 만드는 업종을 말한다.

것은 미국이 포드, 크라이슬러, GM 등 몇 개의 기업이 경쟁 구도를 형성하고 있었던 것에 비해, 일본에서는 이보다 더 많은 수의 자동차 기업이 있었고, 이 가운데 내국시장에서 치열한 경쟁을 통해 토요타와 혼다가 높은 경쟁력을 갖추었기 때문에 국제경쟁력을 확보한 것으로 알려져 있다.

아울러 국가 차원에서 기업의 창업환경이다. 창업을 자극하고 지원하고 관리하는 제도와 이를 실행하여 성과를 낼 수 있는 조건이다. 위와 같은 네 가지 내생적 변수 외에도 포터는 '우연히 일어난 외부의 사건이나 기회, 정부의 정책'을 중요한 요소로 추가하고 있다.

제 4 절 새로운 무역이론의 한계

새로운 무역이론 역시 국가를 기본 단위로 하는 국제무역이론의 모형에서 크게 벗어나지 못했다. 더욱이 대부분 이론이 특정한 산업과 특정한 상황에 한정된 현상을 설명하는 데는 유용하나 이론을 일반화하는 데 한계가 있다. 더욱이 이론의 확장을 더 어렵게 하는 것은 현실의 실물경제(real economy)가 언제부터인가 금융경제의 영향[12]을 벗어날 수 없는 환경이 조성되면서 국제무역이론의 무용론까지 대두되고 있다.

고전무역이론을 전개하는 데 따른 거의 모든 전제가 현실적인 토대를 반영하지 못하고 있으며 국가를 기본 단위로 국제무역 현상을 설명하고자 하는 기반이 흔들릴 수밖에 없는 상황이 되었다. 특히 세계화가 급진전을 이루면서 국경의 경계가 거의 없는 것처럼 활동하는 다국적기업으로 인해 순환적 글로벌공급망이 형성되면서 국가를 단위로 생산조건을 비교하는 것은 사실상 무의미해졌다. 더구나 국제무역의 실질 주체가 국가의 정부가 아니라 각국에 속한 기업이라는 점을 생각하면 국가를 기본 단위로 무역의 현상을 분석하고 설명하려는 시도는 이제 의미를 상실해 가고 있다.

따라서 향후 무역이론이 안고 있는 과제는 각국에 속한 기업이 왜 외국의 기업과 교역을 하게 되며, 심지어 경영환경이 낯설고 정치와 사회, 문화제도 등이 익숙하지 않은 외국에 나가 기꺼이 공장을 세우고 현지에서 생산한 후 판매활동을 하거나, 그 생산물을 또 제3국에 수출하는지 설명하고 예측하는 것이라고 할 수 있다.

참고문헌

1) 김시경 외, 『최신무역학개론』, 삼영사, 2009년, 94쪽.

2) 조영정, 『무역학개론』, 박영사, 2015년.

3) Caves, Richard E., Frankel, Jeffrey A., & Jones, Ronald W., *World Trade and Payments*, Pearson, 2007, p.25.

4) 김시경 외, 『최신무역학개론』, 삼영사, 2009년, 96쪽.

5) 정재완, 『무역학개론』, 삼영사, 2014년, 59-60쪽.

6) [네이버 지식백과], 헥셔-올린의 정리([Heckscher-Ohlin theorem), 경제학사전, 2011년 3월 9일.

7) Williams, Alex O., *International Trade and Investment-a Managerial approach,* John wiley & Sons, 1982.

8) 피터 드러커(Peter Druker)-김용구 역, 『새로운 현실』, 시사영어사, 1989년, 156쪽.

9) 조영정, 『무역개론』, 박영사, 2015년, 49-50쪽.

10) Linder, Staffan Burenstam, *An Essay on Trade and Transformation*, Stockholm: Almqvist & Wicksell, 1961.

11) 구종순 외, 『무역개론』, 박영사, 2012년, 52쪽.

12) 피터 드러커(Peter Druker)-김용구 역, 상게서.

핵심내용정리

- 전통적 고전무역이론:
  - 절대생산비설, 비교생산비설, 상호수요설, 헥셔-올린 정리
- 현대무역이론
  - 산업내 무역이론, 대표적 수요이론, 제품수명주기론(PLC), 포터의 국가경쟁력 우위론

토론과제

1. 오늘날 무역이론은 근본적으로 이론으로서 어떠한 한계에 부딪혀 있나?
2. 전통적 고전무역이론의 기본가정과 한계점은 무엇인가?
3. 새로운 현대무역이론의 강점과 한계점은?

P / A / R / T

02

국제통상정책과 국제통화제도

Chapter 5

국제통상정책의 기본방향과 수단

International Trade Policy

글로벌기업의 국제거래 활동에 영향을 미치는 환경요인 중 하나는 자국을 포함한 거래 당사국의 통상정책이다. 국가는 자국의 경제 목표를 달성하기 위해 통상을 장려하기도 하고 제한하기도 한다. 국가의 통상정책 방향에 따라 활용하는 통상정책의 다양한 수단들은 글로벌시장의 최전선에서 활동하는 기업들에게 때로는 도움을 주거나 때로는 제약을 가하면서 많은 영향을 미친다. 그리고 그 영향이 오래 작용하기도 한다.

따라서 본 장에서는 글로벌기업의 중요한 환경요인으로서 국제통상정책의 의미와 한 국가가 취할 수 있는 통상정책의 기본방향, 그리고 국가가 처한 상황에 따라 활용하고 있는 다양한 통상정책의 수단과 효과를 설명하고자 한다. 따라서 이번 장에서 구체적으로 다음과 같은 주제를 다루고자 한다.

첫째, 통상정책은 한 국가의 경제활동에 어떠한 의미를 갖는가?

둘째, 국제통상의 기조라고 할 수 있는 보호무역주의와 자유무역주의는 어떤 배경으로 선택되는가?

셋째, 주요국의 통상정책의 수단들은 어떤 것들이 있으며, 각 수단은 글로벌기업의 통상활동에 어떻게 작용하는가?

국제통상정책의 의미

제 1 절

국제통상정책(international trade policy)이란 한 국가의 정부가 상품과 서비스의 교역과 관련된 국제무역은 물론이고 자본과 노동, 기술과 투자, 지식재산권의 이동을 통제하기 위한 규범과 제도를 수립하여 실행에 옮기는 것이다. 국제통상 관련 제도와 규범을 만드는 과정에서 국제협상이 필요한 경우도 있는데, 이 협상을 위한 전략을 포함하기도 한다.

국제통상정책은 국가 간의 통상문제와 대외협상을 위한 전략 차원의 모든 대안, 산업정책 등에 관한 관련 이슈를 다루기도 한다. 말하자면 어떤 국가가 특정의 경제목적을 달성하기 위하여 양국 또는 여러 국가들 사이에 통상관계의 조정을 통하여 자국의 통상이익을 극대화하기 위한 모든 수단과 조치를 포괄한다.[1)]

이러한 국제통상정책에 대한 설명을 바탕으로 그 범위와 특징을 정리하면 다음과 같다.

첫째, 통상정책은 대내 정책과 외국과의 관계를 조정하는 대외정책을 포함하며, 나아가서는 산업정책과 같은 국내 경제정책을 상호 유기적으로 보완하거나 갈등을 조정하는 복합성을 가지고 있다.

둘째, 세계화의 진전에 따라 통상정책은 단순한 상품의 교역뿐만 아니라 서비스교역, 자본이동과 노동기준, 기술과 투자, 그리고 지식재산권(intellectual property right) 등을 포함하는 포괄성을 띠는 정책이다.

셋째, 통상정책은 상대 국가의 정치와 경제 상태를 고려해서 정책 결정이 이루어진다. 다자간(multilateral) 혹은 양자간(bilateral) 통상관계를 통해 선진국과 개발도상국 사이, 선진국과 선진국 사이의 집단 혹은 개별적으로 적용하게 되는 상호성을 가진다.

마지막으로 통상정책은 다층적이며 다면적인 성격을 지닌다.[2)] 예를 들어, 한 나라가 세계무역기구(WTO: World Trade Organization), 아시아·태평양 경제협력체(APEC: Asia-Pacific Economic Cooperation), 경제협력개발기구(OECD: Organization for Economic Cooperation and Development) 등의 국제기구에 동시에 가입되

어 있어서 협상과 규칙이 얽혀 있는 다중성을 지닌다. 그래서 통상정책은 이러한 환경 속에서 일관성 있는 방향을 찾는 노력이 필요하다.

제 2 절 국제통상정책의 기본방향

오늘날까지 국제통상정책은 자유무역주의(liberalism)와 보호무역주의(protectionism)가 상호 대립하면서 논의되고 실행해왔다. 자유무역주의는 주로 비교 생산비의 원리(theory of comparative costs)를 근거로, 국가가 무역에 간섭하지 않는 자유무역이 경제적으로 자국에 유리할 뿐만 아니라 국제경제에도 유리하다는 주장을 배경으로 하고 있다. 반면 보호무역주의는 유치한 자국의 산업을 외국의 경쟁력 있는 상품으로부터 보호하기 위한 목적으로 시행하거나 세계적 규모의 전쟁이나 대공황으로 인한 경기침체기에 자국의 피해를 우선 최소화하고자 하는 의도에서 채택되는 경우가 많았다.[3)]

1. 자유무역주의

자유무역주의(liberalism)는 역사적으로 자유방임주의 사상을 바탕으로 한 중농주의(重農主義: physiocracy)가 배경이다. 중농주의는 18세기 즈음 유럽에서 농토가 넓고 토지가 비옥한 국가들이 국내에서 소비하고 남는 농산물을 처리하기 위해 자연스럽게 자국의 잉여 농산물을 해외시장에 자유롭게 수출하고자 하는 무역환경을 조성하고자 하는 상황에서 출현하였다. 이후 18세기 산업혁명을 계기로 먼저 산업화에 먼저 성공한 영국과 같은 국가들이 공장제 기계공업으로 전환하면서 대량생산이 가능해짐으로써 공급과잉의 공산품을 처분할 필요가 있었고, 이를 위해 외국에 수출을 자유롭게 보장하고자 하는 정책으로 이어졌다. 자유무역에 대한 설득력 있는 경제 논리를 처음 제공한 사람이 바로 애덤 스미스(Adam Smith)이며, 이 논리를 더욱 확장한 것이 데이비드 리카르도(D. Ricardo)와 밀(Mill)과 같은 학자이다.

19세기에 들어와 자유무역주의는 주로 관세의 인하를 통한 정책으로 맥을 이어 갔으며, 제2차 세계대전 후에는 수입제한, 외환관리제와 같은 직접적인 무역통제 정책들의 폐지를 논의하고 조금씩 실천하였다. 2차 세계대전 후, 미국을 중심으로 만들어진 관세와 무역에 관한 일반협정(GATT)은 이러한 무역의 자유화를 촉진하는데 크게 이바지하였다. 그리고 이 협정은 오늘날 세계무역기구(WTO)를 출범시키며 200여 개 회원국들이 모여 다자간 합의를 통한 무역자유화의 기틀을 마련하였다. 이와 함께 1990년대부터 시작한 개별 국가 혹은 지역들 사이에 무역장벽을 없애거나 대폭 낮추기로 합의하고 실행하는 **자유무역협정(FTA)**이 자유무역을 지속적으로 추구하는 환경을 만들어 왔다.

역사 속에서 자유무역주의는 주로 자국산업의 경쟁력을 갖춘 선진공업국들이 주장하는 정책 방향이다. 무역규모를 빠르게 신장시킨 자유무역의 긍정적인 효과에도 불구하고 선진국의 일방적 자유무역의 요구는 많은 비판에 직면하기도 한다. 즉 선진공업국들이 공업화가 미진한 개발도상국에게 무역의 자유화를 무리하게 요구함으로써 미진한 산업을 보호할 기회를 빼앗는 '사다리 걷어차기(kicking away the ladder)'와 같은 부정적 효과에 대한 시각이 존재

[그림 5-1] 미국과 중국의 통상마찰

한다[4]는 것이다. 지금 대부분 선진국은 사실 미흡한 자국의 산업을 육성하기 위한 시간적 기회를 얻기 위해 먼저 얼마간 보호무역 정책을 통해 자국 산업을 육성한 연후에 자국 상품의 판로를 확대하기 위해 자유무역을 주장한다는 것이 역사적 진실이기 때문이다.

2. 보호무역주의

보호무역주의(protectionism)는 주로 경제발전이 뒤늦은 나라에서 무역을 자유롭게 하면 국내의 기존 산업 또는 발전 가능성이 있는 산업이 외국과의 극심한 경쟁에 노출되어 위협을 받거나 발전의 기회를 상실할 것을 우려해서 먼저 국내산업을 보호하기 위해 수입을 제한하여야 한다는 주장에 근거한다.

보호무역주의는 역사적으로 **중상주의(commercialism)**를 배경으로 하고 있다. 중상주의는 국가의 부를 축적하기 위해 무엇보다도 상업을 중시해야 한다는 사상이다. 대항해 시대 이후 상업이 활발해지면서 유럽을 중심으로 국제무역이 본격화되었고, 이에 따라 국제결제 수단으로 화폐용 금과 은의 수요가 급증하였다. 자연스럽게 대부분 국가는 결제수단으로 사용할 수 있는 귀금속의 축적은 곧 국부를 증대시키는 길이라고 판단한 결과, 금과 은 자체의 국내유입은 촉진하고, 유출을 억제하는 소위 **중금주의(bullionism)**가 등장하게 되었다. 중금주의 정책의 기조가 발전하여 재화의 수출은 결제대금 수취의 결과로 금과 은이 유입되고, 수입은 금과 은의 지급으로 인한 유출의 결과를 인식한 후, 수출은 장려하고, 수입을 억제하는 **무역차액정책**이 등장하였다. 이러한 정책 방향을 기반으로 보호무역주의는 19세기 후반 독일의 리스트와 미국의 해밀턴 등의 **유치산업보호론**으로 발전하였다.

국내산업과 노동문제는 국제무역의 성과와 밀접하게 연관되어 있다는 깨달음을 바탕으로 출현한 논리가 유치산업(infant industry)의 보호이다. 외국에 비해 뒤처진 산업이 일정 수준 이상의 경쟁력을 확보할 때까지 외국제품과의 본격적인 경쟁을 회피할 수 있는 환경을 만들기 위해 일정 기간 동안 자국 산업의 보호가 불가피하다는 논리가 대부분 개발도상국의 정책 방향이 되었다.

이외에도 수입대체산업의 육성은 국내고용을 증대시키는 효과가 있고, 국내 경기와 임금을 안정시키는 결과를 가져온다는 이점과 국가안보와 관련한 식량, 그리고 국방과 국가의 기간산업을 육성하기 위해 보호무역 정책이 필요하다는 논리가 더해졌다.

그리고 1970년대의 석유자원파동(oil shock) 이후 오히려 선진공업 국가들 위주의 보호무역주의 경향이 두드러졌는데, 이는 전통적인 개발도상국의 유치산업보호를 위한 명분과 달리 어려워진 경제 상황에서 자국의 경기침체를 방어하기 위해 심지어 사양산업까지도 보호함으로써 국제무역을 크게 위축시키는 결과로 이어졌다. 아울러 일부 국가 혹은 지역을 단위로 금융위기와 경기침체 등을 이유로 자국 산업 보호에 의한 국내고용의 증진을 목적으로 하거나, 국가 주도의 경제성장을 지속하기 위한 수단으로서 몇몇 미래의 국가전략산업을 지정하여 집중적으로 동 산업을 보호하는 경향을 보이기도 한다.

최근에 각국은 식품의 위생, 공산품의 품질과 안전에 대한 기준을 강화하면서 수입규제 수단으로 악용하는 사례도 늘고 있다. 식품안전을 명목으로 검역, 위생과 관련된 식품의 기준, 표시 등 식품 관련 규제를 강화한다거나 아동용 장난감과 전기용품 등에 대해 품질과 안전을 이유로 수입규제의 강도를 높이는 것이 그 사례이다. 한편 고갈된 자원을 대상으로 '자원 내셔널리즘(nationalism)' 문제도 심각한데, 예를 들면 희토류와 같은 희귀광물의 수출을 통제하는 것은 또 다른 양상의 보호무역이라 할 수 있다.

요컨대, 통상정책은 세계경제의 침체기와 활성기의 순환적 흐름을 경험하면서 자유무역주의와 보호무역주의 정책이 주기적으로 반복하면서 오늘날까지 꾸준히 통상정책의 방향은 대립하는 것처럼 보이나, 1945년 제2차 세계대전 이후부터 세계 각국의 통상정책은 세계화의 진전에 따라 대체로 자유무역에 힘을 싣는 노선 위에 머물러 있다고 말할 수 있다.

제 3 절 국제통상정책의 수단과 효과

국제통상정책이란 한 나라가 계획적으로 무역에 개입하여 거래를 촉진하거나 장려하고, 제한 혹은 금지하는 조치나 수단을 동원하여 경제 전반의 균형을 유지하면서 경제목표의 달성을 통한 국민경제의 지속적 발전을 꾀하는 것이다. 통상정책은 한 나라의 산업발전과 국민경제의 발전에 미치는 영향이 크기 때문에 일찍부터 국가정책의 중요한 대상이 되어 왔다.

한 국가의 경제목표를 실현하는데 필요한 통상정책의 수단은 국내로 수입되는 물품에 대해 일정한 세금을 부과하는 관세(customs or customs duties, tariffs)와 관세 이외의 모든 수단을 묶어서 일컫는 비관세(non-tariffs)로 나뉜다.[5)] 비관세는 수입되는 물품의 수량을 규제하는 수량제한과 그 외의 비수량제한이 있다. 그리고 포괄적인 수단으로서 산업피해구제제도가 있으며, 수출의 증대를 목적으로 하는 수출장려와 촉진을 위한 정책 수단들이 있다.[6)]

1. 관세

(1) 관세의 정의

관세(tariff)는 상품이 한 나라의 조세 국경선이라고 할 수 있는 관세선(customs line)을 통과할 때 부과하는 세금이다. 관세라고 하면 보통 수입하는 상품에 부과하는 수입관세를 의미한다. 하지만 수출하는 상품에 대해서도 흔하지는 않지만, 세금을 부과하는 수출관세도 있다. 예를 들어 브라질은 수출하는 커피에, 가나는 코코아에 수출관세를 부과하고 있다. 수출관세를 부과하는 이유는 과도한 수출로 인해 세계시장에서 해당 상품의 가격 하락을 방지하고, 그 결과로 수출에 의한 소득을 늘리고자 하는 효과를 얻기 위함이다.

수입관세를 부과하는 이유는 주로 국내산업의 보호와 정부의 재정수입(관세수입) 때문이다. 대개 관세 부과로 국내산업 보호와 재정수입 증가라는 두 가지 목적이 동시에 달성되지만 때로는 한 가지 목적을 달성하기 위해 부과하는 때도 있다. 소득 수준이 낮고 공업화가 낙후된 개발도상국의 경우에는 관세가 정부의 재정수입에서 차지하는 몫이 크기 때문에 관세 부과의 주요 목적을 재정수입 확보에 두기도 하나, 경제의 규모가 커지고 소득 수준이 높아지면서 정부 재정에서 관세 수입의 역할은 급격히 감소한다. 따라서 대부분 선진국들은 관세를 정부의 재정수입 증대를 위한 수단보다는 수입상품과 경쟁 관계에 있는 국내 산업을 보호하기 위한 목적으로 활용한다.

관세를 부과하는 방법에 따라 그 형태는 정액관세(specific tariff), 종가관세(ad valorem tariff), 복합관세(compound tariff) 등이 있다. 정액관세는 수입 상품 단위에 일정한 금액을 부과하는 관세이다. 예를 들어 수입하는 특정한 상품의 가격과 관계없이 개당 일정한 금액의 관세를 부과한다. 종가관세는 수입상품의 단가를 기준으로 일정한 비율의 관세를 부과하는 형태이다. 이 경우 동일한 관세율이 적용되는 수입 자동차의 경우라도 자동차의 가격에 따라 납세의 부담이 달라진다. 복합관세의 경우에는 정액관세를 부과한 후에 다시 종가관세를 추가로 부과하는 방법이다.

(2) 관세의 경제적 효과

아무런 세금의 부담 없이 수입되고 있는 상품에 관세를 부과하면 한 나라의 경제에 어떤 일이 벌어질까? 일단 수입상품에 관세를 부과하면 상품의 국내가격이 상승한다. 수입상품의 가격이 상승하면 그 상품을 소비하는 소비자에게 가격의 상승에 따른 구매 부담으로 이어지며, 해당 수입상품의 소비량이 감소하게 된다.

관세를 부과한 정부는 세금을 거두어들일 수 있어서 재정수입이 늘어날 것이다. 또한, 관세의 부과로 인한 소비자 가격의 인상으로 인해 일부 소비자들은 수입상품의 소비를 포기하고, 가격이 더 저렴한 국산의 대체 상품을 소비할 것이며 이는 국내산업이 활성화되는 결과로 이어진다. 이러한 관세의 경제효과를 [그림 5-2]의 그래프를 이용하여 설명하면 다음과 같다.[7)]

그래프는 보는 바와 같이 세로축은 상품의 가격(P)을 나타내고 가로축은 상품의 소비 혹은 공급량(Q)을 나타내며, 그래프는 완전 자유경쟁시장 환경에서

[그림 5-2] 관세의 경제적 효과

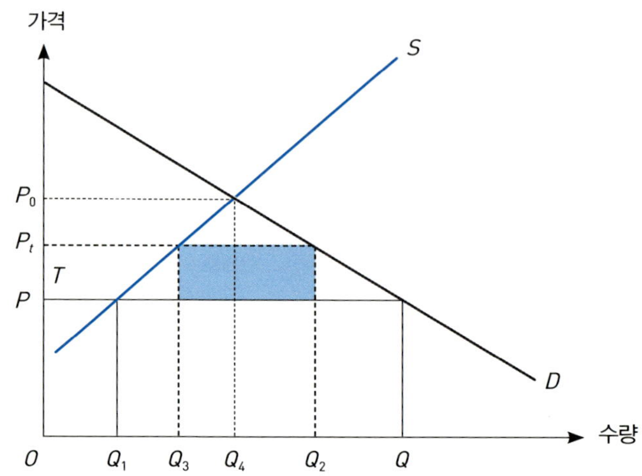

가격이 결정되는 국내의 시장균형 상태를 나타내고 있다. 시장의 균형점은 우하향하는 수요선(*D*)과 좌하향하는 공급선(*S*)이 만나는 점을 통해 표시하고 있다. 그래프에서 관세의 경제효과는 소비효과, 보호효과, 재정수입효과, 국제수지개선효과를 하나씩 나누어 설명한다.[8)]

그래프에서 P_0는 외국의 상품이 수입이 전혀 없는 폐쇄경제체제에서 시장가격이며, 이때 시장에서는 OQ_4만큼 거래되면서 순전히 국내에서 공급되는 상품만으로 소비가 이루어지고 있다는 것을 나타낸다. 만약 이 상태에서 외국의 상품을 관세 없이 수입하면 국내시장에 공급량이 늘면서 시장의 가격은 P로 하락하고, 그에 따른 소비자의 수요량(소비량)은 늘어나게 될 것이다. 즉 가격이 P일 때 시장에서 거래되는 총량은 OQ이며, 여전히 폐쇄경제체제에서 국내공급선(*D*)이 그대로임을 고려하면 이 중 국내공급은 OQ_1, 나머지 Q_1Q는 수입에 의한 공급량이 될 것이다. 공급이 가격에 대해서 완전 탄력적이라면 외국의 수입상품은 국내에서 필요한 수요에 대응해 국내의 부족한 공급량을 메우게 된다.

이제 정부가 관세 T(세율 t)를 부과하게 되면 관세를 부담한 만큼 시장가격은 P_t로 상승하면서 수요자와 생산자인 공급자에게 영향을 미치게 된다.

1) 소비효과

정부가 PP_t만큼 관세를 부과하면 관세 부과 후 시장가격은 P에서 P_t로 가격이 상승하는 효과가 나타나면서 가격상승에 따른 소비의 위축으로 인해 소비량은 OQ에서 OQ_2로 감소한다. 관세의 부과로 인해 ΔQ_2Q만큼 소비량이 감소하는 것을 소비효과(consumption effect)라고 한다.

2) 보호효과

정부가 수입되는 상품에 $PP_t(T)$만큼 관세를 부과하면 시장가격은 P에서 P_t로 가격이 상승하면서 국내공급량은 OQ_1에서 OQ_3로 늘어난다. 이와 같이 관세의 부과에 따라 국내공급량이 ΔQ_1Q_3만큼 증가하게 되어 그만큼 국내산업이 증진되는 것을 국내산업의 보호효과(protective effect)라고 한다.

3) 재정수입효과

정부가 수입되는 상품에 $PP_t(T)$만큼 관세를 부과하면 시장가격은 P에서 P_t로 가격이 상승하지만 관세의 부과로 인해 국가는 수입되는 상품 개수당 관세부과액×총수입상품량($PP_t \times Q_2Q_3$)의 결과로서 ■만큼의 재정수입효과(revenue effect)가 발생하게 된다.

4) 국제수지의 개선 효과

정부가 수입되는 상품에 PP_t만큼 관세를 부과하면 시장가격은 P에서 P_t로 상승되지만, 관세 부과로 인해 국내생산 공급량이 OQ_1에서 OQ_3로 늘어나고 외국의 수입상품의 공급량은 OQ에서 OQ_2로 줄어들게 되어 수입금액이 감소함으로써 외화의 지출이 그만큼 줄어들게 되어 결과적으로 국제수지의 개선 효과(international balance of payment effect)가 발생하게 된다.

5) 고용(소득)효과

이외에도 정부가 수입되는 상품에 관세를 부과하면 수입상품의 가격이 상승하면서 국내의 소비자들은 수입품 대신 국내 생산품이나 다른 대체 상품을 구매하게 되면서 국내기업의 생산과 공급이 증대된다. 국내산업의 활성화는 자연히 국내의 고용을 늘릴 것이며, 이를 고용(소득)효과(employment effect)가 발생한다.

오늘날 소위 세계무역기구(WTO) 체제가 출범하고 국가들 사이에서 자유무역협정(FTA)이 널리 활용되면서 관세는 점차 철폐되어 가고 있고, 관세는 정책 수단으로서 경제효과와 목적을 달성하는 데 한계를 보이고 있다. 하지만 이를 대신하여 관세 이외의 다양한 **비관세장벽(non-trade barrier)**을 통해 수입을 억제하는 우회적인 방법을 활용하는 경향이 나타났다. 오늘날 무역의 자유화가 활발하게 이루어지고 있는 와중에서도 다수의 국가가 식품의 보건 관련 위생기준, 공산품의 안전기준, 산업의 피해구제 제도 등을 활용해 자국산업을 보호하려고 안간힘을 쓰고 있다.

2. 비관세

비관세 무역장벽(non tariff=invisible tariff barrier)이란 관세 이외의 방법으로 정부가 국내상품과 외국상품을 차별하여 수입을 억제하려는 통상정책의 수단을 말한다. 비관세 무역장벽의 유형은 수량제한과 비수량제한으로 나눌 수 있다. 수량제한은 수입량을 직접 일정 수준 제한하는 제도이며, 비수량제한은 수입허가제, 각종 수입과징금[i] 부과, 수입예치금,[ii] 외환 할당 등 무역거래에 직접적인 제한을 가하는 다양한 수단을 비롯해 상품의 안전, 보건위생, 내국세 제도 등의 차별적 적용과 같은 무역거래에 간접적인 제한 효과를 노리는 조치들이 있다. 대개 이러한 유형의 조치들이 노리는 목적은 국내산업을 보호하려는 데 초점이 맞추어져 있다. 비관세장벽이 국제무역에 등장한 것은 오래되었지만 가트(GATT) 체제의 '케네디 라운드' 이후 여러 차례 협상의 결과와 이행, 그리고 세계무역기구(WTO)의 출범과 협상의 성과로 인해 사전에 조율되고 공표되는 관세의 부과만으로 국내산업을 보호하기 어려워지면서 대안으로 비관세장벽의 다양한 수단들이 등장했다.

---

i) 수입과징금은 재정수입의 취득, 국제수지의 개선과 국내산업의 보호 등을 목적으로 관세 이외에 추가로 부과되는 세금이다.

ii) 수입예치금(Advance Deposit for Import)이란 수입자에게 외국상품 수입에 앞서 수입대금의 일부 또는 전액을 자국 금융기관에 예치하도록 하는 제도를 말한다. 현금자산을 담보로 하여 수입을 시도한다는 의미에서 수입담보금제 또는 수입적립금제라고도 한다.

비관세장벽은 관세와 달리 투명하고 공개적인 수단이 아니며, 적용의 포괄성을 띠고 있어서 거래 대상국의 기업에 주는 영향이 막대하다. 즉 비관세 수단은 효과 측정의 곤란성, 복잡성, 불확실성, 개발도상국에 대한 차별성으로 인해 관세와 달리 국제협상을 어렵게 만든다. 그래서 비관세 수단은 세계무역의 자유화를 가로막는 자국 우선의 이기적 수단으로 인식되면서 세계무역기구(WTO)의 다자간 협상에서 공개성과 투명성을 확보하기 위해 계속 노력하고 있는 분야이다.

(1) 수량제한

수량제한(quantitative restriction) 조치는 특정 상품의 수입증가로 인해 동종의 국내상품이나 직접 경쟁 관계에 있는 상품을 생산하는 국내산업이 심각한 피해를 보고 있거나 입을 우려가 있을 때, 국내산업을 보호하기 위하여 일정한 기간 동안 필요한 범위 안에서 상품의 수입수량을 제한하는 제도이다. 무역위원회의 조사를 통하여 확인된 심각한 피해 등을 구제하기 위한 조치가 필요하다고 건의된 경우에 시행할 수 있다. 예를 들어 일본은 자국의 어업자와 가공업자를 보호한다는 명목으로 수산물 수입에 대해 수입물량을 직접 규율하는 수입할당(Import Quotas) 제도를 운용하고 있다.[9] 대상 품목으로 한국산 김을 비롯하여 고등어, 꽁치, 대구, 오징어, 청어 등 17개 품목을 지정해 놓고 있다.[10]

(2) 비수량제한

비수량제한(non-quantitative restriction) 조치는 수입하는 수량을 제한하는 것과 달리 수출자율규제, 통관절차에 대한 엄격한 적용과 운용, 각종 인증과 규정의 엄격한 적용, 관세평가, 자국 제품을 우선 구매하는 정부조달정책, 극단적 조치의 하나인 수입허가제도 등이 있다.

1) 수출자율규제

수출자율규제(voluntary export restraint, VER)는 수입국의 일방적인 수입제한 조치가 예견될 때 이를 회피하기 위하여 수출국이 먼저 나서서 자주적으로 수출의 수량, 가격, 품질, 디자인 등을 규제하는 것이다. 수입국은 수출국에 대하여 상황에 따라 자율적인 수출규제를 요구해 오는 경우가 많다. 즉 수출자율규제는 예측하지 못한 특정의 외국산 상품이 자국 내 생산자에게 중대한 손해를 끼치거나 끼치게 될 염려가 있을 때 보통 수입국의 요청 또는 두 국가 사이의 협정에 따라 수출국이 필요한 한도와 기한을 정하여 자율적으로 취하는 규제조치로서 일종의 세이프가드(safeguard)이다.

사례를 들면, 1981년 오일쇼크와 그에 뒤이은 일본 자동차의 무차별 공세로 미국 자동차 업계가 고사 위기에 처하자 미국과 일본 양국은 일본 자동차의 대미 수출을 연 168만 대로 제한하기로 하고, 3년 후에는 이를 185만 대로 늘려 시행하기로 합의했던 경우이다. 또한, 일본은 1950년대부터 미국이나 유럽에 대해 철강, 자동차, 전자기기 등의 수출을 둘러싼 무역마찰을 해결하려는 방안의 하나로 수출자율규제를 활용하였다. 구체적으로 일본 정부가 수출승인제나 수출카르텔을 통하여 수출기업에게 수출의 수량을 할당하는 방식을 취하였다. 이외에도 면사나 강재를 둘러싸고 정반대의 처지에서 일본이 한국에 수출자율규제를 요청한 사례도 있다.

2) 통관절차의 엄격한 적용과 운용

수입되는 상품에 대해 통관절차(customs clearance procedure)를 복잡하게 하거나 까다롭게 적용함으로써 결과적으로 수입이 원활하게 이루어질 수 없도록 하는 조치가 있다.

사례를 들면, 중국 정부의 통관절차에 대한 적용과 운용이다. 2016년 미국이 한반도에 사드 미사일을 배치하기로 한 이후 보복 차원에서 한국의 수출품 중 화장품과 식품을 중심으로 수입통관 불합격 사례가 많아졌고, 이는 중국의 엄격한 수입통관 심사로 인한 결과였다. 물론, 중국 정부가 자국산업의 보호와 국민안전 등을 위하여 수입통관과 같은 비관세 조치를 강화하고 있는 측면도 있다. 표면적으로 드러난 한국 제품의 통관거부 사유는 주로 포장, 통관서류, 라벨 등 서류 문제 등이며 상당수가 대중 수출 주요 품목인 소비재에서 발생하였다.

3) 인증과 규정의 엄격한 적용

안전이나 환경 등과 관련한 자국의 규정이나 인증을 지나치게 엄격하게 적용(application of strict standard)하는 것도 수입을 억제하는 방편으로 이용된다.

예를 들어, 방사능 오염 가능성을 근거로 일본의 후쿠시마 인근 수산물에 대한 한국 정부의 수입규제 조치에 따라 일본 정부는 이에 대한 보복 조치로 향후 한국산 수산물에 대해서 가공, 유통 등 식품위생법 위반 가능성이 크다고 자의적으로 판단하여 검사율을 높이거나 수입품에 대한 전량 검사를 시행하는 경우이다. 실제로 한국의 활어 운반 특수차량은 일본 내에서 도로 운행을 못하도록 하거나 까다로운 기준을 적용하여 수십 종류의 인증서류를 요구함으로써 사실상 한국산 수산물의 일본 내 유통을 방해하는 것이 단적인 예이다.[11]

중국 역시 [그림 5-3]에서 보는 바와 같이 45개 품목에 대한 수입허가증 관리제도, 의료기에 대한 중국식품-약품 관리총국(CFDA)의 수입허가제도, 자국 위생증명서 발급 요구 등과 같은 규정을 이용하여 외국 물품의 수입에 대해 상황에 따라서 자의적으로 엄격한 적용과 운용으로 사실상 수입을 제한하는 수

[그림 5-3] 중국의 주요 비관세장벽사례

수입허가증 관리제도

- 소고기, 우유, 석탄, 천연가스, 이동통신제품, 자동차제품 등 45개 분야 537개 품목 대상으로 허가증 발급

중국식품약품감독관리총국(CFDA) 수입 허가

- 의료기기의 경우 추가 임상 요구 빈번해 수술도구는 1년, 임플란트 2년 정도 소요
- 특수용도 화장품의 경우 수입허가 공문 획득 위한 위생허가 검사에 3~6개월, 위생허가증 발급에 8개월 소요
- 수입 약품은 반드시 CFDA 수입의약품등록증 취득해야 하는데 신약 수입 허가에 최대 5년 소요

자국 위생증명서 발급 요구

- 식품 통관 시 수출국 위생증명서에 추가해 자국 위생증명서 요구. 가공식품의 경우 위생증명서 발급에 5일~2개월 소요

외상투자산업지도 목록에 따른 외자 규제

- 신문, 출판, 방송, 뉴스인터넷 홈페이지 등에 외국인 투자 금자

선박금융 차별

- 중국 조선업체에만 다양한 금융지원, 외자 조선업체엔 엄격한 대출조건 기준 적용

자료: 산업통상자원부

단으로 활용하고 있다.

구체적인 업계의 증언에 따르면 한국의 수출자가 중국 당국에 임플란트 인증을 신청했는데, 미국이나 유럽의 선진 업체들은 1~2년 만에 중국 내 인증을 받았던 반면 한국의 업체는 5년 동안 답변을 받지 못하는 차별적 취급을 받았다는 것이다. 중국식품－약품감독 관리총국의 품목별 위생 허가와 위생 허가증의 지연발급 문제, 한국 김치가 중국에 정상적으로 수출될 때까지 엄격한 세균 기준의 적용으로 인해 실제 수출이 성사될 때까지 상당한 고충이 있었다.

참고로 한국무역협회가 2016년 6월 현재 국가별 비관세장벽을 집계한 결과 중국의 비관세장벽은 26개로 인도네시아(5개), 일본(4개), 미국(3개) 등에 비해 압도적으로 높았다. 2015년 한 해 동안만 비관세장벽으로 인해 중국 통관이 거부된 사례는 1,067건에 달했다.[12)]

4) 관세평가

관세평가(customs valuation)는 관세 부과의 기준이 되는 과세표준을 결정하는 절차와 방법이다. 동일한 관세율이 적용된다고 해도 어떤 가격을 과세표준으로 하는가에 따라 실제 부담하게 되는 관세액은 차이가 나게 된다. 만약 수입품의 가격평가 방법이 자의적일 경우 수입을 억제하는 비관세장벽으로 작용하게 된다. 세계무역기구(WTO)의 관세평가협정은 당해 물품의 거래가격을 기초로 하여 과세표준을 결정하는 방법을 제1순위로 적용하되, 동 방법을 적용할 수 없는 경우에는 순차적으로 동종 혹은 동질 물품의 거래가격, 유사 물품의 거래가격, 수입 후 국내판매가격, 제조원가에 기초한 산정가격 등 기타 합리적 기준에 의거 과세표준을 결정하도록 규정하고 있다.

5) 자국제품 우선구매 정부조달정책

정부조달(Government procurement)은 정부에서 필요한 물자를 정부 기관을 통해 일괄 조달하는 것을 말한다. 재원이 국민들의 세금으로 마련되는 것이므로 대부분 국가에서는 당연히 국내 업자의 상품을 우선 매입하려는 경향이 있다. 특히 자국제품을 우선 구매하는 조달정책은 국내의 기술개발이나 중소기업 육성, 고용증대 효과와 같은 국내정책을 뒷받침하는 수단으로도 활용된다. 자국제품 우선구매 조달정책은 세계 각국에서 실제 많이 운영되고 있으며, 이러한 정책은 세계무역기구의 협정에 의하면 외국제품에 대한 차별대우와 비관세장벽으로 취급될 수 있다.

정부조달에 대해서는 각국 모두 국가안전보장, 국내산업육성 등을 이유로 국내상품을 우선 구매하는 정책을 취해 왔기 때문에 가트(GATT)는 이것을 내국민대우의 예외로 하였다(GATT 3조 8항(a)). 그러나 정부조달이 국제무역에 미치는 영향이 크기 때문에 도쿄 라운드(1973~1979년)에서 '정부조달에 관한 협정(구(舊)협정)'이 작성되었다. 이 협정에 따르면 상품의 조달을 대상으로 기준액 이상의 정부조달조약에 관하여 내국민대우와 최혜국대우를 적용하는 것을 원칙으로 하고 있다. 그 후에 구협정의 확충과 개선을 위한 협상이 계속 이루어져 1994년에 동명의 신협정이 작성되었다.[13] 이 신협정은 상품에 추가하여 서비스의 조달도 대상으로 하고 있으며 대상기관에 지방정부나 정부 관계기관도 포함하여 적용 범위를 확대함과 동시에 정부조달에 관한 고충신고제도의 정비를 의무화하도록 할 것을 규정하였다.

정부조달이 우루과이 라운드(1986~1994년)의 협상분야가 되지 않았기 때문에 신정부조달협정은 불행하게도 세계무역기구(WTO) 협정의 일부가 아니라 독립 조약으로서 작성되었으며, 일괄수락의 대상이 되지 않았다.

실제적인 사례로서 도널드 트럼프 미국 대통령이 집권하면서 글로벌 공급망을 중시하는 경제계의 반발에도 불구하고 미국 산업과 노동자를 보호한다는 명목으로 '바이 아메리카(Buy America)' 기치를 내세우며 보호무역 기조를 노골화한 바 있다.[14]

6) 수입허가

수입허가(import license) 제도는 특정 상품을 수입할 때 정부의 허가를 받아야 하는 제도를 말한다. 즉 수입되는 상품에 대해 일일이 허가라는 엄격한 절차를 받도록 하는 제도이다. 수입허가제는 원래 수입이 금지된 품목에 대해 당국의 허가를 통해 수입할 수 있도록 하는 것이다. 대개 정부는 일정 기간의 수출입계획을 세워 놓고 이에 맞추어 수입을 허가해 주게 된다.[15] 또한, 예외적으로

이 제도는 극약 처방의 하나로서 무역적자에 따른 긴급한 상황이나 국가 부도와 같은 곤경에 처한 나라 등이 동원할 수 있는 비상 수단으로 활용되기도 한다.

수입허가제의 사례로서 2014년 기준으로 베트남의 자동차 수입허가제를 들 수 있다. 베트남은 외국산 자동차 수입할 때 반드시 해외 자동차 생산자가 공인하는 딜러에 의해 이루어져야 하고, 딜러들은 베트남 정부에 증빙 서류를 제출해야 수입허가를 취득할 수 있게 되어 있었다. 베트남에 자동차를 수입했던 딜러들은 베트남 정부가 요구하는 해외 자동차 생산기업에서 딜러 인증 관련 서류 획득은 매우 어려운 절차로 이와 같은 규정은 소규모 업체에게 사실상 시장진입 장벽으로 작용하였다.[16)]

3. 수출지원과 장려제도

지금까지 언급한 무역정책은 수입을 제한하고 억제하기 위한 수단으로 활용되는 정책이었다. 이러한 무역을 제한하고 금지하는 정책 외에도 국가경제의 특정한 목적을 달성하기 위해 수출을 지원하고 장려하는 정책 수단들이 병행하여 시행되고 있다. 대표적으로 수출을 위한 생산 보조금, 수출금융, 관세의 환급과 감면제도, 자유무역지역을 통한 각종 지원 등이 있다.

(1) 수출/생산 보조금

수출보조금(export subsidy)이란 국가 혹은 공공단체가 국내생산물의 수출을 증가시키기 위하여 국내 수출산업 또는 수출업자에게 제공하는 재정적 지원을 의미한다. 여러 가지 형태로 지원되고 있으나, 주로 수출산업의 생산량을 증가시키고 수출량을 증대시키기 위하여 수출업자에게 지급되고 있다. 이 수출보조금은 수출장려정책의 유력한 수단의 하나이다.

그러나 수출보조금은 수입국에 상계관세의 부과를 허용하게 하는 대항 조치를 야기시켜 자유무역을 크게 저해할 우려가 있어서 세계무역기구(WTO)는 수출보조금의 지급을 원칙적으로 금지하고 있다. 우리나라는 1960년대 전반까지 수출보조금제도를 실시해 왔으나 가트(GATT) 가입 등 개방체제로 전환하면서

1965년에 이 제도를 폐지하고 대신 수출지원금융, 세제상의 특혜 등 간접지원 체제로 전환하였다.[17)]

(2) 수출금융

수출금융(export financing)은 물품의 수출을 촉진하기 위하여 수출입업자나 수출용 원자재 생산업자(수출용 완제품 생산업자 포함)를 지원 대상으로 하여 수출상품을 선적하기 전에 제조하거나 가공하는데 필요한 자금을 지원하는 정책 금융으로서 우대금융을 제공한다.

특히 산업설비, 기계류, 선박 등 생산기간이 긴 고가의 제품 수출에 따른 업체의 자금 부담을 덜어주기 위해 수출입은행이 지원하는 연불수출금융이 대표적 예이다. 대규모 플랜트와 설비 등을 수출할 경우 보통 일정액의 선수금을 받고 수년간 제품을 만든 뒤 대금은 제품 인도 후 몇 년 동안 나눠서 받는 것이 보통이다. 이런 조건의 수출을 연불수출이라고 하는데, 바로 이런 유형의 수출을 지원하는 것이 연불수출 금융이다. 연불수출 금융은 상대국 수입업자에게 수입대금을 융자해 주는 방법과 수출업체에 직접 자금을 융자하는 두 가지 방법이 있다. 융자기간은 상품 대금의 회수기간을 기준으로 한다. 일반 금리보다는 낮은 수준이지만 경제협력개발기구(OECD)의 가이드 라인을 따르는 것이 일반적이다.[18)]

(3) 관세의 환급과 감면제도

관세감면(duty exemption)이란 국가가 특정 목적을 달성하기 위하여 특정 물품에 대하여 관세의 납부 의무를 특별히 정한 범위 내에서 무조건 또는 일정 조건부로 일부 또는 전부를 면제하는 것이다.

관세환급(customs refund)은 수출용 원재료를 수입하는 때에 납부하였거나 납부할 관세에 대해 동 원료를 사용하여 수출 등에 실제 활용하여 생산하였을 경우 수출자 또는 수출물품의 생산자에게 원료를 수입할 때 부과했던 관세를 되돌려주는 제도이다.

(4) 자유무역지역

자유무역지역(Free Trade Zone)이란 관세법과 대외무역법 등 무역 관계 법률에 따른 특례와 지원을 통하여 제조, 물류, 유통, 무역 등의 활동을 자유롭게 보장하는 지역이다.[19] 자유무역지역을 지정하여 운영함으로써 외국인투자의 유치, 무역의 진흥, 국제물류의 원활화와 지역개발 등을 촉진하여 국민경제의 발전에 이바지하는 데 목적을 두고 있다.[20]

자유무역지역은 산업단지, 공항, 항만, 물류단지와 물류 터미널과 같은 지역을 대상으로 지정할 수 있다. 2000년 7월 '자유무역지역의 지정 등에 관한 법률'에 따라 마산수출자유지역과 이리수출자유지역이 마산자유무역지역과 익산자유무역지역, 군산자유무역지역으로 지정되었다. 2002년 대불자유무역지역, 2004년 부산항, 광양항, 인천항, 인천국제공항이 추가 지정되었다. 2005년에는 동해, 율촌, 2009년에는 김제, 울산, 평택·당진항, 포항항을 새로 지정됐다. 2010년 익산자유무역지역이 지정 해제된 바 있다.[21]

4. 산업피해구제제도

특정한 물품이 너무 많이 수입되거나 정상가격 이하 수준인 덤핑(dumping)가격으로 수입되어 해당 물품과 경쟁하는 국내산업이 피해를 당할 우려가 있거나 실제 피해를 보고 있을 때 이를 구제하고자 하는 것이 산업피해구제제도이다.

세계무역기구의 관련 협정과 국내의 대외무역법, 관세법, 불공정무역행위 조사와 산업피해구제에 관한 법률 등에 법적 근거를 둔 제도로서 반덤핑관세(anti-dumping duties)를 부과하거나 상계관세 또는 세이프가드(safeguard)와 같은 조치가 있다. 이들 조치는 일방적인 수입규제조치가 아니라 세계무역기구의 관련 협정에 따라 실행할 수 있는 조치로서 국제적으로 널리 인정되고 있다.[22]

(1) 반덤핑관세

반덤핑관세(anti-dumping duties)는 외국 수출국 기업이 수입국의 시장점유율을 확대하기 위해 가격을 부당하게 낮춰 수출하여 국내산업이 실질적인 피해를 받

사례 5-1 | 베트남, 한·중 컬러 코팅 강판에 반덤핑 관세 부과

베트남 당국이 한국과 중국에서 수입한 일부 컬러 코팅 강판에 반덤핑 관세를 부과하기로 했다. 2019년 6월 21일 현지 언론인 베트남뉴스(VNS) 등에 따르면 이날 베트남 산업통상부는 "오는 25일부터 3개 한국 업체, 20개 중국 업체로부터 수입하는 컬러 강판에 임시 반덤핑 관세를 부과하기로 했다"고 밝혔다.

당국은 "작년 10월 자국 철강업체로부터 반덤핑 조사 요청을 받았고, 이후 약 8개월 간의 조사 끝에 이같이 결정했다"고 전했다. 한국과 중국산 제품에 부과하는 반덤핑관세의 세율은 각각 4.48%~19.25%, 3.45%~34.27%다. 한국 기업에 부과한 세율은 포스코 19.25%, 동국제강 18.08%, 동부제철 4.48%다.

베트남 당국은 "양국의 덤핑으로, 많은 국내 기업들이 생산을 중단했고 상당수 노동자들이 일자리를 잃었다"고 주장했다. 당국은 향후 120일 간 이 같은 임시 반덤핑관세를 부과하고 오는 10월 말께 반덤핑관세의 부과 여부를 최종적으로 결정한다.

다만, 이번 관세 부과 대상에는 가전이나 전자제품에 광범위하게 사용하는 고급 PCM, VCM 제품 및 베트남에서 생산되지 않은 제품들은 과세 대상에 포함되지 않아 한국 업체들이 입을 타격은 크지 않으리라고 예상된다.

한편 베트남 당국은 지난 6일부터 미국의 고율의 관세를 피하기 위해 자국산으로 둔갑시킨 중국산 알루미늄에도 임시 반덤핑관세를 부과했다. 반덤핑 세율은 2.46%~35.58%다.

자료: KIATA.net

거나 받을 우려가 있을 때, 또는 국내산업의 확립이 지연될 때 정상가격과 덤핑가격의 차액 범위 내에서 관세를 부과하는 것으로 '덤핑방지세', 또는 '부당염매관세'라고도 한다. 수출국의 기업이 시장점유율 확대를 목적으로 부당하게 낮은 가격으로 수출, 수입국의 산업이 피해를 보았을 때 수입국 정부가 정상가격과 부당한 염가가격의 차액만큼 관세를 부과하는 것을 말한다. 그러나 반덤핑관세의 실제 명분과 다르게 선진국들이 개발도상국의 수입을 규제하기 위한 정책으로 남발하고 있어 문제가 되고 있다.

(2) 상계관세

상계관세(countervailing duties)는 수출국으로부터 장려금이나 보조금을 지원받아 가격경쟁력이 높아진 저렴한 물품이 수입되어 국내산업이 피해를 입을 경우,

이러한 제품의 수입을 불공정한 무역행위로 보아 이를 억제하기 위해 부과하는 관세이다. 상계관세는 외국의 산업장려정책이나 수출촉진정책에 입각한 부당경쟁으로부터 국내산업을 보호하기 위해 부과되는 관세로 강력한 무역구제 조치로 꼽힌다.

수출국의 입장에서는 장려금이나 보조금을 받은 수출품은 그만큼 상품가격이 낮아져 국제경쟁력 강화를 통한 수출증대의 효과를 거둘 수 있지만, 수입국 입장에서는 해당 제품의 시장이 잠식당하고 결국 관련 국내산업이 타격을 받게

사례 5-2 | 미국 하이닉스 반도체에 상계관세 부과

미국에서는 2002년 11월 마이크론 등이 2000년 하이닉스의 채권은행인 산업은행이 회사채 신속 인수제도를 통해 현대전자의 회사채를 인수한 것이 세계무역기구(WTO) 보조금협정에 위배된다며 하이닉스 제품에 대해 고율의 상계관세를 부과하라고 요구하였다. 이로 인해 2003년~2011년까지 8년 동안 하이닉스 제품에 대하여 상계관세가 부과되었다. 2012년 미국은 중국 정부가 태양광 제품에 대해 보조금을 지급한 데에 따라 15~16%의 상계관세도 부과키로 했다.

자료: 위키백과(ko.wikipedia.org>wiki>상계관세)

사례 5-3 | 미국, 중국산 냉동새우 상계관세 부과

미국 상무부는 2013년 8월 중국산 냉동새우에 보조금이 지급된 혐의가 있다면서 이같이 결정했다고 대만 중앙통신(CNA)이 14일 전했다. 상계관세율은 18.16%로 결정됐다.

미 당국은 중국 외에 에콰도르, 인도, 말레이시아, 베트남, 인도네시아, 태국 등에서 수입된 냉동새우에 대해서도 유사한 혐의를 적용해 각각 같은 비율의 상계관세를 부과하기로 결정했다.

상계관세는 수출국이 수출품에 장려금이나 보조금을 지급할 경우 수입국이 이에 의한 경쟁력을 상쇄시키기 위하여 부과하는 누진 관세다.

미국 국제무역위원회(ITC)는 앞서 지난 2월 중국산 수입 제품의 보조금 정책으로 자국 냉동새우 산업이 실질적인 타격을 받고 있다는 취지의 판결을 내놓은 바 있다. 중국 당국은 당시 세계무역기구(WTO) 규정에 어긋난다고 항의하면서 미국 측에 신중한 결정을 요구했다. 2017년 기준 미국의 중국산 냉동새우 수입액은 1억 194만 달러(약 1천140억원) 규모다.

자료: 연합뉴스, 2013. 8. 14.

된다. 세계무역기구(WTO)에서는 수출국에서 지원한 보조금을 상쇄하도록 상계관세의 부과를 인정하고 있다. 상계관세는 기본관세 외에 해당 상품에 지급되는 장려금이나 보조금만큼 더해져 산정되며, 부과요건은 생산과 수출에 직간접적으로 장려금이나 보조금을 받는 수입품이나 이러한 수입품에 의해 국내산업이 저해되거나 저해될 우려가 있는 경우 등이다.

(3) 세이프가드

세이프가드(safeguard)는 긴급수입제한 조치로서 특정 물품의 수입이 급격히 증가하여 국내산업이 심각한 피해를 받거나 받을 우려가 있을 때, 수입량을 제한하거나 관세율을 인상하는 것을 말한다. 세계무역기구(WTO)는 국내산업 보호를 위하여 '심각한 피해' 등 일정 조건이 확인되는 경우에는 이를 인정해 주고 있

사례 5-4 | 한국의 제품에 대한 미국의 세이프가드 발동, 그 배경과 파장

트럼프 미국 대통령이 2018년 1월 23일, 한국의 주력 수출 품목인 세탁기와 태양광 제품에 대해 '세이프가드(Safe Guard)'를 발동했다. 이번 조치는 2002년 부시 행정부 이후 16년 만에 취해진 조치로 향후 한국의 대미 수출에 큰 타격이 우려된다. 그 배경과 전망을 정리하면 다음과 같다.

이번에 한국 제품들에 대해 '세이프가드'를 발동한 배경에는 '미국 우선주의'를 들 수 있다. 트럼프 대통령이 취임 초기에 내세웠던 '보호무역주의'를 본격적으로 추진하겠다는 의지를 나타낸 것이다. 미국 국제무역위원회(ITC)는 수입 세탁기 120만 대 미만 물량에 대해서는 무관세 혹은 20%의 관세 부과를 권고했다. 트럼프 대통령은 20% 관세 부과를 선택했다. 따라서 앞으로 한국 세탁기의 미국 수입 연간 쿼터는 120만 대로 제한된다. 앞으로 3년간 쿼터를 초과하는 수입 세탁기에 대해서는 해마다 50%, 45%, 40%의 높은 관세가 부과된다.

현재 삼성과 LG전자 세탁기를 미국에 수출할 때 0.3% 혹은 1%의 관세를 적용받고 있다. 양국간 FTA 체결로 받는 혜택 덕분이다. 그러나 세이프가드 발동으로 20~50%의 관세가 부과되면 연간 10억 달러에 달하는 대미 세탁기 수출은 큰 타격을 받을 수밖에 없다. 태양광 전지 산업도 대미 수출의 둔화가 예상된다. 태양광 전지의 경우 한화 큐셀, LG전자 등이 2016년 한 해 12억 달러를 미국으로 수출했다. 미국의 '세이프가드' 추진이 되면 태양광 제품의 경우 2.5기가 와트 이상일 경우 1년 차에 30%, 2년 차에 25%, 3년 차에 20%의 관세를 각각 부과하게 돼 큰 타격이 예상된다.

자료: KBS보도, 2018. 1. 29.

다. 세계무역기구(WTO)의 세이프가드협정에서 세이프가드는 심각한 피해를 방지하거나 치유하고 구조조정을 쉽게 하는데 필요한 정도로만 취해져야 하며, 수입국은 세이프가드 조치를 취하면 원산지와 관계없이 해당 물품의 수출국에 협의할 기회를 제공하고 적절한 보상을 해 줄 것을 권고하고 있다. 그리고 협의 결과가 만족스럽지 못할 경우, 당해 물품의 수출국이 수입국에 대해 보복조치를 취할 수 있도록 허용하고 있다.

제 4 절 주요국의 수출규제정책과 사례

수출규제는 수출국이 특정 제품에 대해 수출을 제한하는 행위이다. 수출제한은 수출국이 특정 상품에 대해 국내의 긴급수급조정이 필요하거나, 공급 부족에 따른 물가의 안정, 전략물자의 관리, 상대국에 대한 경제적 보복과 같은 이유 등에 근거를 두고 있다. 최근 일어난 각국 정책의 대표적 사례를 제시하면 다음과 같다.

1. 일본의 한국에 대한 수출규제

최근의 한일간의 뜨거운 이슈로서 일본 정부의 한국에 대한 수출규제를 들 수 있다. 2019년 7월 1일 일본 경제산업성은 반도체, 디스플레이 공정에서 사용되는 불화수소, 포토 레지스트, 플루오린 폴리이미드 3개 품목에 대한 수출규제를 7월 4일부터 시행할 것이라고 발표하였다. 일본은 정치적 논리에 의해 수출심사에 편의를 제공하는 '화이트국가 리스트'에서 배제하면서 수출심사를 품목별로 받게 하여 심사 기간이 최장 90일이 소요되게 만들었다. 일본은 양국의 외교 갈등을 배경으로 하고 있으면서도 표면적으로 전략물자에 대한 수출규제를 근거로 내세우고 있다.[23)]

2. 미국의 중국에 대한 수출규제

세계 패권을 놓고 다투는 미-중 무역 갈등으로 인한 반도체 판매금지는 더 많은 국가의 수출에 영향을 미치고 있다. 2020년 5월 15일 미국 상무부는 미국 기업의 기술을 사용하는 기업이라면 화웨이에 반도체 제품을 납품할 때 미국사무부 승인을 거쳐야 한다고 발표했다. 이에 따라 2020년 9월 15일부터 대만의 반도체업체 TSMC와 삼성전자는 물론이고 엔비디아, 텍사스인스트루먼트, 퀄컴, 인텔, 브로드컴 등 미국 5대 반도체 관련 기업들은 반도체를 중국의 화웨이에 수출할 수 없게 되었다.

3. 미국의 원유 수출규제

미국산 원유 수출규제가 마련되게 된 계기는 1973년 아랍석유수출국기구(Organization of Arab Petroleum Exporting Countries: OAPEC)가 미국으로의 원유 수출을 전면 금지하는 조치가 계기가 되었다. 당시 금수 조치의 여파로 국제유가의 급격한 상승을 경험하면서, 미국은 원유라는 자원의 희소성에 대해 강하게 인식하게 되었다. 이에 따라 원유수입의 안정성에 대해 국가안보 차원에서 접근해야 한다는 공감대가 사회 저변으로 확산하였고, 원유의 국외반출을 통제하는 것을 넘어 금지하자는 주장이 큰 힘을 얻게 되었다.

그 결과, 1975년 12월 22일에는 원유 수출에 대한 전면적인 금지할 수 있는 에너지 정책 및 절약법을 근거로 석유와 같은 에너지 공급의 교란에 대응하기 위해 미국 행정부에 일부 예외사항을 제외하고는 미국산 원유의 수출을 완전히 금지할 수 있는 권한을 부여하였다. 현재 미국산 원유는 미국 상무부 산하 산업안보국의 수출면허를 조건으로 하고 있어서 원유 수출에 대한 사실상의 '금수조치(embargo)'를 취하고 있다.[24)]

4. 원목의 수출규제

수출수량 제한이나 수출세의 부과 등에 의해 원목의 수출을 제한 혹은 금지하는 조치가 시행되고 있다. 현재 미국, 캐나다, 인도네시아 등 많은 목재 수출국에서 실시되고 있다. 일반적으로 수출국이 자국의 목재 산업에 대하여 원료를 확보함과 동시에, 보다 부가가치가 높은 제품의 가공을 촉진하기 위한 목적으로 실행하고 있다.[25)]

5. 코로나와 위생용품의 수출규제

2019년부터 시작된 코로나로 인해 한국 정부는 긴급수급조정과 물가 안정 조치를 이유로 관련법에 근거하여 2020년 2월 26일부터 마스크와 손 세정제에 대한 수출규제를 시행하였다. 식품의약품안전처는 코로나19의 지역사회 확산으로 마스크 품귀현상이 심화함에 따라 마스크 수급 안정화 추가조치를 담은 「마스크 및 손 소독제 긴급수급조정조치」를 2월 26일 0시부터 시행한다고 밝히면서 2월 26일부터 마스크 판매업자의 수출이 원칙적으로 금지되었다. 생산업자도 당일 생산량의 10% 이내로 수출이 제한되며, 마스크 생산업자는 당일 생산량의 50% 이상을 공적 판매처로 신속하게 출고할 것을 의무화하였다. 이러한 조치는 국내의 수급이 안정될 때까지 취한 임시 조치였다.[26)]

참고문헌

1) 강인수 외, 『국제통상론』, 박영사, 1998년, 47-51쪽.

2) 이신규, 『국제통상론』, 도서출판 두남, 2011년, 25-30쪽.

3) 공완배, 『신세계질서와 국제통상』, 한울출판사, 2000년, 79-92쪽.

4) 장하준, 『사다리 걷어차기』, 도서출판 부키, 2004/장하준, 『나쁜 사마리아인』, 도서출판 부키, 2007년.

5) 박종수, 『국제통상원론』, 박영사, 1997년, 56-72쪽.

6) 공완배, 『신세계질서와 국제통상』, 한울출판사, 2000년, 93-102쪽.

7) Heller, Robert, *International Trade*, 연합출판(Prentice Hall), 1986, pp. 163-167.

8) Greennaway, David, *International Trade Policy*, 1983, pp. 46-48.

9) 정재완, 『무역학개론』, 삼영사, 2014년, 105-106쪽.

10) 헤럴드경제신문, '일본, 수출규제 앞서 몇 년간 한국산 제품에 수입장벽,' 2019년 7월 14일.

11) 한국경제신문, '일본, 수출규제 앞서 몇 년간 한국산 제품에 수입장벽 쌓았다,' 2019년 7월 14일.

12) 서울신문 2016년 6월 23일.

13) [네이버 지식백과], 정부조달[government procurement], 21세기 정치학대사전, 정치학대사전 편찬위원회.

14) 연합뉴스, 2019년 7월 16일.

15) [네이버 지식백과] 수입허가제[Import Licence System], 시사경제 용어사전, 2017년, 11월, 기획재정부.

16) KOTRA 해외시장뉴스, 베트남 호치민무역관, 2014년 1월 10일.

17) [네이버 지식백과], 수출보조금(export subsidy), 경제학사전, 2011년, 3월 9일.

18) [네이버 지식백과], 연불수출금융, 매일경제-매경닷컴.

19) [네이버 지식백과], 자유무역지역[Free Trade Zone], 지식경제용어사전, 2010년, 11월, 산업통상자원부.

20) 자유무역지역의 지정 및 운영에 관한 법률 제1조.

21) [네이버 지식백과] 자유무역지역 [Free Trade Zone], 한국민족문화대백과, 한국학중앙연구원.

22) 강인수 외, 『국제통상론』, 박영사, 1998년, 170-204쪽.

23) 한국경제, SK, 불화수소 양산시작.. 수출규제 후 소재 국산화, 2020년, 6월 17일.

24) GS칼텍스 미디어 허브(https://gscaltexmediahub.com/energy/restriction-on-us-crude-oil-export/)

25) [네이버 지식백과], 원목 수출규제[log expert restriction], 산림임업 용어사전.

26) 한국무역신문, 마스크 생산 30% 늘린다… 정부 수출금지조치도, 2020년 3월 5일.

핵심내용정리

- 국제통상정책의 의미
- 국제통상정책의 기본방향:
  - 자유무역주의(Liberalism)와 보호무역주의(Protectionism)
- 국제통상정책의 수단과 효과
  - 수입규제: 관세, 비관세, 수출지원과 장려제도, 산업피해구제제도, 수출규제정책

토론과제

1. 한 국가의 국제통상정책은 주로 무엇에 의해 영향을 받는가?
2. 오늘날 자유무역을 조성하는 환경적 요인은 무엇인가?
3. 탈세계화 현상은 국제통상정책에 어떠한 영향을 미칠까?
4. 수출규제의 사례를 조사하고, 그 원인을 체계적으로 정리해 보자.

Chapter 6

세계무역기구와 자유무역협정

WTO and FTA

“

18세기 후반부터 시작된 영국의 산업혁명은 각종 공산품의 생산력을 증대시켰다. 대량생산에 의한 잉여생산물은 해외시장으로 판매가 확대되었고, 국제거래가 활성화되는 계기를 마련하였다. 국제거래를 확대하는 과정에서 자연스럽게 국제거래를 수행하는 데 장애가 되는 국가 단위의 거래장벽을 허물고자 하는 노력이 뒤따르게 되었다. 고전적 자유무역이론에 근거하여 선진 공업국들은 자유무역정책을 기본으로 하면서 각종 무역협정을 통해 실질적으로 무역을 자유화하는 노력을 계속하였다.

자유무역을 위한 노력의 주목할 만한 성과는 2차 세계대전 이후 미국이 주도한 세계무역질서의 확립이다. 미국이 주도한 자유무역을 위한 노력은 다자간 협상을 바탕으로 하는 '관세 및 무역에 관한 일반협정(GATT)'으로 출발하였다. 가트(GATT) 체제의 다자간 무역협상의 결과 무역장벽을 해소하는 상당한 성과를 거두었고, 마침내 우루과이 라운드에서 1995년 세계무역기구(WTO)를 설립하게 하였다.

한편 1990년대 후반부터 양자간 협상을 토대로 하는 양자간 자유무역협정(FTA)이 확산하기 시작하였다. 현재 자유무역협정은 세계무역기구를 통한 다자간 무역협정의 보완적 기능을 하면서 무역자유화에 크게 기여하고 있다.

따라서 본 장에서는 각국 통상정책 수립에 영향을 미치고 있는 세계무역기구와 자유무역협정에 대해 알아보고자 한다.

첫째, 세계무역기구의 탄생 배경과 세계무역기구의 설립목적과 역할은 무엇인가?

둘째, 자유무역협정과 경제통합의 개념과 의의를 먼저 살펴보고, 자유무역을 위한 세계무역기구의 역할이 있음에도 불구하고 양자간 자유무역협정이 왜 등장하게 되었는가?

”

자유무역 실현을 위한 노력의 여정

제 1 절

미국 중심의 연합국이 2차 세계대전을 승리로 이끌면서 세계의 정치와 경제 질서는 미국 중심으로 재편되기 시작했다. 세계 경제의 지속적인 성장을 도모하고 국제무역을 확대하기 위해 무역의 질서를 확립하고 무역의 자유화를 실현하기 위해 먼저 국제무역기구의 창설을 시도하였다. 이를 위해 1947년 제네바에서 열린 제2차 국제무역기구(ITO: International Trade Organization)를 위한 헌장회의에서 관련 기구의 출범에 대해 참가국 간에 잠정적인 합의에 이르렀으나, 대부분의 참가국에서 국내적으로 비준동의가 이루어지지 않았다. 국제무역기구(ITO)의 정신을 살리기 위한 타협안으로서 1948년에 관세와 무역에 관한 일반협정(GATT: General Agreement on Tariffs and Trade)을 정식으로 발효하게 되었다.

관세와 무역에 관한 일반협정(GATT)은 다수 회원국이 참여하는 다자간 교섭과 협의를 통해 관세와 수출입 규제 등의 무역장벽을 제거하려는 목적에서 발족했다. 처음에 이 협정은 국제무역기구(ITO)의 헌장 가운데 통상정책에 관한 부분을 조속히 발동하기 위해 만들어졌으며, 그 조문은 국제무역기구(ITO)의 무역에 관한 부분을 계승한 35조로 구성된 간략한 것이었다. 그 후 가트(GATT)는 자유와 무차별 무역의 기본원칙을 구현하기 위해 회원국끼리 관세를 포함한 무역장벽 문제를 교섭해왔으며, 국제통화 질서의 안정을 목적으로 창설된 국제통화기금(IMF: International Monetary Fund) 체제와 함께 세계무역을 확대하는 역할을 해왔다. 가트(GATT)는 창설 후 1962년까지 5회에 걸쳐서 일반무역에 관한 교섭을 진행했고, 이후 무역장벽을 해소하는데 협상의 큰 진전을 보였던 라운드(교섭)가 이어졌다.[1)]

1. 케네디 라운드

케네디 라운드(Kennedy Round)는 1964년부터 1967년에 걸쳐 진행되었다. 이 라운드는 54개국이나 되는 참가국의 수와 길었던 교섭의 기간, 교섭 결과의 중요성 등으로 소위 '세기의 교섭'이라고 일컬어졌다. 이 라운드의 최대 특징은 나라별 혹은 품목별로 관세를 인하하는 방법이 아니라 특정 품목을 일괄해서 모든 회원국에게 일률적으로 인하하는 방식을 채택했다는 점이다. 즉 그때까지 각각의 무역상대국이 두 국가 간에 특정 품목에 대한 관세의 인하를 교섭해 왔으나, 케네디 라운드는 몇몇 예외품목 이외에 모든 품목에 관하여 교섭참가국이 한결같이 매년 10%씩 5년간 관세를 인하한다는 획기적인 방법을 채용했다. 결국은 관세의 평균 인하율이 35%였으며, 대상품목은 6천3백 가지 품목에 적용하였으며, 이는 세계의 무역액의 5분의 1에 해당하는 4백억 달러 규모에 달하는 것이었다. 또 다른 성과로서 당시 처음으로 비관세장벽에 대한 논의가 추가되어 일반관세인하협정 외에도 새로운 '반덤핑협정'을 논의하게 되었다.

2. 도쿄 라운드

제7차 라운드인 도쿄 라운드(Tokyo Round)는 더 포괄적이고 광범위한 분야에 걸쳐 가트(GATT) 체제를 확대하고 개선하였는데 구체적으로 살펴보면 다음과 같다. 1973년부터 1979년 사이에 약 100여 개국이 참가하여 이루어졌던 도쿄 라운드는 관세의 인하뿐만 아니라 비관세장벽 그리고 세계교역체제 자체에 대한 개혁을 시도한 최초의 교역 라운드로 기록되고 있다.

협상의 결과를 보면 9개의 주요 세계 공산품시장에 대해 평균 1/3의 관세인하 효과를 가져와 결과적으로 가트(GATT) 설립 당시 40%, 그리고 도쿄 라운드 시작 때에 7%에 이르던 공산품 평균관세율을 4.7% 수준으로 끌어내렸다. 협정 후 8년간에 걸쳐 점진적으로 이루어진 이 같은 관세의 인하는 고율관세에 대해서는 비례적으로 높은 감축을 단행함으로써 전체 관세체제의 조화를 가져오기도 하였다. 한편 도쿄 라운드는 농산물교역과 관련된 문제해결에는 실패하였고, 긴급수입규제조치(safeguards)에 관한 협정 마련에도 실패하였다. 그런데도, 도쿄 라운드는 몇 가지 비관세무역장벽에 대한 협정을 끌어냄으로써 종전의 교역 라운드와는 달리 세계무역체제 자체에 중대한 영향을 미치게 되었다. 그런데 이때 체결된 협정 대부분이 가트(GATT) 가맹국 중 소수의 선진국들만이 약속 이행을 합의하고 서명하는 한계를 보이기도 하였다.

3. 우루과이 라운드

마지막으로 1986년 9월 우루과이의 푼타 델 에스테에서 열린 각료회의에서 뉴라운드 개시 의제에 합의함에 따라 1987년 초에 출범한 우루과이 라운드(Uruguay Round)는 관세의 인하와 비관세장벽에 대한 논의와 함께 금융, 정보통신, 건설 등 서비스 무역을 주요 대상으로 7년간의 협상 끝에 1993년 12월 15일 완전히 타결하였다. 동시에 가트(GATT) 협정체제는 1994년 12월 6일 막을 내리고 우루과이 라운드 협상 결과의 준수 여부를 감시할 보다 강력한 세계무역기구(WTO)가 1995년 1월 1일 출범했다. 우루과이 라운드에 대한 의의와 평가는 다음과 같이 요약 정리할 수 있다.

첫째, 가트(GATT) 체제로서는 종래에 논의되지 않았던 전혀 새로운 서비스 무역을 비롯하여 지식재산권 보호, 무역관련 투자분야에 다자간 국제무역 규범을 도입했다.

둘째, 기존의 가트(GATT) 체제 내외에 있던 많은 수입제한 예외 규정들, 예를 들면, 다자간 섬유협정, 회색지대조치, 농산물 예외규정, 국제수지 목적의 수입제한 등이 철폐되거나 제한되어 다자간 자유무역이 크게 강화되었다.

셋째, 반덤핑, 보조금, 상계조치, 수입허가절차, 기술장벽, 관세평가 등은 세계무역기구 가입 전체 회원국에게 적용하게 되었다. 마지막으로는 우루과이 라운드 합의를 강력하게 이행하는 세계무역기구가 창설되었다. 이로써 국제무역질서에 새로운 지평을 열었다는 점에서 큰 의의를 부여할 수 있다.

참고로 우리나라는 1950년에 가입 의정서를 작성하였으나, 6·25전쟁으로 중단되었고 정식가입은 1967년 4월에 이루어졌다. 이후 케네디 라운드와 도쿄 라운드 협상에 참여하여 총 214개 품목을 양허하는 대신 12만여 개에 달하는 양허품목에 대해서 관세인하의 혜택을 보게 되었다. 1967년 10월부터 협상이 개시된 가트(GATT) 개발도상국간 무역협상(1973년 발효)에도 참여하여 6개 품목을 양허한 대신 366개 양허품목에 대한 관세인하 혜택을 받은 바 있다.

제 2 절 세계무역기구

1. 설립목적

세계무역기구(WTO: World Trade Organization)의 설립목적은 첫째, 국제무역 불균형에 따른 보호주의와 지역주의에 대처하고, 둘째, 국제교역구조의 다양화에 따른 국제규범을 보완하고 제정하는 역할을 하며, 셋째, 협정체제의 한계를 넘어서 국제기구로서 국제교역 분야를 규율하는 것이며 무엇보다도 이를 바탕으로 자유무역의 실현을 통해 세계교역을 확대하고 증진시키는 데 있다.[2)]

[그림 6-1] **세계무역기구 홈페이지**

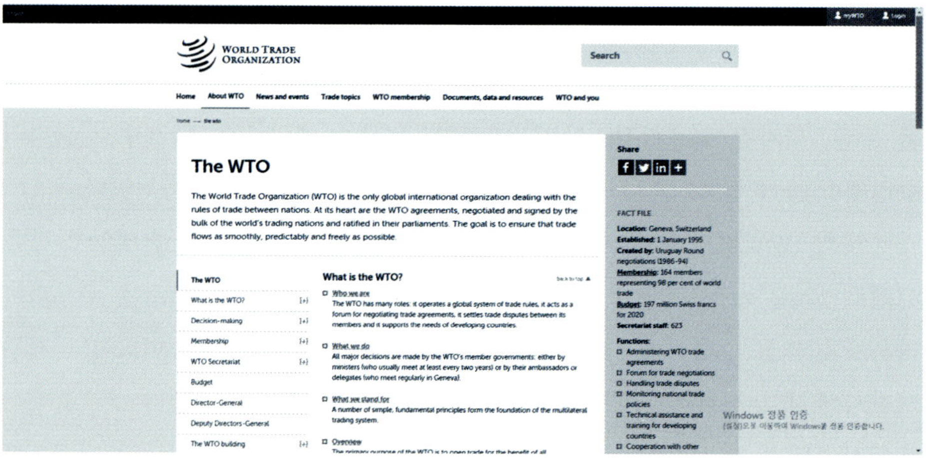

2. 주요 원칙

(1) 무차별의 원칙

회원국들은 모든 무역 상대국들에 대하여 차별적인 대우를 해서는 안 된다는 무차별의 원칙(trade without discrimination)이 있다. 이를 구체적으로 실현하기 위한 하위 원칙으로 최혜국 대우의 원칙과 내국민대우의 원칙이 있다.

1) 최혜국 대우의 원칙

최혜국 대우(MFN: Most Favored Nation)의 원칙은 특정 회원국에게 부여하는 최상의 혜택을 다른 모든 회원국에게도 차별 없이 동등하게 부여해야 한다는 원칙이다. 예를 들면, 한 나라가 협정을 통해 특정 상대국에게 어떤 품목에 관세 인하 혜택을 부여했을 경우, 그 혜택이 제3의 다른 교역 대상국들에도 똑같은 관세의 인하 혜택이 적용되어야 한다는 원칙이다. 예를 들면, 우리나라가 미국산 승용차의 수입 관세를 10퍼센트에서 8퍼센트로 인하할 경우 똑같은 인하 세율을 독일이나 일본산 수입 승용차에도 적용해야 한다. 그것도 즉시(immediately), 그리고 무조건(unconditionally)이다. 우리 국민이 특정 국가의 자동차를 선호한다고 해서 소비자 가격을 인하하기 위해 해당 국가에만 더 낮은 관세율을 적용할 수 없다는 의미이다.

2) 내국민 대우의 원칙

내국민 대우(National Treatment)의 원칙은 어떤 상품이 한 국가의 시장에 수입되었을 때 그 상품은 당해 수입국 내에서 생산되는 동종의 상품과 동등한 조건으로 취급되어야 한다는 원칙이다.

무역에 참여하는 국가들이 차별 없는 평등한 시장환경이 조성하려면 최혜국 대우의 원칙만으로 부족하다. 예를 들어, 최혜국 대우의 원칙을 준수해 모든 외국 상품에 같은 관세율과 수입 절차를 부여한 뒤, 막상 국내에 수입한 이후 국산 상품과 차별적으로 대우한다면 과연 공평한 거래 환경이 조성되는 걸까? 다시 말해, 외국 오토바이에 200퍼센트의 세금을 부여하고 국산 동종 산품에 단지 5 퍼센트의 세금을 부과할 경우 국내의 유통 판매과정에서 다시 한번 불평등이 발생하게 된다. 이러한 차별을 바로 잡는 것이 내국민 대우의 원칙이다.

(2) 예측 가능한 시정접근 보장

예측 가능한 시장접근의 보장(predictable and growing access to market)이 이루어져야 한다. 구체적으로 특정산업과 상품에 대해 시장개방의 정도와 일정을 제시하고 회원국의 양해를 얻어 실행하는 것이다.

사례 6-1 | 예측 가능한 시장접근의 보장과 한국의 쌀시장 개방

쌀 의무수입물량 추이

관세화 유예 대가로 TRQ(저율관세할당물량)에 대해 저율 관세(5%) 수입 허용

1995~2004년
관세화 1차 유예

2005~2014년
관세화 2차 유예

2014년 9월 30일
관세화 결정
관세율 513% 통보

2014년 12월
주요 쌀 수출국 5개국 이의 제기
(미국, 중국, 호주, 태국, 베트남)

2019년 11월
한국 쌀 관세율 513% 확정
TRQ 총량 등 기존 제도 유지

검증협의 진행

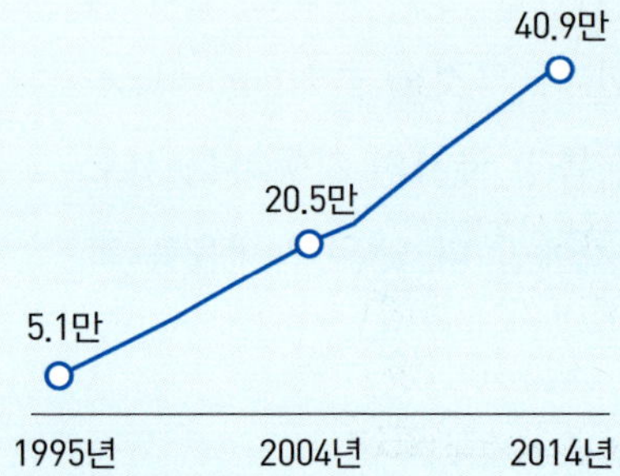

자료: 농림축산식품부

우리나라는 1995년 WTO에 가입하면서 모든 농산물을 관세화했지만 쌀은 예외적으로 두 차례에 걸쳐 관세화를 유예했다. 대신 일정 물량을 '저율관세 할당물량(TRQ: 의무수입물량)'으로 정하고 5%의 관세로 수입을 허용해 왔다. 이는 1993년 우루과이 라운드(UR) 협상이 타결될 때 **최소시장접근(MMA)** 방식에 따라 '의무수입물량'의 쌀을 수입하는 대신 쌀시장의 전면 개방을 10년 미루면서 '관세화 유예'를 선택한 결과였다.

관세화 유예의 마지막 해인 2004년에 우리나라는 주요 쌀 수출국과 협의를 거쳐 관세화 시기를 10년 더 연장했다. 대신 의무수입물량을 매년 2만 톤씩 늘리기로 했다. 의무 수입쌀은 관세화로 전환되더라도 없어지지 않는 조건이다.

이후 2015년에 세계무역기구에 쌀시장 전면 개방, 즉 쌀수입에 대한 관세화를 통보하고, 5%의 저율관세 할당수입물량(TQR)은 그대로 유지하고 일반 수입쌀에 대해 513% 관세를 부과하겠다는 정부의 안을 미국 등 5개국과 협의를 진행한 후 세계무역기구(WTO) 쌀 관세화 검증 협의 결과 확정했다.

2019년 현재 한국의 외국쌀 수입은 의무수입물량 40만 톤 정도로 집계되었다.

자료: 한국일보, '쌀 관세화 협의 5년 만에 종결… 관세율 513% 지켰다' 2019. 11. 20/대한민국 정책브리핑(www.korea.kr)

(3) 무역관련 제도의 투명성

모든 무역 관련 법령과 규범은 누구나 확인할 수 있도록 투명하게 공개(transparency for trade customs & rules)해야 한다.

(4) 경쟁의 촉진

모든 경제체제는 경쟁을 촉진(promotion for competition)할 수 있도록 제도적 기반을 마련하여야 한다. 특히 무역과 관련하여 시장의 질서를 어지럽히는 덤핑(dumping)에 대해 대응 할 수 있는 반덤핑(Anti-dumping) 구제제도라든가 어느 국가의 일방적인 각종 보조금 지급에 대응할 수 있는 상계관세(countervailing duties) 제도가 공정한 경쟁을 촉진하는 수단이 될 수 있다.

(5) 경제개발과 개혁의 지속

경제개발과 개혁은 지속(encouraging development & economic reform)하여야 한다.

3. 기능과 조직

(1) 기능

세계무역기구는 다자간 무역협정을 운용하면서 감독하고, 회원국 간에 후속 협상을 위한 만남의 장을 제공하며, 나아가 국제무역분쟁의 최종법원으로서 역할을 하고 있다. 세계무역기구의 기능은 세계무역기구 설립을 위한 마라케시협정 제3조와 제8조에서 다음과 같이 6개 항으로 구분하여 명시하고 있다.

첫째, 다자간 무역협정의 이행과 감독을 한다. 세계무역기구는 설립협정과 다자간 무역협정의 이행, 관리, 운영을 수월하게 하고 나아가 그 목적을 이룩하며, 또한 복수 국가 간 무역협정의 이행, 관리, 운영을 위한 체제를 마련한다.

둘째, 다자간 무역협상의 공개 토론의 장을 제공한다. 각료회의에 의하여 결정되는 바에 따라 회원국 간의 다자간 무역 관계에 관한 추가적인 협상을 위한 토론의 장을 마련해 주고, 이러한 협상 결과의 이행을 위한 체제를 마련해 주는 기능을 한다.

셋째, 무역분쟁의 해결책을 모색한다. 협정에 따라 분쟁해결 규칙과 절차에 관한 양해(약칭 분쟁해결양해, DSU: Dispute Settlement Understanding)를 시행한다.

넷째, 회원국의 무역정책을 감독한다. 협정에 따라 무역정책 검토제도(TPRM: Trade Policy Review Mechanism)를 시행한다.

다섯째, 세계무역기구는 세계경제 정책결정에 있어서의 일관성을 제고시키기 위하여 국제통화기금(IMF), 국제부흥개발은행(IBRD), 관련된 산하기관들과 적절히 협력하는 기능을 수행한다.

마지막으로 세계무역기구는 세계경제의 헌법과 재판소의 지위를 보유하고 있으며, 그 기능을 수행하는데 필요한 경우 사법적 기능(legal capacity)을 발휘할 수 있다.

(2) 조직

세계무역기구는 160여 개국의 회원국들에 의해 움직이며, 컨센서스에 기반한 조직이다. 조직은 최고기구인 각료회의이다. 2단계 조직인 일반이사회, 분쟁 해결기구와 무역정책 검토기구가 있다.

각료회의(Ministerial Conference)는 최소 2년마다 개최되며 다자간 무역협정의 모든 사항의 결정하는 권한을 행사한다.

일반이사회(General Council)는 회원국 대표로 구성되어 있으며, 기구의 중심적인 역할 담당하고 있다. 일반이사회 산하의 조직은 상품무역 이사회, 서비스무역 이사회, 무역관련 지식재산권 이사회 등으로 구성되어 있다.

일반이사회와 동급인 분쟁해결기구도 그 산하에 두 개의 부속 기구를 두고 있다. 즉 미해결 분쟁에 대해 판결하는 분쟁해결 "패널"과 상소(appeals)를 다루

[그림 6-2] WTO의 조직도

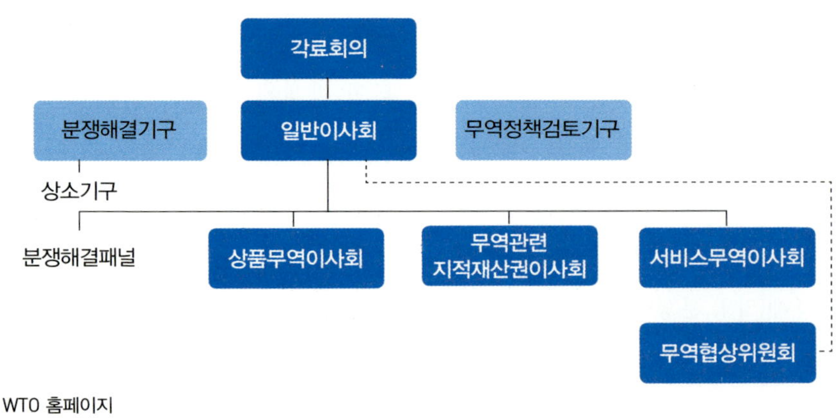

자료: WTO 홈페이지

는 상소기구가 그것이다. 사무국은 이사회, 작업반 등의 업무지원을 담당하는 기구이다.

4. 향후의 과제

새로운 협상 과제로는 국제적 노동기준을 마련하고 정비하기 위한 블루라운드(Blue Round), 특허와 기술에 대한 무임승차를 방지하고 대책을 마련하기 위한 기술라운드(Technology Round), 환경규제를 강화하기 위한 그린라운드(Green Round), 공정한 경쟁을 보장하기 위한 노력으로 경쟁라운드(Competition Round), 부패가 공정한 경쟁과 공평한 성장을 해치는 것을 방지하기 위한 부패추방운동(Corruption Round) 등이 있다. 또한, 대부분 회원국이 유럽연합(EU), 북미자유무역협정(NAFTA) 등과 같은 지역주의 심화에 따르는 불이익이나 미국 그리고 유럽연합 등 선진국의 일방적인 무역 보복조치의 피해를 회피할 수 있는 문제에도 관심을 집중하고 있다.

자유무역협정과 지역경제통합 제 3 절

1. 자유무역협정

자유무역협정(Free Trade Agreement)이란 상품과 서비스의 교역에 대한 관세와 무역장벽을 철폐함으로써 마치 하나의 국가처럼 자유롭게 상품과 서비스를 교역하게 하는 국가 간 협정이다. 나라와 나라 사이의 제반 무역장벽을 완화하거나 철폐하여 무역자유화를 실현하기 위해 국가 사이 또는 지역 사이에 체결하는 일종의 특혜 무역협정이다.

초기에 자유무역협정은 유럽연합(EU)이나 북미자유무역협정(NAFTA) 등과 같이 인접한 국가나 일정한 지역을 중심으로 이루어졌기 때문에 흔히 지역무역협정(RTA: Regional Trade Agreement)이라고도 하였다.[3] 최근에 와서는 이해관계가 맞으면 국가 사이 지리상의 거리와 상관없이 자유무역협정이 빈번하게 채결되고 있다. 2015년 현재 WTO에 보고된 전 세계 자유무역협정은 350여 개 이상 있는 것으로 파악되고 있다.

한편 한-중-일, 아세안 10개 국가, 호주, 뉴질랜드 등 15개 국가로 구성된 거대한 역내 포괄적 경제동반자협정(RCEP: Regional Comprehensive Economic Partnership)이 지난 2020년 11월 15일 정상회의에서 공식 서명됐다. 2012년 협상 개시 이후 8년 만에 타결되어 되었다.[4] 다음으로 주목할 협정은 CPTTP이다. CPTPP(Comprehensive & Progressive Trans Pacific Partnership)는 미국 외 일본, 싱가폴, 뉴질랜드, 칠레, 브루나이, 말레시아, 베트남, 페루, 호주, 멕시코, 캐나다 등 11개국이 추진하고 있는 자유무역협정이다. 미국 주도의 TPP(Trans Pacific Partnership)가 추진되어 왔으나, 트럼프 대통령이 집권하면서 자국우선주의 정책을 내세우면서 미국이 이탈했으나 알셉(RCEP)의 타결에 따른 미국의 견제와 정권 교체로 인해 다시 추진할 가능성은 열려 있다고 할 수 있다.

참고로 우리나라는 안정적인 해외시장을 확보하고 경제의 경쟁력을 강화하기 위해 자유무역협정을 적극적으로 체결한 결과 2020년 5월 현재, 칠레, 싱가

[그림 6-3] 한국의 자유무역협정체결 현황

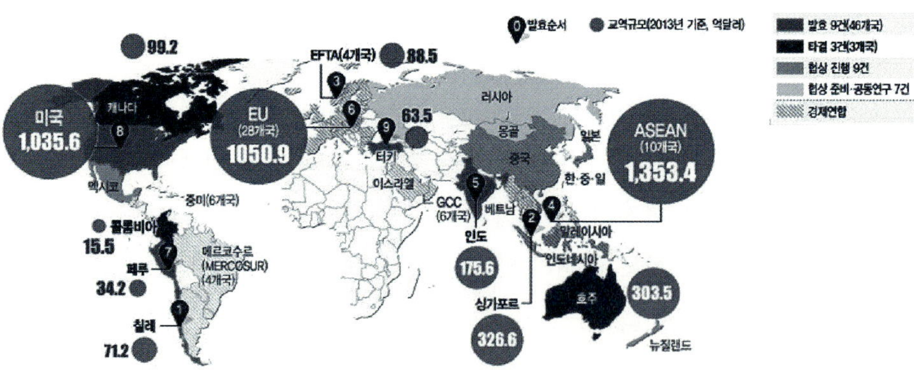

자료: FTA현황 참고자료(http://www.fta.go.kr/main/situation/kfta/ov/)

포르, EFTA,[i] ASEAN, 인도, 유럽연합, 페루, 터키, 미국, 호주, 캐나다, 중국, 뉴질랜드, 베트남, 콜롬비아 등 55개국과 16건의 자유무역협정이 발효되어 있으며, 서명타결 3건, 협상진행 2건 등의 실적을 보이고 있다.

2. 지역경제통합

지역경제통합(regional economic integration)이란 특정 지역의 다수 국가가 국가 간에 경제 활동의 장애를 없애고 거래의 자유화와 일체화를 추진하는 것이다. 세계 각지에서 다양한 시도가 이루어지고 있으며, 역내 관세를 철폐한 자유무역 지역을 포함하여 공통의 역외관세를 설정하는 관세동맹, 자본과 노동이동의 자유화를 수반하는 공동시장을 거쳐 경제정책을 공통으로 하는 경제동맹에 이르기까지 다양한 수준의 경제통합 형태가 있다.[5]

유럽연합(EU), 아세안(ASEAN) 등이 대표적 예이다. 결과를 예단하기 어려우나 아시아태평양경제협력체, 한-중-일 경제공동체의 추진 등이 있다. 다만 지역경제통합이 세계무역기구(WTO)와 상호 보완적으로 작용하는지 그렇지 않으면 배타적인 블록화를 초래하는지에 관해 논란의 여지는 있다.

[그림 6-4]에서 보는 바와 같이 지역경제통합은 통합의 정도에 따라 구분

[그림 6-4] 경제통합의 단계

i) EFTA는 4개국으로 스위스, 노르웨이, 아이슬란드, 리히텐슈타인으로 구성되어 있다.

될 수 있으며, 단계적으로 통합이 진전될 수도 있다.

통합의 정도가 가장 낮은 단계로서 자유무역협정은 체결국끼리 관세를 철폐하거나 일부 품목에 대해 저율의 관세를 부과하되 역외국에 대해서는 각기 다른 관세율을 적용하며, 관세동맹은 동맹국(역내국)끼리는 관세를 철폐하되 역외국가에 대해 공동의 관세를 적용하는 형태이다.

공동시장은 회원국인 역내국끼리 무관세를 적용하고 역외국에 대해서는 공동의 관세를 부과하고 더 나아가 역내 국가들끼리 자본, 노동, 자원 등의 자유로운 이동을 약속하고 이행한다.

완전경제통합의 형태는 유럽연합(EU)과 같이 공통의 화폐를 만들어 쓰면서 초국가적인 기구를 설치하여 운영하면서 공동의 경제정책을 수립하고 집행하는 가장 높은 단계의 통합체제이다. 유럽연합(EU)과 아세안(ASEAN)과 같이 지리적으로 근접한 국가들이라면 자유무역협정을 계기로 경제통합은 단계적으로 발전할 수도 있을 것이다.

제 4 절 경제통합의 효과

자유무역협정과 지역경제통합은 동맹국 간에 관세를 비롯한 기타 무역장벽을 제거함으로써 보다 넓은 시장에서 자유무역의 이익을 추구하고자 하는 국제시장의 확대 조치라 할 수 있다. 이러한 자유무역협정의 경제적 의의는 일국의 경제보다는 여러 국가 간의 경제 혹은 세계 전체의 무역자유화가 세계의 후생을 극대화시킬 수 있다는 데 있다.

특히 제이콥 바이너(Jacob Viner)는 관세동맹에 의한 경제통합 효과를 무역창출 효과와 무역전환 효과가 있다고 주장한 바 있다.[6]

1. 무역창출 효과

무역창출 효과(trade creation effect)는 관세동맹으로 인하여 회원국 사이에 관세가 철폐됨으로써 역내에 무역이 새롭게 늘어나면서 역내 국가의 후생을 증대시키는 것을 말한다. 즉 양국 사이에 자유무역협정이 체결되면 거래되는 상당수 품목의 관세가 철폐되어 무역협정 체결 전 관세의 부과로 인해 수입의 여지가 없었던 품목들까지 수입되어 교역 품목이 확대되는 현상을 말한다.

[그림 6-5]에서 보듯이 특정 상품에 대한 A국의 국내가격은 35달러이고 B국은 26달러, C국은 20달러라고 한다면 다른 국가의 상품가격이 A국보다 저렴하여 수입할 수 있는 조건이 충족된다. 하지만 A국이 해당 상품에 대해 100%의 관세율를 부과하고 있다면 실제 수입된 후 B국 상품의 소비자 가격은 52달러, C국 상품의 소비자 가격은 40달러가 되어 A국의 국내 상품의 가격보다 높게 책정되어 거래가 성립되기 어려운 처지가 된다. 그런데 만약 A국과 B국이 자유무역협정을 체결하게 된다면 관세가 철폐됨으로써 해당 상품이 B국으로부터 A국에 수입이 26달러로 무관세 수입이 된다면 A국의 국내 상품의 가격보다 저렴하게 되어 A국은 B국에서 해당 상품을 수입하려 할 것이다. 이와 같이 자유무역협정 체결 전에 높은 관세로 인해 거래될 수 없던 품목이 자유무역협정체결 후 관세가 철폐되면서 거래할 수 있는 결과를 얻게 되는데, 이것이 바로 무역창출 효과이다.

[그림 6-5] **무역창출 효과**

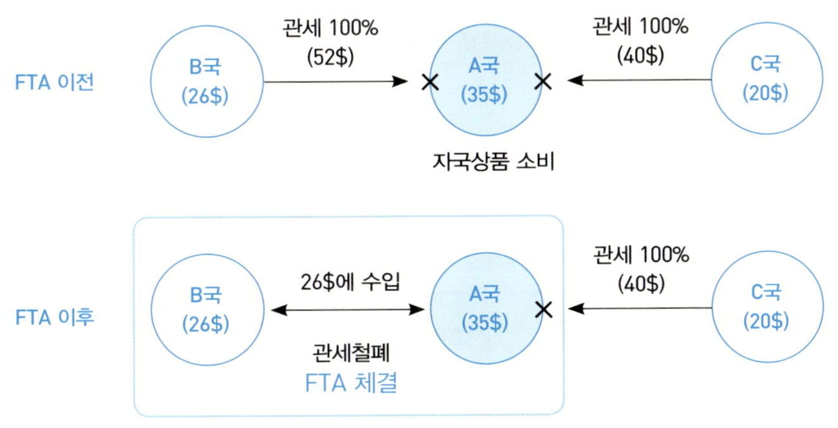

2. 무역전환 효과

무역전환 효과(trade division effect)는 관세동맹으로 인하여 회원국 사이에 관세가 없어지고, 역외국가에 대해서는 여전히 관세를 부과하게 됨으로써 관세동맹 결성 전에 역외국가로부터 수입하던 상품을 역내에서 수입하는 것이 유리한 조건으로 바뀌어 동 상품의 수입을 역내 수입으로 전환하게 되는 것을 말한다.

[그림 6-6]에서 보듯이 특정 상품에 대한 A국의 국내가격은 35달러, B국은 26달러, C국은 20달러, A국의 해당 상품에 대한 수입 관세율은 50%라고 한다면 C국의 상품이 A국에 수입되었을 때 상품 가격에 50%의 관세를 부과하더라도 수입가격은 30달러로서 A국의 국내가격보다 저렴하여 수입할 수 있는 조건이 충족되어 A국과 C국 간에 해당 상품의 무역거래가 이루어질 것이다. 그런데 만약 A국과 B국이 자유무역협정을 체결하게 되어서 양국 간에 관세가 철폐된다면 해당 상품은 C국으로부터 A국에 수입이 되면 30달러가 되고, 이제 자유무역협정이 체결된 B국으로부터 해당 상품이 무관세 수입이 된다면 소비자 가격이 26달러가 되어 A국의 국내가격보다 저렴하게 되어 A국은 B국에서 해당 상품을 수입하려 할 것이다. 이처럼 자유무역협정 체결 전에 C국에서 수입되던 상품이 자유무역협정체결 후 B국의 수입상품에 대한 관세가 철폐되면서 A국은 C

[그림 6-6] 무역전환 효과

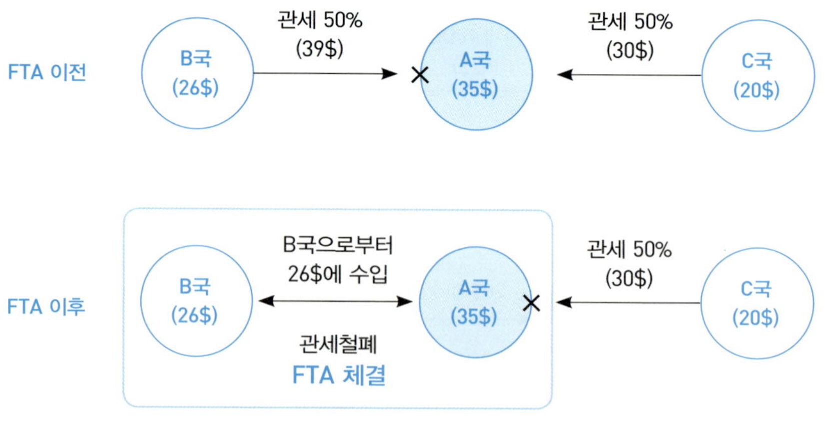

국에서 수입하던 것을 B국으로부터 해당 상품을 수입하는 수입전환이 이루어지게 되는데, 이것이 바로 무역전환 효과이다.

이외에도 경제 통합효과는 역내국끼리 생산요소의 자유로운 이동으로 인한 요소비용의 절감으로 생산비를 줄일 수 있고, 단일한 성격의 시장으로서 규모가 커짐에 따라 대량생산으로 인한 규모의 경제효과를 얻을 수 있다. 물론 역내 기업끼리 건전한 경쟁을 통한 기술혁신과 생산성 향상의 노력으로 산업발전과 경제성장의 과실을 얻을 수도 있다.[7)]

아울러, 경제통합의 국가들은 커진 시장규모와 확대된 경제력을 바탕으로 국제무대에서 지위를 향상할 수 있으며, 통상관계에서 협상력을 키워 역내 국가들의 공동이익을 증대시킬 수 있다.

참고문헌

1) 이신규, 『국제통상론』, 도서출판 두남, 2011년, 41-45쪽.

2) 세계무역기구(WTO) 홈페이지(www.wto.org)

3) [네이버 지식백과], 자유무역협정(free trade agreement), 두산백과.

4) 대한민국 정책브리핑(www.korea.kr)

5) 공완배, 『신세계질서와 국제통상』, 한울출판사, 2000년, 263-266쪽.

6) Viner, Jacob, *The custom Union Issue*, New york: Carnegie Endowment for International Peace, 1950, Ch.4.

7) 조영정, 『무역개론』, 박영사, 2015년, 109-111쪽.

핵심내용정리

- 자유무역을 실현하기 위한 노력의 과정
- 세계무역기구(WTO)
  - 세계무역기구의 설립 배경과 목적, 주요 원칙, 기능과 조직
- 자유무역협정(FTA)과 지역경제통합
  - 자유무역협정의 현황, 지역경제통합의 상황, 경제통합의 단계
- 경제통합의 효과: 무역창출효과와 무역전환효과

토론과제

1. 세계 각국은 자유무역을 실현하기 위해 어떠한 노력을 해왔는가?
2. 세계무역기구는 무역의 자유화를 위해 협상의 과정에서 수입금지품목에 대해 자유화의 첫 단계로서 '모든 품목의 관세화'를 시도하는데, 그 의미는 무엇인가?
3. 세계무역기구의 무역자유화 시도와 국가 혹은 지역간 자유무역협정의 병행 노력은 무역의 자유화에 상호 어떠한 영향을 주고받을까?
4. 탈세계화 현상과 지역경제통합은 어떠한 연관성이 있을까?
5. 경제통합의 단계별 실제 사례를 조사해보자.

Chapter 7

국제통화제도와 글로벌 금융시장

IMF and Global Finance Market

세계의 무역이 확대되려면 안정적인 국제통화의 확보와 결제제도가 뒷받침되어야 한다. 2차 세계대전 이후 미국 주도의 세계 무역질서 속에서 자유무역을 위한 노력과 함께 안정적이고 신뢰성이 높은 국제결제 수단을 마련하는 것이 급선무였다. 그래서 국제통화제도를 확립하기 위해 만들어진 것이 국제통화기금(IMF)이다.

산업혁명 이전까지 국제통화는 주로 금과 은이 주로 사용되었고, 산업혁명 이후 무역 규모는 빠르게 증가하면서, 화폐용으로 사용할 금의 공급량은 절대적으로 부족했다. 영국의 대외신인도를 바탕으로 금과 함께 영국의 파운드화를 국제통화로 보완사용 하였으나, 이후 미국과 같은 후발 공업국의 성장과 두 번에 걸친 세계대전, 세계 대공황을 겪으면서 결국 미국이 주도적으로 국제통화질서를 확립하면서 국제통화기금과 세계은행을 출범시켰다.

현재 국제통화는 국제통화기금(IMF)이 창출한 특별인출권(SDR), 화폐용 금, 달러를 비롯한 주요국의 통화를 주로 활용하고 있으며, 세계은행을 비롯한 각종 투자은행은 국제통화제도와 유기적인 협력을 통해 국제통화제도를 유지하고 발전시키는 데 보완적인 역할을 하고 있다. 따라서 이번 장에서 다음과 같은 주제를 다루고자 한다.

첫째, 국제결제 수단이라고 하는 국제통화는 그동안 어떤 것이 활용되었고 어떻게 발전되어 왔는가?

둘째, 국제통화제도의 목적과 역할은 무엇인가?

셋째, 국제통화제도가 여전히 안고 있는 문제는 무엇인가?

넷째, 국제통화가 통용되는 국제금융시장은 어떻게 운영되고 있는가?

국제통화제도

제 1 절

1. 국제통화제도란?

국제통화제도는 국제간의 무역과 자본거래를 원활히 하기 위해 만들어진 결제제도를 말한다. 즉 국제통화에 대한 유동성의 적정한 공급과 각국의 환율 안정 그리고 국제수지의 조정기능을 수행하면서 국제무역의 균형적 확대, 국제 자본의 원활한 이동 등을 지원하는 통화제도 결제 메커니즘을 의미한다.

국제무역과 자본거래는 기본적으로 대금결제 수단으로 널리 인정받을 수 있는 국제통화가 필요하다. 역사적으로 국제통화의 수단으로 가장 먼저 쓰이기 시작한 것은 금이었다. 금은 그 자체만으로도 가치를 지니고 있고 지역을 초월하여 가치의 안정성을 갖는 특성이 있다. 금은 휴대가 비교적 간편해 금 자체를 결제 수단으로 사용할 수 있었다. 그런데 무역 규모가 확대되면서 금 자체만을 결제 수단으로 활용하는 데 한계가 노출되었고, 산금량의 절대 부족과 사용의 편의성 문제로 인해 사실상 각국 통화의 가치는 일정량의 금에 고정하여 주요국의 통화를 보완 수단으로 사용하였다.

결국 국제통화제도는 금이 화폐와 어떻게 교환되는가에 따라 변형되면서 진화를 거듭해 왔다. 금을 본위로 하는 국제통화제도가 계속 변화를 모색할 수 밖에 없었던 가장 큰 이유는 국제거래 규모의 확대에 따른 국제통화량을 충분히 확보하면서 국제통화의 신인도 유지 문제를 해결하고자 하는 과정이 거듭되었기 때문이다.

2. 국제통화제도의 변천사

(1) 금본위제도(1815~1914)

금이 화폐로 사용된 효시는 1252년 이탈리아 피렌체에서 주조되어 한때 유럽의 기축통화 역할을 했던 플로린(Florin) 화폐로 알려져 있다. 이후 1816년 영국이 금본위제도를 채택하면서 금이 화폐 역사의 전면에 등장한다.[1)]

산업혁명이 시작되었던 영국의 통화가 가장 먼저 금을 대신하기 시작했다. 영국은 1816년 최초로 금본위제도를 채택했다. 영국 중앙은행이 금을 보유하고 있으면서 그것을 파운드로 바꿔주는 제도를 시행한 것이다. 금을 기초로 하는 통화 중 영국 파운드화는 세계무역 중 60%를 장악했고, 런던 금융시장은 전 세계 투자의 절반을 소화했다. 당시 다른 통화는 금을 대신할 자격이 없었고, 파운드화만이 금을 대체할 유일한 수단이었다.

상업은행들은 고객들에게 금을 받았고, 다시 이를 대출 재원으로 활용했다. 전 세계 시민들은 금을 화폐처럼 사용했고, 은행거래도 금으로 했다. 고객들이 인출을 원할 때 은행은 금을 내줘야 했다. 그렇다 보니 은행은 고객으로부터 받은 예금으로서 금의 양을 초과하는 금을 대출할 수 없었다. 일시에 자금상환 요구가 있을 때 보유하고 있는 금으로 고객들의 자금상환 요구를 소화해야만 하기 때문이다. 따라서 금본위제를 실시하는 동안 예산적자 또는 무역적자 국가가 대규모 화폐 발행을 단행하는 것이 불가능했다. 경제가 적자를 기록하면 이들 국가가 보유한 금은 유출되고, 금이 유출되면 이자율이 상승하고 경기는 가라앉기 때문이다. 자연히 금본위제를 실시하는 동안 국가들은 예산이나 무역에서 균형을 맞추기 위해 노력했다.

영국을 중심으로 한 국제금본위제도는 제1차 세계대전의 종전과 함께 서서히 파탄의 조짐을 드러냈다. 제1차 세계대전으로 각국은 전쟁 비용을 마련하느라 막대한 통화량이 필요해지자 각국은 통화를 발행하고 금 태환을 일시 정지하게 되었다. 이는 실물과 통화량을 연동시키던 금본위제에 대한 상당한 타격이었다.

금본위제도의 유형은 금화본위제와 금지금본위제로 나눌 수 있다. 금화본위제는 1815년부터 제1차 세계대전 이전까지 영국을 중심으로 운영되던 금본위제다. 금화가 유통되고 금화의 자유로운 주조와 금 수출입의 자유가 인정되는 가장 원시적인 형태이다. 금지금본위제는 금의 자유로운 주조를 인정하지 않고 화폐 발행기관이 일정 가격으로 금을 매입하고 매각할 의무를 짐으로써 금과 지폐와의 관계를 유지하는 제도이다.

[그림 7-1] 국제통화제도의 변천사

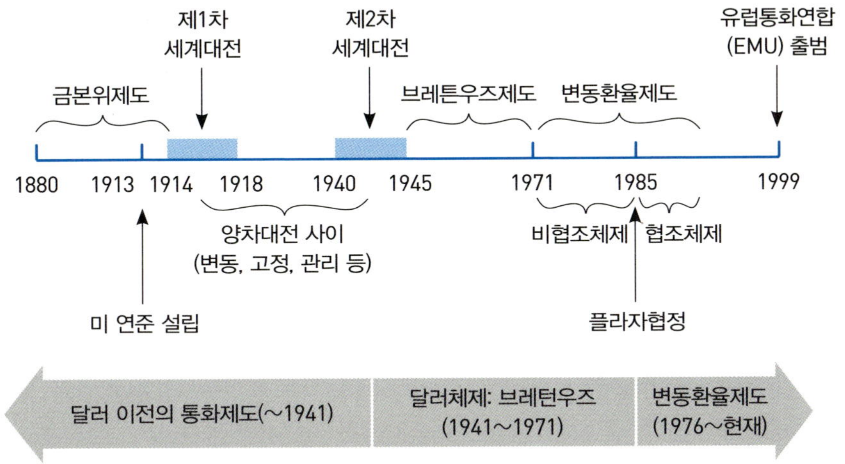

자료: 국제금융연구회, 글로벌 시대의 국제금융론, 시대가치, 2018.

* 플라자 협정: 1985년 9월 22일에 프랑스, 서독, 영국, 미국, 일본의 재무장관들이 뉴욕 플라자 호텔에서 미국의 달러 대비 서독의 마르크, 일본의 엔화의 상대적 가치를 올리기로 한 합의.

(2) 금환본위제도(1925~1931)

금환본위제도(gold exchange standard system)는 한 국가의 통화를 다른 국가에서 발행한 환어음과 바꾸는 방식이다. 금환은 금본위제를 사용하는 국가에서 금과 태환할 수 있는 채권을 의미한다. 금환을 보유하면 중앙은행은 금을 직접 보유하지 않더라도 간접적으로 자국 통화와 금의 연결을 보장할 수 있다. 이런 이유로 제1차 세계대전 이후 각국이 금 부족 현상을 겪자 금환본위제를 통하여 통화 발행을 준비하게 되었다.

금환본위제는 금본위제 국가가 통화를 발행하면서 자국이 보유한 금을 준비하여 통화를 발행하기 때문에 통화팽창과 인플레이션 위험을 안고 있다. 또한, 금환이 금환본위국에 보유되면서 금본위국의 통화량 변동에 영향을 주지 않기 때문에 통화량의 변동에 따른 국제수지의 조정에 어려움을 가질 수밖에 없었다. 이런 이유로 금환본위제는 1931년 영국이 금태환을 정지하면서 붕괴하였다.

(3) 브래튼우즈 체제로 이행(1945~)

2차세계대전 이후 미국이 주도하는 브레튼우즈 체제에 따른 국제통화기금(IMF)이 출범하였고, 한 나라의 통화량은 금의 보유량 증감에 상관없이 통화관리 당국의 재량에 의해 조절해 나가는 방식의 관리통화제도(managed currency system)가 도입되었다.[2)] 금본위제가 국제적 균형을 우선하는 반면, 이 제도는 국내의 균형을 우선시하는 통화제도라고 할 수 있다. 관리통화제도 이후에도 외국환 시세의 안정성과 국제유동성의 충분한 보충이라는 딜레마에 직면하게 되었고, 이를 해결하는 대안으로서 달러를 중심으로 하는 킹스턴 체제의 변동환율제도가 출범하게 되었다. 지금은 국제통화기금의 특별인출권(SDR)을 포함하는 다국 기축통화체제를 기반으로 하는 변동환율제도로 이행하게 되었다.

3. 브레튼우즈 체제

브래튼우즈(Bretton Woods) 체제가 고전적 금본위제와 결정적으로 다른 점은 각국의 중앙은행이 금 태환을 독자적으로 행하는 것이 아니라 미국만이 독점적으로 금 태환을 하기로 한 것이다. 타국 통화는 모두 미국 달러화와 환전을 통해 간접적으로 금과 연결되게 되었다. 세계 각국의 화폐가 주기적으로 변경되는 고

[그림 7-2] 브레튼우즈 체제

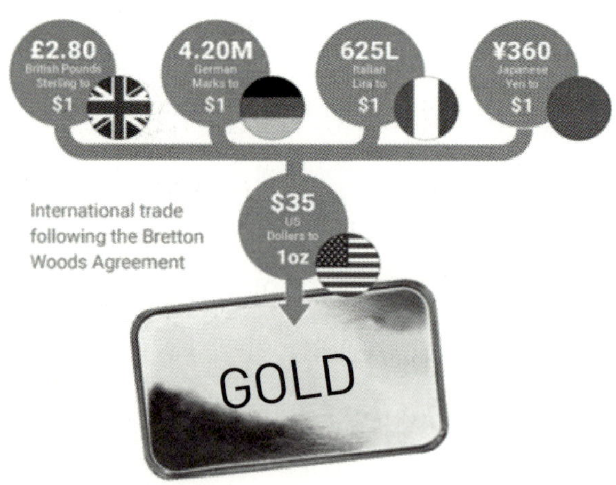

정환율로 달러와 고정되고, 달러는 35달러당 1온스로 교환할 수 있게 고정한 것이다. 이 제도를 시행할 수밖에 없었던 이유는 제2차 세계대전 동안 유럽 각국이 미국의 물자를 금으로 구입하고 패전국들이 전쟁 배상금을 금으로 지불하면서 종전 당시 미국이 전 세계 금의 70%를 보유하고 있었기 때문이다.

한편 브레튼우즈 회의에서 결정한 것은 단지 기축통화뿐만이 아니었다. 대표단은 다자간 협상을 한 결과 세계은행(The World Bank), 국제통화기금(The International Monetary Fund), 국제부흥개발은행(The International Bank for Reconstruction and Development)을 설립하기로 했다. 이 기구들은 전쟁으로 초토화된 유럽을 회생시키고 오늘날까지 지속하고 있는 자유무역체제의 근간을 마련했다.

결국, 국제통화체제의 혼란을 해결하기 위해 제2차 세계대전 후에 국제통화기금(IMF)을 창설하여 미국 달러의 제한부 금 태환과 **고정환율제도**를 골자로 하는 국제통화기금(IMF)의 평가 기준을 토대로 하는 새로운 국제통화제도를 마련하기에 이르게 된다.[3)]

(1) 스미소니언 협정

국제통화기금(IMF)을 창설하여 미국 달러의 제한부 금 태환과 고정환율제도를 골자로 하는 브레튼우즈 체제는 1960년대 베트남 전쟁으로 인해 미국의 국제수지의 적자가 지속되면서 전비 마련을 위한 달러의 발권으로 달러의 공급과잉이 발생하여 달러 가치의 신인도가 하락하게 되는 위기를 맞이하였고, 그 결과 달러 가치가 폭락하면서 금 태환에 대한 수요를 자극하게 되었다.

결과적으로 1971년 8월 15일 리처드 닉슨이 금 태환 정지를 선언(닉슨쇼크)하며 금본위제는 사실상 막을 내렸으며, 이후 세계 화폐 시장은 기본적으로 변동환율제로 전환하기에 이른다.

사실 대략 30년 정도 운영되었던 브레튼우즈 체제의 금본위제도를 바탕으로 한 고정환율제도의 태생적인 문제점은 국제통화 가치의 안정성과 공급량과 관련되는 유동성 확보라는 딜레마였다. 즉 미국이 경상수지 적자를 허용하지 않고 국제유동성 공급을 줄이거나 중단하면 세계 경제는 위축될 것이고, 적자 상태를 지속하면 미국의 달러가 과징 공급되면서 달러의 가치가 하락해 준비자산

으로서 신뢰도가 저하되고 결국 고정환율제도는 붕괴한다는 것이다.[i]

국제사회는 닉슨쇼크로 인한 국제통화 질서를 수습하기 위해 선진 10개국의 재무장관이 1971년 12월 18일에 미국 워싱턴에 있는 스미소니언(Smithsonian) 박물관에서 금 태환 정지로 붕괴된 고정환율제도를 다시 부활시키기로 하는 국제통화조정협정에 합의한다. 이를 스미소니언협정이라고 한다. 이 협정의 주요 내용은 달러의 금태환을 유지하고 달러화의 평가 절하를 허용하되 환율의 변동폭을 1퍼센트에서 2.25퍼센트까지 확대할 수 있도록 하며, 달러 이외의 기축통화를 도입한다는 것이었다.

(2) 킹스턴 체제와 변동환율제

이후 세계경제는 1971년 석유파동(oil shock)으로 다시 한번 어려움을 겪게 되면서 세계경제의 극복대책과 국제통화 문제를 포함한 선진국이 직면한 과제를 해결하기 위해 1976년 1월 자메이카의 수도 킹스턴(Kingstern)에서 회합을 가지고 국제통화기금(IMF) 잠정위원회에서 합의한 새로운 국제통화 협력체제를 수용한다.

킹스턴에서 합의한 내용은 고정환율제도를 포기하고 변동환율제도를 인정하는 것과 통화로서 금의 역할을 축소하고, 궁극적으로 금을 폐화시키기로 한 것이다. 아울러 대외준비자산으로서 특별인출권(SDR)을 기축 준비자산으로 인정하고, 국제통화기금의 신용제도를 확충하며 그 이용 조건을 개선하는 것이었다.

이후, 2008년 미국발 금융위기를 경험하면서 사태의 원인으로 지목된 금융자유시장의 병폐를 척결하고 새로운 자본주의 체제를 구축하기 위해 지금의 달러 유일의 기축 통화체제에서 달러화, 유로화, 위안화와 같은 다국 기축통화체제로의 전환할 것을 요구하는 목소리가 높다. 구체적으로 현재 논의되고 있는 주요 내용은 국제표준의 새 회계기준 채택을 통한 투명성 확보, 국가별로 이루어지는 현행 금융감독체제의 개편, 국제통화기금을 포함한 새로운 국제금융감시기구의 창설, 금융위기의 조기경보 시스템 개설 등이다.

---

[i] 이를 주장한 학자의 이름을 따서 트리핀의 딜레마(Triffin's dilemma)라고 한다.

국제통화기금

제 2 절

1. 국제통화기금이란?

국제통화기금(IMF: International Monetary Fund)은 국제통화제도로서 국가 간 무역, 용역과 자본거래를 원활하게 하기 위한 국제적인 결제제도이다. 국제통화기금(IMF)은 1945년 미국 워싱턴에 본부를 설립하고 정식 발족하였다. 두 차례의 세계대전을 거치면서 당시의 국제통화 질서는 심각한 위기에 직면하여 금본위제가 붕괴되었고, 국가마다 무역 제한 조치가 확산되었을 뿐만 아니라 높은 인플레이션으로 고통을 겪었다. 따라서 이러한 상황은 심각한 국제유동성 부족 현상으로 이어졌고, 국제통화 질서는 극심한 혼란 속에 빠지게 되었다. 이에 따라 미국과 영국을 중심으로 국제통화기구의 필요성이 제기되었고, 그 결과로 미국 뉴햄프셔주의 브레튼우즈(Bretton Woods)에서 근대 역사상 처음으로 통화정책 조절을 위한 국가 사이의 협약이 마련된 것이다. 바로 통화질서의 안정과 유지, 외국환의 안정과 외환거래의 자유화 추구, 외환자금의 공여를 목적으로 하는 기구가 설립되었다.

브레튼우즈 체제의 가장 큰 의미는 금본위제도의 변화에 있었다. 이미 국제통화제도에서 언급했듯이 미국 달러는 금 1온스당 35달러로 고정됐고, 다른 주요 통화들은 고정환율로 달러에 고정됐다. 금의 '대리인'이 파운드가 아니라 '달러'로 바뀌었다. 이른바 달러를 중심으로 한 금환본위제가 성립된 것이다. 미국은 당시 세계 금 보유량의 70% 이상 소유하고 있었기 때문에 브레튼우즈 체제에 서명한 국가들은 미국의 지급능력을 의심하지 않았다.

하지만 1960년대로 넘어가면서 사정은 달라졌다. 미국의 국제수지 적자가 심화되었고, 금태환 능력에 대한 불신이 높아졌다. 결국, 미국은 영국과 공동으로 금시장 안정화에 나섰지만 상황은 여전히 호전되지 않았다. 해결책으로서 1961년 11월 국제결제은행 월례회의는 '금풀(Gold Pool) 협정'을 만들어냈다. 벨기에, 네덜란드, 스위스, 영국, 프랑스, 이탈리아, 독일, 미국 등 8개국의 중앙은행이 보유한 금의 일부를 갹출하여 한데 모아뒀다가 필요할 때 런던 금시장에서 금을 매매해 금 가격의 급격한 변동을 방지하고 미국의 부담을 완화하자는 목적이었다.

이러한 노력에도 불구하고, 금풀(pool) 협정 이후 상당 기간 안정세를 보이던 통화질서는 미국의 국제수지 적자 누적으로 금 가격이 계속 상승하고, 프랑스가 금풀에서 탈퇴하면서 결국 붕괴의 길을 걸었다. 특히 베트남 전쟁으로 인한 미국의 막대한 전비 지출은 브레튼우즈 체제 붕괴의 결정적인 원인이 되었다. 전쟁을 치르기 위해 미국이 발행한 국채를 보유한 나라들이 금 태환을 요구하기 시작했고, 금과 교환되는 달러 양이 많아졌다. 더욱이 미국의 달러 가치를 불신한 국가들이 달러와 금을 계속 교환하는 악순환이 심화되었으며, 미국의 금 보유고는 점점 바닥을 보이기 시작했다. 결국, 미국 정부의 막대한 부채와 재정 적자를 감당할 능력이 없던 닉슨 대통령은 1971년 8월 달러와 금의 교환을 정지하는 '금 태환 정지' 조치를 선언하고, 외국 정부가 달러를 금으로 교환해달라고 요구해도 응하지 않겠다고 밝혔다. 사실상 금본위제도가 폐지된 것이다.

이러한 상황 속에서 미국 달러 등의 기존 국제통화를 보충할 필요가 생겼을 때 활용할 수 있는 국제통화기금(IMF)의 **특별인출권(SDR: Special Drawing Rights)**을 만들어 냈다. 제3의 국제통화로서 국제통화기금이 창출한 새로운 준비자산이 만들어진 것이다.

1970년대 후반을 거쳐 1980년대에 이르기까지 달러 불안에 의한 국제적 통화 불안은 여전히 계속되고는 있으나, 국제통화로서의 미국 달러의 위력은 여전히 매우 크다고 할 수 있다. 이외에도 유로화, 파운드화, 엔화 등이 국제적인 주요 통화로 활용되고 있다. 일반적으로 일국의 통화가 국제통화로서 역할을 하려면 다음과 같은 조건이 충족되어 있어야 한다.

첫째, 그 나라의 통화는 언제라도 다른 나라의 통화로 교환될 수 있는 자유교환성을 지녀야 한다.

둘째, 통화가치가 안정되어 있어서 국제적 신용이 두터워야 한다.

셋째, 수요도 및 공급도가 높아야 한다.

넷째, 금융시장이 국제금융시장으로서 기능과 조직을 충분히 갖추어야 한다.

특별인출권(SDR: Special Drawing Rights)이란?

통화별 SDR 바스켓 편입비율

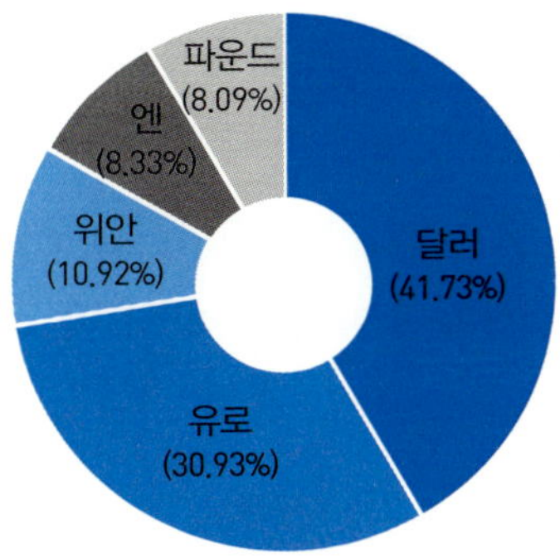

SDR은 IMF 가맹국에게 그 출자액의 비율에 따라 무상으로 배분되어 1국이 국제수지의 적자상태에 빠졌을 경우 등에 그것을 외국의 통화당국이나 중앙은행에 인도함으로써 필요한 외화를 입수, 그 외화를 국제결제 및 기타에 이용하는 형식의 대체통화로서, 유형(有形)의 통화는 아니다. 국제수지 흑자국은 어느 일정한도까지는 이 SDR의 의무적으로 인수하는 것으로 되어 있다. 따라서 SDR은 1국의 외화준비를 구성하는 1요소로 되는데, 그 자체는 실제의 국제결제에 사용되는 결제통화가 아니며, 또 각국의 통화당국이 외국환시장에 개입할 때 사용하는 개입통화도 아니다. 특별인출권(SDR)의 가치는 당초 금에 의해 표시되어 1달러와 같은 0.888671g의 순금과 등가로 정해졌으나 달러의 평가절하로 1973년 2월 1SDR = 1.2635달러가 되었다. 그러나 그 후 주요 선진국 통화의 변동환율제로의 이행으로 1974년 7월 이후 잠정적 조치로서 그 가치기준을 표준 바스켓 방식(standard basket system), 즉 세계 무역에서 비중이 큰 16개국의 통화 시세를 가중평균하는 방법에 의해 매일 계산하여 표시하게 되었고, 1981년부터 표준 바스켓의 통화가 기존 16개국에서 5개국(미국 달러 · 영국 파운드 · 프랑스 프랑 · 독일 마르크 · 일본 엔)으로 축소되었다가 1999년에는 유로화의 도입으로 달러화, 유로화, 파운드화, 엔화의 4대 통화 체제가 되었고, 이후 2016년 10월 중국 위안화가 편입되어 5대 통화 체제로 변경되었다.

2016년 표준 바스켓 통화의 구성 비율은 달러화 41.73%, 유로화 30.93%, 위안화 10.92%, 엔화 8.33%, 파운드화 8.09%이며, 가치는 1SDR = 1.39910달러, 발행잔고는 세계 외환보유액의 2.4%인 2,800억 달러이다.

자료: IMF 홈페이지

2. 국제통화기금의 기능과 역할

IMF의 설립목적을 달성하기 위해 국제기구로서 실행하고 있는 주요 기능은 다음과 같다.[4)]

첫째, 가맹국의 환율정책과 외환제도에 대해 감시하고 감독한다. 변동환율제도가 실시되면서 자국의 일방적 이익을 위한 외환제도 및 환율의 조작에 대해 통제할 필요성이 높아졌다. 특히, 국제통화질서 교란을 방지할 목적으로 각국이 처한 상황에 따른 관리방식을 채택하고 있다. 먼저, IMF 8조 적용 국가로서

사례 7-1 | 1997년 한국의 외환위기와 IMF의 금융지원

1997년에는 동남아시아 국가들의 경제가 어려워지면서 외국 투자자들은 빌려주거나 투자한 자본을 거두어들이기 시작했다. 이 때문에 동남아시아 국가들은 국제통화인 달러가 부족해 자국의 화폐 가치가 크게 떨어지는 외환위기를 겪었다. 일본을 포함한 외국의 채권자와 투자자들은 한국 역시 경제의 불안한 전망(단기수익을 노린 헤지펀드들의 고의적 음모설도 있음)을 내놓으면서 투자한 자본과 채무를 빠르게 거두어들였다. 그 결과 우리나라가 가진 외환보유액은 급속히 줄어들었고 대외신용도가 급락하였다.

대외신용의 회복을 위한 외환보유고를 확보하기 위해 한국 정부는 어쩔 수 없이 국제통화기금(IMF)에 긴급 자금을 요청했다. IMF는 한국에 금융지원을 해주는 대신 기업의 구조 조정과 공기업의 민영화, 자본 시장의 추가 개방, 기업의 인수 합병 간소화 등 여러 가지 조건을 내걸었다. 정부는 조건을 수락함과 동시에 IMF의 관리를 받아 국가 경제를 운영하기로 약속하고, 금융을 지원받았다. 사실상 경제 주권의 일부를 포기한 셈이었다.

IMF의 권고에 따라 막 출범한 김대중 정부는 독점 재벌의 해체, 공기업의 민영화, 부실기업 정리, 노동자 정리 해고의 간편화, 소비 촉진 등 경제 구조를 개편하고 경제 정책도 크게 바꾸었다. 그에 따라 많은 회사가 문을 닫았고 우수한 기업들이 헐값에 외국 자본가들의 손으로 넘어갔다. 실업자가 심하게 증가했으며, 노동자의 해고가 쉬워지고 정규직 대신 비정규직 노동자가 많이 늘어나면서 고용이 불안정해졌다. 소비 촉진 정책을 위해 카드 발급과 사용을 크게 늘리면서 카드빚을 갚지 못하는 신용 불량자도 늘어나 '카드 대란'의 원인이 되기도 했다.

하지만 온 국민이 뼈를 깎는 노력으로 2001년 8월에 IMF에 빌린 돈을 모두 갚고 IMF 관리 체제를 예정보다 일찍 끝낼 수 있었다. 경제 위기를 잘 극복해 냈지만, 그 후유증이 만만치 않았다.

자료: 관련 신문 기사를 참조 재구성.

경상거래에 대한 외환규제 엄격히 금지하고 있다. 참고로 우리나라는 1955년에 IMF에 가입했으며, 1988년에는 IMF 8조 적용 국가로 편입되었다. 다음으로 IMF 14조 적용 국가가 있다. 이러한 국가는 경상거래의 대외지급에 대해 잠정적으로 제한을 허용하되 매년 국제수지 사정과 외환규제에 관한 내용을 감독함으로써 상황이 호전되면 외환규제를 축소하거나 완화토록 하고 추후 철폐를 권고하는 절차를 밟도록 한다.

둘째, 재원확보를 위한 특별인출권(SDR) 창출과 배분을 통해 국제유동성을 공급한다.

셋째, 가맹국에 대한 기술적 지원을 한다.

넷째, 회원국에게 단기 국제수지 조정자금과 중기 구조조정자금 등을 지원(대출)한다.

다섯째, 회원국의 은행경영과 통화문제에 관한 정책자문 서비스를 제공한다.

세계은행과 투자은행 제 3 절

1. 세계은행

세계은행(The World Bank)은 국제부흥개발은행(IBRD: International Bank for Reconstruction and Development)과 함께 개발계획에 대해 조건이 완화된 융자를 해주는 국제개발협회(IDA: International Development Association), 개발도상국의 민간기업을 융자대상으로 하는 국제금융공사(IFC: International Finance Corporation), 다국간 투자보장기구(MIGA: Multilateral Investment Guarantee Agency) 등을 합하여 세계은행 그룹이라고 부르고 있다.[5)]

특히 국제부흥개발은행(IBRD: International Bank for Reconstruction and Development)는 세계은행(The World Bank) 그룹을 구성하는 5개 기구 중 하나로서 1944년 브레튼우즈협정(Bretton Woods Agreement)에 따라 국제연합의 전문기관

으로서 제2차 세계대전 후 각국의 전쟁피해 복구와 개발을 위해 1946년에 설립되었다.

설립의 주요 목적은 가맹국의 정부 또는 기업에 융자하여 경제와 사회 발전에 기여하고, 국제무역의 확대와 국제수지의 균형을 도모하며, 개발도상국에 대하여 기술원조를 제공하는 것이다. 자금은 가맹국의 주식 할당에 의한 자기자본, 특별준비금, 차입금(세계은행채의 발행으로 조달), 투자이윤 등으로 이루어지며 예금은 없다.

회원국은 2021년 현재 189개국(IMF 회원국은 자동가입)이며,[6] 한국은 1955년에 가입하여 1970년 대표 이사국으로 선임되었다. 본부는 미국 워싱턴에 있다.

2. 아시아개발은행

아시아개발은행(Asian Development Bank)은 아시아 지역의 경제성장과 경제협력을 증진하고, 지역 내 개발도상국의 경제개발을 촉진하기 위하여 설립되었다. 1963년 아시아 극동 경제위원회(ECAFE: 아시아태평양경제사회위원회의 전신) 각료회의에서 구상이 제안, 1965년 12월 필리핀의 마닐라에서 설립 협정에 조인, 1966년 12월 활동을 개시하였다.[7]

주요활동은 모든 회원국에 대한 대출, 기술원조, 실태 조사, 특정 프로젝트에 대한 융자 등이며, 1990년 후반에 이르러 석유 위기에 의한 회원국의 무역수지 악화를 줄이기 위한 긴급융자가 늘어가고 있다. 활동에 필요한 비용의 재원은 일반재원으로는 자본금과 차입금이 있다. 차입금은 아시아 개발은행채의 발행에 의해 이루어진다. 그 밖에 다목적 특별기금, 기술원조 특별기금 및 1974년 6월에 발족한 아시아개발기금(ADF: Asian Development Fund)의 3가지 특별기금이 있다.

참가국은 1999년 현재 한국을 비롯한 역내 41개국, 역외 16개국이다. 최고 정책기관인 총회와 업무의 운영관리 기구인 이사회와 총회가 선출하는 총재와 그 지휘 하의 업무부문으로 구성된다. 본부는 마닐라에 있으며, 도쿄, 프랑크푸르트, 워싱턴DC 등에 대표사무소가 있다.

3. 아시아 인프라 투자은행

아시아인프라투자은행(AIIB: Asian Infrastructure Investment Bank)은 미국, 일본 중심의 아시아개발은행(ADB), 세계은행(WB) 등에 대항하여 중국 주도로 설립된 다자 개발은행이다. 한국을 비롯한 아시아, 유럽, 아프리카, 남미 등 총 57개국이 창립 회원국으로 참여하고 있으며, 1천억 달러(초기 500억 달러)의 자본금을 기반으로 융자, 지급보증, 지분투자 등을 통해 아시아 지역의 인프라 개발 자금을 지원하고 있다.[8] AIIB는 중국의 신실크로드 구상인 일대일로(一帶一路) 정책의 구체적인 실행 방안으로 중국 중심의 경제권 형성이 목표로서 중국 중서부와 동남아시아 등 중국의 신실크로드 경로와 인접국 중심으로 투자가 이루어지고 있다.

중국의 일대일로 정책은 중국 건국 100주년이 되는 2049년까지 중화 진흥을 실현하기 위한 향후 35년간(2014~2049) 중국의 기본 대외노선으로 아시아부터 유럽까지 이어지는 대 중화경제권을 건설하고, 중국 중심의 평화 '팍스 시니카(Pax Cinica)' 시대를 열기 위해 수립되었다.

제4절 글로벌 금융시장

1. 글로벌 금융시장의 개념

글로벌 금융(global finance)은 금융의 대상과 범위가 국내뿐만 아니라 국외로 확장된다는 것을 의미한다. 국내 거주자를 상대로 하여 자금을 융통하는 국내금융(domestic finance)과 달리 그 대상과 범위를 확대하여 자금의 융통이 비거주자를 상대로 국제적으로 이루어지는 것이다. 그래서 글로벌 금융은 기본적으로 국제간 재화와 용역거래, 자본거래로 인해 발생 된 국제적인 채권과 채무의 국제 대차 결제를 하는 데 이용된다. 또한, 글로벌 금융은 국제간 상품과 용역의 수출입대금을 융자해준다거나 중장기 국제투자나 시설금융의 제공 등을 통해 국가 간의 유동성 과부족을 조정할 때 이용되기도 한다. 이러한 국제금융이 발생하는 과정에서 대부분 서로 다른 국가의 통화 간 교환이 수반되면서 외환시장(exchange market)이 형성된다.

그러므로 글로벌 금융시장(global financial market)이라 함은 거주지와 국적이 다른 경제주체 상호 간에 직접 또는 간접적으로 장·단기 금융거래가 이루어지는 장소이며 구조를 의미한다. 지리적인 특정 시장을 의미하기도 하지만 추상적인 시장조직을 합한 개념이기도 하다. 최근에는 정보통신기술의 발전과 각국의 금융 자유화 추세로 국내금융시장과 국제금융시장 간에 구분이 희석되고 있어 국내외시장이 통합되는 현상이 나타나고 있다.

(1) 글로벌 금융시장의 구조

글로벌 금융시장은 신용시장(credit market), 외환시장(exchange market), 파생상품시장(derivatives)으로 구성[9] 되어 있다([그림 7-3] 참조).

신용시장은 주식이나 채권과 같은 유가증권 발행과 거래를 통한 자금 조달 행위로 형성되는 시장으로서 직접금융시장과 은행을 통해 대여와 같은 형식의 자금 조달 행위로 형성되는 간접금융시장으로 나누어진다.

외환시장은 거래의 방식에 따라 현물환, 선물환 그리고 스왑시장으로 구성된다. 그리고 파생상품시장은 금리, 환율 등을 대상으로 하는 선물, 옵션, 스왑시장이 있다.

[그림 7-3] 국제금융시장의 구조

(2) 글로벌 금융시장의 기능별 구조

먼저 글로벌 금융시장의 기능별 구조를 살펴보면 좁은 의미에서 국제은행시장과 같이 각국의 은행을 통해 국제적으로 자금을 빌리고 빌려주는 간접금융시장과 국제자금거래의 수요자와 공급자에 의해 직접 거래하는 국제증권시장과 같은 직접금융시장으로 구분할 수 있다.

직접금융시장은 외국차입자나 투자자가 그 증권시장에 속해 있는 국가의 통화로 증권을 발행하고 매매하는 시장으로 국제채권시장과 국제주식시장으로 나눌 수 있으며, 증권시장과 은행시장을 토대로 하여 파생된 금융상품들이 거래되는 파생금융시장이 있다.

글로벌 금융시장의 구조와 관련하여 개념을 더 넓게 보면 국제 금융시장 간의 거래를 연결시키는 역할을 담당하는 외환시장까지 포함하기도 한다. 외환

[그림 7-4] 글로벌 금융시장의 기능별 구조

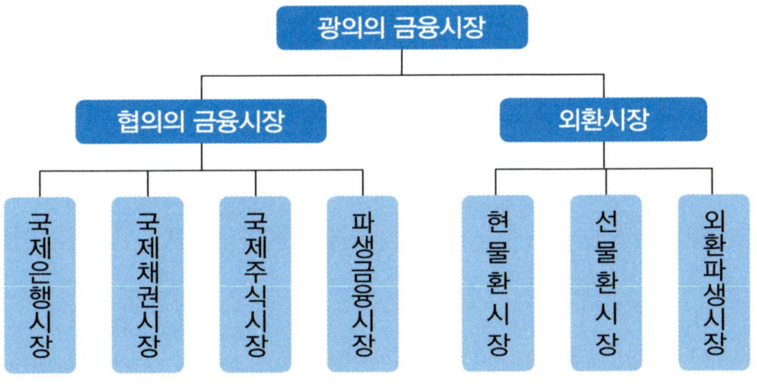

[그림 7-5] 글로벌 금융시장의 지역별 구조

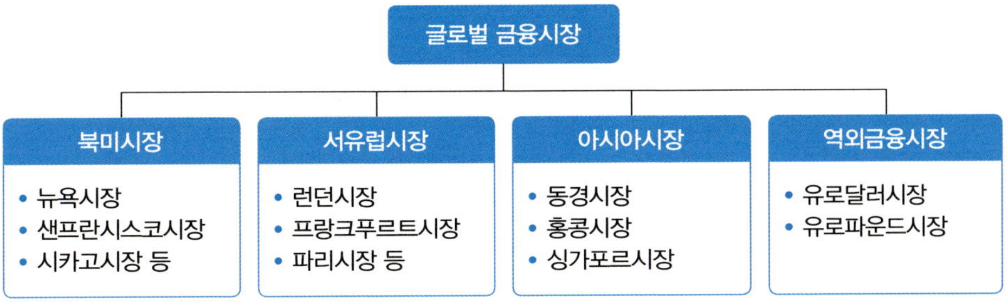

시장은 거래의 성격에 따라 현물환 시장, 선물환 시장, 외환 파생시장으로 구분된다.

글로벌 금융시장은 [그림 7-5]에서 보는 바와 같이 주요 지역별로 국제금융중심지로서 임무의 수행은 국제금융센터를 중심으로 언급되기도 하지만 각국 정부의 금융규제를 받지 않고 외환 또는 증권 등이 거래되는 역외금융시장의 개념을 포괄한다.

2. 글로벌 금융시장의 종류

(1) 국제은행시장

국제은행시장이란 자금조달과 대출 혹은 투자 등 은행업무가 국경을 넘어서 국제적으로 이루어지는 시장을 말한다. 국제은행시장의 주요 참가자는 금융중개 기능(intermediation)을 통한 대출 및 예금거래를 담당하는 국제상업은행, 사무주간사(book runner) 기능을 통한 투자 및 대출 주선을 담당하고 있는 국제투자은행, 세계은행(IBRD), 아시아개발은행(ADB), 유럽투자은행(EIB), 유럽부흥개발은행(EBRD) 등의 국제금융기구로 구성된다.

국제은행시장의 형태로 신디케이트론시장, 유로은행시장, 각국 은행시장이 있다. 신디케이트론(syndicate loan)시장은 두 개 은행 또는 그 이상의 은행이 차관단이나 은행단을 구성하여 공통의 조건으로 일정 금액을 융자하는 중·장기대출을 하면서 형성되는 그룹대출 또는 공동융자(group 또는 joint lending)시장이다.

유로은행시장에서 유로은행(eurobank)이란 소재국 이외의 국가가 발행한 통화로 표시된 자금의 예금과 대출업무를 수행하는 은행을 말한다. 이들 은행이 유로통화시장에서 비은행고객으로부터 받은 예금 또는 영업외 이익 등 자체적으로 조성된 자금을 일시적으로 다른 유로은행에게 대출하면서 형성되는 은행간 시장이다. 주요 금융상품에는 유로정기예금, 유로기업어음(commercial paper: CP), 유로양도성예금증서(CD: negotiable certificate of deposit)[ii] 등이 있다. 현지

[ii] CD는 은행 정기예금에 양도성을 부여한 증서.

금융시장은 해외 현지에서 기업어음(CP), 국제팩토링(international factoring), 당좌대월(overdrafts)과 같은 금융상품을 다루면서 시장이 형성된다.

(2) 국제채권시장

국제채권시장이란 기업이나 정부기관 등이 해외에 채권을 발행하여 자금을 조달하거나 발행된 국제채권이 유통되는 시장을 말한다. 국내시장에서의 규제와 조세요인 등의 제약조건을 벗어나 보다 유리한 조건에서 자금 조달을 할 수 있는 이점이 있다. 국제채권시장은 채권의 표시통화국 이외의 국가에서 발행되는 **유로채(euro bond)** 시장과 채권의 표시통화국에서 발행되는 **외국채(foreign bond)**가 거래되는 시장으로 구분할 수 있다.

유로채(euro bond)는 보통 유로시장을 통하여 두 개국 이상의 채권인수자들로 구성된 국제적 신디케이트(international syndicate)에 의해 인수·판매되어 두 개국 이상의 시장에서 유통되는 채권을 말한다. 유로채 시장은 주로 연금기금, 투자은행, 증권회사와 중앙은행을 포함한 기관투자가들과 개인투자자들이 참여하는데, 상대적으로 개인투자자의 비중이 큰 시장이다.

외국채 시장은 채권발행국의 비거주자가 채권발행국 투자자를 대상으로 발행하는 채권을 거래하는 시장이다. 채권발행을 통한 자금이 채권발행국 내에서 사용되지 않고 채권발행국 이외의 지역에서 사용되며, 발행되는 시장이 위치한 국가의 통화로 표시되며 그 나라 증권 당국의 법적 규제를 받는다는 점에서 유러채와 다르다. 대표적인 채권으로 비거주자에 의해 미국시장에서 발행되어 미국 내에서 판매되는 미 달러화 표시채권인 **양키 채권(Yankee bond)**, 일본시장에서 비거주자에 의해 발행되어 일본 내에서 판매되는 엔화 표시의 **사무라이 채권(Samurai bond)**과 **쇼군 채권(Shogun bond)**, 영국시장에서 비거주자에 의해 영국 투자자를 대상으로 영국 파운드화로 발행되는 **불독 채권(Bulldog bond)**, 한국시장에서 비거주자에 의해 한국 투자자를 대상으로 한국 원화로 발행되는 **아리랑 채권(Arirang bond)**이 있다.

(3) 국제주식시장

국제주식시장은 자국내 기업의 주식뿐만 아니라 외국기업의 주식도 거래되는 국제적으로 개방된 시장을 의미한다. 국제채권시장이 국가의 통치권 밖에 존재하는 유로시장을 중심으로 발달되어 있는 반면, 국제주식시장은 국가의 통치권 범위 안에서 존재하는 각국의 거래소 시장을 중심으로 운영된다는 것이 큰 차이점이다.

(4) 파생금융시장

파생금융시장은 파생금융상품을 취급하는 시장이다. 파생금융상품이란 금융상품의 가격 움직임을 상품화한 것으로, 통화, 채권, 주식 등 기초금융자산의 가치변동에 의해 가격이 결정되는 금융계약을 기초로 하며 대표적인 파생금융상품으로 선물, 선물환, 옵션, 스왑 등이 있다. 파생금융상품은 금융시장 참가자에게 폭넓은 위험의 헤지(hedge) 기회를 제공함으로써 자신의 위험 선호도에 따라 자산의 구성을 쉽게 활용할 수 있게 한다. 파생금융상품시장은 장내시장과 장외시장으로 구분할 수 있는데, 장내시장은 가격 이외의 모든 거래 요소가 표준화되어 있는 파생금융상품 거래시장으로서 거래소 시장이라고 한다. 장외시장은 표준화되어 있지 않은 파생금융상품이 거래소를 통하지 않고 시장 참가자간에 직접 거래되는 시장이다.

우리나라의 장내시장은 한국증권선물거래소가 있으며, 한국증권선물거래소는 주가지수선물시장(1996년 5월)과 주가지수옵션시장(1997년 7월)이 개설되어 있고, 이후 미 달러 선물 및 옵션, CD금리선물, 국채선물과 코스닥50 주가지수 선물을 거래하고 있다. 장외 파생금융상품시장에서는 선물환, 스왑, 옵션, 선도금리계약 등이 거래되고 있다.[10)]

3. 글로벌 금융시장과 외환시장

글로벌 금융이 형성되는 것은 사실상 각국 금융시장에서 금리의 차이가 있어서 보다 유리한 시장에서 자금을 차입하든지 대출하려는 자금의 수요 때문이다. 이

과정에서 자금의 대여국과 차입국이 주로 사용하는 통화가 다를 수밖에 없어서 글로벌 금융거래가 일어나면 대개 필요로 하는 통화의 교환이 이루어지게 되고, 통화의 교환은 외환시장의 거래를 통해 성사된다.

아울러 환율변동의 가능성이 언제나 존재하므로 각국의 금융기관은 외환을 다루는 은행은 잉여 외환자금이나 부족한 외환자금을 조정하기 위해 외환시장을 이용하게 된다. 또한, 다각적인 무역 거래에 따른 결제를 위한 목적으로 외환시장을 이용하기도 한다.

참고문헌

1) [네이버 지식백과], 금본위제도-금을 화폐와 교환하다, 금융사전.

2) 국제금융연구회, 『글로벌 시대의 국제금융론』, 도서출판 시대가치, 2018년.

3) IMF홈페이지(https://www.imf.org)

4) 구종순외, 『무역개론』, 박영사, 2012년, 12-127쪽.

5) 위키피디아.

6) The World Bank(https://www.worldbank.org/en/who-we-are/ibrd)

7) 아시아개발은행 홈페이지(https://www.adb.org)

8) 아시아 인프라 투자은행 홈페이지(https://www.aiib.org)

9) 이강남, 『국제금융론』, 법문사, 1993년, 27-33쪽.

10) [네이버 지식백과], 파생금융상품[Financial Derivatives], 시사경제 용어사전, 2017년, 11월, 대한민국 정부.

핵심내용정리

- 국제통화제도의 개념, 국제통화제도의 변천사
- 국제통화기금(IMF): 설립 배경과 목적, 역할과 기능, 특별인출권(SDR)
- 세계은행과 투자은행
  - 세계은행, 아시아개발은행, 아시아 인프라 투자은행(AIIB)
- 글로벌 금융시장
  - 글로벌 금융시장의 구조와 기능, 종류, 글로벌 금융시장과 외환시장

토론과제

1. 국제통화제도에서 금본위제도는 어떤 의미를 갖는가?
2. 국제통화로 통용되기 위한 조건은 무엇인가?
3. 특별인출권(SDR)의 탄생 배경과 운영원리, 그리고 역할은?
4. 1997년 한국 외환위기의 원인은 무엇이고, 이 위기를 빠르게 극복할 수 있었던 원동력과 이유는 무엇이었나?

Chapter 8

외환시장과 환율변동의 영향

Foreign Exchange Market and Influence of Exchange Rate Fluctuation

외환시장에서 결정되는 환율은 세계화의 진전으로 인해 글로벌 기업은 물론이고 개인의 경제생활에 막대한 영향을 미치는 중요한 변수로 작용하고 있다. 글로벌 기업이 무역 거래나 자본거래를 할 때 환율변동으로 인해 수익 혹은 손해가 발생할 때가 많다. 심지어 환율변동은 해외에 가족을 두고 있거나 해외여행을 하는 개인의 경제생활에 대한 비용의 예측을 어렵게 만든다. 국가 역시 환율의 변동에 따라 국제수지, 물가수준, 금융시장 등의 정책을 수립하고 관리를 하는 데 어려움을 겪는다. 이에따라 국가, 기업, 그리고 개인은 환율변동에 따른 불확실성으로 인한 위험(risk) 관리에 관심이 증폭되고 있다.

따라서 본 장에서는 환율이 결정되는 외환시장의 구조와 원리를 익히고, 환율변동이 글로벌 기업의 활동과 국가 경제에 미치는 영향을 중심으로 살펴보고자 한다.

첫째, 외환시장은 어떻게 운영되고, 환율을 결정하는 주요 변수는 무엇인가?

둘째, 환율변동은 국제기업의 성과와 활동에 어떻게 영향을 미치는가?

셋째, 국제수지와 환율은 상호 어떠한 영향을 미치는가?

환율이란? 제 1 절

국제교류가 활발한 세계화 시대에 살고 있는 우리는 외국으로 자주 여행을 가기도 하고 반대로 외국인들이 국내에 여행을 오기도 한다. 대부분 국가는 외국으로부터 경제활동에 필요한 원자재는 물론이고 자동차나 의약품, 일상용품 등 다양한 상품을 수입하는 것이 보통이다. 우리가 외국으로 여행을 가고, 기업이 외국과 거래하거나 해외투자를 할 때 외국의 돈, 즉 외화가 필요하다. 누구든 외화가 필요할 때 자국 통화를 외화로 바꿔야 한다. 이런 상황에서 때론 자국 통화로 외화를 산다고 표현하기도 한다.

자국 통화로 외화로 바꿀 때 일정한 교환 비율이 적용되는데 이 교환 비율을 환율(exchange rate)이라 한다. 다시 말해 어느 한 나라의 통화를 외국통화로 바꿀 때 적용하는 비율을 환율이라고 한다(An exchange rate is simply the rate at which one currency is converted into another).[1] 외화를 살 때 지불하게 되는 원화의 가격이라고도 할 수 있다. 예를 들어 달러당 환율이 1,000원이라는 것은 미화 1달러를 살 때 지불하는 원화의 가격이 1,000원이라는 것이고, 유로(euro) 환율이 1,300원이라는 것은 1유로에 대한 원화의 구매가격이 1,300원이라는 것을 의미한다. 외국 돈을 외국의 한 상품과 같은 대상으로 이해한다면 환율은 외국

[그림 8-1] **주요국의 통화**

원(한국): ₩ | 달러(미국): $ | 유로(유럽연합): €

위안(중국): 元 | 파운드(영국): £ | 엔(일본): ¥

화폐 한 단위의 가격인 셈이다. 100달러를 환전하는 것, 즉 100달러를 구입하는 것은 개당 1,000원인 상품을 100개 구입하는 것과 같다고 할 수 있다.

1. 환율의 표시방법

환율을 표시하는 방법은 자국통화 표시법(rate in home currency)과 외국통화 표시법(rate in foreign currency)이 있다.[2)]

(1) 자국통화 표시법

자국통화 표시법은 우리의 일상생활에서 많이 접할 수 있는 표시법으로서 한 단위의 외국통화를 자국통화로 표시하는 방법이다. 예를 들면 우리가 은행을 방문했을 때 은행 창구에서 환율을 확인할 때 많이 볼 수 있는 표시법이다. 은행을 방문하여 원화를 달러로 바꾸고자 할 때 1달러에 대해 1,000원을 지불해야 하는 상황의 경우 달러당 천원(₩1,000/$)이라고 표시한다.

(2) 외국통화 표시법

외국통화 표시법은 자국의 통화 한 단위를 외국통화로 표시하는 방법이다. 예를 들어 원화 한 단위를 달러로 표시하면 1원에 0.001달러($ 0.001/₩)와 같은 것이다. 우리가 쉽게 접할 수 없는 표시법이기는 하나 유럽이나 미국 등 글로벌 외환시장에서는 외환거래의 필요에 따라 실제 많이 활용되고 있는 표시법이다.

2. 환율변동의 표현법

환율은 시장의 상황에 따라 늘 변동되기 마련인데, 만약 달러당 천원(₩1,000)이었던 환율이 변동하여 달러당 1,200원이 되었다면 이러한 환율의 변동을 표현할 때 환율이 인상되었다고 하거나 원화가 평가절하되었다고 한다. 때론 원화가 약세로, 달러가 강세로 바뀌었다고도 한다. 이와 반대로 만약 환율이 달러당 1,200원이었다가 달러당 1,000원이 되었다면 환율이 인하되었다고 하거나 원화가 평가절상되었다고 표현한다. 때론 원화가 강세로, 달러가 약세 바뀌었다고 한다.

[그림 8-2]에서 확인할 수 있듯이 은행이 고객을 상대로 환율을 알릴 때 '고객이 외화를 살 때(매도율: 은행이 팔 때)'와 '고객이 외화를 팔 때(매입률: 은행이 살 때)'로 구분해서 표시한다. 은행은 고객을 상대로 달러와 같은 외화를 거래하면서 적용하는 매도율(offered or asked rate)과 매입률(bid or buying rate)의 차이를 스프레드(spread)라고 하며, 이는 은행의 외화거래(매도율>매입률)에 따른 환거래 수익의 원천이 된다.

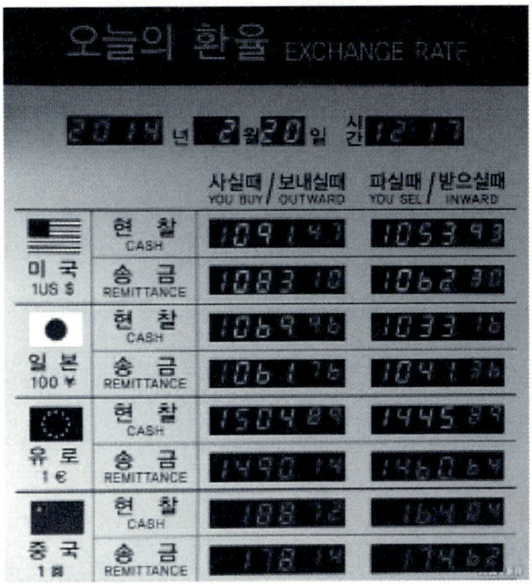

[그림 8-2] 은행 창구의 환율고시

왜 환율의 변동에 주목해야 하는가? 제 2 절

세계화 시대에서 경제활동을 하는 국가, 기업, 개인들이 왜 환율의 변동에 지대한 관심을 가지고 주목해야 하는가? 그것은 경제활동의 주체들에게 환율이 변동되는 상황에 따라 환율의 변동에 따른 손해와 이익을 가져다주기 때문이다.

1. 환율의 변동과 경제활동

개인의 경우 해외여행을 가려 하거나 해외에서 자녀가 외국에 유학하고 있으면 환율의 변동에 민감할 수밖에 없다. 또 일본을 여행하려는 여행자는 일본 엔화와 원화의 환율에 따라 여행경비의 부담이 차이가 날 수 있다.

미국에 유학하고 있는 자녀의 생활비용을 위해 매달 1,500달러를 송금해야 하는 상황을 가정해 보면 환율이 달러당 1,000원 할 때는 1,500,000만원을 마련해야 하지만 환율이 달러당 1,200원으로 거래되는 상황에서는 1,800,000만원을 준비해야 1,500달러를 송금할 수 있게 된다. 만약에 일본으로 여행을 계획하고 있는 여행자가 총 여행경비의 예산으로 100만원을 예상하고 원화를 엔화로 바꾼다고 가정할 때 환율이 100엔당 1,100원이면 은행 창구에서 100만원으로 대략 90,909엔을 바꿀 수 있는 반면에 환율이 100엔당 1,000원이라면 100,000엔을 바꿀 수 있게 된다. 이처럼 적용하는 환율에 따라서 약 9,000엔 이상이 차이가 있음을 알 수 있다.

2. 환율의 변동과 기업활동

환율의 변동이 기업의 활동에 어떠한 영향을 미치는가? 기업의 경우 외국 회사와 외상거래나 외화로 자금을 차입할 때 환율의 변동이 기업의 손익에 어떤 영향을 미치는지 분명하게 드러난다.

가령 한국의 대진무역이 미국 수출회사와 3개월 후에 달러로 대금을 지급하기로 하고 10,000달러 상당의 상품을 수입한다고 가정해 본다. 이때 수입하기로 계약한 일자의 환율이 달러당 1,000원이었다면 대진무역은 수입대금으로 10,000,000원을 지급한다고 예상했을 것이다. 그런데 3개월이 지나 대금을 결제할 때가 되어서 원화를 달러를 바꾸려고 은행에 가보니 환율이 달러당 1,200원이 되었다고 가정하면 대진무역이 수입대금 10,000달러를 확보하기 위해서는 이제 12,000,000원을 준비해야 한다. 상품의 수입 계약일에 예상했던 금액보다 자그마치 2,000,000원이 더 소요되는 상황이 되고 만다.

기업이 외화로 차입할 때도 비슷한 상황이 벌어질 수 있다. 만약 한국의 대진무역이 일본 금융기관으로부터 1,000,000엔을 차입하고 1년 후에 상환하기로 가정해 보자. 차입 당시 환율이 100엔당 900원이었다면 차입한 원화의 원금은 9,000,000원이다. 1년 후 상환일이 도래되었을 때 환율이 100엔당 1,000원으로 변동되었다면 엔화 표시 차입원금 1,000,000엔을 상환하는 데 필요한 원화는 10,000,000원이 되어 원화의 차입원금은 1,000,000원이 더 불어난 상황이 발생한다. 물론 환율이 반대의 상황으로 변동된다면 결제 대금이나 차입원금의 부담이 줄어들어 이익이 발생할 수도 있다.

이처럼 외국과의 거래에서 계약일과 결제일의 기간 동안에 환율의 변동은 실제 결제할 대금이나 차입원금을 불확실하게 만든다. 미래환율의 변동은 예측하기 어려워서 개인이나 기업은 환율의 변동으로 인한 위험(risk)에 항상 노출된다. 그래서 최근에 외국과 거래 규모가 큰 기업은 이러한 환리스크(exchange risk)를 줄이기 위한 체계적인 관리기법에 관한 관심이 높아지고 있다.

환율의 변동에 따른 영향은 국가단위의 경제 차원에서도 마찬가지이다. 즉 환율의 변동은 한 나라의 수출과 수입, 국제수지, 그리고 자본시장 등에 광범위하게 영향을 미치며, 이 문제는 추후 별도로 설명하기로 한다.

외환시장의 구조와 운영원리 제 3 절

1. 외환시장이란?

외환시장(foreign exchange market)이란 외환의 매매가 이루어지는 특정의 장소나 공간을 지칭하기보다는 외환거래가 정기적 또는 지속적으로 이루어지는 총괄적인 거래 메커니즘을 의미한다.[3)] 외환시장은 기본적으로 서로 다른 통화표시 지급수단의 매매시장으로서 자금의 대차가 이루어지는 신용시장과는 그 성격을 달리한다.

외환시장에서의 서로 다른 통화 간의 매매는 기본적으로 상품과 용역 그리고 금융자산의 매매에 수반하여 일어나기 때문에 이들 외환거래는 기본적으로 결제 혹은 지급 메커니즘의 한 과정으로 이해할 수 있다. 따라서 각국의 금융시장이나 글로벌 금융시장에서 이루어지는 서로 다른 통화표시(이종통화) 금융거래는 외환시장의 거래와 연계되어 이루어지는 경우가 대부분이다.

2. 외환시장의 참여자

외환시장에서 거래 주체는 중앙은행(정부)과 상업은행, 증권사와 같은 금융기관, 기업, 개인으로 구성되는데 대부분의 거래 주체들은 시중은행을 통해서 외환거래를 한다. 은행으로서는 은행을 제외한 시장참가자들이 고객이 되는 셈이므로 이 시장을 대고객시장(retail market)이라 하고, 은행은 다시 은행끼리 필요에 따라 외환시장에서 외환거래를 하게 되는데 이를 은행 간 시장(inter-bank market)라고 한다.

외환거래에서 대 고객시장은 외국환 은행의 외국환 취급 기관으로서 은행과 개인, 금융기관, 기업 혹은 정부 간에 거래에 따라 형성된다. 외환거래에 참여하게 되는 이유로서 개인은 해외여행에 사용할 경비를 마련하기 위한 환전 거래나 유학비용을 위한 해외송금, 기업은 해외 대금결제나 투자 목적의 해외송금 등이 있다.

일반적으로 외환시장이라고 할 때 은행과 외환 브로커 그리고 중앙은행으로 구성된 외환시장에서 외환거래를 하는 은행 간 외환시장을 말한다. 은행은 주로 대 고객거래의 결과에 따라 발생한 외환보유의 구성(포지션)과 외화자금의 과부족을 조정하기 위해 외환거래를 하게 된다. 실제 우리나라의 은행 간 외환거래는 외환브로커(중개인)를 통해서만 외환거래를 하고 있다. 현재 공식적으로

[그림 8-3] 외환시장의 참여자

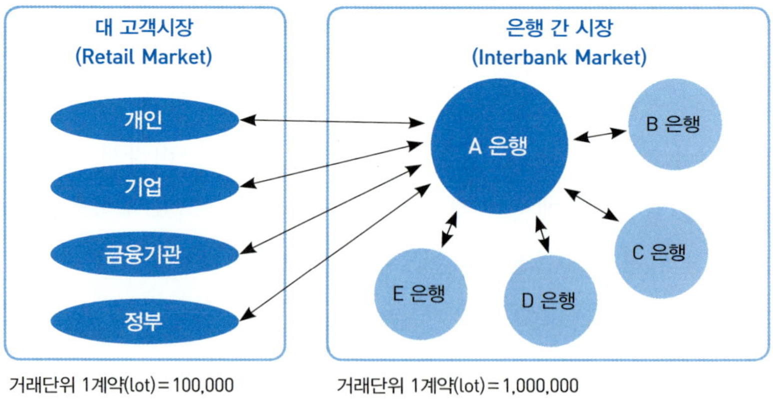

외환중개업무를 하려면 기획재정부의 인가를 받아야 하며, 2016년 6월말 현재 영업 중인 외국환 중개회사는 서울외국환중개, 한국자금중개, KIDB-ICAP를 비롯해 10여 개에 달한다.[4)]

3. 매매기준환율의 결정방법

대고객의 외환거래에 적용되는 환율은 은행 간 외환거래에서 발생한 시장의 환율을 기초로 산정되는 매매기준율이다. 매매기준율은 시장평균환율에 기초하여 산정한다. 시장평균환율은 외환매매 중개회사를 통한 외국은행 간 거래가 이루어진 미국 달러화의 현물거래에서 형성된 환율을 거래량으로 가중 평균한 환율이며, 이렇게 계산된 시장 평균환율이 다음 영업일에 달러화에 대한 원화의 매매기준율로 고시된다.

예를 들어 2018년 5월10일에 금융결제원 자금 중개실을 통해 상기 [표 8-1]과 같이 외국은행 간 미국 달러화의 현물 외환거래가 이루어졌다면 시장평균환율은 다음과 같이 산출되어 다음 영업일 개시일에 대고객 외환거래를 위한 달러화에 대한 원화의 매매기준율로 달러당 895.22원으로 고시된다.

한편 오늘날 글로벌 외환시장은 세계 주요 외환시장이 24시간 '잠들지 않는 시장'으로서 모든 시장정보를 환율에 신속하고 실시간으로 반영하는 체제를 갖추고 있어서 하나의 범세계적 시장으로 기능을 수행하면서 국제금융거래의 효율성을 도모하고 있다.

[표 8-1] 은행 간 특정일의 외환거래 내역

거래	거래환율	거래량	거래금액
1	894.20	50,000	44,710,000
2	895.50	30,000	26,856,000
3	896.00	100,000	89,600,000
4	894.50	50,000	44,725,000
⋮	⋮	⋮	⋮
합계		230,000($)	205,900,000(₩)

* 시장 평균환율 = 총거래금액 (₩ 205,900,000)/총거래량($ 230,000) = 895.22원

4. 외환상품과 외환시장의 종류

외환거래의 방식에 따라 크게 나누어 외환상품은 현물환, 선도(물)환, 옵션, 스왑 등이 있는데, 이러한 외환상품의 유형에 따라 시장은 현물환시장, 선도(물)환시장, 옵션시장, 통화스왑시장으로 각각 형성되어 있다. 각 외환상품의 거래방식을 소개하면 다음과 같다.

(1) 현물환시장

현물환시장은 현물환 상품을 거래 대상으로 하는 현물환 거래(spot exchange transaction)에 의해 형성된다. 현물환 거래는 거래 대상인 외화를 사고팔기로 약속한 계약일로부터 2영업일(two business days) 이내에 두 외국 통화의 교환이 이루어지는 거래를 말한다. 일반적으로 계약일에 두 통화의 교환이 바로 이루어질 수도 있겠으나 거래 규모가 큰 경우 거래의 절차나 사무처리로 인해 실제 거래일로부터 최소한 2일 정도 이후가 지나야 비로소 두 외국통화의 실제 교환, 즉 인도(delivery)가 이루어지기 때문이다.

(2) 선도환시장

선도환 거래(forward exchange transaction)는 장래에 이루어질 두 통화의 교환 비율을 거래금액과 함께 계약일에 미리 약속해두고, 실제 두 통화의 교환은 계약일로부터 일정 기간이 지난 후 약정일에 이루어진다. 선도환 상품은 계약일과 결제일의 간격에 따라 1월, 2월, 3월, 6월, 9월, 12월 상품이 있으며, 거래금액과 적용환율, 거래장소 등을 거래 당사자 임의로 결정하게 된다.

(3) 선물환시장

선물환(futures exchange) 상품이 거래되는 시장을 선물환시장이라 한다. 선도환 거래와 같이 장래에 이루어질 두 통화의 교환비율을 거래금액과 함께 계약일에 미리 약속해두고, 추후 결제한다는 거래의 원리는 같으나, 거래단위, 거래장소, 거래방법을 표준화하여 거래하고 있다는 점이 다르다. 선도환이 거래 당사자 간

임의의 합의에 따른 맞춤 상품이라면 선물환은 미리 만들어진 기성 상품을 거래하는 것과 같다.

(4) 옵션시장

옵션(option)거래는 특정 통화를 일정한 가격으로 미래 특정일에 살 수 있거나 팔 수 있는 권리를 사고(call option) 파는(put option) 거래이다. 옵션은 말 그대로 선택권을 가진다는 뜻인데, 이 선택권을 구매한 당사자는 미래 특정일에 자기에게 유리하면 권리를 행사하고 불리하면 그 권리를 행사하지 않아도 되는 거래이다. 옵션 상품은 콜옵션과 풋옵션 등이 있다.

콜옵션은 미리 계약에서 일정한 가격으로 일정 금액을 사기로 한 옵션을 기준으로 미래 특정일에 이르러 현물시장가격과 비교하여 미리 구매하기로 한 가격이 유리하면 살 권리를 행사하고, 나에게 불리하면 권리를 포기하는 계약이고, 풋옵션은 미리 계약에서 일정한 가격으로 일정 금액을 팔기로 한 옵션을 기준으로 미래 특정일에 이르러 현물시장가격과 비교하여 미리 팔기로 한 가격이 유리하면 팔기로 한 권리를 행사하고, 나에게 불리하면 권리를 포기하는 계약이다.

(5) 통화스왑시장

통화스왑(swap)은 두 거래 당사자가 계약일에 약정된 환율에 따라 해당 통화를 일정시점에서 상호 교환하는 외환거래이다. 예를 들어 한국의 제일은행이 10만 달러가 3개월 동안 필요하다고 가정하면 10만 달러를 확보하는 여러 가지 방법이 있겠으나, 달러의 매수와 매도에 따른 수수료와 복잡한 거래 절차를 피하는 방법으로 통화스왑을 이용할 수 있다. 즉 제일은행은 미국의 시티은행에 약속된 환율로 10만 달러에 해당하는 원화를 예치하면서 10만 달러를 빌리고, 3개월 후에 제일은행은 시티은행에 10만 달러와 이자를 상환하면서 예치했던 원화를 되찾아 가는 방법이 한 예이다.

통화스왑은 국가의 통화가치를 안정시키기 위해 국가 간에도 활용되고 있다. 국가에 외화가 부족할 때 다른 국가의 외화를 즉각적으로 유입해서 유동성

위기를 넘길 수 있는 것이다. 2008년 10월 30일, 한국과 미국이 체결한 300억 달러의 한-미 통화스왑 덕분에 우리나라는 외환위기를 무사히 피할 수 있었다. 당시 우리나라에 달러가 많이 부족한 상황이었는데, 통화스왑 덕분에 국내 외환 시장을 안정시킨 바 있다.[5)]

5. 글로벌 외환시장의 규모

세계 외환상품시장 거래 규모는 2019년 4월 현재 기준 하루평균 6조 6,000억 달러이다. 한국의 외환상품시장 거래 규모는 하루평균 553억 2,000만 달러로 3년 전(478억 1,000만 달러)에 비해 15.7% 늘었다. 세계 외환상품시장 거래량에서 한국이 차지하는 비중은 0.7%로 세계 15위이다. 세계 장외 금리 파생상품 거래 규모는 하루평균 6조 5,000억 달러이며, 한국의 하루평균 거래량은 85억 2,000만 달러 규모이다. 장외 금리파생상품 시장에서 한국의 비중은 0.1%로 20위로 집계됐다.[6)]

[그림 8-4] 외환시장의 거래규모와 추이

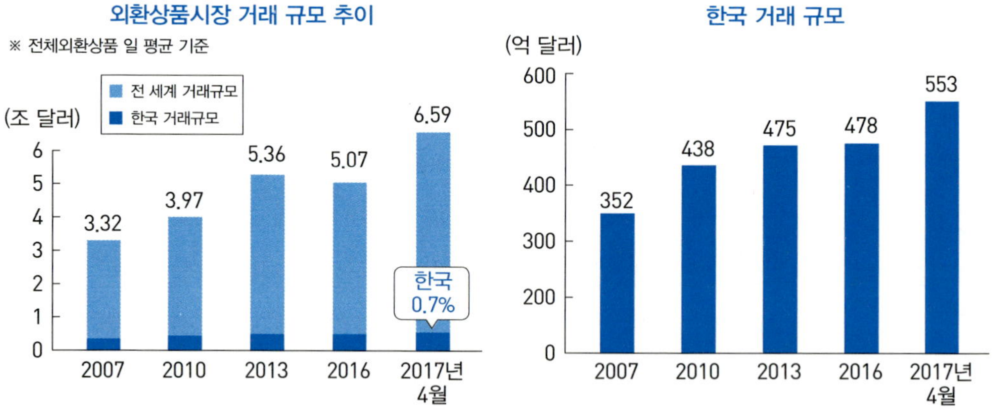

자료: 한국은행(연합뉴스)

환율결정이론: 환율은 무엇이 결정하나?

제 4 절

환율은 서로 다른 통화 간의 교환비율이다. 어느 한 나라의 통화가 다른 나라의 통화와 교환할 때 교환비율을 결정하는 근원적 요인은 무엇일까? 교환비율은 어느 한 나라의 통화가 다른 나라의 통화에 대해서 시장에서 인정하는 상대적 가치이다. 즉 어떤 통화의 가치에 영향을 미치는 기본적 요인이나 변수가 있을 것이고, 그 바탕 위에서 특정 시점에 그 통화에 대해 시장에서 필요로 하는 수요와 공급에 대한 힘의 균형에 의해 환율이 결정된다. 그럼 근원적으로 그 통화의 기본가치는 무엇에 의해 영향을 받을까? 지금까지 정립된 이론에 따르면 물가(price), 이자율(interest rate), 선도(선물)환율(forward exchange rate)이 기본적인 변수로 취급하고 있다.

돈의 힘은 어떤 물품을 얼마나 살 수 있는가를 나타낸다고 생각하면 물가수준은 일정한 돈으로 물품을 살 수 있는 구매력을 결정하므로 그 통화의 상대적 가치에 영향을 준다고 할 수 있을 것이다. 돈의 가치를 가늠할 수 있는 또 다른 잣대로 중요하게 생각하는 것은 돈을 차입하거나 대여할 때 적용하는 이자율의 수준일 것이다. 일정 금액의 돈(원금)을 일정 기간 빌릴 때 대가로 지불하는 이자의 크기에 따라 그 돈의 가치를 알 수 있기 때문이다. 아울러 미래환율의 동향이 반영되어 거래되는 선도(선물)환 시장의 움직임은 현재 거래되고 있는 현물환 시장에 반영될 수 있다는 것을 생각한다면 선도(물) 환율이 또 하나의 기본변수로 작용할 수 있을 것이다.

1. 구매력평가설

구매력평가설(PPP: purchasing power parity)은 환율과 물가상승률의 관계를 설명하고 있다. 동일한 상품은 어떤 시장에서든 그 가격이 같아야 한다는 일물일가(一物一價)의 법칙을 전제하면 두 나라 통화의 환율의 변화율은 두 나라의 물가변동률의 차이를 반영해야 한다는 이론이다.[7] 즉 일정한 기간 동안 두 나라 통화의 환율의 변화율은 해당 기간 동안 두 나라 간 물가변동의 차이를 반영한다는 것이다. 이를 수식으로 표현하면 다음과 같다.

일정 기간의 환율 변동률=두 나라의 물가 변동률의 차이

$$\Delta S/S=\Delta P/P-\Delta P^*/P^*$$

S: 자국통화표시환율	P: 자국의 물가수준	P^*: 외국의 물가수준
ΔS: 환율 변동분	ΔP: 자국의 물가변동분	ΔP^*: 외국의 물가변동분

예를 들어 연간 한국의 물가변동률은 5%, 미국의 물가변동률은 10%라고 하면 한국의 물가상승률이 미국의 물가상승률보다 상대적으로 5% 낮다. 이런 경우 두 국가의 물가수준의 차이가 현재의 원/달러 환율에 반영되어야 한다는 것이다. 즉 $\Delta P/P-\Delta P^*/P^*=5-10=-5\%$이므로 환율의 변동률=$\Delta S/S$도 −5%만큼 반영되어 자국통화표시 환율 기준으로 5%만큼 환율이 인하되어야 외환시장이 균형을 이룬다는 것이다. 기준시점의 원/달러 환율이 달러당 1,000원이라면 비교시점인 1년 후 두 국가의 물가수준의 차이 5%만큼 환율에 반영되어 원화가 평가절상 효과(물가가 상대적으로 더 오른 국가의 통화가치는 하락)가 발생하여 환율은 달러당 950원이 되어야 한다.

2. 국제피셔효과

국제피셔효과(international Fisher effect)는 금리와 환율의 상호균형 관계를 말해주는 것으로서 국제금융과 외환 분야에서 기초가 되는 중요한 개념이다.[8)]즉 환율의 예상되는 변화율은 자국과 외국의 금리 차이와 같아야 시장균형조건(market equilibrium condition)이 성립한다는 것이다. 가령 1년 정기예금상품의 금리가 한국에서는 1년에 12%이고 미국에서는 1년에 7%라고 하면 한국의 금리가 미국의 금리에 비해 상대적으로 5%만큼 높다($i-i^*=5\%$). 이런 경우 두 국가의 이자율 차이를 반영해 현재의 원/달러 환율이 \$1=₩700이라면 1년 후에는 \$1=₩735으로 원화가 5% 평가절하되어야 시장이 균형을 이룰 수 있다. 즉 원화의 금리가 달러화에 비해 5%만큼 유리한 경우 원화의 환율이 달러화에 비해 5%만큼 장차 불리할 것으로 예상되어야 시장이 균형을 이룰 수 있다는 것이다.

환율의 예상변화율 = 자국금리(i) − 외국금리(i^*)
= 예상미래환율 − 현재환율/현재환율 = 자국금리(i) − 외국금리(i^*)

$$\Delta S/S = i - i^*$$

이것은 한국 금융시장과 미국 금융시장을 놓고 이야기할 때 이자율 차이가 환율에 정확하게 반영하지 못하면 시장의 균형이 깨어져서 어느 한 시장에 투자하는 것이 일방적으로 유리하게 되어 투자자들이 대거 유리한 시장으로 몰려든다면 금융시장은 불균형 상태에 빠진다. 이자율 차이가 환율에 그대로 반영된다면 시장은 균형상태를 유지할 것이며 투자자들이 한국과 미국 금융시장 중 어느 한쪽을 특별히 선호하지 않기 때문에 어느 한쪽으로 대거 몰리지 않을 것이다. 그러나 현실에서는 늘 짧은 순간이긴 하지만 시장의 불균형은 발생하기 마련이고, 글로벌 금융거래 참여자들은 시장들 간의 불균형을 포착하여 차익거래(arbitrage)[i]에 따른 수익을 얻는다.

만약 두 국가의 금리와 환율조건이 서로 상쇄되지 않는 시장의 불균형 상태는 핫머니(hot money)의 대거 유출입을 유발한다. 그러므로 자본자유화가 이루어진 상태에서 핫머니에 의한 국내시장의 교란을 방지하기 위해서는 국제피셔효과에서 말하는 시장균형조건, 즉 두 국가 간 금리와 환율조건이 서로 상쇄되는 힘의 작용이 필요하다. 이렇게 외환시장과 금융시장이 효율적으로 작동하려면 양 시장 모두 시장의 왜곡현상이 일어나지 않는 시장으로 운영되어야 한다.

3. 이자율평가설

이자율평가설(interest rate parity)은 선물환율과 현물환율의 차이와 두 나라 사이의 금리 차이의 관계를 정리한 이론이다. 예를 들어 1년 정기예금금리가 한국에서는 1년에 12%이고 미국에서는 7%라고 하면 한국의 금리가 미국의 금리에 비해 상대적으로 5%만큼 높은 조건이 되는데 이런 경우 원/달러 현물환율이 1달

---

i) 차익거래(arbitrage) 또는 재정거래란 서로 다른 두 개 이상의 시장에서의 가격 차이를 이용하여 수익을 내는 거래를 말한다.

러=700원이라면 1년 후에 수도 결제가 되는 선물환계약에 적용되는 선물환율은 1달러=735원이 되어야 시장의 균형이 달성된다. 즉 달러화가 금리 면에서 원화에 비해 5%만큼 불리하면 달러화는 현물환 시장의 환율에 비해 선물환시장에서 5%만큼 더 높아야 한다는 것이다.

$$\text{선물환율} - \text{현물환율} / \text{현물환율} = \text{자국금리}(i) - \text{외국금리}(i^*)$$

[그림 8-5]는 현물환 거래시장과 선물환 거래시장, 그리고 한국의 금융시장과 미국의 금융시장을 하나의 그림으로 나타낸 것이다. ①은 두 나라 사이의 금융시장에서 금리 차이, ②는 선물환거래 시장의 환율과 현물환 거래시장의 환율 차이를 나타낸다. 따라서 이자율평가설에 의한 시장의 균형조건은 ①=②와 같은 조건을 충족해야 한다.

현물환시장에 비해 선물환시장에서 그 가치가 높을 때 선물프리미엄(forward premium)이 생기고 그 반대로 현물환시장에 비해 선물환시장에서 그 가치가 낮은 것을 선물디스카운트(forward discount)가 존재한다고 하는데, 상대적으로 금리가 낮은 통화는 외환시장에서 선물프리미엄이 존재해야 하고, 상대적으로 금리가 높은 통화는 외환시장에서 선물디스카운트가 존재해야 두 시장의 균형을 유지할 수 있다.

[그림 8-5] 이자율평가설 관계도

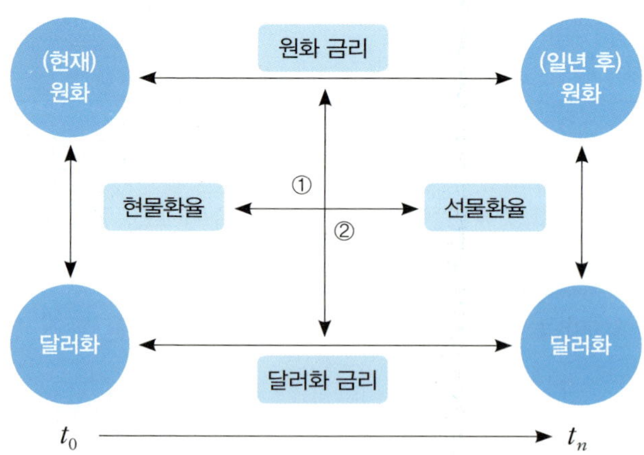

국제피셔효과와 유사한 개념으로서 차이점은 국제피셔효과에서는 현물환 시장의 미래환율에 대한 예상치를 사용한 데 반해 이자율평가는 예상 미래환율 대신 선물환계약에 의해서 확실히 고정시킬 수 있는 선물환율을 사용하였다는 점이다.

따라서 이자율평가도 시장균형 조건을 말하고 있으며, 시장의 불균형이 일어나면 이러한 불균형 상태를 이용하여 이익을 얻으려는 거래가 활발히 일어나게 된다. 그리고 국가 간의 자본이동에 아무런 제약이 없다면 이익을 얻으려는 거래가 충분히 발생하여 그 과정에서 환율과 금리의 변화가 초래되고 결과적으로 시장의 균형을 회복해 이자율평가가 성립하게 된다.[9)]

4. 무엇이 원-달러 환율을 결정하는가?

원-달러 환율의 움직임 역시 앞서 언급한 미국과 한국의 물가수준의 차이, 금리의 차이, 선물환과 현물환 시장에서 환율의 차이 등에 따라 기본적으로 영향을 받는다. 이러한 조건 위에 원-달러 환율은 단기적으로 외환(달러)의 수급에

[그림 8-6] **국내 외환시장의 달러 수급원(수치는 2003년 순증)**

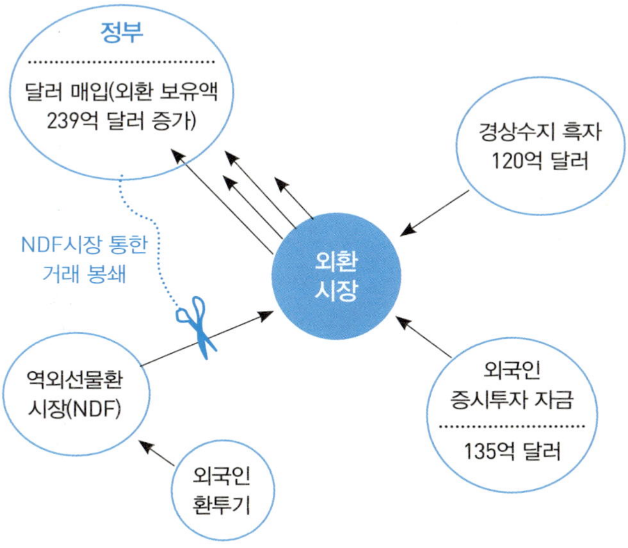

따라 움직인다. 이를테면 한국의 외환시장에 달러의 공급과 수요 간에 공급초과 상태가 되면 달러의 가치가 내려가 원-달러 환율은 인하(원화의 평가절상)된다. 반면에 달러의 수요초과 상태가 되면 달러의 가치가 상승하여 원-달러 환율이 인상(원화의 평가절하)되는 것이 시장의 기본원리이다.

그러면 실제 외환(달러) 수급의 원천은 무엇일까? [그림 8-6]에서 확인할 수 있듯이 외환시장에 외화수급은 우리나라 기업들이 외국과의 거래 상황에 따른 경상수지의 결과, 외국인의 국내 직간접투자와 국내기업의 외국 직간접투자의 결과, 상황에 따른 정부의 달러자산 보유조정의 필요성에 따른 외환시장의 개입 등이 영향을 미친다.

예를 들면 우리나라 기업의 수출이 활성화되어 기업들이 받는 수출대금(달러)이 급속히 늘어나면 외화의 공급이 늘어나 원화 가치 상승이 일어나 환율이 하락하게 되고, 반대로 수출보다 수입액이 늘어나면 외화의 대외지급이 늘어나 국내 외환시장에 외화의 공급이 줄어들어 달러의 가치가 올라가면서 환율이 상승하게 된다.

이외에도 우리나라 기업들이 해외의 직·간접투자가 늘어나거나 해외로부터 차입한 금액에 대한 상환 수요가 늘어나게 되면 국내 외환시장에서 외화의 수요가 늘어나기 때문에 달러의 가치는 올라가고 원화의 가치가 상대적으로 떨어져 환율이 인상되며, 반대 상황이 되면 환율이 인하되는 효과가 생긴다. 일상

사례 8-1 | 외국인 자금 이달 1조 6,325억 이탈… 환율 치솟아

수출·내수 등 실물경제가 침체 양상을 보이고 있는 가운데, 도널드 트럼프의 미 대통령 당선 이후 국내 금융시장도 크게 흔들리고 있다. 글로벌 투자금이 안전자산으로 이동하는 과정에서 신흥국에서 선진국으로 자금이 빠져나가고 있고, 한국도 예외가 아니기 때문이다.

14일 서울 유가증권 시장에서 외국인 투자자들은 3,365억원을 빼갔다. 외국인 매도세로 이날 코스피 지수는 0.5% 하락했다. 이달 들어 외국인 자금은 1조 6,325억원 유출됐다. 외국인 이탈로 인해 달러 대비 원화 환율은 연일 급등세를 보이고 있다. 이날 미국 달러화에 대한 원화 환율은 전날보다 7원 이상 오른 1,171.9원에 장을 마쳤다.

자료: 조선일보, 2016. 11. 15.

에서 쉽게 확인할 수 있는 예로 국내 증권시장의 외국투자 자본이 들어와 있는데, 외국인의 국내 주식시장에서 주식의 매입과 매도 상황에 따라 매일 주가에 영향을 줄 때가 많다. 대체로 외국인이 주식의 매도 우위를 보이면서 주가가 하락한 날은 대체로 원화의 주식매도 대금의 외화(달러)환전 수요가 증가하여 달러의 가치가 올라 환율이 하락하고, 그 반대 상황의 경우는 환율이 인상된다.

정부가 달러 표시 외화자산의 조정을 위해 외환시장에 개입하는 경우, 정부가 외화자산을 늘리기 위해 외환시장에서 달러를 사들이면 달러 수요의 급증으로 달러의 가치가 올라가 환율의 인상이 유도될 수 있으며, 반대로 달러를 외환시장에 내다 팔면 달러의 공급이 늘어 달러의 가치가 떨어져 환율이 인하되는 결과를 가져올 수 있다.

사례 8-2 | 한은 "정부의 외환시장 개입, 환율변동성 완화에 도움"

정부가 급격한 환율변동에 대비하기 위해 달러를 매입·매도하는 방식으로 외환시장에 개입하는 것이 환율 변동성을 완화하는 데 유의미한 영향을 미쳤다는 분석이 나왔다. 한국은행은 3일 이같은 내용을 담은 'BOK 경제연구 : 우리나라 외환시장 오퍼레이션의 행태와 환율변동성 완화 효과' 보고서를 발표했다.

보고서에 따르면 정부의 외환시장 개입은 환율변동성을 완화하는 데 유의미한 영향을 미쳤다. 분석대상기간(2005년~2018년) 정부의 외환보유액을 근거로 추측한 결과 1억 달러 상당의 매입으로 환율변동성(월평균 일일 환율변동률)이 0.003%P 완화됐다. 특히 변동률 상위 80~99% 구간에서 환율변동률은 약 0.01%P 줄었다. 일시적으로 강한 환율 충격에 개입할 때 환율 안정화 효과도 컸다는 뜻이다. 분석대상기간 일평균 환율변동률은 0.45%였다.

자료: 조선비즈, 2020. 2. 3.

제 5 절 국제수지와 환율변동의 효과

국제수지는 한 나라의 대외거래의 결과이다. 대외거래는 거래의 성격에 따라 상품과 서비스의 수출입, 기타 소득이나 이전소득을 나타내는 경상수지(current account)와 직간접투자의 성과를 나타내는 자본수지(capital account)로 나눌 수 있다.

대외거래에서 상품과 서비스의 수출이 수입 금액보다 많으면 외화의 유출보다 유입이 더 크게 되어 경상수지는 흑자를 보게 되며, 반대로 수입이 수출보다 크면 외화의 유입보다 유출이 더 크게 되어 경상수지는 적자를 보게 된다. 경상수지 흑자는 국내 외환시장에 외화의 공급을 늘리는 효과가 있으며, 적자는 외화의 공급을 감소시키는 결과를 가져온다.[10)]

다음으로 대외거래에서 해외직·간접투자의 결과로 나타나는 자본수지 역시 국내유입 투자금액보다 해외로 투자된 금액이 더 클 경우는 자본수지의 적자 상태가 되는데, 유출된 금액보다 유입된 금액이 크면 자본수지는 흑자이며, 외화의 공급 증가의 결과를 가져오며, 적자의 경우는 국내 외환시장에 외화 공급의 감소를 초래하게 된다. 따라서 경상수지와 자본수지의 합계가 흑자인가 적자인가에 따라 외환시장에 외화의 수요와 공급에 커다란 영향을 미치고, 환율을 결정하는 방향에 힘으로 작용한다.

[그림 8-7] **환율변동과 국제수지**

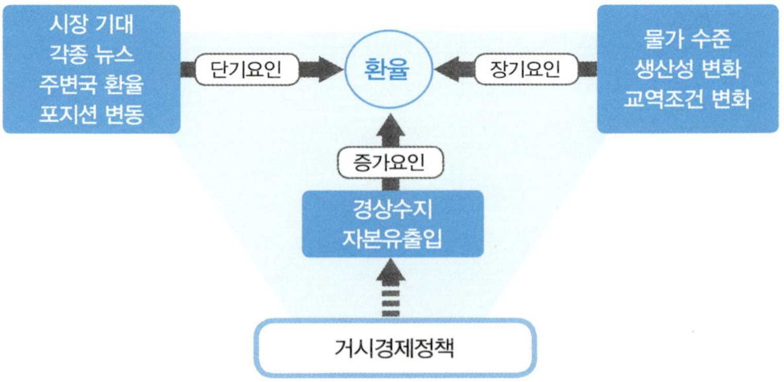

반면에 환율의 변동은 국제수지의 결과에 어떤 영향을 미치는가? 일반적으로 환율이 인상되면 우리나라 기업들이 수출하는 데 유리하고, 수입하는 데 불리하다. 가령 환율이 달러당 1,000원 하다가 환율이 달러당 2,000원이 되었다고 가정하면 미국의 수입업자에게 원래 1달러 상품을 한 단위 수출하면 한국의 수출업자는 1,000원의 매출을 올릴 수 있지만, 환율이 달러당 2,000원하면 1달러 상품의 수출로 2,000원의 매출을 올릴 수 있다. 이 경우 같은 양을 수출해도 환율의 인상 전보다 소득이 늘어날 뿐만 아니라 가격을 인하할 충분한 여력이 생긴다. 가격을 인하하게 되면 대외적으로 가격경쟁력이 생기면서 더욱 수출을 확대할 수 있는 여지가 생길 것이다. 만약 반대로 환율이 움직이면 수출로 인한 소득이 줄어들 뿐만 아니라 심하면 마진이 없거나 원가 이하의 수출을 할 수도 있어서 수출은 위축이 될 것이다.

수입의 경우는 달러당 1,000원일 때 1달러 상품을 수입하면 구입하는 비용이 1,000원이지만 환율이 달러당 2,000원이 되면 똑같은 물건을 하나 수입하는데도 2,000원을 지불하게 된다. 그 결과 수입이 위축될 수밖에 없다.

다만 환율의 인상으로 인한 수출의 촉진 효과와 더불어 한 나라의 에너지와 수출 품목의 생산을 위한 원자재 수입의존도 정도에 따라 국제수지의 종합 개선 효과는 다르게 나타날 수 있다. 예를 들어 수입원자재 의존도 높은 기업(POSCO, 국내정유사 등)의 경우는 환율의 인상으로 인한 원자재(철광석, 원유) 수입 부담의 증가로 이어져 완제품 수출에서 얻을 수 있는 추가 소득에 대해 마이너스 효과가 나타날 수 있어서 면밀하게 평가해 봐야 할 것이다. 반면에 원자재를 순전히 국내에서 조달하여 수출하는 기업은 수출 채산성의 개선 효과가 크게 나타날 수 있을 것이다.

한편 국제수지의 만성적인 적자로 인해 어려움을 겪는 국가들은 환율의 변동에 따른 효과를 기대하기보다는 재정과 금융정책, 수출입 규제나 수출장려정책 등 장기적인 관점에서 정책의 전환을 시도하는 것이 바람직할 것이다. 단기적인 처방으로 극히 제한적이기는 하지만 외환시장의 개입을 통해 국제수지의 개선과 조정을 시도할 수도 있다.

| 특별코너 | 국제수지란?[11]

• 국제수지의 정의

국제수지(International Balance of Payments)는 일정 기간(보통 1년) 내에 자국의 거주자와 외국의 거주자 간에 이루어진 모든 대외경제거래를 체계적으로 기록한 것으로 국제수지는 주로 한 나라의 대외적 자금의 수불상황을 밝히려는 목적으로 만들어진다. 그 형식과 작성 방법은 제2차 세계대전 전에는 나라에 따라 차이가 있어 국제적으로 비교하기가 불편하였으나, 전후에는 국제통화기금(IMF)이 통일기준으로서 국제수지제요를 공표하여 각국은 이에 준거하여 만들게 되었다. 이것을 IMF방식의 국제수지표라고 한다.

• 국제수지표의 구성

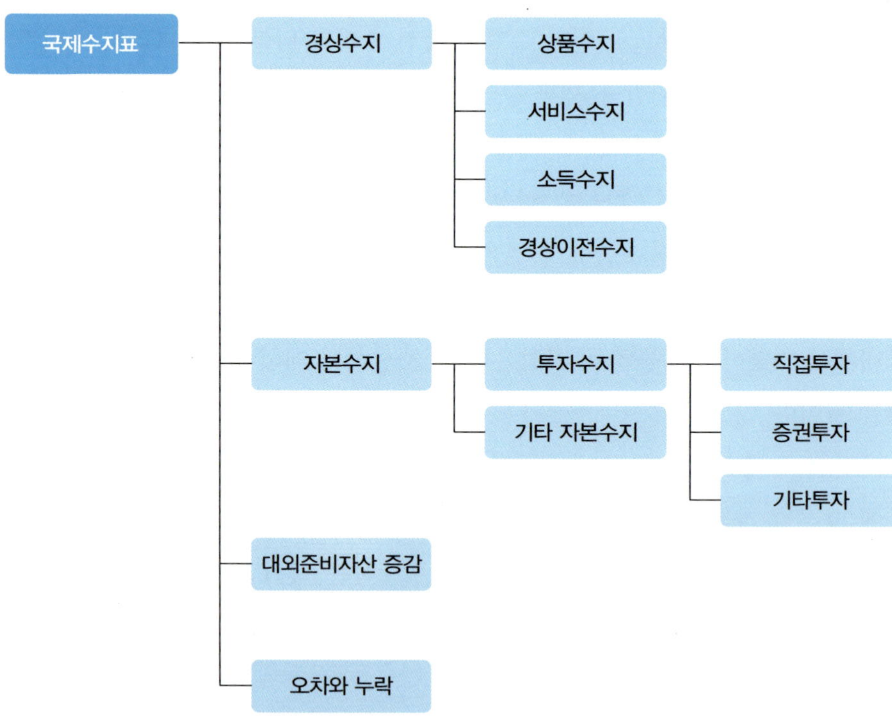

1. 경상수지(current account)

경상계정에는 상품과 서비스를 외국에 팔고 사는 거래와 외국에 투자한 대가로 벌어들이는 배당, 이자 등의 소득이 계상된다.

1) 상품수지: 상품의 수출과 수입의 차이
2) 서비스수지: 외국과의 서비스 거래 결과 벌어들인 돈과 지급한 돈의 차이
3) 소득수지: 우리나라가 외국에 투자한 결과 벌어들이는 돈과 외국인이 우리나라에 투자한 결과 벌어가는 돈의 차이 그리고 우리나라 근로자가 외국에 나가 일해서 벌어들이는 돈과 외국인 근로자가 우리나라에서 일해서 벌어가는 돈의 차이
4) 경상이전수지: 거주자와 비거주자 사이에 아무런 대가 없이 주고받은 거래의 수지의 차이

2. 자본수지(capital account)

경상수지가 상품·서비스와 소득거래를 대상으로 하는 데 비해 자본수지는 민간기업, 금융기관, 정부 등이 외국으로부터 차입 등의 방식으로 돈을 빌리거나 이와는 반대로 외국에 신용공여 등의 방식으로 돈을 빌려줌으로써 발생하는 외화의 유출입 차이

1) 투자수지: 직접투자, 증권투자, 기타투자
2) 기타 자본수지: 특허권, 상표권 등을 사고파는 거래와 해외이주자가 외국에 이주할 때 가지고 가는 해외이주비 등

3. 대외준비자산의 증감(official reserve account) = foreign exchange holding

대외거래는 경상계정과 자본계정에 모두 반영되며 더 나아가서 외환보유액의 변동 기록

> **대외준비자산의 요건**
> 통화당국이 필요한 경우 언제라도 대외지급에 사용할 수 있는 유동성(liquidity)을 갖추고 있어야 하며, 교환성을 지니며 가치의 안정성으로 인해 영수성(acceptability)의 요건을 충족해야 한다.
> 외환보유는 화폐용금(gold), 외화(convertible currencies), SDR, IMF의 보유 포지션으로 구성된다.
> 결국, 경상수지 및 자본수지의 흑자 및 적자의 결과 통화당국에서는 환율 안정을 위하여 넘치는 외화를 매입하는 경우 실제 외환보유액은 변동하게 된다.

4. 오차 및 누락

국제수지를 계상하면서 시간차로 인한 외화자산의 평가 차이나, 통계 작성과정에서 누락된 것을 보정하는 항목

참고문헌

1) Hill, Charles W. L., *International Business,* McGraw-Hill, 2002, p. 278.

2) 정재완, 『무역학개론』, 삼영사, 2014년, 221쪽.

3) Eiteman, David K. & Stonehill, Arthur I., *Multinational Business Finance*, Addison-Wesley Pub., 1986, p. 88.

4) [네이버 지식백과], 외국환 중개회사, 한경 경제용어사전.

5) FINDAPOST, 2017년 10월 17일.

6) 한국경제신문, 2019년 9월 17일.

7) 강호상, 『국제기업재무론』, 법문사, 1995년, 97-98쪽.

8) 강호상, 『국제화시대의 금융·경제 상식』, 김영사, 1993년, 165쪽.

9) 강호상, 상게서, 171-174쪽.

10) 이필상 외, 『국제재무관리』, 박영사, 2001년, 341-352쪽

11) 곽대환 외 역(Ian H, Giddy), 『글로벌시대의 국제재무전략』, 경문사, 1994년, 110-112쪽.

핵심내용정리

- 환율: 환율의 개념, 환율표시방법, 환율변동의 표현법
- 환율변동이 경제활동에 미치는 영향
- 외환시장의 구조와 운영원리: 외환시장의 개념, 외환시장 참여자, 외환시장의 매매기준율, 외환상품과 외환시장의 종류, 글로벌 외환시장의 규모
- 환율의 결정이론: 구매력평가설, 국제피셔효과, 이자율평가설, 원-달러 환율의 결정요인
- 국제수지: 경상수지, 자본수지, 대외준비자산

토론과제

1. 한 국가의 국제수지 결과는 환율에 어떻게 영향을 미칠까?
2. 지난 일 년 동안 우리나라의 주식시장의 주가지수와 환율과의 상관관계를 조사-분석해보고 그 의미를 설명해보자.
3. 최근 5년간 한국의 국제수지와 대외준비자산(외환보유고)의 변화를 정리해보자.
4. 중장기적 관점에서 환율의 변동은 국제수지에 어떠한 영향을 미치는가?

P / A / R / T

03

글로벌 비즈니스

Chapter 9

글로벌기업의 해외시장 진출

Entry Modes of International Market

제 1 절 글로벌기업과 해외시장 진출

제 2 절 해외시장 진출방식

제 3 절 왜 해외직접투자를 하는가?

제 4 절 해외시장 진출전략의 선택

글로벌기업의 거래방식은 다양하다. 글로벌기업이 해외시장에 진출할 때 해외의 기업과 어떤 방식으로 거래할 것인가 하는 문제는 다양한 요소에 의해 영향을 받는다. 기업의 거래방식은 일차적으로 거래하고자 하는 대상물이 무엇인가에 따라 달라지며, 아울러 기업의 내부 역량과 조건, 그리고 진출하고자 하는 해외시장의 환경적 특성에 따라 결정된다.

거래대상물은 일반적으로 유형의 물품, 그리고 무형의 용역(서비스) 그리고 전자적 형태의 무체물(소프트웨어, 영상물, 음원, 캐릭터 등)이 있으며 이에 따라 거래방식이 달라지는 것은 당연하다. 이에 더해 기업을 둘러싸고 있는 시장환경, 국제 상거래관습과 제도, 기업의 목표와 전략, 장단기적 이익, 기업이 가지고 있는 경영관리 능력 등을 고려하여 효과적인 거래방식을 전략적으로 선택할 것이다.

따라서 본 장에서는 먼저 글로벌시장에 참여하는 기업의 유형별 역할과 특성에 대해 알아보고, 이와 같은 기업들이 해외시장에 진출할 때 활용하는 수출, 라이선싱, 프랜차이징, 다양한 계약방식, 직접투자 등 거래방식의 개념을 토대로 거래방식의 선택은 어떻게 결정되는지 살펴보고자 한다.

첫째, 글로벌시장에 참여하는 기업의 유형과 특성은?

둘째, 글로벌시장의 거래방식은 어떤 방식들이 있는가?

셋째, 거래방식의 선택과 결정에 영향을 미치는 요인은 무엇인가?

넷째, 다국적기업은 왜 해외직접투자를 하는가?

글로벌기업과 해외시장 진출

제 1 절

1. 해외시장 진출의 의의

18세기 중엽 산업혁명을 계기로 세계무역이 본격화되면서 시장은 국가 혹은 지역을 경계로 형성되었으나, 국제거래가 급속도로 활발해지면서 한 나라의 기업이 다른 나라에 진출하여 사업의 범위와 규모를 확장해 나갔다. 이것이 기업이 세계화(globalization)하는 과정이다.

특히 1990년대부터 정보통신과 교통, 통상제도 등 국제통상 환경의 급속한 변화로 인해 국가 혹은 지역 단위로 형성되었던 시장은 국경의 문턱이 낮아지면서 시장의 세계화가 빠르게 진전되었다.

일반적으로 기업은 처음에 수출을 중심으로 해외시장에 진출해서 운영하던 기업이 점차 해외 현지국에서 생산하고 판매하는 단계로 발전하였고, 급기야 세계시장을 서로 연결된 하나의 시장으로 파악하고 활동하기 위해 통합된 전략을 수립하고 실행하는 다국적기업(multinational corporation)으로 발전하게 되었다.

다국적기업은 자본과 노동력 이외에 기술, 경영, 마케팅 관리 등에 있어서 우위 요인을 바탕으로 개발도상국이나 기타의 선진국에 진출하면서 현지국의 노동력이나 천연자원, 기술을 이용하는 방식으로 발전해 왔다. 예외도 있겠지만 기업의 해외시장 진출과정은 초기에 국내 공장에서 제품을 집중 생산하여 해외시장에 수출하다가 전략적 필요에 따라 해외 현지기업과 계약을 조건으로 기술을 제휴하거나, 해외공장 설립하여 해외 현지 생산－판매하는 해외투자의 확대를 통해 글로벌 경영체제로 확대 발전하는 것이 일반적인 발전 경로이다.

다국적기업이 세계화된 기업의 상징이긴 하지만 기업이 얼마나 세계화되었는가 하는 정도는 다양한 기준으로 판단할 수 있겠지만, 기업 내에서 무역, 라이선싱, 프랜차이징, 해외투자 등 해외사업이 차지하는 상대적 비중이 강력한 기준이 될 수 있다. 한 예로서 대외지분이 25% 이상을 하나의 기준으로 판단하는 것이다.[1)]

2. 해외시장 진출기업의 성격

해외시장에 진출하는 형태에 따라 기업의 성격은 달라진다. 해외시장에 진출하는 기업은 수출을 위주로 하는 단순한 무역대리업과 무역업이 대부분을 차지하며, 무역을 포함하여 광범위한 사업의 범위와 영역을 다루는 전문무역상사, 그리고 여러 국가나 지역의 해외 현지에 거점을 확보하고 판매와 생산활동을 전개하는 다국적기업이 있다.

(1) 무역업

무역업(foreign trader)이란 영리를 목적으로 무역업을 영위하는 개인과 사적 단체를 총칭하며, 글로벌 유통을 전문으로 하는 무역업으로서 업태는 도매상, 소매상, 제조업자로 구분할 수 있다. 즉 생산활동은 하지 않고 다른 회사가 생산한 상품을 수출 또는 수입의 유통업무를 담당하는 순수 무역업과 제조업자로서 자신이 생산한 제품을 직접 수출하거나 생산활동에 필요한 원자재나 부품 등을 스스로 직접 수입하는 기업 등으로 나눌 수 있다.[2)]

무역업의 경영형태는 관점과 기준에 따라서 여러 가지로 나눌 수 있다. 일반적으로 경영 규모의 크기에 따라 대기업, 중·소기업으로 나누고, 기업형태를 기준으로 나누면 단독기업 경영(개인 조직)과 집단기업 경영(회사, 조합)이 있다.[i)]

무역의 대상이 되는 상품이 원료인가 완제품인가에 따라 기본적으로 유통과정과 구조의 차이가 있으며, 주로 완제품을 취급하는 국제유통업자보다 원료나 원자재 성격의 제품을 직접 수입하는 생산업자는 상품의 유통과정에 소극적으로 관여하는 것이 보통이다.

무역 경영의 법률적 주체의 성격에 따라 유형을 나눌 수도 있다. 예를 들면 무역 거래로 얻어진 수익을 자기 계정으로 처리하면 직접 무역에 참여하는 경영형태이고, 타인 계정으로 처리하면 간접무역의 경영형태라고 할 수 있다. 여기서 모든 거래를 자기계정으로 운영하는 주체는 법률적으로 본인(principal)으로

i) 우리나라의 경우 무역을 처음 시도하고자 한다면 관할 세무서에서 사업신고를 마친 회사로서 한국무역협회에 무역업을 신청하여 '무역업고유번호'를 부여받는 것이 무역업을 시작하는 첫 번째 준비단계이다.

서 자격을 갖는 것이며, 주로 매출이익이 주요 수입원이 된다. 반면 거래를 타인 계정으로 운영하는 주체는 **대리인(agent)**으로서 자격을 갖게 되며, 주로 수수료(commission base)가 거래에 따른 주요 수입원이다. 본인으로서 법적 지위를 가지고 수출입 거래를 수행한다는 것은 특정 거래에 대해 자신의 명의로 자신의 위험과 비용을 부담한다는 전제로 무역계약을 체결하고 이행한다는 의미이다.[3)]

실제 글로벌시장에서 어떠한 자격으로 무역거래에 참여할 것인지 결정하는 문제는 거래 대상이 되는 상품에 대한 자사의 경영역량에 의해 결정된다. 대체로 상품의 종류와 형태, 시장의 경험, 시장구조와 경쟁상태, 자본력의 정도 등이 시장 개입의 방식에 영향을 미친다.

무엇보다 가장 일반적인 무역업 경영의 기본 형태는 수출업과 수입업으로 구분되며, 무역거래의 대상물이 완제품인가 원자재 혹은 부품인가에 따라 거래의 방식이 달라진다.

수출업자의 유형은 국내의 다른 생산자나 원자재를 채굴한 자로부터 물품을 구매 획득한 후 유통을 전문으로 하는 수출자와 물품을 자체적으로 제조하거나 가공, 채집하는 생산자가 수출을 직접 수행하는 수출자의 형태로 구분할 수 있다. 수입업자 역시 주로 어떤 물품을 제조하기 위한 생산설비나 제품의 생산에 필요한 원자재나 부품을 직접 수입하는 **최종사용자(end-user)**로서 수입자와 물품을 외국으로부터 수입하여 국내 혹은 제3국의 시장에 재판매를 목적으로 하는 유통을 전문으로 하는 수입자로 구분된다.

특히 글로벌 유통을 전문으로 하는 무역업의 역할에 주목할 필요가 있다. 글로벌 유통을 전문으로 하는 무역업자는 대개 제품에 대한 깊은 이해를 바탕으로 해외시장에 대한 상세한 정보와 오랜 유통시장의 경험을 토대로 시장의 지배자로서 역할(key player)을 하고 있다.

한 예로서 **병행수입(parallel importation)**을 들 수 있다. 병행수입은 해외의 제조사의 공식 판매처 혹은 대리점이 아닌 일반 유통업체가 해외의 전문 유통망을 통해 수입하여 국내에 판매하는 방식이다. 병행수입을 담당하는 전문유통업자는 글로벌 유통업자로서 때로는 중요한 역할을 담당하는데, 주로 해외시장과 국내시장의 유통망과 구조, 고객에 대한 정보와 판매 경험을 사업의 원천으로

삼아 세계시장에서 큰 역할을 하고 있다.[4)]

한편 수출을 직접 수행하는 생산자나 물품을 수입하여 자체적으로 활용하기 위한 목적으로 수입하는 최종사용자는 대부분 초기에 수출 혹은 수입을 담당하는 조직으로서 무역부를 기업 내에 두거나 수출입을 담당하는 계열사를 만들어 운영한다. 시장이 확대되고 거래의 규모가 커지면서 해외에 대리점이나 전문적으로 유통을 담당하는 조직으로서 지사나 현지법인을 설립하여 운영한다.

사례 9-1 | 다양한 무역거래 방식-병행수입

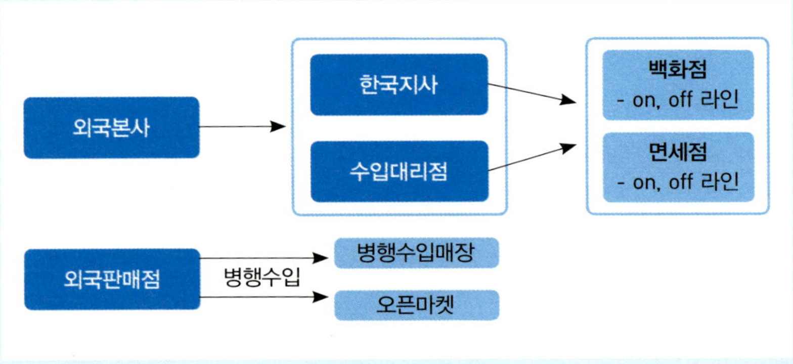

정부가 병행수입 활성화를 통해 독과점 성격이 강한 수입품 시장에서 경쟁을 촉발시켜 과도한 가격 산정의 병폐를 해소하기 위한 조치에 나선다고 밝혔다. – 정부가 수입 부문의 독과점이 수입품의 과도한 가격 산정 원인이라고 판단해 병행수입 활성화를 통한 수입부문 경쟁 제고방안을 마련하기로 한 것이다.

병행수입이란 국내 독점 판매권을 가진 업체가 수입한 해외 제품이 아닌 다른 수입업체가 합법적인 방식을 통해 해외에서 물건을 들여와 판매하는 방식을 말한다. 정부는 병행수입이 증가하게 되면 동일 제품에 대한 가격 경쟁이 심화돼 많게는 절반 수준으로 가격이 내려갈 것으로 보고 있다.

현재 국내에 수입된 해외 유명 브랜드의 의류, 화장품, 유아용품 등의 가격은 현지 국가의 가격과 대비해 약 2~3배, 많게는 5배 이상 높게 책정돼 있다. 병행수입에 대한 절차가 상대적으로 까다로운 국내시장에서 독점 수입권을 가진 업체들이 그 지위를 이용해 고가 시장을 형성해 온 폐해다.

자료: cosmetic insight, 2014.1.16.

(2) 무역대리업과 판매업

국내 유통에 주력하고 있던 완제품 제조사는 해외 현지의 유통과 판매망에 대한 정보의 부족이나 해외 판매 경험이 없는 경우가 많다. 그래서 해외시장을 개척하는 초기 단계에 이러한 부족한 역량을 보완하기 위해 해외 현지시장에 대해 많은 정보를 가지고 있으며, 관련 제품에 대한 판매 경험이 풍부한 현지의 유통업자(distributor)를 대리인(agent)으로 지정하여 활용하게 된다.

수입의 경우에도 해외시장에 대한 지식과 경험이 부족하고, 장기적으로 지속해서 특정 해외시장에서 수입하고자 하는 경우 자신이 직접 특정 제품을 구매 후 수입하는 대신 현지에서 제품의 구매를 전문적으로 담당할 대리인을 지정하여 구매 활동을 전적으로 맡겨서 수입을 진행하는 방식을 선택하기도 한다.

1) 수입대리업(오퍼상)

해외시장에 수출하는 무역업자는 해외시장에서 자신을 대신하여 자사 제품에 대한 영업과 판매를 담당할 대리인을 둘 수 있는데, 이를 수입대리업이라고 하는데 흔히 현업에서 오퍼상(offer agent)이라고 한다.[5)]

오퍼상은 무역 현장에서 사용하고 있는 용어로서 오퍼(offer)+상(商)이라는 단어의 합성어이다. 오퍼상은 실제로 외국에서 국내시장에 물품을 판매하려는 외국 수출자의 위임을 받아 그 회사를 대리하여 국내에서 판매와 영업활동을

[그림 9-1] 오퍼상의 거래개념도

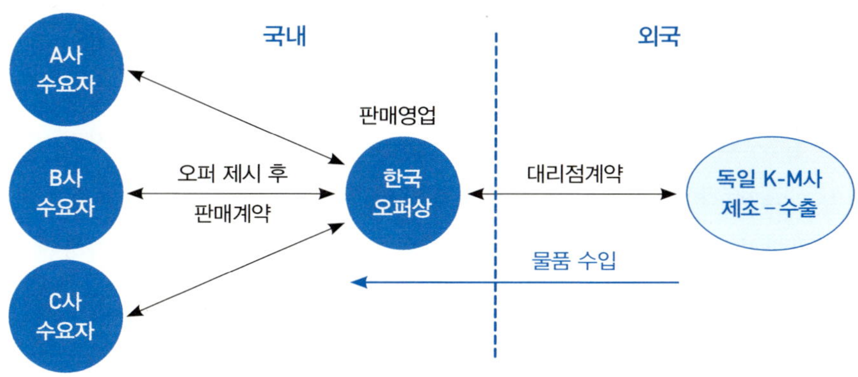

하는 유통업자를 말하며, 판매과정에서 외국의 수출업자를 대리하여 국내의 구매 희망자에게 물품의 매매조건이 포함된 물품매도확약서(offer sheet)[ii]를 발행하는 역할을 한다. 오퍼상은 자신의 자금으로 거래를 하는 것이 아니기 때문에 금전적인 리스크가 거의 없으며, 물품매매계약 금액 혹은 순이익을 기준으로 통상 1~5%의 수수료(commission)나 거래 건당 몇 퍼센트를 받는 조건으로 판매 활동을 수행한다.

오퍼상이 받는 수수료의 기준은 취급하는 물품의 종류와 산업에 따라 다양하다. 인터넷과 같은 정보통신 분야의 발달로 인해서 전문성이 필요한 산업 혹은 제품을 제외하고는 해외시장에 관한 정보의 접근이 쉬워져 경쟁이 치열해지고 있다.

오퍼상이 일반 상품을 취급하는 경우 수출을 진행하는 과정에서 첫 거래 혹은 초기 몇 번의 거래만 역할을 한 후 거래 당사자는 바로 직접 거래를 선택할 수 있다. 오퍼상이 이러한 약점을 보완하려면 전문적인 분야에서 제품과 고객관계, 시장의 정보 등을 장악하여 지속적인 경쟁력을 갖추고 협상력을 높여나가는 것이 사업의 지속성을 확보하는 길이다.

또 다른 대안으로 실제 대부분 오퍼상이 그러하듯이 단순한 영업과 판매대리 업무를 확대하여 자신의 비용으로 물품을 구매한 후 재고를 유지하면서 판매대리인이자 유통업자(agent & distributor)로서 사업영역을 확대하는 것도 한 방법이다.

2) 수출대리업(구매대리)

해외시장으로부터 주로 수입을 하는 무역업자는 해외시장에서 자신을 대신하여 자사가 원하는 제품의 구매를 담당할 대리인을 둘 수 있는데, 이를 무역대리업의 일종으로서 구매대리인(purchasing agent, buying agent)이나 직접 바잉오피스(buying office)를 설치하여 업무를 수행하게 할 수 있다.

구매대리인은 보통 해외의 수입업자와 장기간 계약 관계를 유지하면서 상품을 구입, 인수, 검사 후 바로 선적하거나, 창고에 물품을 일정 기간 동안 보관

---

ii) 매매 성사를 위한 견적서(quotation)의 성격을 갖는 서류이다.

[그림 9-2] 구매대리업(바잉오피스)의 거래개념도

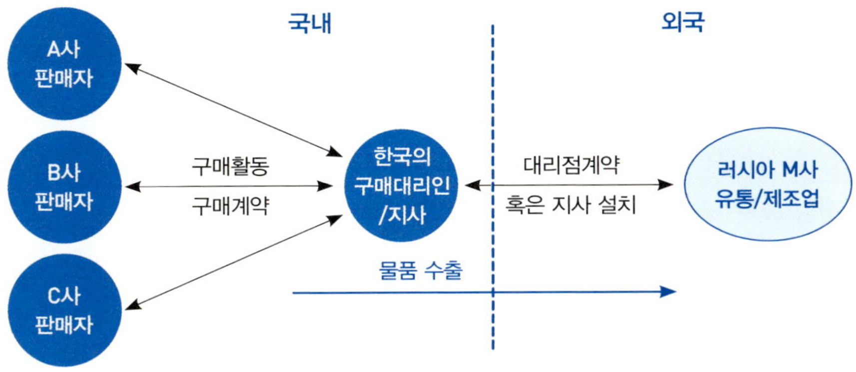

하면서 구매자가 원하는 시기에 제품을 보내는 역할을 한다. 일례로 의류제품을 해외시장에서 수입하여 국내의 시장에 도매 또는 소매로 재판매하고자 할 때 많이 활용하며, 제품생산이나 기업과 단체 등의 조직체에서 필요로 하는 재료·장비·소모품을 해외시장으로부터 확보할 때도 자주 이용되는 거래방식이다.

(3) 전문무역상사

1) 전문무역상사의 등장배경

한국의 경우 1975년 이래 수출진흥책의 일환으로 종합무역상사 제도를 두었다. 종합무역상사로 하여금 주로 수출 잠재력은 보유하고 있으나 역량이 부족한 중소기업과 중견기업의 수출을 지원할 수 있도록 하였다. 대외무역법에 따라 종합무역상사로 지정이 되려면 상장회사로서 자사의 수출액이 총수출액의 2% 이상을 달성해야 한다는 엄격한 요건을 갖추어야 했다. 종합무역상사로 지정을 받으면 납세와 금융에서 많은 혜택을 받았다. 종합무역상사는 이 제도가 유지되는 동안 줄곧 한국의 무역을 성장시키는 데 큰 공헌을 하였다.[6] 그러다가 2000년대 이후에 들어서서 개별 제조업체의 수출능력 향상과 정부의 지원제도가 점차 폐지되면서 종합무역상사 제도는 점차 유명무실해졌으며 결국 2009년 종합무역상사 제도가 공식적으로 폐지되었다.

종합무역상사는 한국과 일본에만 있는 독특한 형태였다. 미국의 루이드레

파스·콘티넨털 그레인과 같은 곡물상사, 영국의 유나이티드 아프리카, 네덜란드의 인터내셔널 로테르담과 같은 구식민지 무역 독점상사 등의 사례가 있으나, 모두 특정의 상품이나 지역에 치우쳐 있었다. 일본의 경우 미쓰이물산, 미쓰비시상사와 같은 종합회사는 미쓰이, 미쓰비시 재벌이라는 거대한 기업 콘체른에 속하는 상사로서 산하 계열기업이 생산하는 제품의 판매와 그들이 필요로 하는 원자재를 조달 구매하는 것을 기반으로 발전해 왔다.

한국의 종합무역상사는 수출진흥을 주목적으로 하여 특정 기업의 제품만이 아닌 국내 각 기업의 각종 제품을 차별 없이 취급하여 수출하는 것이 주요 사업이었다. 종합무역상사의 기능으로서 '버터에서 미사일까지'라는 슬로건이 말해주듯이 다종다양한 상품을 취급할 뿐만 아니라 수출입, 삼각무역에서 국내의 도소매업, 자원개발, 건설업까지 사업영역을 확대해 나갔다.

이처럼 1975년부터 시작된 종합무역상사는 수출의 견인차 역할을 해냈으나, 계열사와 중소·중견기업의 직접 수출의 확대, 정보통신기술의 발전에 따른 정보화 확산, 국제금융시장 변화 등에 따라 그 기능이 위축되었다. 그리고 2009년에 이르러 종합무역상사 제도는 폐지되었다. 그러나 해외 마케팅 능력이 미흡한 중소기업 제품으로 해외시장 개척을 대행해줄 무역상사의 역할은 여전히 필요하고 중요하다는 점을 고려하여 2014년부터 대기업 계열사가 주축을 이룬 전문무역상사 제도를 새롭게 도입하게 되었다.

2) 전문무역상사의 개념

전문무역상사[7]는 기존의 종합무역상사 제도의 폐지(2009. 10. 23)에 따라 2014년 대외무역법을 개정하고 7월부터 시행한 새로운 수출진흥의 목적을 달성하고자 만들어진 형태이다. 대외무역법의 기준에 따라 수출 노하우(know-how)가 풍부한 전문무역상사를 선정하여 내수와 초보 수출기업의 수출 확대를 선도하고자 산업통상자원부와 한국무역협회, 중소기업청, 코트라(KOTRA), 한국무역보험공사가 공동으로 운영하고 있다.

전문무역상사는 수출 잠재력은 보유하고 있으나 역량이 부족한 중소기업과 중견기업의 수출을 지원하는 역할을 한다. 가령 중소기업이나 스타트업, 신소재 또는 각종 첨단제품을 취급하는 기업들은 제품의 개발(R&D)에서부터 생산, 유통, 수출까지 전 과정을 처리하는 것이 현실적으로 어렵기 때문에 수출 노하우를 가진 전문무역상사의 도움을 통해 수출 활성화를 꾀할 수 있게 하는 것이다. 물론 이렇게 선정된 전문무역상사는 수출신용보증 우대, 해외전시회 참가 우대 등의 인센티브를 제공받는다.

[그림 9-3] 전문무역상사 모집 공고

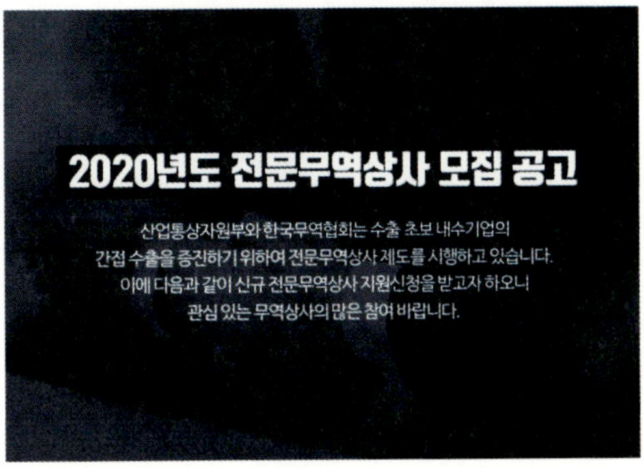

2017년부터 대기업 계열의 무역상사, 홈쇼핑 등 유통기업에게 전문무역상사 지정의 문호를 열어 주었으며, 온라인을 통해 해외소비자들에게 상품을 판매하는 국경간 전자상거래(cross-border e-Commerce)의 확산에 따라 역할이 커지고 있는 온라인 셀러 또는 e-무역상사의 활성화 노력도 병행하고 있다. 참고로 한국의 대표적인 대기업 전문무역상사(구종합상사)는 SK네트웍스, 대우인터내셔널, 삼성물산, 효성, LG상사, 현대종합상사, GS글로벌, (주)한화, 롯데상사, CJ상사 등이 있다.

(4) 다국적기업

다국적기업(MNE: Multinational Enterprise)은 범세계적인 접근 방식으로 해외시장을 공략하고 생산활동을 하는 기업을 말한다. 따라서 다국적기업은 전 세계 모든 곳을 자사의 시장과 생산할 수 있는 입지로 생각한다. 하지만 기업이 범세계적인 접근 방법을 취하는 것이 무엇인지 정확히 규정하는 것은 어려운 일이다.

예를 들어, 다국적기업의 자격을 갖추기 위해서 최소한 몇 개국 이상에 생산 시설을 가지고 있어야 하고, 어느 정도 규모 이상이 되어야 한다는 견해를 가진 학자도 있다. 이런 경우 다국적기업은 보통 대기업이 이에 해당한다. 그러나 소기업 또한 회사의 가용 자원 범위 내에서 적극적인 아웃소싱을 통해 범세계적인 접근 방법을 취하는 기업도 얼마든지 있다. 유엔(UN)에서는 해외에 자회사를 설치하여 국제적인 기업경영을 수행하는 기업을 다국적기업이라는 용어 대신에

[그림 9-4] 다국적기업의 거래 개념도

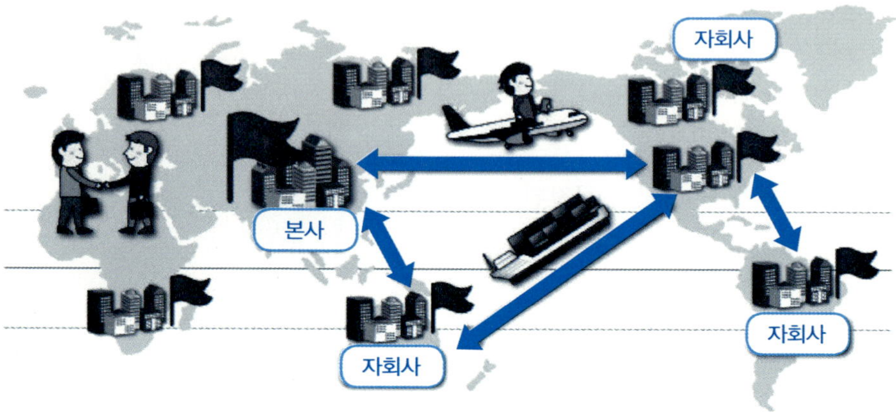

초국적기업(transnational enterprise)이라는 용어를 공식적으로 채택하고 있다. 우리나라에서는 다국적기업이라는 용어를 가장 많이 사용해 왔으나, 최근에는 글로벌기업이라는 용어를 빈번하게 사용하고 있다.

다국적기업에 관한 학술적인 정의는 1953년 D. E. 릴리엔탈(David Eli Lilienthal)이 그의 책 『대기업: 새로운 시대(Big Business: A New Era)』에서 처음으로 사용하였다.[8] 이에 따르면 다국적기업은 본국 이외에 한 개국 이상의 해외에서 생산활동을 전개하면서 경영자 차원에서 연구개발, 생산과 판매에 대한 의사결정을 내리는 기업이라는 것이다. 다시 말해 두 개 이상의 국가에 걸쳐 사업 활동을 전개하고 있는 국제기업이라는 의미다.

다국적기업을 정의하는데 그 기준으로 경영활동이 일어나는 국가의 수라든가, 기업의 소유권자의 국적의 수와 최고경영층의 국적의 수가 두 개 국가 이상이며, 대기업으로서 여섯 개국 이상에 투자하고 제조업을 하고 있어야 한다는 등 다양한 의견이 있다. 하지만 기존 학자들의 의견과 전문기관(미국 마케팅학회 등), 유엔 등의 견해들을 종합해 보면 어떠한 기업이 두 개 국가 이상에서 두 개 이상의 자회사를 거느리고 일련의 경영활동을 수행하는 기업을 다국적기업이라 할 수 있을 것이다.[9]

해외시장 진출방식

제 2 절

1. 수출

국제기업이 해외시장에 진출하는 하나의 방식으로서 수출(export)은 국내의 물품이나 기술을 포함하는 서비스, 영상물, 소프트웨어, 음원 등 전자적 형태의 무체물 등을 외국에 일정한 대가를 받고 판매하는 것을 의미한다. 수출의 경로는 간접수출(indirect export)과 직접수출(direct export) 그리고 다국적기업의 이전거래(intra-corporate transfer)가 있다.

(1) 간접수출

간접수출은 물품을 직접 생산하거나 확보한 기업이 수출업무를 전문으로 하고 있는 수출업자나 수출조합, 전문무역상사(종합무역상사)를 통해서 외국의 구매자에게 판매하는 것을 말한다.

간접수출은 장단점이 있다. 간접수출을 하게 되면 전문적 지식이나 해외시장의 경험이 풍부한 수출 중간상을 활용하기 때문에 안심하고 수출 거래할 수 있다. 뿐만 아니라 글로벌 정보망을 갖추고 있는 대규모 전문무역상사의 경우 신속한 시장정보의 입수 능력을 활용하여 수요에 적합한 상품을 수출할 수 있다. 아울러 상사분쟁의 위험을 최소화할 수 있어서 클레임에 따른 위험과 번거로움을 피할 수 있고, 수출운영비, 수출광고비, 판매촉진비 등의 비용 절감으로 자금 부담을 덜 수 있다.

단점은 해외고객과 직접 접촉할 기회가 적어서 해외시장 정보의 접근에 한계가 있고, 해외마케팅에 대한 통제력을 가질 수 없어서 독자적으로 해외시장의 기반을 구축하기가 어렵다. 이는 향후 해외시장의 개척을 어렵게 만들 뿐만 아니라 시장기회를 포착하기 어렵게 만드는 요인으로 작용한다. 또한, 사전 및 사후 서비스를 소홀히 함으로써 제조업체에 대한 제품의 이미지를 손상시킬 수 있는 우려도 있다.

간접수출의 인정은 왜 중요할까?

어떤 기업이 물품을 해외로 수출한 경우 이를 직접수출이라고 하며, 아래 그림에서 보듯이 어떤 기업이 국내에서 공급한 물품이 3자를 통해 수출되는 경우 공급자 입장에서는 간접수출이라고 한다.

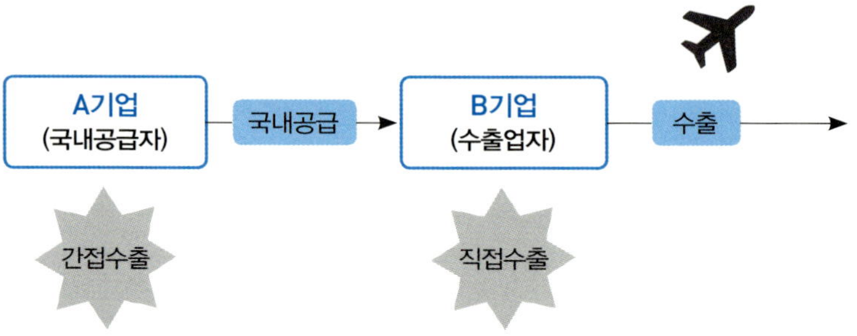

해외에 구매자와 직접적인 거래가 아니라고 해도 수출을 전제로 특정 수출기업에게 판매한 것을 굳이 간접수출로 인정받으려 할까? 그것은 혜택이 있기 때문이다. 우리나라는 수출을 장려하는 정책 수단의 하나로서 해외에 간접 수출하는 기업에 대해서도 수출실적으로 인정해 금융상의 혜택이나 부가세 영세율적용, 제조를 위해 원료 수입시 납부했던 수입관세의 환급 등의 혜택을 부여하고 있어서 간접수출의 인정 여부가 기업에게 있어서 중요 관심사이다.

(2) 직접수출

직접수출은 물품을 직접 생산하거나 확보한 기업이 수출전담 부서를 통해 외국의 구매자에게 직접 판매하는 방식을 말한다.

직접수출을 하게 되면 시장기회를 포착하여 적극적인 마케팅 관리를 수행함으로써 수출 판매액을 증가시킬 수 있고, 전문 유통경로에 대한 통제력을 강화할 수 있다. 수출경험을 통해 국제 마케팅에 대한 전문적 지식을 쌓아갈 수도 있다.

반면 직접수출은 기업과 제품의 특성, 목표시장의 규모와 무역환경, 수출의 상대적 중요성 등을 고려하여 해외시장을 공략하기 위한 경영자원을 투입하게 되어 수출에 따른 비용 부담이 증가할 수 있다.

(3) 이전거래

특수한 수출형태로서 대규모 다국적기업 내부의 이전거래가 있다. 다국적기업은 해외직접투자를 통해 전 세계 여러 국가에 계열회사를 거느리고 있다. 그래서 본사와 해외 자회사, 자회사와 다른 나라에 설립된 자회사 사이에 원자재, 부품 그리고 완제품에 이르기까지 내부 이전거래가 발생한다. 가령 삼성전자의 스마트폰 제조를 위한 중국과 베트남 등지의 대규모 공장과 본사 사이에 거래가 이에 해당한다.

2. 국제 라이선싱

국제 라이선싱(International Licensing)은 상품, 상호(trade mark), 상표(brand), 노하우(know-how) 등 등록된 재산권을 가지고 있는 개인 또는 단체가 해외에 있는 타인에게 일정한 대가(royalty)를 받고, 특정 기간 약속한 조건에 따라 그 재산권을 사용할 수 있도록 상업적인 권리를 부여하는 계약이다.[10)]

> **Definition:** Another means of entering a foreign market is licensing, in which a firm called the licensor, leases the right to use intellectual property- technology, work methods, patents, copyright, brand names or trademarks, to anther firm(licensee), called the licensee, in return for a fee (royalty).[11)]

이러한 계약이 국경을 초월해서 약속되고 이행된다면 국제 라이선싱이 성립된다. 이 계약에서 라이선서(Licensor)는 등록된 재산권을 가지고 있는 자(회사)를 말하며, 라이선시(Licensee)는 이 권리를 일정한 대가를 지불하면서 이용권을 허가받은 자(회사)를 지칭하는 것이다.

(1) 계약의 내용

라이선싱 계약서는 등록된 지적재산권을 가지고 있는 회사인 라이선서가 이를 필요로 하는 라이선시에게 재산권을 일정한 조건에 따라 특정한 기간 동안 사용할 권리를 허가하는 대가로 일정한 수수료나 로열티를 받는 조건의 계약이다. 계약의 당사자가 합의하는 주요 내용은 재산권의 사용범위와 사용권의 영역에 대한 내용으로 구성되어 있다. 세부사항으로서 보상률의 결정, 특권과 권리의 제한, 계약의 유효기간 등이 포함된다.

(2) 라이선싱의 대상

실제 국제적으로 라이선싱이 활발하게 일어나고 있는 것은 일반 제조기술, 캐릭터(character)와 엔터테인먼트(entertainment), 인지도가 높은 특정 회사의 상호와 브랜드, 패션, 스포츠, 아트, 게임 소프트웨어, 신약을 비롯한 기술 관련 분야이다.

1) 캐릭터와 엔터테인먼트 라이선싱

캐릭터와 엔터테인먼트 라이선싱은 애니메이션과 영화, 그리고 방송의 영상물이 그 대상이다. 미국의 디즈니, 워너 브라더스, 폭스 등에서 창작되어 대중의 인기를 모았던 곰돌이 푸우, 피넛북, 스타워즈, 배트맨과 TV 프로그램인 루니툰, 심슨가족, 세서미 스트리트 등의 캐릭터들은 전 세계를 대상으로 라이선싱하고 있다. 한국 역시 애니메이션의 유명 캐릭터로서 뽀로로, 뿌까 등이 있다. 닌텐도의 포켓몬 역시 성공적인 엔터테인먼트 라이선싱 캐릭터 중 하나다. 인기 있는 예능 프로그램의 방송 포맷은 새로운 라이선싱 영역의 하나로 부상하고 있다.

2) 브랜드 라이선싱

회사명, 로고(logo) 또는 브랜드(brand)가 라이선싱되어 상품화되는 것은 라이선싱에서 가장 빨리 성장하는 분야 중 하나이다. 최근 많은 회사들이 브랜드 부문을 강화한 후 라이선싱을 통해 회사의 브랜드나 상표를 라이선싱함으로써 브랜드의 보호 차원을 넘어서 브랜드의 인지와 노출을 높여서 생산과 제조를 통한 수익의 창출과 별도로 수익을 얻는다. 또한, 회사의 브랜드와 브랜드 라이선싱을 통해 위험 요소나 비용 지출 없이 새로운 상품군에 쉽게 진입할 수 있는 강점이 있다. 대표적인 브랜드 라이선싱으로서 디자이너 또는 의상 브랜드를 의류 이외의 다른 제품으로 확대하는 경우가 있다. 예를 들어, GAP 같은 의상 브랜드 이름과 Calvin Klein, Tommy Hilfiger, Donna Karan 같은 디자이너 이름이 라이선싱의 대상이 된다.

3) 스포츠 라이선싱

스포츠(sports) 라이선싱은 라이선싱 산업에서 가장 빨리 성장하는 분야다. 특히 미국 내에서 프로 스포츠의 성공은 스포츠 라이선싱의 성장에 큰 도움이 되었다. NBA, NFL, MBL, NHL 같은 4대 메이저 리그뿐만 아니라 레슬링의 WWF, 축구의 FIFA, EPL, 자동차 경주의 NASCAR 등도 라이선싱으로 높은 수익을 올리고 있다. 심지어 올림픽이나 월드컵과 같은 국제스포츠 행사와 관련한 라이선싱 규모도 크게 성장하고 있다.

4) 아트 라이선싱

아트(art) 라이선싱은 다른 부분에 비해 상대적으로 적은 수요이기는 하나 박물관, 출판사, 순수미술 작품 등을 대상으로 하며, 일부 아티스트들은 그들의 예술을 상업화하는 데 적극적이다. 거의 모든 박물관은 그들의 미술품을 라이선싱하여 수익을 올리며, 이로 인해 재정적인 도움뿐 아니라 작가의 작품을 알리고 홍보하는 것에도 큰 도움이 된다. 예술 라이선싱은 소비자가 원하는 스타일, 색과 디자인을 다른 상품에 활용함으로써 소비자들에게 더 큰 만족감을 향상시킬 수 있다.

5) 첨단기술의 라이선싱

최근에 정보통신(IT), 벤처 신약개발사와 다국적제약 회사와의 바이오 및 합성 신약기술을 대상으로 하는 국제라이선싱 계약이 주목받고 있는 분야이며, 빠르게 성장하고 있는 시장이다. 연구개발(R&D)에 집중한 소규모 기업이 신기술을 개발에 성공하였으나 상용화하는데 어려움이 있거나, 상품화에 성공했다고 해도 해당 상품을 시장에 원활하게 판매할 수 있는 판매망이나 영업 능력이 부족할 때 개발된 기술을 타사에게 라이선싱하고 있다.

(3) 라이선싱의 효과

국제 라이선싱(international licensing)은 라이선서 입장에서 추가의 투자 없이 이미 소유하고 있는 재산권을 활용하여 로열티와 같은 수익을 쉽게 창출할 수 있는 장점이 있지만 자칫 라이선시에게 시장을 빼앗겨 수익이 감소하거나 기술이전으로 인해 시장에서 경쟁자를 키워 독점권을 상실할 우려가 있는 단점이 있다. 심할 경우 해외시장에서 우위상실, 제3의 라이선싱 기회, 역수입으로 인한 시장 침해 우려(boomerang effect)가 있기 때문에 저급한 상품이나 낮은 단계의 기술적용상품 분야에서 이러한 계약이 자주 일어난다.

3. 국제 프랜차이징

(1) 프랜차이징의 개념

국제 프랜차이징(international franchising)은 라이선싱의 한 형태로서 상품이나 서비스의 유통에 필요한 상호, 상표, 사업의 원료 그리고 경영시스템 등을 가지고 있는 가맹본부(franchiser)가 해외의 가맹점(franchisee)로부터 로열티(특약료)를 받고 일정지역 내에서의 독점적 영업권을 부여하는 사업방식이다.

Definition: A franchising agreement allows an independent entrepreneur or organization, called the franchisee, to operate a business under the name of another, called franchisor, in return for a fee. The franchisor provides its franchisees with trademarks, operating systems and well- known product reputations as well as continuous support service, such as advertising, training, financing, reservation service (for hotel operation), and quality assurance programs.[12)]

라이선싱과 다른 점은 유통에 필요한 원료 및 경영관리 시스템을 제공하며, 상품구성이나 점포나 광고 등에 관하여 직영점과 똑같이 관리하고 경영지도나 판매촉진 등을 담당한다. 투자의 대부분은 가맹점(franchisee)이 부담하기 때문에 가맹본부(franchisor)는 자기자본을 최소로 투입하면서 연쇄조직을 늘려나가며 시장점유율을 확대할 수 있다. 라이선싱과 마찬가지로 사업의 지리적 범위가 국경을 초월하여 이루어지면 국제 프랜차이징이 된다.

사례 9-2 | 세계 1위 프랜차이즈 '맥도날드'…50년 역사 쓴 비결은

맥도날드는 1940년 5월 미국 일로노이 주에서 설립된 세계 최대의 패스트푸드 프랜차이즈이며, 미국의 자본주의와 세계화를 상징하는 브랜드이다. 원래 맥도날드의 첫 매장은 캘리포니아 샌 버나리노(San Bernarino)에서 맥도날드 형제들에 의해 시작하였는데, 이 프랜차이즈를 '레이 크록'이라는 사업가가 백지수표를 제시하여 인수하였고, 지금의 글로벌 프랜차이즈로 성공시켰다.

2020년도 6월말 기준 맥도날드의 전체 매장은 120여 개국에 3만 9,020개이며, 네 가지의 사업형태로 운영되고 있습니다. 상반기 기준 전체매출의 42%가량이 미국에서 발생하고 나머지 58%가 해외에서 발생한 것으로 집계되었습니다. 그 형태는 네 가지로 나눌 수 있다.

첫 번째로 맥도날드의 전통적인 프랜차이즈 형태(Conventional Franchised)가 있는데, 이 형태의 프랜차이즈 매장의 소유는 맥도날드가 가지고 있고(건물 포함), 파트너에게 사업을 운영할 권리를 주는 대신 임대료와 로열티 등의 매출을 받는 구조입니다. 보통 20년씩 장기계약을 맺는다.

두 번째 형태는 발전된 라이선싱(Development Licensed) 형태로서 위의 프랜차이즈 형태와는 조금 다르게, 맥도날드가 매장의 소유를 하지는 않지만, 파트너가 사업을 할 수 있도록 라이선스를 주고 이에 따른 로열티 비용을 받는 구조이다.

세 번째 형태는 해외 자회사와의 파트너십(Foreign Affiliated) 구조이다.

네 번째는 맥도날드가 직접 운영하는 직영점(Company-Operated)이다.

이같이 맥도날드의 비즈니스는 네 개의 형태로 나누어져 있지만, 제품의 품질관리와 서비스 전반적인 부분에서 본사가 모든 매장을 직접 관리하거나 보조해주고 있어서 전 세계에서 동일한(?) 퀄리티의 제품을 맛볼 수 있다고 한다.

자료: investing.com 2020. 10. 28.

(2) 프랜차이징의 대상

국제 프랜차이징은 주로 호텔과 같은 숙박업, 패스트푸드를 포함하는 식당, 카페와 같은 식음료업, 편의점과 같은 소매유통업 등에서 활발하게 활용되고 있다. 대표적 사례로 맥도날드 햄버거, 캔터키 프라이드 치킨(KFC), 스타벅스, 코카콜라, 하야트나 힐튼과 같은 유명한 호텔체인이 있다.

(3) 프랜차이징의 장단점

국제 프랜차이징 사업은 나름의 장단점이 있는데, 가맹점의 입장에서는 이미 시장에서 널리 알려진 브랜드의 명성과 검증된 제품 혹은 서비스를 통해 사업의 리스크에 대한 부담을 줄일 수 있다는 것이 강점이다.

가맹본부 입장에서 자기자본을 크게 투입하지 않고도 사업을 확장할 수 있다. 특히, 가맹점을 통해 해외시장에 대한 고객과 문화에 대한 결정적인 정보를 쉽게 얻을 수 있다. 단점으로 라이선싱과 같이 프랜차이징 사업의 양 당사자는 가맹영역 내에서 발생하는 수익을 나눔으로써 큰 수익을 얻는 데 한계가 있다. 동시에 국제화하면서 운영관리의 복잡성이 높아지고 통제는 더욱 어려워질 수 있다.

4. 특수한 국제계약방식

(1) 주문자 상표부착 생산방식

주문자 상표부착 생산계약(OEM: Contract of Manufacturing)이란 주문자가 요구하는 제품과 상표명으로 완제품을 생산하여 공급하는 것을 말한다. 국제적 브랜드를 가진 대기업 등이 제품의 생산을 **외주(out-sourcing)**하는 방식으로서 주문자위탁생산 또는 **주문자상표부착생산(brand labelling)**이라 한다.

브랜드의 명성과 유통망을 구축하고 있는 주문자가 생산성이 높은 생산자에게 자사에서 요구하는 상품을 제조하도록 설계도와 함께 원부자재 공급을 조건으로 생산을 위탁하게 되며, 완성된 상품은 주문자의 브랜드를 부착한 후 공급하며 주문자의 마케팅 계획에 따라 판매하는 방식을 취한다. 이러한 계약을 선택하는 이유는 대부분 선진국에서는 높은 인건비로 인해 가격경쟁력을 확보하기 어려우므로 인건비가 비교적 저렴한 중국이나 동남아시아 등에 있는 현지의 제조공장에 생산을 의뢰하여 제품을 생산한 후 본국이나 제3국을 대상으로 판매한다. 외주업체에 의뢰하면서 원자재의 공급이나 생산 공정에 대한 기술지도 등을 병행하여 품질의 철저한 관리를 유지하는 노력을 하게 된다.

이와 같은 주문자 상표부착생산방식(OEM)은 효율적으로 제품을 생산할 수 있다는 장점이 있으므로 원하는 품질 수준을 유지하면서 가격 경쟁력을 확보할 수 있는 대안으로 활용되고 있다. 아울러 주문자 기업은 제품생산에 투입되는 자본과 인력, 자원과 같은 핵심역량을 오로지 제품개발과 마케팅 관리에 집중함으로써 더 큰 성과를 올릴 수 있다는 강점이 있다.

주문자 상표부착생산방식(OEM)을 활용하는 유명한 회사로서 나이키(NIKE)가 있다. 나이키의 경우, 자사의 공장을 따로 두지 않으며, 미국의 본사는 디자인, 아이디어, 연구개발(R&D), 브랜드 가치 등만 관리하고 있다. 또한, 애플 역시 아이폰을 중국 광동성 소재 대만회사 폭스콘에 주로 의뢰하여 생산하고 있는 것이 대표적 사례 중 하나이다.

주문자 상표부착생산방식(OEM)을 기초로 세계적인 비즈니스를 수행하는 홍콩의 대표 기업으로는 리앤펑(Li & Fung)이 있다. 이 회사는 원재료에서부터 최종 상품에 이르는 프로세스에 이르기까지 관련된 어떤 설비도 소유하고 있지 않으며, 생산 과정의 여러 단계에서 제품을 수송하는 장비나 설비도 소유하고 있지 않다. 그러나 이 회사는 전문화된 생산 및 배송 능력을 소유하고 있는 전 세계의 약 7,500개의 공급 및 생산회사(네트워크내 협력회사)들과 협력 사업을 진행한다. 가령 이 회사는 유럽시장에 공급할 옷(garment)을 생산하기 위하여 한국에서 실(yarn)을 구매하여 대만에서 천을 짜고 염색을 한 후, 방글라데시에서 재단하여 최종 생산을 위해 태국으로 보내어 그곳에서 일본산 지퍼를 달고, 마지막으로 사전에 잘 계획된 일정에 따라 세계시장에 산재되어 있는 소매상들에게 배송하는 방식으로 사업을 영위한다.[13)]

사례 9-3 | 영원무역의 사업방식

영원무역은 기능성 아웃도어 의류와 운동화 등을 OEM 방식으로 생산 및 수출하는 기업이며, 대한민국 내에서 노스페이스를 유통시키는 기업이기도 하다. 해외에 생산기지를 두고 의류와 신발은 방글라데시, 베트남, 중국 등의 현지법인에서 생산하여 미국 등지로 수출하는 사업모델을 영위하고 있다.

주요 바이어로는 노스페이스와 나이키 등이 있다. 매출구성은 의류 80%, 신발 8% 및 기타로 이루어진다. 지주회사인 영원무역홀딩스가 대주주로 있다. 대한민국 내수시장에서도 자체 브랜드로 아웃도어 및 스포츠 의류 등을 영원프라자 매장에서 판매하고 있다.

다만 매출의 대부분은 해외의 주문자를 대상으로 한 OEM 생산에서 나오기 때문에 시가총액이 2조~3조원가량인 글로벌기업임에도 불구하고 일반인들에게는 이름이 잘 알려지지 않았다.

자료: 미래한국 Weekly(http://www.futurekorea.co.kr)

(2) 경영위탁 계약

경영위탁 계약(Management Contract)은 기업 경영에 전문 노하우를 가진 대리인에게 경영을 위탁하고, 기업은 경영 대리인에게 일정한 수수료 지급할 것을 약정하는 계약이다. 계약에 따라 경영관리 서비스나 지원을 수행하지만 자본투자, 배당의 결정, 기업의 정책변경, 소유권 변경 등 중요 의사결정에는 제한적으로

사례 9-4 | 호텔의 경영위탁계약

힐튼이나 메리어트, 하얏트, IHG 등의 브랜드 운영사들은 이미 검증된 경영 능력과 인지도가 구축된 브랜드를 소유하고 있는 곳이다. 따라서 큰 규모의 자본이 투하된 풀서비스 대형 호텔들은 보통 이들 유명 브랜드 운영사와 경영 위탁계약을 체결하려는 경향을 보인다. 브랜드 인지도나 전 세계를 아우르는 마케팅 자산, 검증된 운영 노하우 등을 활용할 수 있으니 더 큰 경영성과를 기대하면서 위험부담을 줄일 수 있다는 기대를 하게 된다. 아울러 호텔 매각시 매각 가치를 끌어올리는 효과도 기대할 수 있기 때문이다.

경영위탁계약을 체결한 호텔로 파크하얏트, W호텔, JW메리어트서울, JW메리어트 동대문스퀘어서울, 리츠칼튼서울, 쉐라톤 디큐브시티 등이 있다.

자료: 호텔이야기(https://oldhotelier.tistory.com/260)

간여하게 된다. 이러한 위탁경영은 금융업, 병원, 호텔, 급식업체 등에서 많이 도입한다.

(3) 산업설비수출(Plant Export)

산업설비수출(plant export)은 국제입찰을 통해 생산설비 또는 공장을 일괄수주하는 방식(turnkey base)으로 해외에 공급하는 것을 말하며, 플랜트 수출이라고도 한다. 여기서 플랜트(plant)란 주로 기계와 장치를 기술적으로 복합화하여 생산자가 원하는 원료 또는 중간재, 최종 제품을 제조할 수 있는 생산설비를 뜻한다.

플랜트 수출은 플랜트 발주자가 플랜트를 제조·공급하는 자에게 사업에 대한 타당성 조사에서부터 고도로 축적된 기술을 바탕으로 하나의 시스템을 제공을 포함하는데, 주로 엔지니어링, 생산에 필요한 단위 기계와 장치에 대한 제작

사례 9-5 | 삼성엔지니어링과 플랜트 수출

삼성엔지니어링은 1970년 설립(당시 코리아엔지니어링)된 국내 최초의 엔지니어링 전문 업체로, 국내 건설회사 중 석유화학 플랜트 공사 경험이 가장 풍부하다. 2016년부터 단순 도급형 사업 대신 기본 설계부터 참여하는 사업을 수주해 수익성을 높이고 있다.

삼성엔지니어링은 다수의 해외 수주에 참여하고 있으며, 2019년 3분기 말 기준 수주잔액(남은 일감)은 11조 2,000억원으로서 2년치 이상(2018년 매출 기준)의 일감을 확보하고 있다.

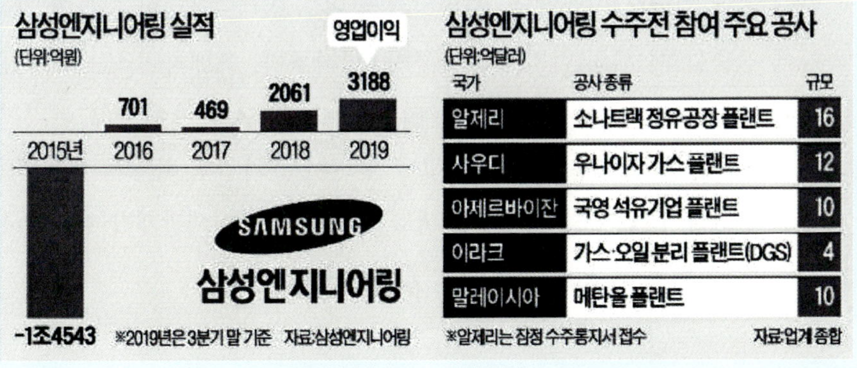

자료: 한국경제, 2019. 11. 10.

과 구매, 구조물과 건축물 건설, 기계적으로 종합된 공장의 시험 운전에 이르기까지 각종 공장건설 업무를 수행하게 하는 것이다.

플랜트를 건설하려는 발주자가 대부분의 투자비를 플랜트 건설과정과 건설 후 그리고 상당한 기간 동안 분할하여 변제하는 연불조건을 활용하고, 필요에 따라 재원조달(financing)을 해주는 플랜트 공급자에게 사업을 발주하는 방식을 채택하고 있다.

예를 들어 석유화학 공장, 반도체 생산 공장, 발전소, 담수화시설, 석유시추시설, 항만, 공항 등 사회간접자본시설을 대상으로 하는 플랜트 수출이 주요 대상이 되고 있다.

5. 인수·합병과 전략적 제휴

(1) 인수·합병

기업의 인수·합병(M&A: Mergers and Acquisition)은 기업의 합병과 매수를 의미한다. 즉 대상 기업들이 하나로 합쳐져 단일 회사가 되는 합병(merger)과 기업이 다른 기업의 자산 또는 주식의 취득을 통해 경영권을 획득하는 기업 매수(acquisition)가 합쳐진 개념이다.

글로벌기업이 사업영역을 확장하기 위해서는 회사를 신설하는 방법도 있지만 기존의 기업을 인수 또는 합병하는 방법도 있다. 글로벌 경영의 경우 해외시장에 진출할 때 해외 현지에 신설투자, 합작투자, 프랜차이즈 등과 같은 방식으로 진출할 수 있겠으나 이 방식은 비교적 비용과 시간이 많이 드는 전략에 속한다. 반면 인수·합병은 그러한 수고를 덜면서도 기업의 확장과 현지화에 용이한 측면이 있다. 해외투자는 현지의 관련 기관들과도 이해관계가 얽혀 있는 상황에서 인수·합병은 그 필요성이 더욱 증대된다.

사례 9-6 | SK그룹, 사상 최대 빅딜로 M&A 새역사 썼다

SK그룹이 10조 3,104억원 규모의 빅딜을 실현시켰다. 지난 2012년 하이닉스(현 SK하이닉스) 인수 규모인 3조 4,000억원을 뛰어넘는 사상 초유의 규모다. 재계에서는 SK그룹이 이번 빅딜로 새로운 M&A 역사를 써냈다는 평가가 나온다.

SK하이닉스는 20일 옵테인 사업부를 제외한 인텔의 낸드 사업부문 전체를 10조 3,104억원에 인수한다고 밝혔다. 이로써 SK하이닉스의 글로벌 낸드시장 점유율은 20%대로 올라갈 전망이다.

이는 역대 SK그룹의 인수·합병(M&A) 사례 중 가장 큰 규모다. 그동안 SK그룹 M&A 역사에서 가장 큰 사건은 2012년 하이닉스 인수였다. 당시 SK그룹은 3조 4,000억원을 투자해 하이닉스를 인수했으며, 그 결과 ICT(정보통신기술) 분야의 강력한 성장 동력을 확보했다.

자료: 아주경제, 2020. 10. 20.

사례 9-7 | 현대자동차의 로봇 전문업체 미국의 보스턴 다이내믹스 인수

현대자동차그룹이 '인공지능 로봇개(dog)'로 유명한 미국 로봇 전문업체 보스턴 다이내믹스를 인수한다. 정의선 현대차그룹 회장은 "스마트 모빌리티 솔루션 기업으로 거듭나고 있는 현대차그룹의 역량에 보스턴 다이내믹스의 기술이 더해져 모빌리티 혁신을 주도할 수 있을 것"이라고 말했다.

현대차그룹은 총 11억 달러(약 1조 2,000억원) 가치의 보스턴 다이내믹스에 대한 지배 지분(80%)을 일본 손정의 회장의 소프트뱅크그룹으로부터 인수하기로 했다고 11일 밝혔다.

자료: 조선비즈, 2020. 12. 11.

(2) 전략적 제휴

전략적 제휴(strategic alliance)는 비교적 같은 업종 내의 경쟁업체 간 특정 목적의 기술개발, 마케팅 등을 공동으로 투자하여 개발하거나 운영하는 방식이다. 그래서 전략적 제휴를 '적과의 동침'이라고도 한다. 전략적 제휴를 선택하는 이유는 투자 리스크의 분산, 규모의 경제 실현, 시장의 접근 수단의 하나로 활용하고 있다.

실례로서 2011년 2월 삼성전자와 IBM은 상호 보유한 특허를 공동 사용하는 '포괄적 상호 특허사용 계약'을 체결한 바 있다. 각 사는 미국 내 특허 보유 건수 1, 2위를 차지하는 거대 특허 보유 기업으로서 이 제휴를 통해 양 사는 차세대 제품 개발 주기 단축, 특허료 관련 비용 절감효과와 창출을 추구하는 목적이었다. 아울러 소모적 경쟁을 지양하고 세계표준을 주도하기 위한 전략적 제휴의 효과를 얻을 수 있었다.

자동차산업 분야의 사례로서 생산기지 제공과 경영기법 도입에 대한 명확한 역할 분담을 통해 생산성의 획기적 향상을 목적으로 한 대표적인 제휴가 바로 1983년 토요타와 GM의 Nummi(New United Motor Manufacturing Incorporated)이다. Nummi 제휴를 통해 토요타는 미국 시장에 성공적으로 진입할 수 있었다. GM은 토요타식 경영기법을 습득한 후에 새턴(Saturn)을 출시할 수 있었다.[14)]

오늘날 항공사의 운항서비스 부문에서 전략적 제휴와 컨테이너 운송을 담당하는 해운회사들의 전략적 제휴는 보편적인 사업 형태로서 자리 잡고 있다. 세계 해운시장에서 글로벌 선사들은 독자적으로 세계 모든 지역에서 선박을 운영하거나 영업하기 어렵기 때문에 '얼라이언스(alliance)'를 구성해 다른 선사와 함께 서비스를 제공한다. 해운 얼라이언스는 2021년 현재 세계 1, 2위 선사인 머스크라인과 MSC가 소속된 '2M', 프랑스 CMA·CGM과 중국 COSCO가 주축이 된 '오션 얼라이언스', 독일 하팍로이드와 일본 ONE, 한국의 HMM을 중심으로 뭉친 '디얼라이언스' 등 3대 해운 동맹이 업계를 주도하고 있다.[15)]

[그림 9-5] 온라인과 오프라인의 제휴를 통한 O2O사업모델

최근에는 온라인(on-line)사업과 오프라인(off-line)사업의 전략적 제휴를 통해 새로운 가치를 창출하는 O2O(Online to Offline) 네트워크 사업의 구축을 시도하고 있다.

사례 9-8 | 세계 항공사의 전략적 제휴(strategic alliance)

현재 세계항공서비스 시장은 Sky Team, Star alliance, One world의 3개의 제휴 그룹으로 나뉘어 활동 활동하고 있으며, 세계 여객 시장의 약 69%가 3개 그룹에 속한 항공사에 의해 이루어지고 있다. 각 항공사들은 제휴를 통해 자신들이 취항하지 않는 도시나 나라의 영역을 넓혀서 좌석을 공유(코드쉐어)하는 항공동맹을 맺어 마일리지를 공유하고 공동마케팅을 하고 있다.

스타얼라이언스의 커넥팅 파트너 항공사는 현재 스타얼라이언스의 26개 회원사에서 제공하는 1,300개 공항 전역으로 운항서비스 제공하고 있다.

스카이팀은 19개 회원 항공사가 광범위한 글로벌 네트워크를 통해 협력하여 170개국 1,036개 공항 전역으로 항공 서비스를 제공하고 있다.

원월드는 세계적 수준의 13개 항공사가 함께 모여 170개가 넘는 지역의 약 1,000개 공항에 운항서비스를 제공하고 있다.

자료: 항공사 제휴그룹별 홈페이지

6. 해외직접투자

기업이 해외시장에 관심을 가지고 진출하는 방법은 다양하다. 앞서 살펴본 바와 같이 수출, 기술이전, 해외간접투자, 해외직접투자(FDI: Foreign Direct Investment) 등이 있다. 기업이 세계화하는 과정에서 반드시 일정한 단계를 거쳐야 한다는 의미는 아니다. 즉 수출단계를 뛰어넘어 바로 해외직접투자를 할 수도 있다. 문제는 기업들이 왜 국내에 생산시설의 사업기반이 있음에도 해외에 직접투자를 통해 해외 현지의 생산체제를 갖추려 하는가(Why do firms go abroad as direct investor?)이다. 일반적으로 다음과 같은 동기에서 해외직접투자를 한다고 알려져 있다.

(1) 해외직접투자의 동기

첫째, 해외직접투자를 통해 생산비를 절감하기 위한 생산효율성 추구형(production efficiency seeker)이 있다. 저임금 노동력을 활용하기 위해 비교적 임금이 저렴한 중국, 베트남 등 동남아시아 국가에 대한 해외직접투자가 좋은 예이다. 투자의 최적지를 선택할 때 임금과 생산성을 함께 고려하여 진출하는 것이 성공의 확률을 높일 수 있다. 즉 명목임금은 낮으나 생산량은 적고 불량률이 높아 생산성이 악화한다면 오히려 생산비의 증가로 나타나는 경우가 많기 때문이다. 이 같은 투자는 주로 노동집약산업으로 분류되는 전자산업, 섬유와 의류 관련 산업에서 자주 볼 수 있다.

둘째, 기업이 생산에 필요한 원자재나 부품의 조달과 접근의 용이성을 이유로 특정 국가에 해외직접투자를 하는 자원 추구형(raw material seeker)이 있다. 해외 원자재를 많이 활용하는 기업체들은 자원보유국에 진출하여 원자재를 현지에서 조달하여 자사가 직접 사용하거나 타사에게 판매하기 위한 목적으로 해외직접투자를 한다. 자원 추구형 해외직접투자의 대표적 예는 해외유전개발을 위한 석유 메이저사들의 해외 직접투자와 석탄, 철광석, 희토류 등 천연자원 자원이 매장된 현지 국가에 투자 등이 있다. 한국의 자원추구형 해외직접투자에 있어 효시라고 할 수 있는 한국남방개발주식회사의 인도네시아 자원개발을 위한 직접투자와 포항제철(POSCO)의 캐나다 탄광과 호주의 철광석 광산의 투자 등의 사례가 있다.

셋째, 기업이 더 큰 시장이 형성되어 있는 해외시장에 나아가기 위한 투자로서 시장의 근접성을 토대로 시장을 확대하고자 하는 시장 추구형(market seeker)이 있다. 기업은 시장이 있는 곳이면 세계 어느 곳이든지 진출하여 현지에서 상품과 서비스를 생산하여 판매하려고 한다. 글로벌기업은 해외직저투자를 통해 형성된 본사국 시장, 현지국 시장, 제3국 시장으로 영역의 성격을 구분하고 어떤 시장에서 기업역량을 결집하여 시장을 확대할 것인가를 고민하게 된다.

본사국(home country) 시장에 역점을 두는 경우는 저임금 및 원자재 등 자원이 풍부한 국가에 진출하여 가격경쟁력이 있는 제품을 역수입하여 본국 소비자들에게 판매에 주력할 것이며, 현지국(host country) 시장을 중시하는 경우는 수출할 때 수입국이 부과하는 관세와 비관세 장벽이 큰 부담으로 작용하면 이를 회피하는 수단의 하나로 해외 현지시장에 직접투자를 할 수 있다. 이를 통해 수입국의 무역장벽을 극복하면서 현지시장의 경쟁적 지위를 유지하거나 확대하게 된다. 마지막으로 제3국시장의 해외진출 조건은 저임금, 풍부한 자원과 국제물류비 등의 절감으로 경쟁력이 발휘될 수 있을 때 선택할 수 있다.

넷째, 기업이 외국의 선진기술이나 경영관리 기법을 습득하기 위해 해외직접투자를 하는 지식 추구형(knowledge seeker)이 있다. 최근 급증하고 있는 인수합병 방식의 해외직접투자는 대부분 이러한 동기에 따른 경우가 많다. 지난 1990년대 초에 한국 전자·통신 회사들이 반도체와 컴퓨터 관련 기술 등의 첨단기술에 관한 정보공유와 관련 기술의 빠른 습득을 목적으로 미국 캘리포니아의 실리콘밸리에 현지법인을 경쟁적으로 설립하였던 것이 전형적인 예이다.[16] 그러나 기업이 선진국으로 진출한다고 선진기술을 습득할 수 있는 것은 아니다. 만약 원하는 지식과 기술이 오히려 숙련기술이라면 숙련노동자가 많은 선진국으로 진출할 것이 불량률을 줄이고 생산성을 향상할 수 있다. 첨단기술을 원한다면 기술수용 능력이나 기술정보 공유 가능성을 고려하여 그에 걸맞는 지역을 선택할 필요가 있다.

(2) 해외직접투자의 유형

국제간 장기자본 이동의 한 형태로 자본, 기술 그리고 인력을 해외로 이전하는 것으로서 해외 현지에 직접 공장을 설립하거나 해외 현지의 기업과 공동투자를 한 후 합작회사의 운영에 참여하는 방식의 해외직접투자가 있다. 즉 투자의 지분을 기준으로 해외 현지의 기업과 공동으로 하는 투자하는 합작투자(joint venture)와 100% 단독투자(sole venture-wholly owned company)로 구분하기도 한다. 또한 해외직접투자는 외국에 아예 새로운 기업을 설립(green-field strategy)하거나 기존의 기업을 매수하는 방법(brown-field strategy)이 있다.

사례 9-9 | 삼성, 베트남을 '수출 전진기지'로 만든다

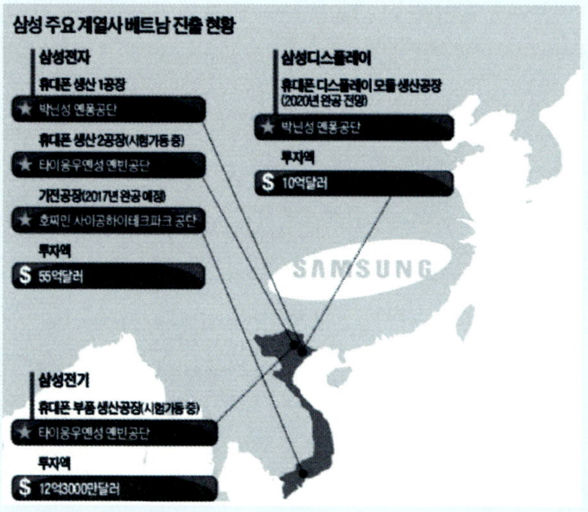

삼성그룹은 한국 제조업 수출 신화를 베트남에서 재현하고 있다. 베트남의 풍부한 노동력과 값싼 인건비를 활용해 제조 경쟁력을 끌어올리고 있다. 베트남 입장에서는 글로벌 초일류 기업인 삼성의 투자를 유치해 수출을 확대할 수 있는 이점이 있다. 만성 무역적자국이었던 베트남이 2012년 흑자국으로 전환할 수 있었던 것도 삼성 투자를 유치한 덕분이다.

삼성은 베트남 투자를 더욱 확대한다는 계획이다. 올 상반기 베트남 북부 타이응우옌성에 휴대폰 2공장을 짓기 시작한 데 이어, 2017년 세계 최대 가전공장도 베트남 남부에 건설하기로 방침을 정했다. 삼성전기(203,500 -2.86%)와 삼성디스플레이도 베트남에 생산시설을 짓고 있어, 베트남이 명실상부한 삼성그룹의 주력 생산기지로 떠오르고 있다.

자료: 한국경제, 2014. 9. 30.

왜 해외직접투자를 하는가? 제 3 절

다국적기업의 해외직접투자를 설명하는 이론은 학자마다 시각에 따라 여러 가지로 분류할 수 있으나 여기서는 기업의 해외진출 필요성, 목적과 보유능력을 고려하여 다음 세 가지로 분류하고자 한다. 이론을 하나씩 소개하기에 앞서 먼저 여러 이론이 어떤 현상들을 체계적으로 설명하려고 하는 것(fundamental questions)이 무엇인지 알아야 할 것이다. 이러한 기본적 의문들은 다음과 같다.

첫째, 기업이 해외시장에 진출할 때 선택할 수 있는 방식들이 수출, 라이선싱, 프랜차이징, 각종 특수한 형태의 계약, 해외직접투자 등 다양한 방식 중 굳이 해외직접투자를 하는 이유는 무엇인가?

둘째, 해외에 직접투자를 통해 공장이나 판매 법인을 운영하는 것은 아무래도 국내보다 사회, 문화, 법과 제도 등 환경이 익숙하지 않으며, 현지시장과 고객에 대한 불충분한 이해로 인해 불리하게 마련이다. 이러한 불리한 경영환경에도 불구하고 투자 후 경영을 성공적으로 이끌면서 사업을 지속할 수 있는 경쟁력의 원천은 도대체 무엇인가?

셋째, 국내시장에서 이미 한두 개의 기업이 과점적으로 시장을 지배하고 있는 비교적 대규모 기업들이 특정 시장에 함께 집중적으로 해외직접투자에 뛰어드는가?

마지막으로 해외진출방식의 결정은 어떤 요인들에 의해 영향을 받는가?

1. 해외직접투자이론

(1) 독점적 우위론

독점적 우위론(monopolistic advantage theory)은 해외 현지의 불리한 경영여건 속에서도 해외직접투자를 감행하고, 투자 후 성공으로 기업을 운영할 수 있는 것은 그 기업 특유의 독점적 우위(firm specific advantage) 요인이 있기 때문이라고 설명하고 있다.

여기서 해외 현지의 불리한 경영환경이라는 것은 다양한 조건으로 나타날 수 있으나 대개 다른 언어, 제도, 정치, 법률을 비롯해 현지국 환경에 대한 지식과 경험부족, 본국과 지리적 격차에 따른 시차 등의 비효율성, 현지국의 자국 우선정책에 따른 차별대우 등이다. 반면 기업 특유의 독점적 우위 요인은 기업이 시장에서 실질적 우위(superior knowledge)를 확보하는데 이바지하는 독보적인 기술, 조직과 경영관리(management & organization skill)에 관한 기법, 마케팅 능력 등을 의미한다. 이들 우위 요인들의 특징은 오랜 시간 동안 상당한 노력과 비용을 투입하여 구축한 것이라는 점이다. 기술능력은 장기간의 연구개발을 통해서 가능한 일이며, 마케팅 능력은 장기간에 걸쳐 막대한 자본을 투입하여 광고와 유통망을 개척하고 관리하면서 획득한 것이다. 아울러 조직과 경영관리 능력은 우수한 인력의 충원과 지속적인 교육 훈련의 결과로 얻을 수 있다.

이 이론의 문제는 독점적 우위 요소를 보유한 기업이라도 해외직접투자를 하지 않고 수출을 통하여 독점적 이윤을 추구할 수도 있어서 독점적 우위 요소를 보유한 기업이라고 해서 반드시 해외직접투자를 한다는 설명은 논쟁의 여지가 있다는 점이다. 아울러 독점적 우위 요소를 확보하지 못한 개발도상국 기업들의 해외직접투자 현상과 대형 다국적기업과 비교해 규모가 작은 중소기업들이 선진국에 직접 투자하는 현상을 설명하지 못하는 한계가 있다.

독점적 우위 이론은 1969년에 찰스 푸어 킨들버거(Charles Poor Kindleberger)가 정립한 이론으로 1960년대부터 1970년대 초까지 선진국의 대규모 다국적기업이 개발도상국에 진출하는 해외직접투자 현상을 적절하게 설명해주는 이론으로 주목받은 바 있다.

(2) 과점적 대응론

과점적 대응론(oligopolistic reaction)은 글로벌기업의 행동에 대한 전략이론으로서 국내시장의 구조가 과점적 경쟁상황이라면 과점적 경쟁기업 간의 상호경쟁하는 행동과 반응(action & reaction) 차원에서 설명하려는 이론이다. 만약 선도기업(initiating firm)이 특정 해외시장에 먼저 투자하면 경쟁기업들이 선도기업의 독점적인 지위의 확대를 봉쇄하거나 견제하려는 동기에서 선도기업의 행위를 추종하려는 편승효과(band wagon effect)가 나타난다는 점에 주목한 이론이다.

예를 들어 코카콜라가 동유럽의 신흥시장에 진출하는 경우 펩시콜라도 같은 지역에 진출하게 된다고 한다. 이러한 관계는 맥도날드나 버거킹, KFC 간의 해외 진출 패턴에서도 드러난다. 과점적 시장 상황에서 특정 기업의 해외투자 패턴을 경쟁기업이 따라가는 이유는 무엇일까? 과점적 시장에서 기업들은 경쟁기업의 선택과 행동에 민감한 특성을 보이며, 기업의 목표가 일반적으로 수익의 극대화(profit maximization)에 초점을 맞추기보다는 시장점유율 극대화(market share maximization)를 추구하는 경향이 있다. 그래서 항상 경쟁기업과 비교한 시장 점유율의 추이에 민감하게 반응한다. 또한, 경쟁기업이 투자한 후에 해당 시장에 뛰어들게 되면 이미 먼저 투자한 경쟁기업에 의해 시장이 선점되어 이를 만회하려면 막대한 투자 비용을 감수해야 하는 부담을 고려하기 때문이다.

이 이론은 최초로 특정 해외시장에 투자하는 투자자의 동기와 어떠한 우위 요인으로 불리한 외국비용을 극복할 수 있는지 설명하지 못하는 것이 단점이다.

(3) 내부화 이론

글로벌기업이 완제품을 생산하기 위해서 원료, 원자재, 부품을 조달할 필요가 있다. 일반적으로 생산에 필요한 자원은 외부의 공개된 경쟁 시장(external market=arm's length transaction)을 통한 조달(sourcing)이나, 자체 혹은 계열사를 통한 기업 내 거래(intra-firm transaction)를 통해 확보한다. 가령 현대자동차가 완성차 생산에 반드시 들어가는 시동을 위한 점화장치 부품을 세계 자동차 부품시장의 탐색을 통해 독일의 보쉬(Bosch)의 점화장치 부품이 제품의 질이나 가격 면에서 합리적이라는 판단을 토대로 보쉬와 계약을 통해 공급받을 수 있을 것이다. 또 다른 방법으로는 현대자동차가 지분을 가지고 있는 계열회사인 현대모비스와 내부거래를 통해 조달할 수도 있을 것이다.

이러한 시장 거래 구조에 주목하여 해외직접투자의 목적과 이유를 찾고자 하는 것이 내부화 이론(Internalization theory)이다. 내부화 이론은 기업이 거래의 내부화를 통해 생산 공정과 제품 관련 기술의 외부유출 위험을 방지하는 지적자산의 전유성(proprietary)을 확보하면서 외부시장의 거래에서 발생하는 거래 비용을 절감할 수 있다면 해외에 자회사를 설립할 목적으로 해외직접투자를 하게 된다는 것이다. 즉 거래의 내부화를 통해 외부거래에서 발생할 수 있는 높은 거래 비용, 어려운 협상 등을 회피할 수 있으며, 가격 차별화, 외부 기업과의 협상을 내부 기업과 협상함으로써 시간과 노력, 비용 등을 낮출 수 있는 이익을 얻을 수 있다는 것이다.

요컨대, 글로벌기업의의 해외직접투자는 거래 비용을 절감하고 전유성을 유지하기 위한 목적으로 필요한 재화와 생산요소의 구매를 계열기업인 모회사와 자회사, 자회사와 다른 자회사 간 거래의 내부화는 적합한 수단이며, 전략적 선택으로 보는 이론이다.

그러나 내부화 이론은 외국에 자회사를 설립한 후 내부거래 가격의 조작 등 부당 내부거래를 통하여 탈세와 외화 도피 수단으로 악용할 수 있는 문제점도 내포하고 있다. 또한, 다국적기업의 해외직접투자 이유와 목적을 설명하고 있으나 입지선정과 같은 문제에 대해 전혀 설명하고 있지 못하는 한계가 있다.

(4) 절충이론

절충이론(eclectic theory)은 앞에서 살펴본 이론을 통합한 이론으로써 국제기업의 해외직접투자에 대한 기본적 물음을 종합적으로 설명하고 있다. 세 가지 물음은 첫째, 국제기업이 해외 진출을 위한 여러 방식 중 왜 굳이 해외직접투자 방식을 선택하는가? 둘째, 해외 현지의 불리한 경영 여건에서도 어떻게 사업을 성공적으로 수행할 수 있는가? 셋째, 왜 특정국에 해외직접투자를 하게 되는가에 관한 것이었다.

독점적 우위 이론에서 해외투자기업이 현지의 불리한 경영환경에서 현지 기업들과 경쟁에서 우위를 점할 수 있는 것은 기업 특유의 독점적 우위 요인을 갖추고 있기 때문이며, 내부화 이론은 해외시장 진출방식에 있어서 수출이나 라이선싱 등의 방식을 이용하지 않고 해외직접투자를 선택하는 이유에 대한 설명이었다. 그러나 이들 이론은 부분적이고 단편적인 설명에 지나지 않는다는 점에서 한계가 있다. 이에 따라 1980년대에 들어서면서 보다 일반적이고 포괄적인 이론의 필요성이 대두하게 되었고, 헨리 더닝 매클라우드(Henry Dunning Macleod)는 킨들버거의 독점적 우위 이론, 버클리 등에 의한 내부화 이론을 바탕으로 생산입지의 선택에 관한 개념을 추가하여 절충이론을 발표하였다.

더닝의 연구에 의하면 해외직접투자는 그 기업이 소유한 우위 요인(ownership advantage), 즉 기업 특유의 강점을 가지고 내부거래의 이익을 누리기 위해 내부화(internalization) 거래체제를 구축하는 것이며, 입지 특유의 우위(location advantage)를 살릴 수 있는 국가(지역)로 진출하는 것이라고 한다. 기업 특유의 우위(ownership advantage=specific factor)란 기업이 일정 기간에 배타적으로 사용할 수 있는 무형의 자산(intangible asset)으로서 기술개발능력, 마케팅기법, 독점적 시장구조 및 행위, 경영능력, 재무 및 자금 요인, 원료확보 우위 요인 등을 의미한다. 현지 기업과 현지에 진출한 여타 기업들이 보유하지 못한 이러한 기업 특유의 자산을 가지고 해외직접투자를 하게 되고 투자 이후에 경영을 성공적으로 수행한다는 것이다.

또한, 해외직접투자를 통해 외부거래를 하지 않고 내부거래를 가능하게 함으로써 거래 비용을 최소화함은 물론 외부에 노출하기를 원하지 않는 기술이나 노하우에 대한 보안 유지(전유성)의 목적을 달성할 수 있고, 나아가 자원 확보, 현지 정부와의 접촉, 각종 세제 혜택의 활용 등에서 내부화에 의한 이익도 확보할 수 있다고 한다.

마지막으로 입지적 강점으로서 저임금, 숙련 노동 인력, 생산원료, 원자재 확보의 용이성, 최종 소비시장에의 유리한 접근성과 현지국 정부의 각종 혜택, 시장규모와 시장성 등은 특정 국가에 해외직접투자를 하는 요인으로 작용하며, 또 다른 시각에서 해외직접투자는 해당 국가의 높은 무역장벽을 우회하기 위한 수단으로 선택한다는 것이다.

2. 해외직접투자의 조건

절충이론의 설명을 종합하면 세 가지 요소가 유리할 때 해외직접투자가 최적의 진출방안이 될 수 있으며, 투자 후에도 사업성과를 극대화할 수 있다는 것이다. 참고로 해외시장 진출에 앞서 기업특유의 자산과 거래의 내부화에 따른 두 가지

[표 9-1] 해외직접투자의 조건

조 건	진출방식
기업특유(O) + 내부화(I) + 입지(L)	해외직접투자
기업특유(O) + 내부화(I)	수출
기업특유(O)	라이선싱

우위요인만 있다면 수출을 통한 진출이 최선의 선택이며, 오로지 기업특유의 자산에 있어서 우위요인만 있다면 기술이나 생산 공정의 노하우를 거래하는 라이선싱이 최적의 대안이 될 것이다.

요컨대 절충이론은 기업과 관련된 미시적 관점으로서 독점적 우위이론과 내부화이론에 현지국의 경영환경과 관련된 거시적 관점인 입지적 요인을 함께 절충하여 이론을 구축했다는 의미를 내포하고 있다.

제 4 절 해외시장 진출전략의 선택

1. 진출전략 선택의 영향요인

글로벌기업이 해외시장에 진출할 때 어떤 방식으로 접근할 것인가 하는 결정은 사업의 성과와 성패를 결정하기 때문에 중요한 문제이다. 해외시장 진출방식의 결정은 다양한 요인에 의해 영향을 받는다.

우선 앞서 언급한 것처럼 해외시장 진입방식은 크게 수출, 계약형태, 해외직접투자 방식으로 구분할 수 있는데 이 세 가지 방식 중 한 가지를 선택해서 진출하게 될 것이다. 가령 기업이 이미 진출하기로 한 국가에 이전되는 자원이 무엇인지 그리고 해외시장에 어느 정도로 개입할 것인지에 따라 수출할 것인가, 라이선싱할 것인가 혹은 프랜차이징할 것인가 아니면 직접 진출하여 공장을 설립하여 운영할 것인가 등을 선택해야 한다. 물론 거래대상의 성격과 거래상황에

[그림 9-6] 해외시장 진출방식의 결정요인

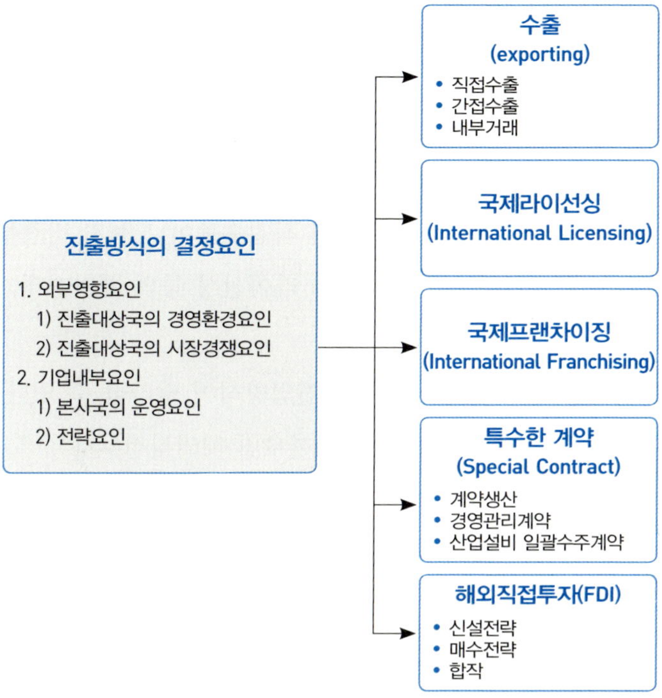

플랜트 수출이나 주문자 상표부착 조건의 계약생산, 수위탁과 같은 관리계약 등의 방식이 선택될 수도 있을 것이다.

기업이 해외시장에 진출할 때 거래대상이나 거래의 성격 이외에도 거래방식의 선택을 결정하는 데 외부의 영향요인과 기업 내부요인을 고려한다.

(1) 외부 영향요인

1) 진출대상국의 경영환경

첫째, 경제활동을 위한 현지국의 사회의 인프라가 잘 구축되어 있으면 현지 생산비용의 감소 효과로 이어져 해외직접투자에 유리한 조건으로 작용한다.

둘째, 본사국과 지리적으로 멀리 떨어져 있는 경우 운송비 부담으로 수출을 통한 경쟁이 불리하므로 현지에 직접 투자하여 조립 생산하는 것이 유리하다.

셋째, 현지에서 가용할 생산요소의 부존량, 품질과 가격이 불리하면 직접투자에 불리하고 오히려 수출이 유리할 수 있다.

넷째, 현지국이 수량제한을 실시하거나 관세율이 높으면 이러한 무역장벽으로 인해 수출보다는 다른 진입방식을 선호한다.

마지막으로 정치적 위험도를 고려하여 정치적 불안정, 몰수 등의 가능성이 높으면 직접투자보다는 개입 정도가 상대적으로 낮은 방식을 선택하는 것이 좋다.

2) 현지의 시장경쟁 요인

첫째, 진출대상국의 시장규모가 크면 직접수출이나 현지 직접투자 등이 선호되고, 시장이 소규모이면 간접수출이나 라이선싱 등의 계약형태가 대안이 될 수 있다.

둘째, 현지시장의 경쟁구조에 따라 진입방식이 달라질 수 있다. 시장이 완전경쟁시장이라면 수출, 독과점시장에 가까우면 해외직접투자가 유리하다.

셋째, 마케팅 활동과 관련하여 현지에 믿을 만한 대지점이나 유통업체가 없거나 경쟁기업에 선점당하고 있는 경우에는 단순 수출보다 지점이나 현지 자회사를 설치하여 활동하는 것이 유리하다.

넷째, 자본, 기술, 경영관리 능력 등의 기업자원이 풍부하고 우수하면서 자원투입 의지가 높을수록 해외직접투자를 하게 된다.

(2) 기업 내부요인

1) 본사국의 운영요인

첫째, 본사국의 시장규모가 클수록 기업들은 국내지향적이 되며 해외시장에 대한 적극적인 자원투입을 꺼리고 수출을 선호한다.

둘째, 국내시장이 과점상태라면 기업들은 경쟁기업들의 행동에 대한 반응으로서 한 기업이 해외직접투자를 하게 되면 선도기업을 따라 해외로 진출하는 경향이 있다. 만약 완전경쟁의 상태에 있다면 수출을 통한 해외진출을 선택하려 할 것이다.

셋째, 본국에서 생산비용이 증대될수록 수출보다는 현지생산이나 라이선싱과 같은 계약형태의 진출을 선호한다.

2) 전략요인

첫째, 기업이 뛰어난 기술적 우위를 바탕으로 제품이 차별화되어 있을수록 수출방법을 선호하며, 제품차별화의 정도가 낮을수록 라이선싱이나 해외투자가 유리하다.

둘째, 사전 혹은 사후 서비스해야 하는 전자제품과 같은 서비스 집약적 사업의 경우에는 적기에 서비스를 제공하기 위해 수출을 하되 현지 자회사를 설치하여 운영하거나 현지생산 같은 진입방식이 선호된다.

셋째, 건설, 광고, 관광과 같은 무형의 서비스업의 경우에는 프랜차이징과 같은 계약형태가 활용된다.

2. 진출전략의 선택모형

해외시장 진입방식을 어떻게 선택하는 것이 좋을까? 진입방식이 어떻게 결정되는지에 관해 이것을 연구한 학자에 따라 조금씩 다른 모형을 제시하고 있다.[17)]

(1) 러그만의 선택모형

러그만(A. Rugman)은 기업이 해외시장에 진출하기 위해서 선택할 수 있는 전략의 유형을 조금 단순화시켜 수출, 라이선싱, 해외직접투자 세 가지로 구분하고 [그림 9-7]에 보는 바와 같이 설명하고 있다.[18)]

기업은 해외시장에 진출할 경우 초기에는 위험수준이 가장 낮은 단순한 수출방식으로 시작한다. 그러나 무역장벽이 생기게 되면 수출이 어렵거나 불가능해져서 다른 방안, 즉 라이선싱이나 해외직접투자와 같은 방안을 모색하게 되는데, 만약 기업이 가지고 있는 기술의 유출위험이 커지게 되면 해외직접투자를 수행하여 기술의 유출을 방지할 것이고, 기술의 유출위험이 없다면 단순

[그림 9-7] 러그만의 진입방식 선택모형

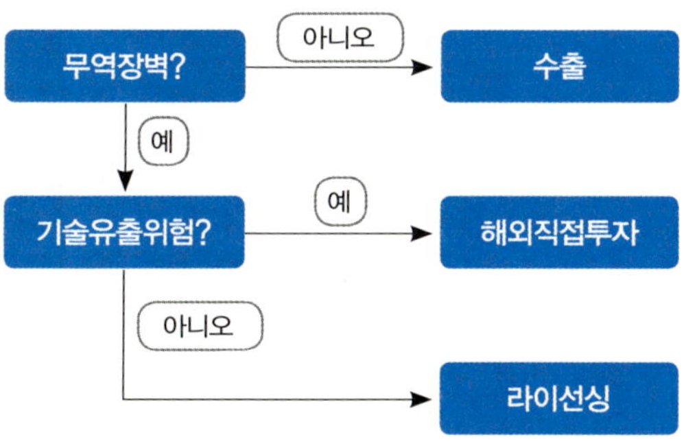

하게 라이선싱을 시도하여 해외시장에 진입하게 된다.

(2) 루트의 선택모형

루트(F. Root)는 기업이 해외시장 진입방식을 선택할 때 해외시장의 환경과 같은 외부요인과 기업의 내부요인의 영향을 고려하여 진입방식을 선택한다고 하였다.[19]

기업의 내부요인으로 사업의 성격, 기업이 보유한 기술과 관리능력, 경영전략 등 경쟁을 위한 핵심역량이며, 해외시장의 여건과 상황은 그 시장이 가지고 있는 특성과 시장진입장벽, 경쟁자, 시장의 경쟁상황 등을 의미한다.

기업은 이러한 환경요인과 내부요인을 고려하여 사업활동을 시작하게 되고, 시간이 경과함에 따라 외국의 현지시장에서 마케팅 활동에 대한 통제를 보다 강화하면서 점차 점차 진입방식의 변화를 꾀하게 된다는 것이다.

[그림 9-8]에서 보듯이 기업은 사업활동 초기에는 위험과 통제 수준이 가장 낮은 간접수출에서 시작하여 해외정보 또는 경험의 축적으로 인하여 점차 위험과 통제가 가장 높은 단독투자의 형태로 해외시장에 진입하는 과정을 거치게 된다는 것을 보여주고 있다.[20]

[그림 9-8] 해외시장 진출방식의 변화과정

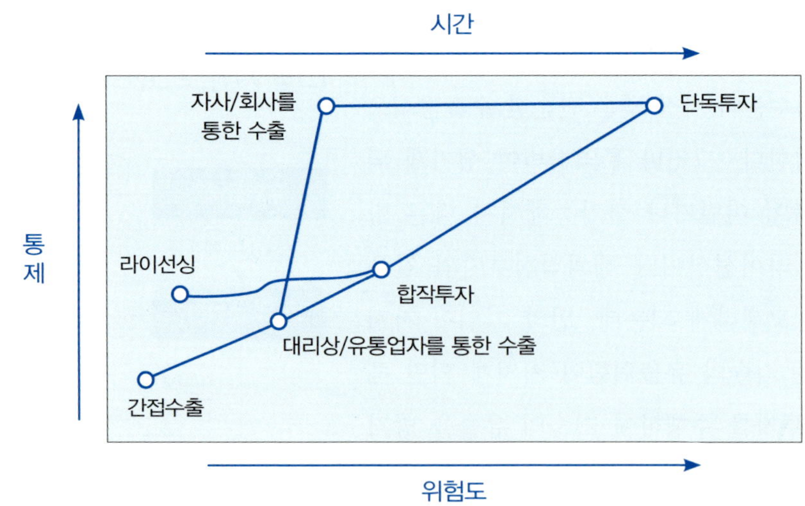

(3) 허쉬의 선택모형

허쉬(S. Hirsh)는 해외시장 진출의 대표적인 세 가지, 즉 수출, 라이선싱, 해외직접투자를 몇 가지 비용항목에 대한 예상을 중심으로 최적의 해외시장 진출방식을 간단한 수식으로 표현할 수 있는 모형을 제시하였다.[21)]

첫째, 수출을 선택하는 조건은 본국에서 생산비용과 운송과 보험, 마케팅과 같은 거래비용의 합계가 해외에서 생산비와 해외생산에 추가로 드는 비용(외국비용)과 라이선싱의 위험비용보다 작은 경우이다.

둘째, 라이선싱을 선택하는 조건은 라이선싱 위험비용의 합이 본국에서 생산비용과 운송과 보험, 마케팅과 같은 거래비용의 합 또는 해외에서 생산비와 해외생산에 추가로 드는 비용(외국비용)의 합계보다 작을 경우이다.

셋째, 해외직접투자를 선택하는 조건은 해외에서 생산비와 해외생산에 추가로 드는 비용(외국비용)의 합계가 본국에서 생산비용과 운송과 보험, 마케팅과 같은 거래비용의 합보다 작거나, 라이선싱의 위험비용의 합보다 작을 경우이다.

참고문헌

1) [네이버 지식백과], 국제기업 [International Enterprise], ㈜중앙경제, HRD 용어사전, 2010년. 9월 6일.

2) 김영래 외 1인,『글로벌 무역경영』, 두남출판사, 2013년, 18쪽.

3) 구종순,『무역실무』, 박영사, 2015년, 10쪽.

4) 한국병행수입업협회(http://k-pia.org/)

5) 한국수입업협회(http://www.koima.or.kr/koima/index.do)

6) 이봉수,『무역실무』, 두남, 2012년, 41쪽.

7) 전문무역상사(http://ctc.kita.net/stc/index.jsp)

8) 한국민족문화대백과사전.

9) 성용모 외,『글로벌 기업환경의 이해』, 형설출판사, 2008년 9월, 26쪽.

10) 권영철 역(풀랭클린 루트),『해외시장진출전략』, 비봉출판사, 1992년, 86쪽.

11) Griffin, Ricky W. & Pustay, Michael W., *International Business-A Managerial Perspective-*, Pearson, 2015, p. 370.

12) Griffin, Ricky W. & Pustay, Michael W., *International Business-A Managerial Perspective-*, Pearson, 2015, p. 375.

13) https://blog.naver.com/nangaparbat/80013322971

14) 매일경제, [Knowledge]전략적 제휴를 통한 경쟁우위 확보 방법, 2011년, 7월 1일.

15) 조선비즈, '새판 짜는 글로벌 해운 동맹…현대상선은?,' 2019년, 1월 23일.

16) 성용모 외 1명,『글로벌 기업 환경의 이해』, 형설출판사, 2008년, 91-92쪽.

17) 박의범 외,『세계화와 글로벌경영』, 두남출판사, 2010년, 221-224쪽.

18) Ruman, A., Lecraw, D. J., & Booth, L. D., International Business : Firm and Environment, Mc-graw-Hill, 1986.

19) Root, F. R., Entry Strategies for International Markets, Lexington Books, 1987.

20) 박의범 외,『세계화와 글로벌경영』, 두납출판사, 2010년, 222-223쪽.

21) Hirsh, S., "An international trade and investment theory of the firm", Oxford Econmic Papers, 1976.

핵심내용정리

- 글로벌기업의 해외시장 진출의 의의
- 해외시장 진출기업의 유형
  - 무역업, 무역대리업, 전문무역상사, 다국적기업
- 해외시장의 진출방식과 전략
  - 수출: 직접수출, 간접수출, 이전거래, 국제 라이선싱, 국제 프랜차이징, 주문자 상표부착 생산방식(OEM), 경영위탁계약, 산업설비(plant)수출, 인수·합병(M&A)과 전략적 제휴, 해외직접투자(FDI), 해외시장 진출 방식의 선택
- 해외직접투자이론
- 해외직접투자의 동기, 독점적 우위론, 과점적 대응론, 내부화 이론, 절충이론

토론과제

1. 무역 대리업(agent)과 무역 중개업(broker)은 사업의 성격상 어떤 차이가 있나?
2. 현재 우리나라 전문무역상사의 선발기준과 실적, 그리고 어떠한 기업들이 있는지 조사해보자.
3. 최근 5년간 우리나라의 국제 라이선싱의 분야별 계약실적을 조사하고 발전 전망을 정리해보자.
4. 최근 5년간 우리나라의 국제 프랜차이징의 분야별 계약실적을 조사하고 발전 전망을 정리해보자.
5. 홍콩의 리앤펑(Li & Fung) 회사의 주요 거래 품목과 사업방식, 그리고 매출실적을 조사해보자.
6. 최근 5년간 우리나라 기업의 해외직접투자의 실적을 조사하고 투자 동기를 정리해보자.

Chapter 10

무역거래의 탐색과 계약체결

Establishing of International Trade Contract

제 1 절 무역거래와 무역관리

제 2 절 무역계약의 체결과정

제 3 절 무역계약의 내용

“

무역거래를 시작하기에 앞서 수출자나 수입자는 해외시장에 대한 조사가 선행되어야 한다. 해외시장조사는 수출자 입장에서 자신의 물품을 구매할 잠재고객을 탐색하고 발굴하는 과정이며, 수입자 입장에서는 구매하고자 하는 물품을 최적의 조건으로 구매할 수 있는 상대방, 즉 잠재적인 수출자를 탐색하고 발굴하는 것이다.

해외시장의 거래선을 발굴한 후 수출자는 거래권유장(C/L: circular letter=business proposal)을 잠재 고객들에게 보내게 되고, 이를 수신한 잠재 고객들은 구매에 관심이 있다면 구매조회(inquiry)를 작성하여 거래조건을 문의하게 되며, 수출자는 답신으로 거래조건이 명시된 오퍼(offer)를 수입자에게 송부함으로써 상호간에 거래조건을 놓고 협상을 진행하여 최종적인 합의가 이루어지면 무역계약이 성립하게 된다.

오늘날 해외시장의 조사와 탐색은 대부분 인터넷을 활용하고 있어서 수입자가 먼저 거래에 적절한 수출자와 제품, 거래조건을 먼저 파악하게 되면 바로 조회서를 수출자에게 보낼 수도 있고, 거래 중개 사이트에 게시된 수출자의 오퍼를 보고 구매의사를 표하고, 즉시 거래를 위한 협상에 임할 수도 있다. 따라서 본 장에서는 무역거래에 영향을 미치는 무역관리제도를 먼저 살펴보고, 무역거래계약의 성립과정과 계약의 내용을 중심으로 다음의 내용을 설명한다.

첫째, 무역거래의 형태와 국가 차원의 무역관리제도

둘째, 수출입거래의 무역마케팅 단계에서 무역계약의 체결이 이루어지기까지 실무적 절차와 과정

셋째, 매매계약의 구성과 조항별 내용

”

무역거래와 무역관리

제 1 절

1. 무역거래의 의의

무역거래는 국경을 초월하여 물품과 서비스 그리고 자본의 이동과 함께 이루어지는 물품매매 중심의 상거래이다.[1] 즉 한 국가 내에서 이루어지는 상거래와 달리 외국과의 교역을 의미하며, 거래의 대상으로 상품의 교환만이 아니라 용역(서비스), 자본의 이동까지 무역거래의 범주에 넣고 있다. 최근에는 정보통신망을 이용한 소프트웨어, 음원, 영상, 방송플랫폼 등과 같은 전자적 무체물도 무역거래의 대상으로 하고 있다.

무역거래는 수출과 수입거래로 나눌 수 있는데, 수출(export)은 국내에서 생산되거나 조달된 물품을 외국의 구매자에게 판매하는 것이며, 수입(import)은 반대로 외국에서 생산되거나 조달된 물품을 국내의 구매자가 수입하여 들여오는 것을 말한다.

물품의 매매 행위를 간단히 설명하면 물품의 판매자와 구매자가 시장에서 특정 물품을 특정 가격으로 일정한 조건에 따라 사고파는 계약을 맺고, 판매자가 약속된 물품을 건네주고 구매자는 물품을 인수하는 대가로 약속한 대금을 지불하는 방식으로 이루어진다. 무역거래 역시 이러한 상거래의 기본 행위와 다르지 않다. 다만 무역거래는 국내 상거래와 달리 다음과 같은 특징이 있다.

첫째, 무역거래는 국내 상거래에 비해 위험도가 매우 높은 편이다. 먼저 장거리 대량운송으로 인해 거래 상품의 파손, 분실, 도난 등과 같은 위험이 발생할 수 있으며, 거래과정에서 수출대금의 회수가 어렵다든지 수입상품을 입수할 수 없는 위험이 크다. 그리고 무역거래에는 환율변동에 따른 환위험이 수반될 뿐만 아니라 수입제한, 환거래 제한 등 국가의 정책변동으로 인한 비상위험이 발생할 수 있다.

둘째, 무역거래는 운송, 보험 금융 등 여러 보조수단을 필요로 한다. 무역은 주로 해상운송을 중심으로 이루어져 왔으나 오늘날에는 육상운송, 항공운송, 복합운송 등 모든 운송수단을 이용하고 있다. 장거리 운송의 위험에 대비한 해

[그림 10-1] 국내 상거래와 무역거래의 차이

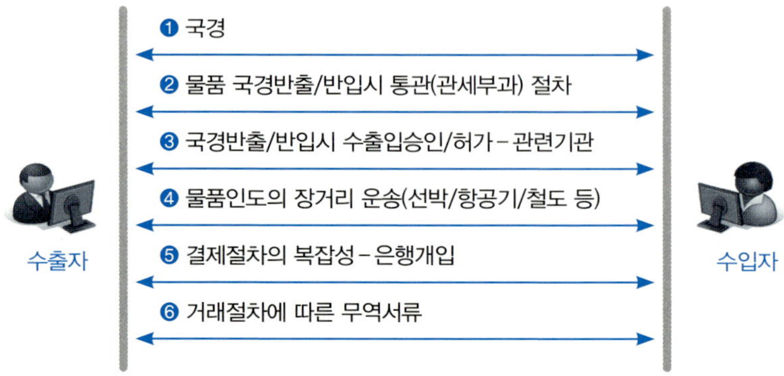

상보험, 안정적인 대금결제를 위해 은행의 역할이 필요하다. 그러므로 무역거래는 국내 거래에 비해 상거래 절차가 조금 더 복잡하고 거래 절차와 과정마다 많은 관련 서류의 작성과 처리가 뒤따른다.

셋째, 무역거래는 국가 간의 정치체제, 행정정책, 언어, 상관습 등의 차이로 인해 여러 가지 마찰과 분쟁이 발생할 소지가 있다. 이에 따라 UN, 국제상업회의소(ICC: International Chamber of Commerce) 등 여러 국제기구들은 그동안 무역거래에서 보편화된 상관습을 수용하여 통일규칙을 제정하고 이를 당사자들의 합의에 의해 사용하도록 권고하고 있다.

마지막으로 1990년대 이후 무역거래는 인터넷을 기반으로 하는 정보교환을 통해 이루어지고 있으며, 전자문서교환(EDI: Electronic Data Interchange)을 기반으로 하는 전자무역을 적극적으로 활용되고 있다. 전자무역은 인터넷을 통해 해외시장 정보를 탐색한 후, 이를 바탕으로 거래를 제의하고 협상을 진행하면서 계약을 체결하고, 전자문서교환시스템을 토대로 수출입통관, 대금결제, 선적처리 등을 실행하고 있다. 이러한 전자무역은 과거 전통적인 무역거래 방식에 비해 시간과 비용의 절약 효과가 클 뿐만 아니라 시간과 공간의 제약 없이 무역업무를 보다 편리하고 신속 정확하게 수행할 수 있다. 우리나라는 2008년부터 KTNET이 전자무역 플랫폼(uTradeHub)을 구축한 후 무역업계가 적극적으로 서비스를 활용하고 있다.

2. 무역거래 절차의 개요

무역거래는 상관습에 따른 차이가 다소 있지만 일정한 절차에 따라서 이루어진다. [그림 10-2]에서 보는 바와 같이 무역거래의 절차는 다음과 같은 과정을 통해 이루어진다.

첫 번째 단계로서 수출자 혹은 수입자는 해외시장조사를 통해 가장 좋은 조건으로 판매하거나 구매할 수 있는 거래처를 물색한다. 거래처가 발굴이 되면 거래를 제의한 후 상대방으로부터 긍정적인 회신이 있으면 수출자에 의해 제시된 오퍼의 거래조건을 중심으로 합의를 위한 상호 흥정을 진행한다.

두 번째 단계로서 수출자와 수입자 간에 거래조건에 대한 합의를 마치면 정식으로 무역계약이 체결된다. 무역계약을 체결할 때는 거래상품에 관한 사항과 더불어 무역계약의 이행에 필요한 거래조건들도 구체적으로 약정한다.

세 번째 단계로서 무역계약이 체결되면 수출자는 계약물품을 정해진 기일 내에 직접 생산하거나 조달하여 수출통관을 마친 후 수입자 앞으로 선적해 보낸다. 계약물품의 선적이 완료되면 수출자는 관련 은행으로부터 수출대금을 회수한다.

네 번째 단계로서 수출자가 계약물품을 선적해 보내면 수입자는 수입대금을 결제하고, 수입화물에 대한 통관 작업을 완료한 후 물품을 인수함으로써 모

[그림 10-2] 무역거래절차의 개요

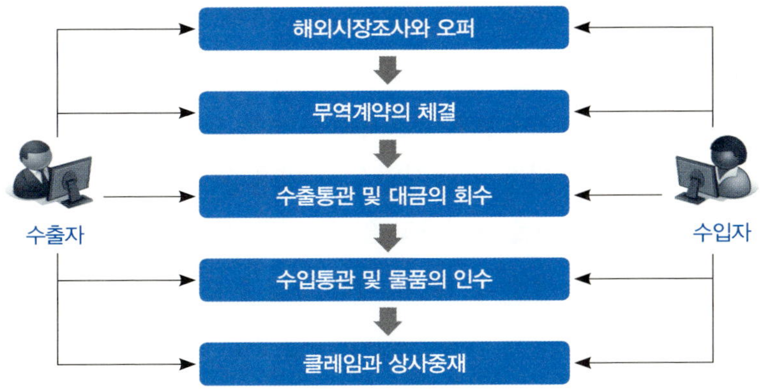

든 수입절차를 마치게 된다.

다섯 번째 단계로서 항상 필요한 절차는 아니지만 만약 수출대금의 회수나 수입물품의 인수와 관련해 어느 일방이 클레임을 제기하면 그에 따른 해결을 시도하게 된다.

3. 무역거래의 유형

무역거래의 기본적인 유형은 수출무역(export trade)과 수입무역(import trade)으로 나눌 수 있다. 수출무역은 국내에서 외국으로 물품을 판매하여 선적한 후 반출하는 것을 말하며, 수입무역은 국내에 필요한 물품을 외국으로부터 매입하여 반입하는 것을 말한다. 더불어 무역은 거래하는 물품의 성격과 결제방식, 생산방식, 거래상황에 따라 다양한 방식이 있다.

(1) 상품무역과 서비스무역

1) 상품무역

국제간의 교역의 대상은 주로 재화, 즉 상품이 일반적이다. 재화로서 완제품 외에도 원료(raw material)나 부품 등도 포함하며 이를 유형무역(visible trade)이라고도 한다.

2) 서비스무역

무역은 상품거래 외에도 용역, 즉 다양한 서비스도 거래 대상이 된다. 용역(services)이란 유체물인 상품과는 달리 상대방에 대한 노무의 제공 등을 말하는 것으로서 건설수출과 같이 단독으로도 무역거래의 대상이 되지만 상품수출에 수반하여 발생하는 상품의 수송에 따른 운송서비스, 운송중인 상품의 손상위험을 커버하기 위한 보험서비스, 금융서비스, 계약을 포함한 법무서비스, 기술서비스, 통신, 경영컨설팅 등을 포함하고 있다. 최근 전 산업분야에 걸쳐 이루어지는 지적재산권 거래도 서비스 거래의 일종이다.

(2) 중계무역과 중개무역

무역은 3자 개입 여부에 따라 **직접무역**(direct trade)과 **간접무역**(indirect trade)으로 나뉜다. 직접무역은 수출상과 수입상이 직접 매매계약을 체결하여 거래를 이행하는 것이며, 간접무역은 제3자를 통하여 거래가 이루어지는 경우로서 중개무역, 중계무역, 통과무역, 스위치무역 등이 있다.

1) 중계무역

중계무역(intermediate trade)은 중계상이 물품을 수출할 것을 목적으로 자기 책임과 비용부담으로 수입한 후 다시 제3국으로 수출함으로써 매매차익을 얻는 거래이다. 그러므로 중계상 입장에서 수입계약과 수출계약은 완전히 별개의 것이고 중계상은 수입금액과 수출금액의 차이를 매매차익으로 얻게 된다.

[그림 10-3] 중계무역

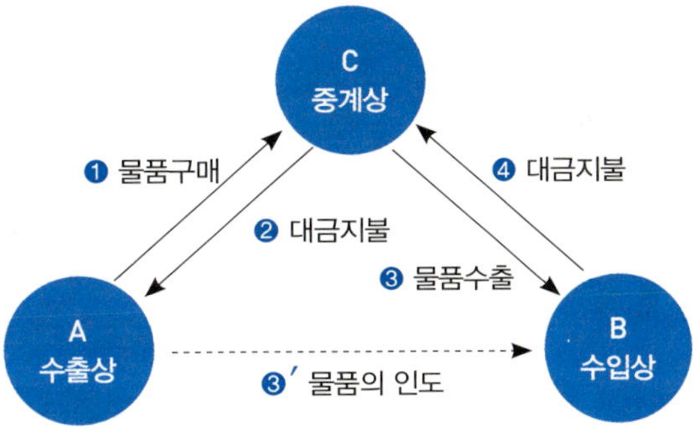

중계무역은 원래 화물이 수출국으로부터 수입국으로 직행하지 않고 제3국에 양륙되어 원형 그대로 혹은 약간의 가공을 해서 실제 수입국으로 재수출되는 경우가 많지만 수출국으로부터 수입국으로 직행하는 경우도 있다. 중요한 것은 무역의 개입으로 얻게 되는 이익이 매매차익이다.

2) 중개무역

[그림 10-4] 중개무역

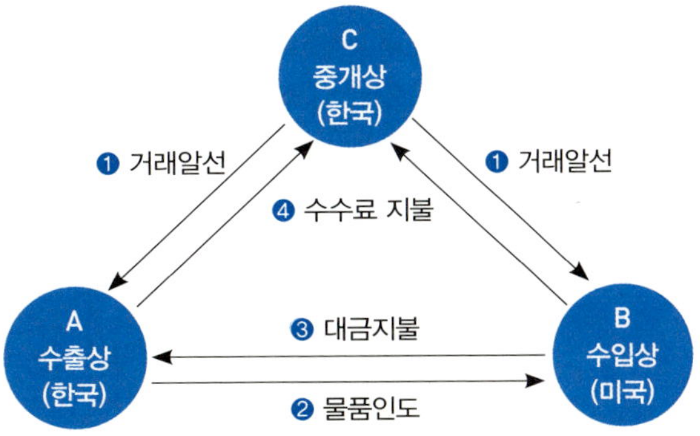

중개무역(merchandising trade)은 수출국과 수입국의 중간에서 제3국의 상인이 알선하여 거래가 이루어지는 경우 제3국의 중개인 입장에서 볼 때의 무역을 말한다.

중개무역에 있어서 제3국의 중개인은 수출국 또는 수입국 상인으로부터 거래의 중개 알선에 따른 중개 수수료(commission)를 받는다. 이 경우 중개상의 거래알선에 따른 커미션의 금액은 일정한 것은 아니지만 통상 송장금액의 3~5%를 수수하는 것이 관례이다.

(3) 상품생산방식에 따른 무역

1) 가공무역

가공무역(improvement trade)이란 입장에 따라 가공을 목적으로 원료 등을 수입하여 가공 후 일정한 대가를 받고 다시 외국으로 수출하는 수탁가공무역(improvement trade on trust)과 이와는 반대로 외국에서 수입하는 위탁가공무역(improvement trade on consignment)으로 나눈다.

위탁가공무역은 가공임을 지급하는 조건으로 외국에서 가공(제조, 조립, 재생, 개조를 포함한다. 이하 같다)할 원료의 전부 또는 일부를 거래 상대방에게 수출하거나 외국에서 조달하여 이를 가공한 후 가공물품 등을 수입하거나 제3국으로 인도하는 거래를 말한다.[i)]

수탁가공무역은 외화가득액을 영수하기 위하여 원자재의 전부 또는 일부를 거래상대방의 위탁에 의하여 수입하여 이를 가공한 후 위탁자 또는 그가 지정하는 자에게 가공물품을 수출하는 거래를 말한다.[ii)]

2) 보세가공무역

보세가공무역(BPT: bonded process transaction)은 정부가 지정한 특정 보세지역에 가공설비를 설치하여 외국에서 들여온 원자재를 가공하여 생산한 제품을 다시 외국으로 수출하는 거래형태를 말한다.

3) 녹다운방식 무역

녹다운(knock-down)방식의 무역이란 완제품을 수출하는 것이 아니라 조립능력이 있는 외국 거래처에 부품이나 반품을 수출하여 현지에서 조립한 후 완제품을 판매하는 방식을 말한다.

---

i) 대외무역관리규정 제1-0-2조 6

ii) 대외무역관리국정 제1-0-2조 7

4) OEM방식 무역

OEM(original equipment manufacturing)방식의 무역이란 외국의 주문자상표를 부착하여 수출하는 국제하청생산방식에 의한 수출입을 말하며, 일명 주문자상표부착방식의 무역이라고 한다. **주문자상표부착 생산방식**은 생산자의 상표를 부착하지 않고 주문자의 상표를 부착하여 수출하기 때문에 마치 주문자가 생산하여 판매하는 것처럼 보인다.

(4) 상품판매방식

물품을 **무환(clean draft)**으로 수출 또는 수입하여 당해 물품이 판매된 범위 안에서 수출대금을 회수하거나 수입대금을 지급하는 조건의 계약에 의한 수출입을 **위탁판매무역(consignment trade)**이라고 하는데, 위탁판매무역은 위탁판매수출과 수탁판매수입으로 구분한다.

1) 위탁판매수출

위탁판매수출(export on consignment)은 물품 등을 무환으로 수출하여 당해 물품이 판매된 범위 안에서 대금을 결제하는 계약에 의한 수출방식으로서 외국의 사업자에게 판매를 대행하게 하는 경우를 말한다.[iii]

2) 수탁판매수입

수탁판매수입(import on trust sales)이란 물품 등을 무환으로 수입하여 당해 물품이 판매된 범위 안에서 대금을 결제하는 계약에 의한 수입으로서 위탁판매수출을 수탁자의 입장에서 보는 거래이다.[iv]

3) 보세창고인도조건 수출

보세창고인도조건 수출(BWT: bonded warehouse transaction)이란 해외의 보세창고에 무환으로 반출하여 현지에서 상품의 매매계약을 체결하여 판매하는 방식이다.

---

iii) 대외무역관리규정 제1-0-2조 4

iv) 대외무역관리규정 제1-0-2조 5

4) 현지법인판매방식 수출

현지법인판매방식 수출(CTS: central terminal station)은 해외에 현지법인을 설립하여 그 법인의 명의로 본국에서 수입하여 현지 판매하거나 직접수출하는 방식으로서 해외시장개척을 위한 방식이다.

(5) 외국인수도 무역

1) 외국인도수출

외국인도수출은 수출대금은 국내에서 영수하지만 국내에서 통관되지 아니한 수출물품 등을 외국으로 인도하는 수출로서 물품이 국외에서 국외로 인도되므로 현지인도방식의 수출이라고도 한다.[v)]

2) 외국인수수입

외국인수수입은 수입대금은 국내에서 지급되지만 수입물품 등은 외국에서 인수하는 수입으로서 제3국 도착수입이라고도 한다.[vi)]

(6) 임대차방식 무역

1) 임대수출

임대수출이란 임대(사용임대를 포함한다)계약에 의하여 물품 등을 수출하여 일정기간 후 다시 수입하거나 그 기간의 만료 전 또는 만료 후 당해 물품 등의 소유권을 이전하는 수출을 말한다.[vii)]

2) 임차수입

임차수입이란 임차(사용임차를 포함한다)계약에 의하여 물품 등을 수입하여 일정기간 후 다시 수출하거나 그 기간의 만료 전 또는 만료 후 당해 물품의 소유권을 이전받는 수입을 말한다[viii)]

---

v) 대외무역관리규정 제1-0-2조 13

vi) 대외무역관리규정 제1-0-2조 12

vii) 대외무역관리규정 제1-0-2조 8

viii) 대외무역관리규정 제1-0-2조 9

(7) 연계무역

무역법상의 연계무역(counter trade)이란 수출과 수입이 연계된 무역거래로서 물물교환, 구상무역, 대응구매, 제품환매 등에 의한 수출입으로 규정하고 있다.

1) 물물교환

물물교환(barter trade)이란 통화결제가 수반되지 않는 순수한 연계무역방식을 말한다. 예를 들어 우리나라의 수출상이 필리핀의 수입상에게 사과를 수출하고 이에 대한 대가로서 바나나를 수입함으로써 상계 처리하는 경우가 곧 물물교환방식이다.

2) 구상무역

구상무역(compensation trade)이란 수출입하는 물품대금의 전부 또는 일부를 그에 상응하는 수입 또는 수출로 상계하는 수출입을 말하며 상계무역이라고도 한다. 구상비율(compensation rate)이 100%인 경우를 물물교환이라고 할 수 있다.

3) 대응구매

대응구매(counter purchase)는 별도거래(two-way trade)방식으로 쌍방간에 이루어지는 형태로서 무역을 국영으로 행하던 구 동구권 국가와 다수의 개발도상국간의 동서교역에 활용되었으며 연계무역의 가장 보편적인 형태이다.

4) 제품환매

제품환매(buy back)란 생산공장 또는 생산설비를 수출하는 조건으로 수출자가 대금회수를 수출한 생산설비에서 생산된 제품으로 하는 방식의 무역을 말한다.

4. 무역관리제도

(1) 무역관리의 의의

무역관리(foreign trade control)란 한 국가의 정부 차원에서 무역거래에 따른 제반 절차와 이를 규제 또는 지원하기 위한 각종 법규 및 제도적 장치를 말한다. 무역관리는 무역거래에 대한 정부의 인가, 허가, 면허, 승인, 인증, 행정지도 등의 방법으로 이루어진다.

무역관리는 국제수지의 균형과 국민경제의 발전을 기하기 어려운 경우에 직·간접적으로 대외거래상품의 품목과 수량을 제한하는 일종의 무역통제정책으로서 무역관리의 정도는 각국의 경제 사정에 따라 서로 상이하게 나타난다. 일반적으로 무역관리는 외국환관리(exchange control) 및 관세(customs tariff)와 함께 자유무역을 규제하는 무역장벽(tariff barriers)을 대상으로 한다.

이러한 무역관리의 목적은 모든 국가가 자유무역을 지향하는 가운데서도 국내산업 발전, 국제수지 균형 등 경제정책의 목표를 달성하기 위하여 대외무역거래에 일정한 규제를 두고 있다. 특히 무역자유화를 지향하는 국제경제는 종래 관세 및 무역에 관한 일반협정(GATT)을 중심으로 무역규제의 완화와 무역의 자유화를 위한 노력이 상당한 실효를 거두어 왔으나, 현재의 세계무역기구(WTO) 체제로 개편됨에 따라 국제무역관리에 새로운 전기를 맞이하게 되었다.

이와 관련 우리나라와 같이 무역의존도가 높은 국가에서는 무역관리의 국민경제적 의미가 크다고 할 수 있다. 우리나라의 대외무역법에서 "이 법은 대외무역을 진흥하고 공정한 거래질서를 확립하여 국제수지의 균형과 통상의 확대를 도모함으로써 국민경제의 발전에 이바지함을 목적으로 한다"고 규정함으로써 이를 뒷받침하고 있다.[ix]

(2) 무역 관련 법규

우리나라의 무역의 기본법규는 대외무역법이며, 여기에 관세법과 외국환거래법을 포함하여 3대 무역 기본법이라고 한다. 이들 3대 무역 기본법은 우리나라 무

ix) 대외무역법 제1조

역관리의 근간이 되고 있다.

1) 대외무역법

대외무역법은 국내외 무역환경의 변화로 기존의 무역관리제도와 무역법체제의 정비가 불가피해짐에 따라 1986년 12월 31일 새로이 제정된 무역관리 기본법으로서, 대외무역을 진흥하고 공정한 거래질서를 확립하여 국제수지의 균형과 통상의 확대를 도모함으로써 국민경제의 발전에 이바지함을 목적으로 하고 있다.

현행 대외무역법이 지니는 특징을 살펴보면 다음과 같다.

첫째, 대외무역법은 대외무역에 관한 일반법이며 기준법으로서 헌법 제125조 '국가는 대외무역을 육성하며 이를 규제·조정할 수 있다'는 규정에 따라 제정되었다.

둘째, 대외무역법은 대외무역의 자유화를 원칙으로 한다. 통상의 확대를 통한 국민경제의 발전에 도모하기 위하여 모든 품목의 수출과 수입은 자유롭게 이루어지도록 한다. 다만 수출은 수출자율규제나 국내 수급의 조정이 필요한 경우 수입은 1차 산품이나 불요불급의 사치품인 경우 예외적으로 규제한다.

셋째, 대외무역법은 자유롭고 공정한 무역을 원칙으로 한다. 정부는 헌법에 의하여 체결 공포된 무역에 관한 조약과 일반적으로 승인된 국제법규가 정하는 바에 따라 자유롭고 공정한 무역이 이루어지도록 한다.

넷째, 대외무역법은 국제성의 인정 및 제한의 최소한을 원칙으로 한다. 대외무역법은 국제 상관습법이나 국제조약을 준수하며, 국제법규나 국제협정의 무역에 관한 제한 규정이 있을 경우에는 최소한의 범위 내에서 운용되도록 한다.

마지막으로, 대외무역법은 수출입질서와 대외신용도 유지 및 향상을 중요시한다. 수출입 질서유지를 위한 협약을 체결하고 불공정 수출입행위를 금지시키는 등 수출입 질서와 대외신용의 유지 향상을 위해 적극적인 역할을 하고 있다.

2) 관세법

관세법은 관세의 부과·징수 및 수출입물품의 통관을 적정하게 하고 관세수입을 확보함으로써 국민경제의 발전에 이바지함을 목적으로 하고 있다.[x)]

---

x) 관세법 제1조

3) 외국환거래법

외국환거래법은 외국환거래 기타 대외거래의 자유를 보장하고 시장기능을 활성화하여 대외거래의 원활화 및 국제수지의 균형과 통화가치의 안정을 도모함으로써 국민경제의 건전한 발전에 이바지함을 목적으로 하고 있다.[xi]

외국환거래법의 내용을 보면 거주자와 비거주자의 구분, 환율 및 지정통화, 외국환은행, 외국환수급계획, 외국환의 집중, 결제방법의 제한, 무역외거래 및 자본거래에 대한 제한 등에 관하여 규정하고 있다.

(3) 수출입물품 관리

대부분의 국가들은 경제, 정치, 사회적 목적에 따라 수출입물품의 범위를 제한하고 있다. 우리나라의 경우 수출입공고를 통해 수출입 물품의 품목, 수량, 금액, 대상 지역 등을 한정하고 있다.

1) 수출입물품의 제한

물품은 원칙적으로 아무런 제한 없이 수출입이 이루어지지만 대부분의 국가들은 특정한 목적에 따라 수출입물품의 범위를 제한하고 있다.

우리나라의 경우 헌법에 의하여 체결·공포된 조약과 일반적으로 승인된 국제법규 의한 의무의 이행에 생물자원의 보호 등을 위하여 필요하다고 인정하는 경우에는 물품들의 수출 또는 수입을 제한하거나 중지할 수 있다.

즉 국내 유치산업보호, 국제기구(WTO, IMF 등)의 규정, 국민의 공공질서, 위생과 안전, 미풍양속, 양자 혹은 다자간 무역협정의 준수 등을 반영하여 대외무역법과 품목 관련 개별법에 따라 수출입공고제도를 두고 있는데, 물품의 수출입과 관련해 품목을 자동승인 품목, 제한승인 품목 그리고 금지품목 등으로 구분하고 있다. 참고로, 수출제한 품목에 해당할 경우 주무부서인 산업통상자원부장관이 지정하는 기관에서 사전수출허가 또는 승인을 얻어야 한다.[xii]

---

xi) 외국환거래법 제1조

xii) 수출승인 여부는 관세청 홈페이지(http://www.hscode.co.kr) 품목분류 번호(HS code) 검색을 통해 확인할 수 있다.

[그림 10-5] **수출입승인 제도**

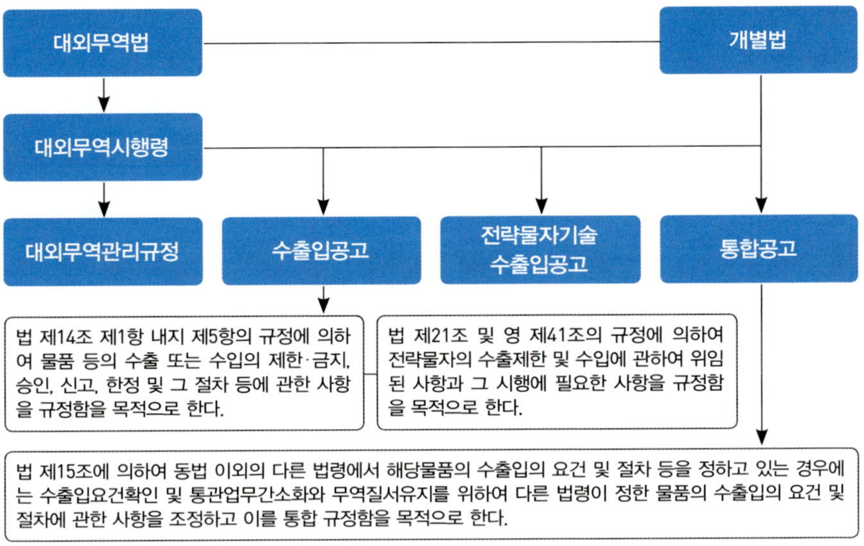

수출입공고 별표 2에서 확인할 수 있는 수출제한 품목의 경우 해당 승인기관으로부터 승인을 받으면 수출을 할 수 있다. 즉 천연모래, 자갈, 왕자갈, 쇄석, 대리석 등은 한국골재협회에서, 잉곳(ingot), 철이나 비합금강의 반제품 등은 한국철강협회에서 승인을 받는다.

수출 승인기관의 장이 수출승인을 하는 경우 승인의 요건을 갖추었는지 확인하게 되는데, 확인사항으로 첫째, 수출하려는 자가 승인을 받을 수 있는 자격이 있는 자인가, 둘째, 수출하려는 물품 등이 수출입공고와 이 규정에 따른 승인요건을 충족한 물품인가, 셋째, 수출하려는 물품 등의 품목분류번호(HS)의 적용이 적정한가 하는 것을 검토한 후 승인 여부를 결정한다.

산업통상자원부 고시[2] 수출입공고 별표 1에서 확인할 수 있는 수출금지품목은 고래고기, 화강암, 사암, 모피 등이 있다.

2) 수출입공고[3]

수출입품목에 대한 관리제도는 수출, 수입에 대한 직접규제방식으로서 개별품목의 수출입제한 혹은 금지 여부에 대한 종합관리 체계로서 수출입품목을 관리하기 위한 기본공고로서 본문에 우리나라의 수출입품목관리를 위한 기본원칙을 정하고 있다. 수출입공고와 통합공고는 상호 독립적이므로 수출입공고에 수출입자유품목으로 분류되어 있다고 할지라도 통합공고에서 수출입을 제한하고 있는 경우 그 조건을 충족시켜야 한다.

한편 수출입공고 별도공고로서 수출입공고의 보완적 성격을 가진 것으로 수출입공고는 개별품목에 대한 수출입 제한 여부를 정하고 있으나, 수출입 별도공고는 특정사안별로 수출입요령을 정하고 있다. 예를 들면, 수출자유지역업체의 수출입 승인절차, 항공기 및 동 부분품의 수입, 산업피해조사 품목의 수입, 통상정책상 필요에 따른 물품 등의 수출입 등에 관한 수출입 요령을 규정하고 있다.

3) 통합공고

수출입공고나 수출입공고 별도공고와는 달리 경제정책목표 달성을 위한 규제가 아니라 경제외적 목적을 달성하기 위한 공고체계이다. 따라서 공중도덕 보호, 국민보건, 안보, 사회질서 유지, 문화재 보호, 환경 보호 등을 위하여 해당 품목을 관장하는 50여 개 개별법에서 수출입을 제한하고 있는 경우에는 동 개별법상의 제한요건을 수출입 통관 때까지 충족해야만 수출입을 할 수 있다.

4) 전략물자의 수출입허가

전략물자란 국제 평화와 안전을 위하여 다자간 국제수출통제체제 원칙에 따라 수출허가 등 제한이 필요한 물품과 기술 등을 말하는데, 세부 품목은 산업통상자원부 '전략물자기술수출입통합고시'로 지정 고시된다. 전략물자는 단순히 전쟁에서 사용하는 무기뿐만 아니라 무기를 만들 수 있는 원료, 물품, 기술 등이 모두 포함된 넓은 개념이므로 일상생활에서 흔히 쓰이는 용품이라도 재질에 따라 전략물자로 분류될 수 있다.

그동안 세계 주요 국가들은 대량살상무기의 확산을 방지하기 위해 전략물자의 수출을 관리·통제 왔는데 아직까지 테러 등 위험이 줄지 않자 수출뿐만 아니라 국내에서의 유통과 감시도 강화하도록 요구하고 있다. 이에 우리나라 대외무역법은 2007년 4월부터 모든 제조업자, 수출업자, 수입업자 및 중개업자들로 하여금 의무적으로 전략물자의 확인, 신고 및 수출허가를 받도록 하고 있다.

5) 품목분류기준

무역거래에서는 수출입상품을 분류하고 관세를 산정하기 위해 거래상품마다 품목번호를 부여하고 있다. 현재 사용되고 있는 품목분류기준은 세계관세기구에서 제정한 신국제통일상품분류(HS: Harmonized Commodity Description and Coding System)이다. 우리나라의 HS(HS Korea) 품목분류에서는 세계 공통의 6단위 분류를 기준으로 하고 국내의 제반 사정을 감안한 자체 분류 4단위를 더해 모두 10단위로 품목을 분류해 놓고 있다.

무역계약의 체결과정

제 2 절

1. 계약체결 절차의 개요

무역계약이 체결과정을 살펴보면 수출의 경우 수출자가 먼저 해외시장조사를 통해 거래선을 발굴하고, 발굴된 가망고객을 대상으로 거래 제의서나 권유장(circular letter, business proposal)을 송부한다.

수입의 경우도 수입할 물품을 선정한 후 시장조사를 통해 어느 국가의 어느 수출자로부터 수입하는 것이 유리한가를 판단할 필요가 있다. 해외시장조사를 통해 외국의 잠재적인 수출자를 선정하여 먼저 구매의사를 타진하는 절차가 필요하다.

수입자가 제품에 대한 상세한 문의와 함께 구매의사가 포함된 거래문의서(inquiry)를 수출자에게 보내면 수출자는 거래문의(조회)의 내용에 따라 제품의 품명, 수량, 가격, 인도시기, 결제 등의 거래조건이 명시된 오퍼(selling offer)를 보낸다. 만약 수입자가 이 오퍼에 대해 승낙(acceptance)을 하면 매매계약은 성립된다. 하지만 수입자가 오퍼의 거래조건 중 가격인하라든가 선적일자 조정 등 다른 제안을 하고자 하는 반대청약(counter offer) 의사가 있으면 이를 놓고 양 당사자가 합의에 이르기까지 밀고 당기는 협상이 진행된다. 협상과정을 거쳐 양 당사자가 거래조건에 대한 완전한 합의가 이루어지면 매매계약이 성립하게 된다.

거래조건에 대한 협상을 진행하면서 거래의 성사 가능성이 커지면 상대방에 대한 신용조사(credit inquiry)를 통해 믿고 거래를 지속할 수 있는 상대인지 파악한다. 특히 상대와 처음 거래를 시도하는 수출자 혹은 수입자는 상대방과 거래의 가능성이 있다고 판단되면 필요에 따라 상대의 재무상태, 영업능력, 그리고 평판 등에 대해 전문 신용조사기관이나 은행, 동업자 등 적절한 기관에 신용조회를 의뢰하여 원하는 정보를 얻는다.

매매계약의 주요 내용은 특정 상품의 품질, 수량, 가격, 선적, 대금결제방법 등에 관한 것이지만 요지는 특정 물품을 약정한 가격에 매매하기로 약속하는 것이다. 매매계약서는 매매당자 중 어느 일방이 합의된 거래조건을 토대로 새로 작성하여 한 부씩 나누어 갖기도 하지만 수출자의 오퍼에 대해 동의한다는 의사표시로 수입자가 수출자에게 주문서(order sheet)를 보내면 수출자가 주문승낙서(acknowledgement of order)를 수입자에게 보내는 것으로 매매계약서를 대신하기도 한다.

[그림 10-6] 수출입 거래절차

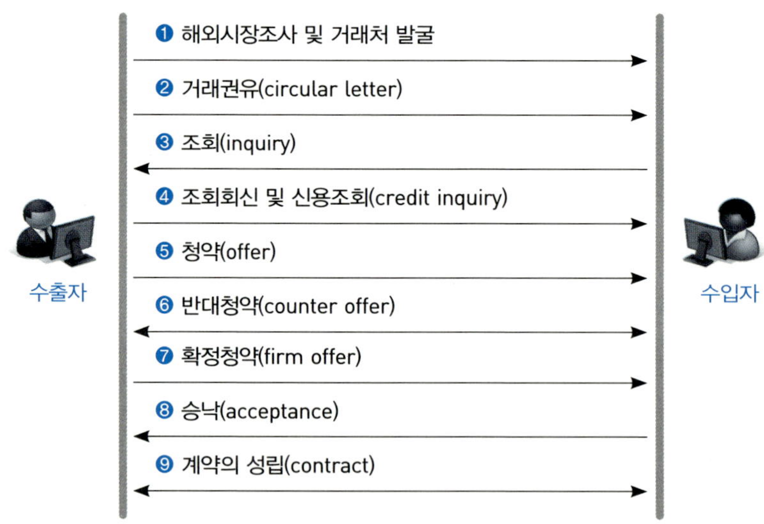

2. 해외시장조사

(1) 해외시장조사의 의의

해외시장조사는 특정 품목의 무역거래를 전제로 실시하는 활동 중 하나로서 수출하고자 하는 국가나 지역의 시장 상황, 거래선 발굴과 신용정보 등 해외시장 진출을 위한 의사결정에 필요한 정보를 체계적으로 수집하고 분석하는 과정을 말한다.

수출자는 해외의 구매 잠재력을 가진 수입자를 찾아내고 특성에 맞는 상품을 제공하기 위해 정확하게 시장을 파악하는 것이 필요하다. 면밀한 시장조사는 효과적인 마케팅 전략과 유통방안을 마련하는 데 기초적 자료로 활용된다.

수입자는 수입할 물품을 선정한 후 시장조사를 통해 어느 국가 어느 수출자로부터 수입하는 것이 유리한가를 판단할 필요가 있다. 해외시장조사를 통해 외국에 있는 최상의 수출자를 선정하여 먼저 구매의사를 타진하는 절차로 이어진다.

(2) 해외시장조사의 목적

수출자의 해외시장에 대한 마케팅 활동은 먼저 해외시장조사를 바탕으로 목표시장을 선정하고, 거래선을 발굴하여 새로운 시장을 개척하고 확대하는 방식으로 전개된다. 즉 해외시장조사의 분석 결과를 토대로 마케팅 전략을 수립하고 실행함으로써 시장을 효과적으로 관리할 수 있는 것이다.

수입자 역시 해외시장조사는 원하는 물품을 최적의 조건으로 구매할 수 있도록 하는 데 목적이 있다. 오늘날 원부자재나 부품에 대한 글로벌공급체제를 고려하면 최적의 해외 공급선을 안정적으로 확보하는 것은 완제품 생산의 가격경쟁력과 품질을 보장하는 데 필요한 선결 조건이다.

(3) 해외시장조사의 방법

해외시장조사의 방법은 직접조사와 간접조사가 있다. 직접조사는 관심 국가를 직접 방문하거나 직간접 접촉을 통한 방법으로서 서신을 통한 거래 제의, 사절

단의 전시회 혹은 박람회 참가, 관련 회사의 직접 방문 등이 있다.

직접방문은 조사비용이 많이 들어가기 때문에 일반적인 정보를 수집하는 목적보다는 구체적인 정보나 상대가 특정되어 있는 경우 활용하는 것이 효과적이다.

간접조사는 한국무역협회(KITA), 한국무역진흥공사(KOTRA), 대한상공회의소, 업종별 협회 등 국내외 무역 관련기관을 활용하거나 현지에 진출해 있는 오퍼상이나 에이전트를 활용하는 방법, 수출입은행이나 수출보험공사를 통해 지역 업체의 정보를 조회하는 방법이 있다.[4)]

최근에는 정보통신의 발달로 구글이나 네이버 같은 검색엔진, 바이코리아, 트레이드코리아, 고비즈코리아, EC21, ECPLAZA 등과 같은 전자상거래를 위한 무역거래 전문알선 사이트를 통해 필요한 시장정보와 자료 등 무역거래에 필요한 정보를 수집하여 활용하는 방법을 선호하고 있다.

[그림 10-7] 트레이드코리아를 통한 시장조사

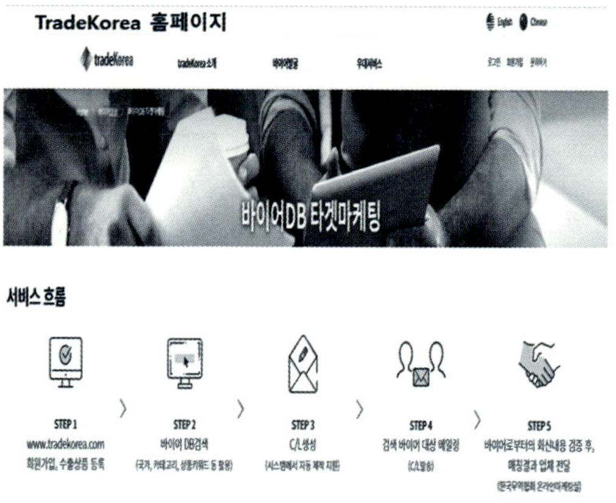

일례로 [그림 10-7]에서 보는 바와 같이 한국무역협회의 트레이드코리아 홈페이지에 접속하면 해외바이어의 데이터베이스 검색, 거래권유장의 생성과 발송, 바이어의 회신 혹은 구매조회(inqury)를 확인할 수 있어서 이를 통해 무역거래를 진행할 수 있다. 한국무역진흥공사의 바이코리아 사이트도 이와 비슷한 서비스를 제공하고 있다.

3. 거래의 제의

수출자의 거래의 제의는 보통 거래권유장(circular letter, business proposal)을 이용한다. 권유장은 미지의 거래선에게 자기회사를 소개하고, 취급상품과 거래실적 등과 같은 영업정보를 안내하여 거래관계를 맺고 싶다는 메시지를 전하는 무역서신이다.

권유장을 작성할 경우에는 상대방을 알게 된 동기, 자사의 간단한 소개 자사의 취급제품 분야, 신용조회처, 맺음말까지 무역서신의 구성요소를 짜임새 있게 갖춘 내용으로 적극적인 거래 제의를 포함하는 것이 바람직하다. 최근 거래 제의는 무역중개사이트나 이메일을 활용하는 것이 일반적이다.

〈Business Proposal/Circular Letter의 예문〉

August 15, 2017

NOL Trading Co., Inc.
37 Liberty St, New York,
N.Y. 1002, U.S.A.

Gentlemen :

Your name has been given by the KOTRA in your city as one of the powerful importers of silken goods in U.S.A. We are manufacturers and exporters in Korea producing all kinds of silken clothes including silken ties.

Our shirts are highly accepted by the Itochu Trading Co. of Japan, Germany, France, etc. In order to diversify our existing market, we are interested in supplying you with our newly designed cloths on favorable terms.

Upon receipt of your drawings or samples, we could submit our samples with competitive prices to you.

We refer you to Korea First Bank or any of the commercial banks in Korea.

We are waiting your reply as soon as possible.

Very truly yours,

Seoul Trading Co., Ltd.
Kil Dong Hong
Manager of Exports Dept.

4. 구매조회

일반적으로 조회(inquiry)란 상품을 수입하려는 수입자가 해외에서 상품을 판매하는 수출자에게 가격조건, 선적조건 그리고 결제조건 등을 포함한 거래조건을 문의하는 서신을 말한다.

〈Buying Inquiry 예문〉

Moeller GmbH
Neuer Wall 50
2000 Hamburg 36
Germany

June 25, 2001

Gentlemen :

We have seen your advertisement in January issue of "Korea Trade News" and are interested in your Electric Shaver of German made for men.

As we are of the leading importers and have many branches in our countries we can handle large quantities.

We should be grateful to you if you would quote us for the supply of the items, giving your lowest possible FOB Hamburg prices. Please also inform us whether you can deliver within four weeks after receipt of our order and make discounts for regular purchases.

If the quality of your Electric Shaver is satisfactory and the prices are right, we expect to place regular orders for fairly large numbers.

We look forward to your early and favourable reply.

Very truly yours
Delta Co. , Ltd
Jason Lee, Marketing Manager

수입자가 조회를 하게 되는 상황은 두 가지 경우로 나눌 수 있다.

첫째, 수출자로부터 거래제의서나 권유장을 받고 거래를 제의한 상품이나 거래조건이 나쁘지 않다고 판단하여 조회하는 경우이다.

둘째, 수입자가 해외시장의 수출자를 먼저 탐색하여 수입자가 상대의 제품 수입에 관심이 있다는 내용의 조회를 하기도 한다. 오늘날과 같은 인터넷 시대에는 수입자가 인터넷 검색을 통해 원하는 해외의 수출자를 쉽게 탐색할 수 있어서 수출자의 권유장(circular letter)를 수신하지 않고도 수입자가 선도적으로 조회하는 현상이 더 많이 발생하고 있다.

조회서신의 주요 내용은 〈buying inquiry 예문〉과 같이 상대방을 알게 된 경위에서부터 자사의 소개, 가격조건, 인도(선적)조건 그리고 결제조건을 포함하여 거래조건에 관한 내용을 문의하고, 거래에 대한 기대감을 나타내는 표현 등으로 구성한다.

5. 신용조회

(1) 신용조사의 의의

최선의 경로를 통하여 거래 상대방의 상호와 주소를 알게 되고, 잠재적인 거래 대상으로서 거래 관계를 진행하면서 거래의 가능성이 커지면 그 거래선에 대한 신용상태를 조회할 필요가 있다. 거래 전에 면밀한 신용조회(credit inquiry)는 거래과정에서 상거래에 따른 위험을 예방할 수 있기 때문이다.

(2) 신용조사의 내용

신용조회의 내용은 해당 업체의 성격, 재정의 상태, 영업능력, 업계의 평판 등을 중심으로 조사하는 것이다. 주요 조사항목으로 채무변제를 이행하려는 태도와 성실성을 판단하는 상도의(character), 기업의 자산과 자본 등을 나타내는 재무상태(capital), 회사의 연혁이나 연간 매출액과 같은 영업능력(capacity)을 3C라고 하며, 이에 더해 거래조건(condition), 담보능력(collateral), 통화(currency)를 넣기도 한다.

(3) 신용조사의 방법

신용조사는 현지의 동업자를 통한 조회(trade reference), 은행조회(bank reference), 상업흥신소(mercantile agency), 수출보험공사, 신용보증기금, 대한무역투자진흥공사 등 전문 신용조회기관에 의뢰하여 조사한다.

6. 수출입승인과 요건의 확인

(1) 수출승인(요건)의 확인

수출계약을 체결한 자는 물품의 수출을 위해서 **수출입공고제도**에 따라 산업통상자원부로부터 **수출허가 또는 수출승인(export license)**을 받아야 하는 품목인지 아닌지를 먼저 확인하고, 규정에 의해 수출을 위해 일정한 요건을 충족해야 한다면 이에 따라야 한다.

(2) 수입승인(요건)의 확인

수입계약을 체결한 자는 물품의 수입을 위해서 수출입공고제도에 따라 산업통상자원부로부터 **수입허가 또는 수입승인(export license)**을 받아야 하는 품목인지

[그림 10-8] 관세청 유니패스(UNIPASS)의 품목분류 검색

여부를 먼저 확인하고, 수입을 위해 일정한 요건을 충족해야 하는지 여부를 확인한다.

수입하고자 하는 품목이 수입금지나 제한 품목이 아닌 경우, 즉 수입자동승인품목으로 지정되어 있으면 별도의 수입추천 또는 승인 절차가 필요 없다. 만약 수입제한품목으로 지정되어 있다면 주무부 장관이 지정하는 기관의 사전수입허가 또는 승인을 얻어야 한다. 수입승인 여부는 관세청 유니패스(UNIPASS)의 품목분류번호(HS code)를 검색하여 확인할 수 있다.[5)]

7. 오퍼와 승낙

(1) 오퍼의 의의

오퍼(offer)이란 대개 물품을 판매하는 수출자인 청약자(offeror)가 수입자인 피청약자(offeree)에게 계약을 체결하기 위해 거래조건을 명시한 의사표시이며, 계약은 양자가 거래조건를 협상하는 과정에서 어느 일방이 그 청약에 대한 승낙(acceptance)을 표함으로써 성립된다.

〈Offer의 예문〉에서 보듯이 청약서(offer sheet)의 기재사항은 품명(commodity name), 단가(unit price), 금액(amount), 수량(quantity), 규격(grade or specification), 원산지(origin), 선적일(shipping date, Delivery-date), 포장방법(packing method), 대금결제 방법(payment condition), 유효기간(validity) 등이 포함된다.

〈Offer 예문〉

Daejin Electronic Co., Ltd

OFFER SHEET

5th April, 2017 Ref. No., 0912

Messrs. H & K Inc.
37th Floor, Pan American Bldg.,
Hong Kong

Dear Sirs,
We are pleased to offer you the following goods on the terms and conditions set forth as follows :

Description	Quantity	Unit Price	Amount
Portable Radio Cassette 110/220 V/60 Hz AM/FM/Cassette	2,000 sets	FOB Korea @US$ 7.50	US$ 15,000.00

1. Payment : By irrevocable and confirmed L/C in our favor.
2. Shipment : By the first available vessel for our port after receipt of L/C.
3. Packing : Export standard packing.
4. Quality : As per sample.
5. Origin : The Republic of Korea.
6. Inspection : Seller's inspection to be final.
7. Validity : This offer is valid until 30th of April, 2017.
8. Remarks : The prices quoted above are net prices.

An early and favorable reply will be greatly appreciated.

Very truly yours,
Jason Lee, Marketing Manager

(2) 청약의 유형

무역계약의 성립은 청약에 대한 승낙이 있으면 즉시 성립되기 때문에 청약은 청약자가 청약의 내용에 대하여 승낙 혹은 회답의 유효기간(validity of offer)을 지정하고, 피청약자가 그 기간 내에 승낙하면 계약이 성립되는 확정청약(firm offer)과 승낙 전에 수출자가 승낙의 조건으로 내건 사항에 대해 다시 확인이 필요한 불확정청약(free offer)이 있다. 불확정청약은 상황에 따라 가격을 미확정으로 하고 시세변동에 따라 변경될 수 있다는 조건이나 재고잔류를 조건으로 선착순 매매 조건 등의 조건부 청약(conditional offer)이다. 참고로 수출자가 보내는 오퍼의 명칭은 'offer sheet'나 'quotation,' 'proforma invoice' 등 다양한 제목으로 사용되고 있다. 서류명이 무엇이든 포함하고 있는 내용과 효력은 차이가 없다.

8. 무역계약의 체결

수출자의 오퍼에 대해 수입자의 승낙으로 매매계약이 성립되며,[6] 양 당사자는 합의한 내용을 토대로 매매계약서(sales contract sheet)를 작성한다. 계약서의 구성내용은 오퍼의 거래조건을 중심으로 합의한 내용과 동일하다. 그런데 실제 계약서의 형식은 다양하다. 일례로 주고받은 청약서(offer sheet)에 양 당사자가 서명함으로써 약식으로 계약서를 대신하기도 하고, 별도로 수출자가 계약 내용을 정리한 매약서(賣約書: Sales Note)나 수입자가 정리한 매약서(買約書: Purchase Note)를 활용하기도 한다. 또한, 지속적인 거래의 편의를 위해 품질, 수량, 가격, 선적, 결제, 포장, 보험 등 기본적인 거래조건에 대하여 일반무역거래조건협정서(General Agreement of Business)라는 이미 인쇄되어 있는 공식적인 매매계약서(sale contract sheet)를 활용한다. 특히 거래조건에 대한 준거법이나 클레임을 제기할 수 있는 기간설정과 표준중재조항을 삽입하고 있는 것이 일반적이다.

제 3 절 무역계약의 내용

수출자와 수입자는 사고팔려는 상품이나 서비스가 무엇인지 명확하게 제시하고 구체적으로 합의해야 하는 기본조건이 있다. 무역계약서의 내용은 크게 나누어 기본사항, 상품에 관한 사항, 계약이행에 관한 사항, 계약 불이행에 관한 사항, 정형거래조건과 준거법에 관한 사항으로 구성되어 있다.[7)]

[표 10-1] **무역계약의 내용 요약**

범주	계약사항
기본사항	• 당사자(Principal) 및 서명 • 계약확정문언 • 계약체결일 • 계약의 유효기간(Validity) 등
상품에 관한 사항	• 품질조건(Conditions of Quality) • 수량조건(Conditions of Quantity) • 가격조건(Conditions of Price) • 포장조건(Conditions of Packing)
계약이행에 관한 사항	• 선적조건(Terms of Shipment) • 결제조건(Terms of Payment) • 보험조건(Terms of Insurance)
계약불이행에 관한 사항	• 불가항력조항(Force Majeure) • 클레임조항(Claim Clause) • 중계조항(Arbitration Clause)
정형거래조건과 준거법	• 정형거래조건(Trade Terms) • 준거법(Governing Laws)

1. 상품 관련 조건

(1) 품질조건

무역계약을 할 때 품질조건(quality condition)은 품질결정 방법과 품질결정 시기가 주된 관심사다. 거래할 상품의 품질은 실물을 서로 확인하고 결정하는 것이 최고의 방법이지만 무역은 대부분 지리적으로 서로 멀리 떨어진 상태에서 거래가 진행됨으로써 실물을 직접 확인하고 거래를 진행하기가 곤란한 상황이 다반사다.

1) 품질의 결정방법

무역 거래에서 품질을 확인하고 결정하는 방법은 물품의 특성과 거래 상황에 따라서 다양하다. 예를 들면 견본을 보고 결정하는 견본매매(sales by sample), 상표, 표준품, 규격품, 브로셔나 카탈로그 등을 참고하는 설명매매(sales by description), 직간접적으로 제품의 성능이나 상태를 확인하는 점검매매(sales by inspection) 등이 있다.

2) 품질의 결정시기

품질의 결정시기는 수출을 하는 지역인 선적지에서 최종 결정하는 선적지 품질조건(shipped quality terms)과 상품이 수입지에 도착해서 판단하기로 하는 양륙지 품질조건(landed quality terms)이 있다.

(2) 수량조건

물품의 종류에 따라 수량조건(quantity condition)을 표시하는 방법은 중량, 용적, 길이, 개수, 포장단위 등이 있다. 특히 용적, 중량, 길이 등의 단위에 대해 국제적으로 통일되어 있지 않아 나라별로 다른 단위를 사용할 수 있기 때문에 계약서에 사용하는 단위에 대한 정확한 합의가 필요하다. 또한, 휘발성이 있거나 분말 형태의 물품과 같이 운송과정에서 누손이나 누설이 불가피해 도착지에서 수량의 변동이 생길 수 있는 품목은 계약서상에 정확한 수량을 확정하기 어렵다. 이런 경우 과부족인정조건(M/L: More or Less Clause)을 삽입해 모자라거나 넘치는 부분에 대해 일정한 과부족 한도를 합의한다.

(3) 포장조건

포장조건(packing condition)은 포장의 형태나 단위 등과 관련된 무역의 계약조건을 말한다. 무역계약에서 화물의 파손을 방지하기 위하여 화물의 종류나 성질, 도착지, 운송 중 기후, 환적, 도착지국의 법규와 상거래 관습, 포장비와 운임 등이 고려하여 포장에 대한 조건을 합의하고 포장 내용에 대한 명세서를 작성한다는 약정을 한다.

1) 포장의 형태

포장의 형태는 화물의 종류에 따라 달라지나 박스와 케이스, 상자, 드럼, 번들 등으로 구분된다. 포장단위는 개장과 내장, 외장으로 나뉜다. 개장은 화물 낱개를 포장한 것으로 상표와 브랜드, 제조자, 제품의 성분 및 용량 등이 표시된다. 내장은 개장을 다시 포장한 것이며, 외장은 내장을 포장한 것을 말한다. 내장과 외장의 포장재료로는 골판지, 목재, 철강재, 열연재, 충격 방지재 등이 사용되는데, 화물의 성질이나 운송의 수단과 거리 등을 고려하여 선택된다.

2) 포장명세서의 내용

포장명세서(packing list)는 포장 내용물에 대한 설명서로서 수량과 순중량, 총중량, 용적 등이 기재된다. 신용장 관련 서류 중 상업송장, 선화증권과 같은 운송서류와 함께 가장 많이 쓰이는 서류로서 명세서의 내용이 신용장이나 상업송장에 기술된 내용과 엄밀하게 일치해야 한다.

2. 가격조건과 인코텀즈

(1) 가격조건의 의의

제품의 원가를 포함하여 무역거래 과정에서 발생하는 여러 가지 비용을 수출자와 수입자 중 누가 무엇을 부담하는가를 나타내는 거래조건을 가격조건(price term)이라고 한다. 어떠한 가격조건으로 합의하는가에 따라 수출자의 영업장소나 공장에서 최종 물품을 인도받을 때까지 물품의 이동구간에서 발생하는 위험과 비용, 소유권 이전의 분기점이 달라진다. 어느 지점을 분기점으로 선택하느냐에 따라 물품의 원가에 부가되는 비용의 금액이 달라지고 결국 최종적으로 견적되는 가격이 달라진다.

무역거래를 성사시킬 때마다 이러한 분기점에 대해 논의하고 합의한다는 것은 불편하고 비효율적이다. 자칫 합의한 조건에 대해 혼란이 발생해 분쟁으로 이어질 수도 있다. 이러한 불편함을 해소하기 위해 오래전부터 국제적으로 표준화되고 통일된 규칙을 제정하여 사용하고 있다.

(2) 인코텀즈와 가격조건

1920년에 창립된 국제상업회의소(International Chamber of Commerce)는 국제무역 거래 당사자들 간에 법률, 언어, 화폐제도와 관습이 다르므로 인해 발생하는 무역거래의 분쟁을 사전에 예방하기 위한 목적으로 무역조건의 해석에 관한 국제규칙(International Rules For the Interpretation of the Trade Terms)으로서 인코텀즈(INCOTERMS)를 제정하였다.

인코텀즈의 가격조건은 수출자와 수입자 간에 물품에 대한 위험부담이 어느 시점 어느 장소에서 이전되는지의 문제, 비용부담의 분기점, 수출자가 수입자에게 제공해야 할 서류의 종류와 그 적격요건 등을 명시하고 있다. 아울러 운송계약 체결과 선박지정, 선적일과 구체적 선적지정의 결정, 보험의 부보 등에 관한 의무, 의무를 위반한 경우에 대한 조치와 위반자의 추가 의무 등을 명확히 구분하고 있다.

(3) 인코텀즈 2020[8)]

인코텀즈는 1936년 1차 제정한 이래 운송과 무역환경의 변화를 반영하여 10여 년 마다 한 번씩 지금까지 여덟 번의 개정을 반복하면서 현재 인코텀즈2020 버전이 사용되고 있다.

인코텀즈2020은 [그림 10－9]에서 보는 바와 같이 11개 가격조건을 성격에 따라 E그룹·F그룹·C그룹·D그룹으로 구분하고 있다. 공장인도(EXW), 운송인인도(FCA), 선측인도(FAS), 본선인도(FOB), 운임포함인도(CFR), 운임보험료포함인도(CIF), 운송비지급인도(CPT), 운송비보험료지급인도(CIP), 도착장소인도(DAP), 도착지양하인도(DPU), 관세지급필인도(DDP) 등이 이에 해당한다. 이 중 세계적으로 가장 많이 사용되는 것은 본선인도(FOB) 조건, 운임포함인도(CFR) 조건과 운임보험료포함인도(CIF) 조건, 운송인인도조건(FCA) 등이다.

인코텀즈는 정형거래조건으로서 무역거래 당사자들 간의 참고로 하는 규칙일 뿐 강제 규칙이 아니므로 거래 당사자가 준거 규칙으로 채택할 것을 합의한 경우에만 유효하게 적용된다.

[그림 10-9] INCOTERMS 2020

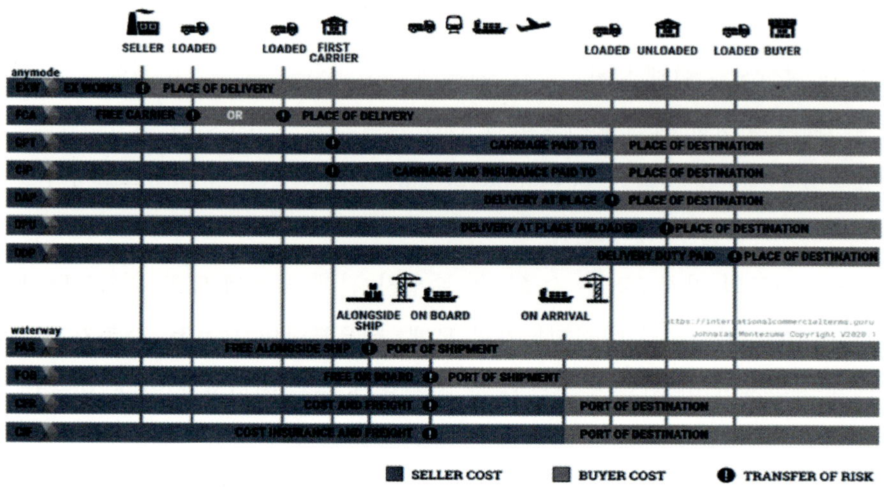

3. 선적조건

(1) 선적조건의 의의

무역계약에서 선적조건(shipment condition)은 선적시기와 방법, 선적지연에 관한 약정이다. 즉 본선의 적재는 물론 수탁과 발송의 개념까지 포함하여 선적시기, 분할선적이나 환적, 선적지연과 선적일의 증명 등을 포함하는 선적조건을 거래 당사자 간에 약정하는 것이다.

(2) 선적시기

선적시기의 약정에는 단월조건과 연월조건, 특정일 이전조건 등이 있다. 단월조건은 정해진 1달 내에 선적하는 조건이며, 연월조건은 연이은 2달 이내에 선적조건이며, 특정일 이전조건은 특정하게 정해진 날 이내에 선적하는 조건이다. 최근에는 결제일 혹은 주문일로부터 몇 주 이내(within 00 weeks)라고 약속하기도 한다.

(3) 선적방법

선적방법은 대개 분할선적(partial shipment)과 환적(transshipment)의 가능 여부를 정하는 것과 관련이 있다.

분할선적은 한 건의 계약으로 대량 거래나 수입자의 요청에 따라서는 선적을 2회 이상 분할하여 선적하는 것이다. 보통 신용장이나 계약서에 명시되어 있지 않으면 분할선적을 할 수 있다고 간주한다.

환적은 목적지로 향하는 운송과정에서 다른 선박이나 다른 운송수단으로 옮겨 다시 선적을 하는 것을 말하며, 복합운송에서는 당연시된다. 또한, 신용장에 금지조항이 없는 한 가능한 것으로 간주한다.

(4) 선적지연의 처리

선적지연은 약정된 선적일 내에 선적되지 않는 경우를 말한다. 수출자의 귀책사유로 발생되면 계약위반이 발생하여 수입자가 계약을 해지할 수 있다. 불가항력(force majeure)으로 인해 선적지연이나 선적을 불이행한다면 수출자는 이를 증명하는 서류를 갖추어 수입자에게 통지한다. 이때는 보통 면책이 되며, 3주에서 1개월까지 선적시기가 자동으로 연장된다. 한편 선적일의 증명은 선화증권의 발행일을 기준으로 한다.

(5) 가격조건과 선적

선적조건은 합의한 가격조건에 따라 물품의 인도시기와 장소가 결정된다. 예를 들면 FOB Busan 조건으로 계약한 경우 우리나라 수출자의 비용과 위험의 분기점은 부산항의 본선적재 후 갑판 위이며, 그 지점이 인도장소이다. 또한, CIF Los Angeles 조건의 경우 우리나라 수출자 기준으로 비용과 인도장소의 분기점은 미국의 LA항이 된다.

4. 보험조건

운송 중 예기치 못하는 사고로 인한 상품(화물)의 손실과 망실에 대비하여 적하보험을 부보하게 되며, 합의한 가격조건에 따라 보험계약의 체결의무 당사자는 달라진다.

보험조건(insurance condition)은 기본조건, 부가위험 담보조건, 확장담보조건으로 구분된다. 해상적하보험에 가입하고자 하는 경우 반드시 기본조건 중에 하나를 선택해야 한다. 기본조건의 종류는 신약관상을 기준으로 구약관의 A/R (All Risk)와 담보범위가 같은 ICC(A), W.A와 유사한 ICC(B), F.P.A와 유사한 ICC(C) 세 가지 조건이 있다.

실제 가격조건이 FOB나 FCA 등과 같은 선적지 계통의 조건은 수입자가 운송 중 손실에 대비해 자기 자신을 위해 수입화물에 대한 적하보험을 들어야 하고, CIF나 CIP와 같은 보험료를 포함하는 양륙지 계통의 조건은 수출자가 수입자를 위해 부보할 의무가 있다.

5. 대금결제조건

(1) 대금결제조건의 의의

대금결제조건(payment term)은 무역거래에서 대금지급에 관한 조건을 말한다. 계약자유의 원칙에 따라 매매당사자 간에 편리한 조건을 임의로 정할 수 있기 때문에 무역계약을 체결할 때 대금지급의 시기, 방법, 장소, 결제통화 등에 관한 조건을 약정할 수 있다.

(2) 대금의 지급시기

결제대금의 지급시기는 선적전 지급, 선적시 지급, 선적후 지급으로 나뉜다. 이 셋 중 두 가지 이상을 혼합한 혼합방식의 지급도 있다.

선적전 지급(advanced payment)은 수출자의 신용이 두텁고 거래 관계가 빈번하여 신뢰할 수 있을 때 사용되며, 선지급 또는 선불이라고 한다. 선적시 지급은 선적시 또는 물품인도시 대금을 지급하는 조건이다.

선적후 지급은 선적 후 일정한 기간이 경과된 뒤 대금을 지급하는 방법으로 후지급이라고 한다. 한편 혼합방식의 지급은 플랜트수출과 조선 등 대형거래에 사용되는 중장기 연불방식과 누진지급방식, 할부지급방식 등이 있다.

(3) 대금의 지급방법

대금지급의 방법은 은행을 통해 직접 지급하는 방법과 은행의 신용과 업무절차를 이용하는 방법이 있다. 직접 지급은 대개 우편환(M/T: Mail Transfer)과 전신환(T/T: telegraphic Transfer), 수표 등이 있으며, 은행의 신용과 업무절차를 이용한 지급은 화환어음 추심방식(collection)과 신용장(L/C: Letter of Credit) 방식이 있다.

이 밖에도 대금지급의 장소와 결제통화를 미리 약정해야 한다. 대금지급의 장소는 특약이 없는 한 수출자의 영업장소 혹은 물품이나 서류를 상환하는 조건의 경우 그 상환장소가 대금지급 장소가 된다. 결제통화는 국가마다 고유의 통화를 사용하고 있기 때문에 매매당사자간 어느 나라의 어떠한 통화를 사용할 것인지에 대하여 별도로 정할 필요가 있다.

6. 무역분쟁 해결조건

무역거래의 계약이행 후 클레임의 발생에 대비하여 어떻게 해결할 것인지를 약정하는 무역거래조건이다. 무역계약에서 거래당사자 간에 약정하는 분쟁해결조건은 중재조항, 재판관할조항, 준거법 조항 등이 있다.

중재(arbitration)는 가장 보편적인 해결방법으로 국제상사재판이라고도 한다. 단심제로 진행되어 분쟁을 빠르게 끝낼 수 있고, 비용이 적게 들며 무역전문가를 활용하여 현실적이며 합리적인 해결을 모색하는 제도이다. 중재의 경우 당사자의 비밀이 보장되며 판정의 결과는 뉴욕협약(New York convention)에 의해 국제적으로 집행력을 보장받을 수 있다.

매매계약서에 중재조항을 약정할 때에는 중재기관과 중재장소, 준거법 등을 명시하는 것이 바람직하다.

재판관할조항은 분쟁을 법원의 판결로 해결할 경우 필요한 조항이다. 당사자 자치의 원칙을 존중하는 방법으로 뉴욕협약에 가입되어 있지 않거나 기타 사유로 중재 합의를 할 수 없을 때 사용된다. 이때는 재판을 관할하게 될 구체적인 법원을 약정해 두는 것이 유사시 혼란이 없다.

준거법 조항은 무역계약의 성립과 이행, 해석에 관하여 어느 나라 법을 적용할 것인가를 약정하는 것이다. 국가별로 법제의 해석기준이 서로 다르기 때문에 계약당사자가 어느 국가의 법을 준거법으로 할 것인가를 명확히 약정해야 한다.

참고문헌

1) 구종순·박광서·최낙일, 『글로벌 무역개론』, 박영사, 2015년, 252쪽.

2) 산업통상자원부고시 제2020-106호, 2020년 7월 6일 발령, 2020년 7월 13일 시행.

3) 오원석 외, 『무역상무』, 삼영사, 2020년, 58쪽.

4) 김동연·이준호, 『무역실무의 모든 것』, 원앤원북스, 2009년, 96쪽.

5) 관세청 홈페이지(http://www.customs.go.kr)

6) 이신규, 『무역실무』, 두남, 2013년, 49-54쪽.

7) 전순환, 『무역실무』, 한울출판사, 2006년, 83-112쪽 .

8) 국제상업회의소 홈페이지(http://iccwbo.org)

핵심내용정리

- 무역거래의 의의, 무역거래 절차의 개요, 무역거래의 유형
- 무역관리제도
  - 무역 관련 법규, 수출입품목관리제도: 수출입공고제도, 품목분류기준
- 무역계약의 체결과정
  - 무역계약 절차의 개요, 해외시장조사, 신용조사, 거래제의(circular letter), 조회(inquiry), 오퍼(offer): Proforma Invoice
- 무역계약의 내용
  - 품질조건, 수량조건, 가격조건, 인코텀즈(INCOTERMS), 보험조건, 선적조건, 대금결제조건, 무역분쟁 해결조건, 국제상사 중재제도

토론과제

1. 우리나라 관세청이 운영하는 UNIPASS에 접속하여 관심 있는 품목의 품목분류번호(HS Code)와 수출입제한 여부, 요건 등을 조사해보자.
2. 무역협회(KITA)와 한국무역진흥공사(KOTRA) 등 웹 기반의 해외시장조사가 가능한 홈페이지를 접속하여 관심 있는 제품의 거래 관련 정보를 수집하여 정리해보자.
3. 본문의 Business Proposal/Circular Letter를 읽고, 뜻을 파악해보자.
4. 본문의 Buying Inquiry를 읽고, 뜻을 파악해보자.

Chapter 11

무역계약의 이행과 전자무역

Execution of International Trade and e-Trade

제 1 절 무역계약 이행절차의 개요

제 2 절 수출계약의 이행절차

제 3 절 수입계약의 이행절차

제 4 절 전자무역을 통한 무역계약의 이행

본 장에서는 먼저 물품에 대한 무역거래의 매매계약이 성립한 이후 계약이행을 위한 실무적 내용과 절차를 살펴본다. 무역거래에서 합의한 계약의 내용에 따라 수출자와 수입자는 약속한 의무를 수행하고 그 계약에 따른 권리를 주장할 수 있다.

수출자의 주요 의무는 계약에서 판매하기로 약속한 물품을 확보하여 약속된 기일 내에 선적을 완료하여 수입업자에게 물품이 정확히 인도될 수 있도록 하는 것이다. 이후 판매대금을 청구하여 회수하는 절차를 밟는다.

반면 수입자는 계약의 내용에 합의한 방식대로 대금결제를 위한 조치를 하거나 바로 대금결제를 한 후 선화증권이 포함된 선적서류를 인도받고 물품을 인수하는 것으로 거래를 마무리하게 된다.

따라서 본 장에서는 수출입실무 중 무역계약의 이행과정을 전자무역과 연계하여 다음과 같이 서술한다.

첫째, 무역계약의 이행 절차의 개요를 먼저 설명한다.

둘째, 수출자의 입장에서 수출자의 계약이행 실무절차를 설명한다.

셋째, 수입장의 입장에서 수입자의 계약이행 실무절차를 설명한다.

넷째, 한국의 전자무역 플랫폼 uTradeHub의 활용을 전제로 수출입계약 이행과정을 설명한다.

무역계약 이행절차의 개요

제 1 절

무역계약이 체결된 이후 계약의 양 당사자는 계약에 따른 약속을 이행하게 된다. 수출자는 계약에 합의한 판매 물품을 확보하는 절차를 착수하는 반면 수입자는 계약에 합의한 방법으로 수출자 앞으로 신용장(L/C: letter of credit) 개설을 한다든가 송금을 위한 대금결제 준비가 이루어져야 한다.

수출자는 수출승인 혹은 허가(export license)가 필요한 품목이라면 수출자는 수출하고자 하는 물품에 대한 수출승인 절차를 밟고 해당 물품을 확보하여 선적하기 전에 수출신고(export declaration)를 통한 수출신고필증(export permit)을 발급받는 수출통관 작업을 실행한다.

수출자는 선적을 하기 위해 수출물품을 선적할 포워더(forwarder)나 선사와 접촉하여 운송계약을 체결하고, 물품을 선적(shipment)하고 선화증권(B/L: bill of lading)을 발급받는다. 선적 완료한 이후 취득한 선화증권과 발행한 환어음을 포함한 선적서류를 준비하여 은행에 선적서류의 매입(Nego: negotiation)을 의뢰함으로써 수출대금을 회수한다.

반면 수입자는 수출자가 보내온 선적서류를 은행으로부터 입수한 후 수입승인 혹은 허가(import license)가 필요한 품목이라면 수입하고자 하는 물품에 대한 수입승인 절차를 사전에 밟는다.

다음으로 수입자는 수입물품의 인수를 위해 세관 당국에 수입신고를 하면서 관세를 납부하고 수입신고필증(import permit)을 발급받은 후 물품의 운송을 담당한 포워더나 선박회사에 선화증권을 제시하고 물품을 인수한다.

우리나라는 수출자가 수출품을 제조하기 위한 원부자재를 해외에서 수입하여 그 원부자재를 활용하여 생산한 수출품에 대해서는 그 원부자재를 수입할 때 납부한 관세와 부가가치세 및 기타 내국소비세 등을 세관에 신청하여 환급받을 수 있는 관세환

[그림 11-1] 수출입 계약의 이행절차

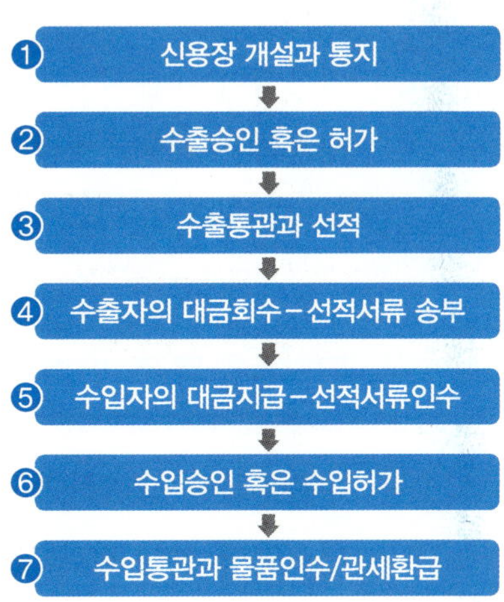

급제도를 두고 있다. 수출계약의 이행 절차를 단계별로 상세하게 설명하면 다음과 같다.

제 2 절 수출계약의 이행절차

1. 계약물품의 확보

수출물품의 확보는 수출자가 직접 생산하거나 임가공 하청방식으로 타사의 공장을 이용하여 생산하거나 이미 타사에서 생산된 완제품을 구매하는 세 가지 방법이 있다.[1)]

수출업자가 직접 생산하거나 타사에 생산을 의뢰하여 임가공 하청방식으로 물품을 제조-가공할 경우 생산에 필요한 원자재나 부품을 외국에서 수입하거나 국내에서 조달할 수 있다. 국내에서 조달할 때 활용할 수 있는 결제와 거래수단으로 내국신용장(local L/C)이나 구매승인서에 의한 방법이 있다.

내국신용장과 구매승인서는 수출용 원자재를 국내 공급자에게 구매할 때 활용하는 결제방식이다. 이러한 결제방식은 수출용 원자재를 공급하는 기업에게 수출실적을 인정해 주며, 부가가치세 영세율을 적용받을 수 있는 혜택을 받을 수 있게 해준다. 특히 내국신용장은 수출용 원자재를 공급하는 기업에게 개설은행이 대금의 지급을 보증해주는 결제방식이며, 구매승인서는 당사자의 거래계약을 제3의 기관인 은행이 거래의 확인을 해주는 것이며 대금지급을 보증하지는 않는다.

2. 수출물품의 검사

수출물품을 생산하면 계약에 따라 수출업자의 자체 검사, 수입자나 수입업자의 대리인에 의한 검사, 전문 검사기관에 의한 검사가 진행될 수 있다.

수출국의 법령에 따라 일부 수출품에 대해서는 대외 신뢰도의 유지와 향상을 위해 당국의 수출검사법에 의하여 검사를 받지 않고는 수출할 수 없는 물품이 있다. 확인 후 해당 제품은 수출검사법이 정하는 바에 따라 품질검사, 포장검사, 재료검사, 설계와 제조검사 등을 주요 내용으로 하는 수출검사를 받게 된다.

우리나라의 경우 공산품을 대상으로 하는 수출검사제도는 폐지되었으나, 동물과 식물 등을 수출하는 경우 수입국의 요구사항을 충족하는지에 관한 검역제도가 있다.[2)]

3. 운송계약과 화물보험

수출검사를 마친 물품이나 검사 대상 품목이 아니라 할지라도 물품을 생산하고 포장을 완료하게 되면 수출업자는 수출통관 절차를 진행하기 전에 선적을 위하여 국제물품운송을 담당하는 선사나 포워더 등 국제운송회사와 미리 화물운송계약을 체결한다.

미리 공표된 선박과 항공편의 운항 일정을 확인하고 선적요청서(shiping request)를 이용하여 예약한다. 물론 FOB 계열의 가격조건으로 수출계약을 체결한 경우에는 물품운송을 위한 국제운송은 수입업자의 의무가 된다. 즉 수입업자가 자신의 화물을 위해 스스로 선복의 수배를 해야 한다. 하지만 실제 현장에서 많은 경우 수입자는 편의상 수출자에게 특정 선사나 선박을 노미네이션(nomination)한 후 자신을 대신하여 운송 업무를 대행시키기는 것이 일반적이다. CIF 계열의 가격조건으로 수출계약을 체결했다면 선복수배와 운송계약 체결, 그리고 화물을 위한 적하보험은 당연히 수출업자가 수행한다.[3)]

4. 수출승인의 신청

수출입공고, 수출입별도공고, 통합공고에서 수출제한으로 지정된 품목을 수출하는 경우 해당 추천기관에 수출승인(export license) 혹은 요건확인, 전략물자에 해당된다면 전략물자의 수출허가를 신청하고 수출승인서나 수출허가서를 받아야 한다. 수출품목이 승인 혹은 허가 대상인지 여부를 확인하기 위해 먼저 관세청 유니패스(UNIPASS) 포털에서 정확한 품목분류(HS) 번호를 확인할 필요가 있다.

(1) 품목분류(HS code) 확인

수출하고자 하는 품목이 수출제한 품목으로서 수출승인을 받아야 하는지 아닌지를 확인하기 위해서는 우선 수출품에 대한 분류번호를 확인해야 한다. 여기서 상품의 분류번호는 수출입 물품에 부여되는 상품분류 코드(HS code)를 말하는데, 이 코드는 국제통일상품분류체계에 관한 국제협약(The International Convention on the Harmonized Commodity Description and Coding System: HS 협약)에 따라 수출입 물품에 부여되는 상품분류 번호이다.

코드 6자리까지는 국제적으로 공통으로 사용하는 코드이며, 7자리부터는 각 나라에서 6단위 범위 내에서 이를 세분해 10자리까지 사용할 수 있다. 우리나라에서는 10자리까지 사용하며 이를 관세·통계통합품목분류표(HSK, HS of Korea)라고 한다. 참고로 EU는 8자리, 일본은 9자리를 사용한다.

[그림 11-2] UNPASS를 통한 HS Code확인

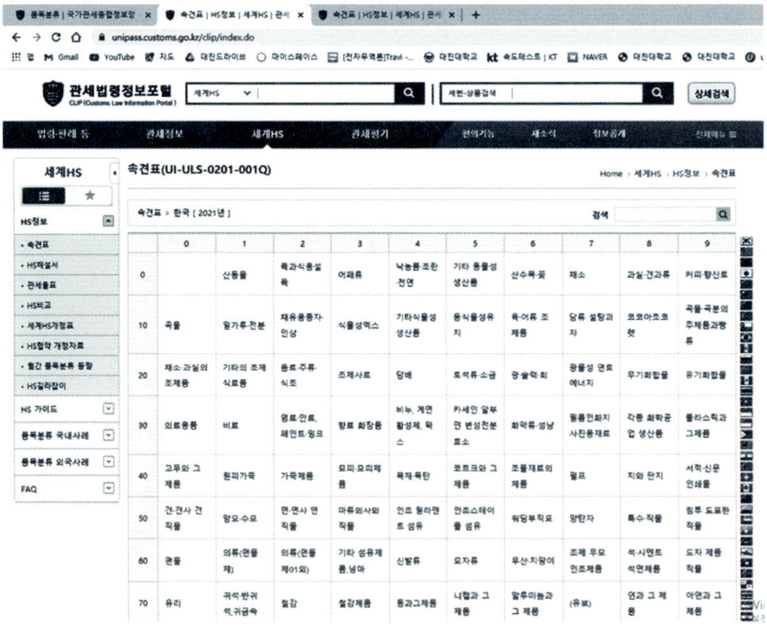

HS code 구조의 예시

① 01: 류(Chapter) 산동물이 분류되는 류(類)로서 앞 2자리를 말한다.

② 0102: 호(Heading) → 소(牛)가 분류되는 호(號)로서 앞 4자리를 말한다.

③ 0102.90: 소호(Subheading) →기타의 소가 분류되는 소호(小號)로서 앞 5, 6자리를 말한다.

④ 0102.90-1000: 『젖소』가 분류되는 10자리 코드를 말하며, 7단위 이하는 6단위에서 정하는 범위 내에서 각국이 이를 세분하여 사용할 수 있음. 우리나라는 마지막 4자리를 세분하여 10단위로 사용하고 있다.

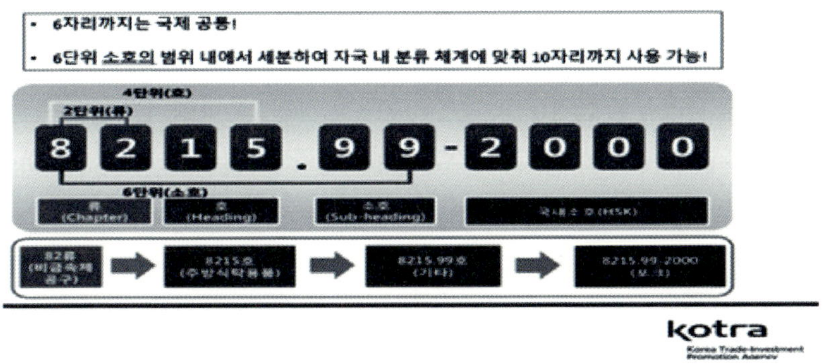

예를 들어, 남자들이 많이 사용하는 '전기면도기'의 HS CODE를 관세청 홈페이지에서 검색하면 8510.10-0000이다. 풀이하면 부(Section)는 제16부 기계류·전자기기와 이들의 부분품으로서 류(Chapter)는 제85류 전자기기와 그 부분품으로 분류되어 있고 호(Heading)는 8510 면도기·이발기·모발제거기에 해당된다. 소호(Subheading)는 8510.10으로 면도기로 분류되어 있다.

HS CODE가 중요한 이유는 수출제한 여부와 승인기관과 승인 절차를 확인할 수 있으며, 수입의 경우 바로 해당 관세율을 확인할 수 있기 때문이다.

(2) 수출승인신청

수출품목이 수출제한 품목에 해당하는 경우 관련 승인기관으로부터 승인을 받아야 한다. 수출 승인기관의 장이 수출승인을 하는 경우 승인의 요건을 갖추었는지 확인하고 수출승인서를 발급한다.

수출승인을 신청할 때 기본적으로 필요한 서류는 수출승인신청서, 수출신용장, 수출계약서 또는 주문서 등 무역계약을 입증하는 서류와 기타 승인기관이 요청하는 서류를 제출한다.

5. 원산지증명서 발급

원산지증명서(C/O: Certificate of Origin)란 수출물품의 원산지를 증명하는 국적 확인증서의 성격을 띠는 통관을 위한 관련 서류를 말하며, 상공회의소나 세관에서 발급한다.[4] 화환어음의 부대 서류로서 적성국, 생산국 등을 판별하려는 목적도 있으나 대개 양허세율을 적용하기 위한 근거 서류로 이용된다.

최근에는 자유무역협정(FTA)이 체결된 국가간 교역에 있어서 수출물품이 자뮤무역협정에서 정한 원산지기준을 충족하였음을 확인하는 서류로서 수입국에서 자유무역협정 특혜관세를 적용받기 위해 통관할 때 제출하는 서류이다. 발급방식에 따라 기관발급 또는 자율발급으로 구분된다.

현재 수출기업이 국제원산지정보원에서 운영하는 자유무역협정 원산지관리시스템(FTA-PASS)에 접속해 원산지증명서(C/O)를 신청할 경우 보다 빠르고 간편하게 처리할 수 있다.[5]

관세청의 전자통관시스템(UNIPASS)과 원산지관리시스템을 연계하여 수출자가 기관발급 원산지증명서를 신청하는 경우 전자통관시스템의 수출신고 정보가 원산지증명서 신청서에 자동으로 기재됨으로써 발급에 편의를 도모하고 있다.

[그림 11-3] 원산지증명서 발급절차

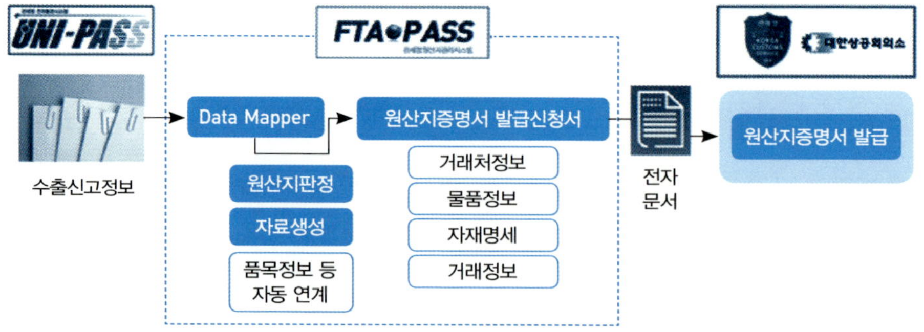

6. 수출신고

수출업자는 물품을 선적하기 전에 관세법이 정하는 바에 따라 세관을 통해 수출통관 절차를 밟아야 한다. 수출통관(export declaration)이란 내국 물품을 외국으로 반출하는 것을 허용하는 세관장의 처분으로서 수출신고를 통해 수출신고필증(export permit)을 교부받는 절차이다.[6] 즉 수출물품의 보세구역 반입을 완료한 업체는 수출신고필증을 받기 위해 수출신고를 한다. 수출통관을 위한 수출신고는 화주, 관세사, 통관법인 또는 관세사법인의 명의로 할 수 있다. 대부분 실제로 수출 화주가 스스로 자가통관을 하는 경우보다는 통관을 대행하는 관세사나 관세법인에 위임하여 수출신고 절차를 밟는 것이 보통이다.

수출신고 업무는 세관의 수출담당부서에서 취급하며, 수출자가 수출신고를 할 때 주의할 사항은 수출신용장에 명기된 선적기일을 기준으로 여유를 두고 미리 처리하는 것이다. 수출통관 과정에 필요한 감정이나 이화학적 분석 등을 하게 되는 경우 상당한 시일이 필요할 수도 있어서 선적기일에 임박하여 수출신고를 하면 선적이 지연되어 분쟁이 발생할 우려가 있기 때문이다.

세관에 수출신고를 하게 되면 [그림 11-4]에 보는 바와 같이 수출국, 수출방식, 수출 물품의 특성에 따라 자동수리, 서류심사 후 수리, 수리 전 물품검사

[그림 11-4] 수출신고 절차

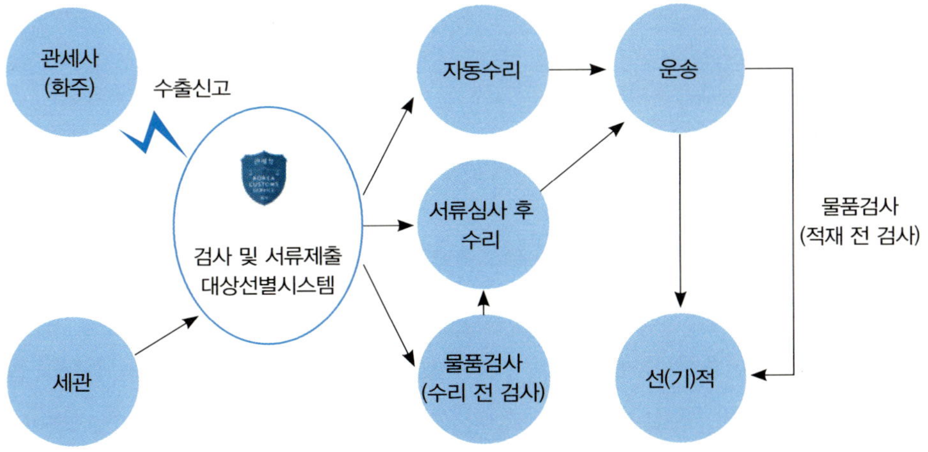

로 분류되어서 신고 절차가 처리된다.

물품의 적재 전 검사는 2001년 9.11 테러 이후 세계관세기구(WCO)에서 교역안전과 무역원활화의 균형을 강조하는 무역기조가 각국에 확산되면서 우리나라는 2004년에 교역안전을 강화하는 내용을 포함하는 적재 전 검사제도를 도입한 바 있다.[7)]

7. 물품의 선적

운항일정을 확인하고, 선적예약을 확정하기 위한 선적요청서(S/R: Shipping Request)를 선사 혹은 포워더(forwarder)에게 송부하고, 운송계약이 확인되면 수출물품을 계약한 운송업자에게 인도하고 선화증권(B/L: Bill of Lading)을 발급받는다.

[그림 11-5] 운송계약 및 선적과정

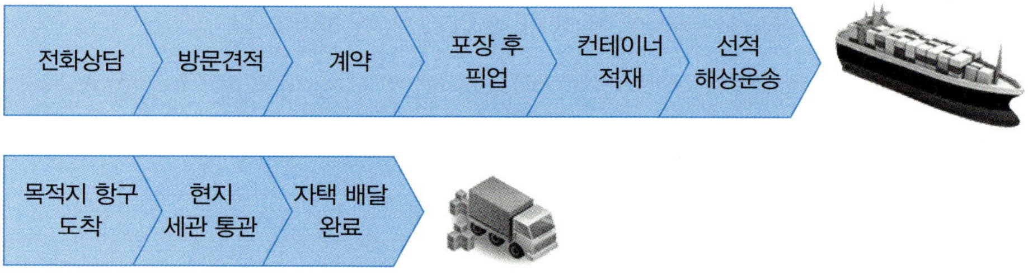

8. 수출대금의 회수

수출통관과 선적이 완료되면 수출업자는 대금회수를 위한 절차에 들어간다. 송금으로 대금결제를 하기로 했다면 대부분 선적을 전후하여 수입자에 의해 처리된 전신환(T/T: Telegraphic Tranfer)이나 우편환(M/T: Mail Transfer)의 도착과 입금을 바로 확인할 수 있다.

추심이나 신용장 방식의 경우 수출자는 상업송장, 포장명세서, 선화증권, 해상적화보험증권, 원산지증명서, 등의 선적서류(shipping documents)를 준비하고 환어음을 발행한 후, 거래하고 있는 외국환은행에 수출환어음 매입(네고)을 의뢰(Nego: Negotiation)하여 수출대금을 회수한다. 신용장 방식의 경우 신용장에 요구하는 서류가 무엇인지 확인하고 이를 정확하게 충족시켜야 한다.

9. 관세환급과 사후관리

관세환급이란 수출품을 제조하는데 소요된 원자재나 원료를 수입할 때 납부한 관세를 세관 당국에서 수출자에게 되돌려 주는 제도이다. 물론 수입한 원자재와 원료를 사용하여 수출용 완제품을 제조하였다는 것을 입증하는 서류를 제출하는 조건으로 환급한다.

이를 위해 수출환어음의 매입을 완료한 후 수출자는 수출신고필증과 함께 수출과 관련한 서류를 준비하여 원료나 원자재의 수입통관 과정에서 납부하였던 수입관세에 대한 환급을 신청한다.

수입계약의 이행절차 (제 3 절)

무역계약에서 설명한 바와 같이 수출업자의 청약(offer)에 대해 수입업자의 승낙으로 매매계약은 성립되고, 양 당사자가 합의한 내용을 정리한 매매계약서(sales contract)를 상호 교환함으로써 계약이 마무리된다.

수입자의 입장에서 수입거래의 계약이행 절차는 결제방식과 거래대상에 따라 조금 다르기는 하나 여기서는 설명의 편의를 위해 신용장 방식을 활용하여 수입하는 경우를 중심으로 기술하고자 한다.

수입자는 수입계약 체결 후 가장 먼저 준비해야 하는 업무는 대금결제를 위해 거래은행에 수출자를 수익자로 하는 신용장을 개설신청하는 조치이다. 다음으로 운송을 위한 계약 업무를 수행한다. 은행을 통해 수출자가 송부한 선적서류가 도착했다는 통지를 받으면 신용장의 결제조건에 따라 대금을 지불하거나

[그림 11-6] 수입계약의 이행절차

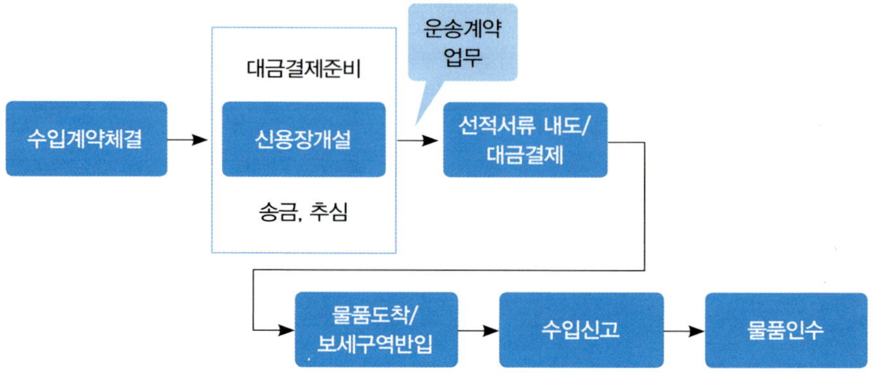

대금지불을 약속하고 선적서류를 인수하여 수입신고 준비를 한다.[i)]

물품이 보세구역 내 반입을 확인한 후 수입신고를 통해 관세를 납부하고 수입신고필증을 발급받는다. 이후 운송업자에게 수입신고필증과 선화증권을 제시하고 물품을 인수하면 일단의 수입절차는 마무리된다.

1. 대금결제를 위한 준비

수입대금 결제방식은 기본적으로 송금, 추심, 신용장, 팩토링(fatoring)이나 포페이팅(forfaiting)과 같은 채권양도 방식 등이 있다. 수입거래의 계약이행 절차는 결제방식과 거래대상에 따라 조금 다르기는 하나 여기서는 신용장 중심으로 자세히 설명하고자 한다.

(1) 송금

송금(remittance)은 전신환(T/T: Telegraphic Transfer)과 우편환(M/T: Mail Transfer) 방법이 있다. 송금은 수입자가 물품대금을 수출자에게 은행에서 계좌이체로 선입금하는 것과 같다. 물론 송금하는 시기에 따라 수출자가 계약된 물품을 선적하기 전에 송금(in advance)한다거나 선적 후 수입자가 선적서류를 받고 난 후

i) 일람불조건(at sight)은 서류인수와 동시에 대금을 지급하며, 일람후조건(after sight)은 선적서류를 인수하고 향후 약속한 기일 내에 대금을 지급한다.

의 시점에 사후송금을 하는 방법이 있다.

수출국에 수입자의 지사나 대리인이 있는 경우는 현지에서 현물을 받거나 선적서류를 받는 즉시 송금하는 현물 혹은 서류상환(cash on delivery) 방식도 송금의 또 다른 형태이다.

(2) 추심

추심(collection)방식은 은행을 이용한다는 점에서 신용장 방식과 거의 같으나 은행이 지급보증을 하지 않고 서류배달과 대금의 수령을 대행해주기만 한다.[8)] 즉 수출자(채권자)가 먼저 계약 물품을 선적한 후 거래 외국환은행에게 수입자에 대한 해당 수출 건의 대금회수를 대신해 줄 것을 의뢰하는 방식이다.

추심결제 방식에서 수출자를 대신하여 수출지에서 수입지의 거래은행에게 대금지급 청구서(환어음)와 선적서류(선화증권, 보험증권, 상업송장 등)를 발송하는 외국환은행을 추심의뢰은행(remitting bank)이라 하고, 수입지에서 수입자에게 환어음과 선적서류를 제시하여 수출대금을 회수해 주는 은행을 추심은행(collecting bank)이라 한다.

추심의 진행과정을 살펴보면 수출자에 의해 추심을 의뢰받은 외국환은행(추심의뢰은행)은 다시 수입지에 있는 추심은행에게 수출자의 환어음과 선적서류

[그림 11-7] 추심방식의 대금회수 절차

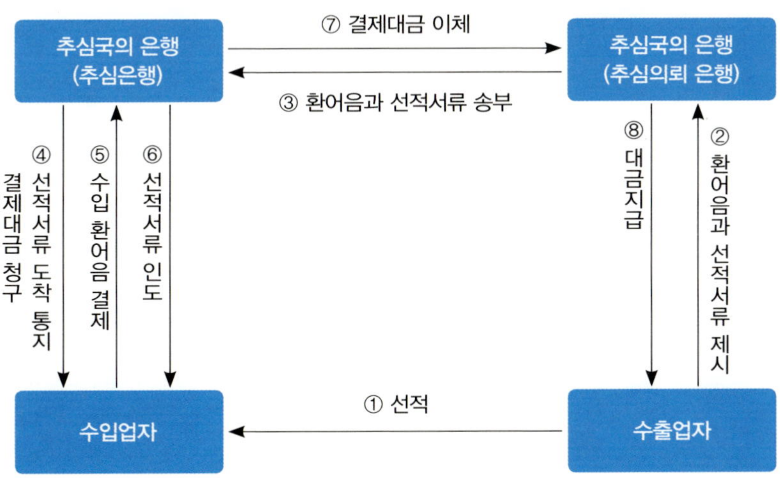

를 넘겨주고, 이것을 수입자에게 제시하여 수출대금을 회수하여 다시 결제대금을 수출지의 추심의뢰은행에게 송부하는 방식으로 처리한다.

추심방식은 지급조건에 따라 일람불조건으로서 지급도(D/P: Document Against Payment)조건과 기한부 조건으로서 인수도(D/A: Document Against Acceptance)조건이 있다.

일람불조건의 지급도(D/P)방식의 경우 추심은행과 수입자가 환어음과 선적서류를 현금과 서로 바로 교환하는 것이 특징이나 외상거래인 인수도(D/A)방식의 경우는 추심은행이 제시하는 인수증에 수입자가 "Accepted"라는 의사표시와 함께 서명하면 추심은행이 선적서류를 수입자에게 넘겨주고 미래 일정시점인 환어음 만기일에 현금을 회수하게 되어 외상거래의 성격을 띠게 된다.

(3) 신용장

신용장(L/C: Letter of Credit)은 수입자의 요청에 따라 수입자의 신용을 수출자에게 보증하기 위해 은행에서 발행하는 증서이다. 신용보증의 조건은 수출의 이행을 증명하는 선적서류의 종류와 내용을 정확하게 신용장에서 요구하는 제반 조건과 일치하도록 구비하여 제시할 때에만 신용장의 개설은행이 대금의 지급을

[그림 11-8] 신용장의 거래 흐름도

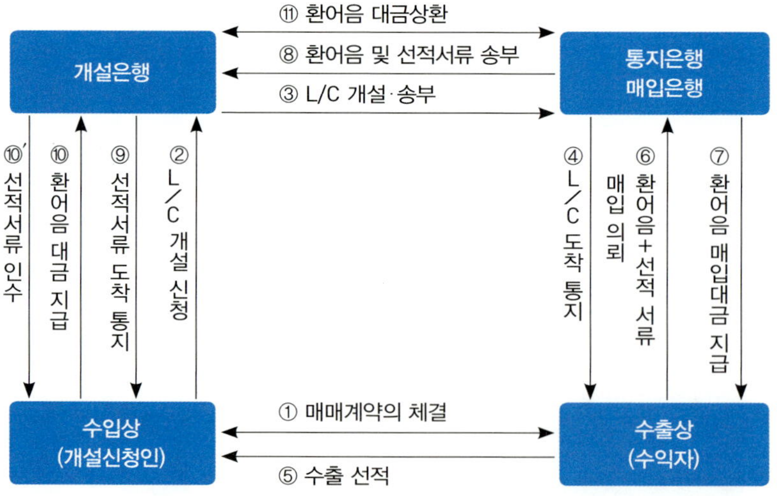

보증하는 조건부로 지급을 확약하는 것이다.[9)]

수입자는 신용장의 개설의뢰인(applicant)이며 수출자는 해당 신용장의 수익자(beneficiary)가 된다. 그러므로 개설은행은 수입자의 요청과 지시를 받은 후 수입자의 신용 상태를 판단하여 신용장을 발행(개설)해 준다. 신용장은 결제방식에 따라 일람불 조건의 신용장(at sight L/C)과 일람후 조건의 신용장 (after sight or USANCE L/C)이 있다.

1) 일람불 신용장

일람불(at sight L/C) 조건의 신용장은 매입(네고)은행이 수입자에게 환어음과 선적서류를 제시할 때 선적서류를 인수하면서 바로 대금결제가 이루어지는 방식이다.

2) 일람후 신용장

일람후(after sight or USANCE L/C) 조건의 신용장은 매입(네고)은행이 환어음과 선적서류를 수입자에게 제시할 때 은행으로부터 먼저 선적서류를 인수하여 수입하는 물품을 인도받고 나서 약속한 기일(예를 들면 30일, 60일, 90일 후…) 이내에 대금결제를 하는 외상거래 방식이다. 유산스(USANCE) 방식이라고도 하며, 대금지급을 유예하는 신용을 누가 제공하느냐에 따라 수출자가 신용을 공여하는 수출자(송하인) 유산스(shipper's USANCE)와 은행이 신용을 공여하는 은행 유산스(banker's USANCE)가 있다.

2. 선적서류의 내도와 대금결제

수출자로부터 선적서류(shipping documents)를 매입한 수출지의 선적서류 매입은행은 발행은행에게 매입한 선적서류를 송부하여 서류를 매입할 때 수출자에게 지급한 무역거래 대금을 발행은행으로부터 회수하고, 발행은행은 우선 수입자에게 선적서류가 도착했음을 통지한다. 선적서류의 통지를 받은 수입자는 발행은행에게 약속된 신용장의 무역거래 대금을 지불하고 선적서류를 인수한 후 수입통관절차를 거쳐 이를 운송업자에게 제시하여 물품을 인도 받는다.

여기서 말하는 선적서류는 환어음을 포함하여 거래의 내역을 나타내는 상업송장(commercial invoice), 포장명세서(packing list), 물품의 선적을 증명하는 서류이자 물품의 권리증서인 선화증권(Bill of Lading), 보험서류인 적하보험증권(cargo insurance policy), 원산지증명서(certificate of origin) 등과 같은 서류 묶음을 일컫는다.

3. 수입승인의 신청

수출입공고 관련 제도에 따라 수입이 제한되는 물품을 수입하고자 하는 경우 수입자는 해당 물품을 관장하는 기관에서 수입승인신청서(applicaton for import license)나 요건의 충족 혹은 전략물자 수입허가신청서(applicaton for import permission)를 제출하여 승인이나 허가를 받아야 한다. 물론 수입승인을 받은 후 수입자는 수입승인 유효기간 내에 수입대금을 지급하고 물품의 수입을 마무리해야 한다.

우리나라 수출입공고에 따른 수입제한 품목의 일부 사례를 들면 고무제품

수입승인/전략물자 수입허가품목의 예시

(1) 군용-경찰용 항공기 발진장치, 갑판 착륙장치

HS code: 8805.10-1010

이 품목은 한국항공우주산업진흥협회의 승인을 받아 수입할 수 있으며, 동시에 방위사업법에 따라 군용의 것은 방위사업청장의 허가를 받아 수입할 수 있는 것으로 검색되었다. 기본 수입세율은 0%이다.

(2) 의약품으로서 스트렙토마이신이나 이들의 유도체를 함유한 것

HS code: 3004.10-2000

이 품목은 통합공고의 마약류관리에 관한 법률에 따라 향정신성원료의약품에 해당되어 한국의약품수출입협회장에게 전자문서교환방식(EDI)에 의한 수입요건확인을 받고, 원료의약품 및 완제의약품은 한국의약품수출입협회장의 확인을 받아 수입할 수 있다. 기본 수입세율은 8%이다.

공기타이어 중 항공기용, 불꽃점화식의 왕복식 또는 로터리식의 피스톤식 내연기관 중 항공기용, 터보제트엔진, 가스터빈엔진 및 기타 반동엔진 중 항공기용, 인공위성 및 기타 우주선, 군경용 모의 공중전장치 및 부분품, 글라이더, 행글라이더 및 기구와 비행선, 항공기용 의자 등이 있다.

수입품목이 수입제한 품목에 해당되는 경우 관련 승인기관으로부터 승인이나 허가를 받아야 한다. 수입승인기관의 장이 수입승인을 하는 경우 승인의 요건을 갖추었는지 확인하고 수입승인서(I/L: import license)를 발급한다.

수입승인을 신청할 때 기본적으로 필요한 서류는 수입승인신청서, 수입계약서 또는 주문서 등 무역계약을 입증하는 서류와 기타 승인기관이 요청하는 서류를 제출한다.

4. 수입신고와 통관

수입자는 관세청에 수입신고와 함께 관세를 납부하고 수입신고필증(import permit)을 교부받는다. 이러한 과정을 수입통관 혹은 수입신고라 한다. 수입통관은 수입신고의 수리를 의미하는 것으로 수입신고를 받은 세관장이 신고사항을 확인하여 일정한 요건을 갖추었을 때 신고인에게 수입을 허용하는 것이다.

수입승인 검토 과정에서 때로는 수입승인 사항과 현품을 대조하여 부합된 때 수입을 허용하게 되며, 수입신고가 수리되어 수입신고필증이 발급되면 물품의 법적 성격은 외국물품에서 내국물품으로 전환된다.

수입신고는 화주가 직접하거나 관세사, 통관법인이나 관세사법인 등에 의뢰하여 대신 진행할 수 있으나 실제 위임하는 경우가 대부분이다. 통관하려고 하는 물품은 입항 후 지정장치장 혹은 보세장치장에 반입하고, 반입일로부터 30

[그림 11-9] **입항 후 수입신고와 화물의 처리**

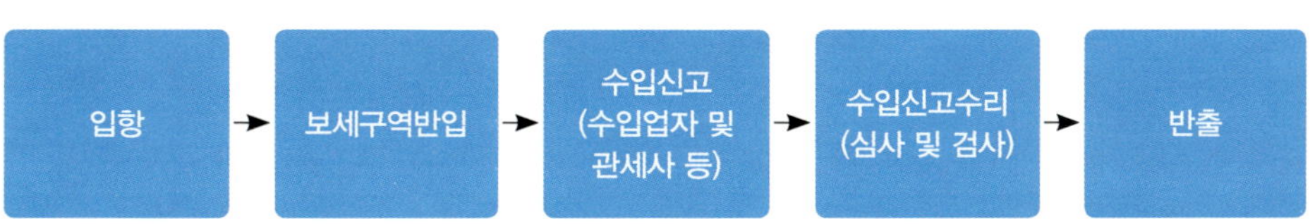

일 이내에 수입신고를 마쳐야 한다.

수입신고할 때 제출해야 하는 서류는 수입신고서, 수입승인 해당품목이면 수입승인서, 관세 납부서, 포장명세서, 가격신고서, 상업송장, 원산지 증명서 등이다.

5. 수입물품의 인수

수입자는 수입대금의 결제를 정상적으로 처리하면 은행을 통해 확보한 선화증권(B/L)을 활용하여 수입통관 후 수입신고필증을 발급받고, 해당 선사나 포워더에게 이를 제시하고, 환불인도지시서(delivery order)를 발급받은 후 수입물품을 인수하는 절차를 밟게 된다.

6. 거래의 사후관리

무역거래는 이행과정에서 계약의 내용을 충족시키지 못함으로써 어느 일방에 의해 무역클레임(claim)이 발생할 수 있다. 무역클레임은 당사자 간의 수출입계약에 따라 이행하는 과정에서 그 계약의 일부 또는 전부에 대한 불이행이나 불완전한 이행으로 말미암아 초래되는 손해에 대해 상대방에게 청구할 수 있는 권리를 말한다.[10)]

(1) 클레임의 원인

클레임의 원인은 주로 수출자가 공급한 상품이 품질 불량, 포장 불량, 상이한 규격, 수량 부족, 가격, 잘못된 인도, 인도 시기의 지연 등이다. 이처럼 매매계약의 위반에 의해 수입자의 손해가 발생하는 경우 이에 대하여 수입자는 수출자에게 클레임을 제기한다.

때로는 수입자가 원인을 제공하는 마켓클레임(market claim)[11)]이 일어나기도 한다. 마켓클레임은 주로 수입자가 상품 시가의 하락 등으로 입는 경제적인 손실을 만회하기 위해 제기하는 경우가 많은데 실제 화물의 손실이 경미하여 평소 같으면 클레임이 되지 않을 정도의 작은 과실이지만 이를 트집 잡아 가격의 인하 또는 계약의 해지, 심지어 배상을 요구하는 클레임이다. 수출자의 클레임으로서 물품인수 후 수입자의 **대금지급 불이행(unpaid)** 또한 무역클레임의 범주에 속한다.

(2) 클레임의 해결방법

수입자에 의한 클레임이 제기될 때 대체로 손해배상청구, 결제대금의 감액 요구, 대금지급의 거절과 같은 금전적 요구나 화물인수의 거절, 계약이행의 촉구, 계약해지의 요구와 같은 비금전적 청구를 하는 것이 보통이다.

이러한 클레임의 해결은 상황에 따라 다양한 방법이 있다. 가장 효과적인 방법은 당사자 간 해결이다. 클레임이 제기되었을 때 어느 일방이 지속적이며 안정적인 거래를 보장받기 위해 **청구권을 포기(waiver of claim)**하는 것도 하나의 방법이며, 당사자 간에 자주적인 교섭과 양보를 통해 타협하여 우호적으로 **화해(amicable settlement)**하는 것도 해결책이다.

반면 도저히 당사자 간의 자율적인 해결이 불가능하면 결국 제3자가 개입

[그림 11-10] 중재판정 절차와 과정

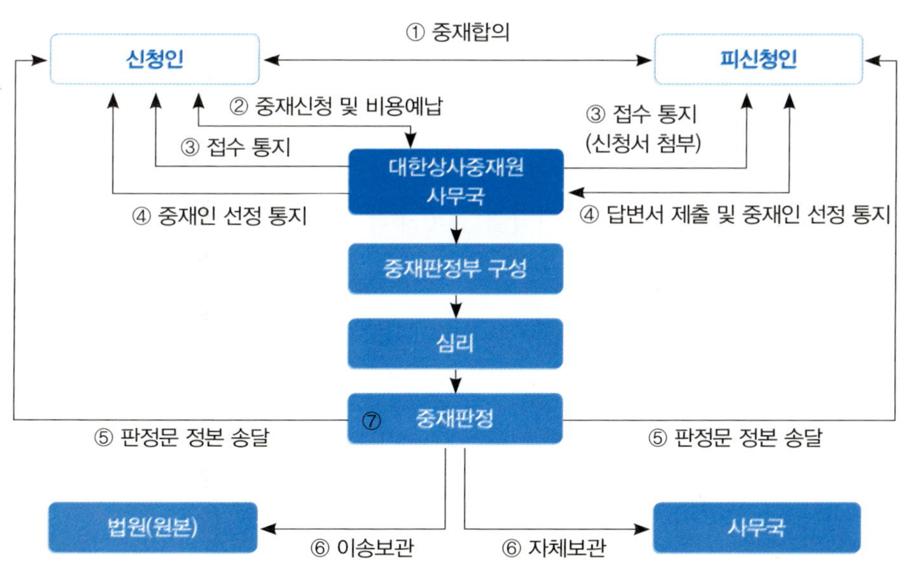

하는 해결책을 강구할 수밖에 없는데, 바로 상사중재(commercial arbitration)와 소송(lawsuit)에 의한 방법이다.

상사중재란 당사자 간의 분쟁해결을 법원의 판결 대신에 합의에 의하여 공정한 제3자인 중재인(arbitrator)에게 의뢰하여 구속력이 있는 판정을 최종적으로 구하는 방법을 말한다. 우리나라의 경우 제3자의 중재인 역할을 하는 기관으로서 대한상사중재원이 있다.

제 4 절 전자무역을 통한 무역계약의 이행

1. 전자무역의 개념

오늘날 정보통신기술의 급속한 발전으로 무역거래 방식은 인터넷을 활용한 전자문서교환(EDI: Electronic Data Interchange)를 기반으로 하여 무역업무를 효율적으로 처리할 수 있게 되면서 전자무역이 시작되었다. 기존의 전통적인 무역방식과는 달리 전자무역(electronic trade)은 컴퓨터 통신망인 인터넷과 무선 모바일 통신기술을 통해 국내외 시장정보수집, 해외바이어 발굴, 정보검색과 수출입계약 체결, 수출입계약의 이행에 따르는 제반 업무 등에 관해 전자문서로 업무를 처리하는 형태의 무역거래방식이다.

전통적 무역거래방식이 종이문서를 이용한 거래인데 비해, 정보통신기술을 기반으로 한 전자무역은 무역거래 과정에서 인터넷 기반의 전자문서교환방식(EDI)의 '종이서류 없는 무역(paperless trade)'을 구현하게 되었고, 전자상거래와 접목되면서 글로벌시장에 대한 접근성이 한층 높아져 무역거래를 위한 혁명으로 받아들여지고 있다.

전자무역이 도입되면서 무역거래절차의 변화를 가져왔으며, 무역거래의 대상을 자연스럽게 확대하고 있다. 수출자와 수입자 사이에 주고받는 무역서류는 편리해졌으며, 의사소통은 더욱 원활해졌다. 거래는 기존의 유형재(tangible

[그림 11-11] **전통적 무역과 전자무역의 비교**

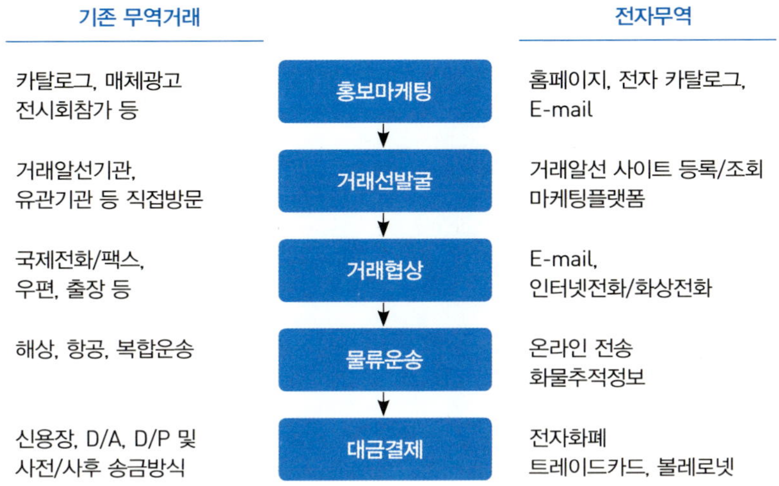

goods)의 무역뿐만 아니라 디지털 콘텐츠, 음원, 영상과 같은 전자적 형태의 무체물(intangible goods)의 교역은 확대되었다.

다시 말해 전자무역은 인터넷과 같은 컴퓨터 네트워크와 모바일 정보통신기술을 기반으로 하는 다양한 정보매체를 활용하여 무역거래를 수행하는 전자적 방식의 무역거래로서 전자상거래(e-commerce) 활동을 포함하고 있다. 참고로 우리나라 대외무역법에서는 전자무역을 "무역의 전부 또는 일부가 컴퓨터 등 정보처리능력을 가진 장치와 정보통신망을 이용하여 이루어지는 거래를 말한다"고 규정하고 있다.[ii]

2. 전자무역 플랫폼

전자무역을 구현하기 위해 일찍이 국가 단위로 인터넷과 모발일 정보통신기술을 기반으로 전자무역을 효과적으로 수행하는데 필요한 전자무역 플랫폼(e-trade platform)을 구축하였다. 이 전자무역 플랫폼은 언제 어디서나 인터넷상의 『Single Window』를 통하여 시장의 탐색, 거래선발굴, 제품의 홍보 그리고 선적과

ii) 대외무역법 제1조의 6

[그림 11-12] 전자무역 플랫폼의 개념도

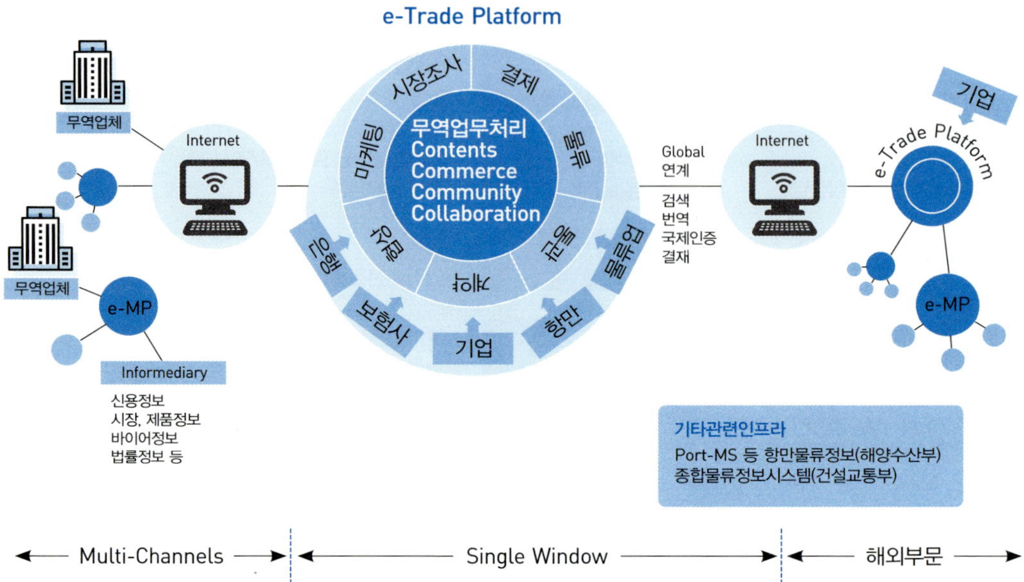

수출입통관, 대금결제에 이르는 모든 수출입 관련 업무를 가장 효과적이고 경제적인 방법으로 수행할 수 있는 시스템이다. 현재 한국은 uTrade-Hub를 운영하고 있다.

3. 전자무역의 특징

전자무역의 특징은 기존의 무역거래와 비교해 살펴보면 다음과 같다.[12)]

첫째, 전자무역은 전 세계 시장을 대상으로 한다. 인터넷은 공간의 한계를 초월하기 때문에 그동안 국가별 혹은 지역별로 구분되었던 시장들이 하나의 시장으로 통합된다. 따라서 최소의 비용으로 시간과 공간의 제약 없이 전 세계를 대상으로 광고활동이 가능하고 전 세계 어느 곳의 누구와도 언제든지 무역거래를 할 수 있다.

둘째, 전자무역에서는 시장에 관한 모든 정보를 쉽게 얻을 수 있다. 기존의 무역거래에서는 거래선을 물색하는 데 많은 시간과 비용이 들었고 정보가 부족하여 무역중개업자에 의존하기도 하였다. 그러나 전자무역에서는 인터넷을 통해 특정 상품을 어느 나라의 어떤 기업이 공급하고 있는가를 쉽게 찾아볼 수 있게 되었다. 또한 시장정보를 실시간으로 얻을 수 있기 때문에 특정 상품을 필요로 하는 거래당사자들 간에 철저한 시장원리가 적용되어 가장 합리적인 기준에 의해 거래가 이루어지게 된다.

셋째, 무역거래비용이 절감된다. 전통적인 무역거래에서는 정보를 취득하거나 거래를 성사시키기 위해 상담을 하거나 서류를 주고받아야 하므로 비용과 시간이 많이 필요했다. 그러나 전자무역에서는 인터넷을 통해 정보와 서류를 주고받기 때문에 통신비용이 절감된다. 또한 전자무역에 관련된 결제시스템이 개발되어 안전하고 확실한 대금결제가 보장되고 있어 금융 수수료를 절감할 수 있다.

넷째, 전자무역을 하게 되면 원천적으로 제품이나 서비스의 가격이 낮아진다. 전자무역은 인터넷을 통해 수출업자와 수입업자가 바로 연결되기 때문에 유통구조가 간단하여 유통비용이 그만큼 줄어든다. 그리고 생산과정에 대한 정보가 공개됨에 따라 가격구조가 평준화되어 제품이나 서비스의 가격이 전반적으로 하락하게 된다.

다섯째, 전자무역에서는 중소기업들의 활동영역이 넓어진다. 인터넷을 이용해 일반 중소기업들도 네트워크를 구축하여 과거 대기업만이 독점했던 전 세계시장을 대상으로 하는 광고나 시장개척활동을 할 수 있다.

4. 한국의 전자무역 uTrade-Hub

한국의 산업통상자원부(전 지식경제부)와 한국무역협회는 한국무역정보통신(KTNET)으로 하여금 전자정부 과제의 일환으로 2003년부터 '전자무역서비스' 구축사업을 추진해 왔다. 그 결과 전자무역 플랫폼으로서 uTrade-Hub(Ubiquitous Trade Hub)가 구축되었다.[13)]

uTrade-Hub는 무역업무를 단일화할 수 있는 창구의 무역포탈로서 해외시장조사, 신용평가, 은행, 금융결제원, 관세청, 선사/항공사 등 마케팅에서부터 결제에 이르는 수많은 무역절차에 따르는 관련기관을 연계하여 무역업무 전반

[그림 11-13] uTrade-Hub의 개념도

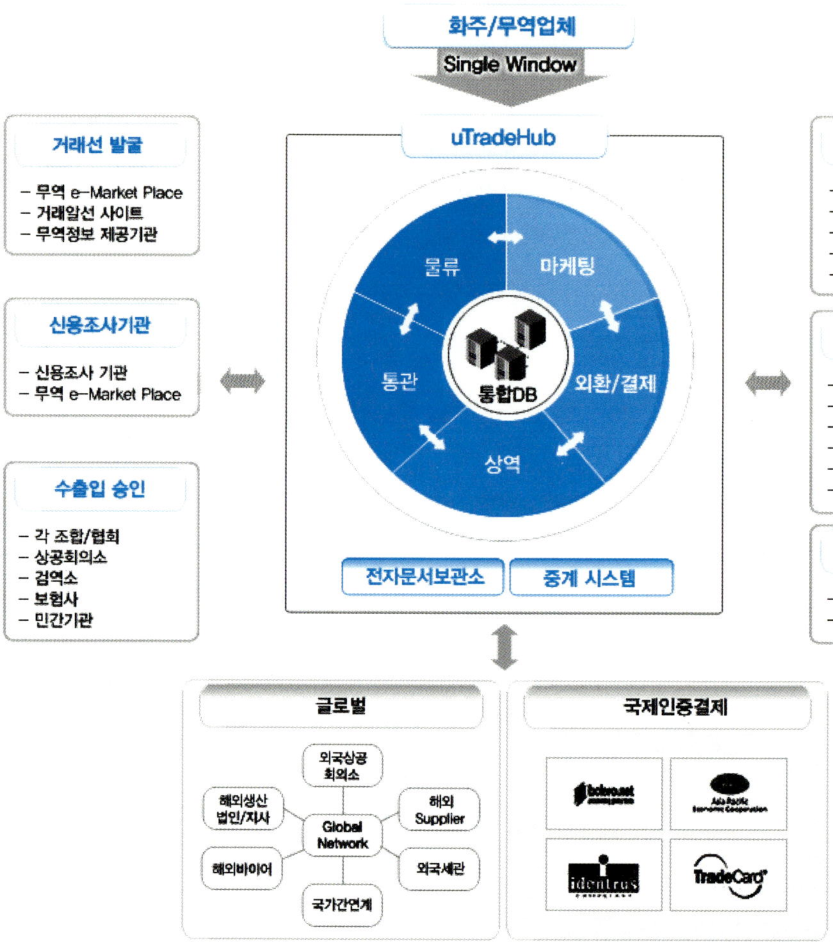

자료: KTNET의 uTradeHub 홈페이지

을 단절 없이 처리할 수 있는 국가 전자무역 체제이다.

무역업체는 해당 포털에 한 번의 접속으로 마케팅, 상역, 외환, 통관, 물류, 결제까지 모든 무역업무 프로세스를 신속하고 편리하게 한 번에 처리할 수 있다. 즉 무역업체는 무역업무를 처리하기 위해 은행이나 수출입 관련기관을 직접 방문할 필요가 없이 언제 어디서나 복잡한 무역업무를 인터넷이나 모바일로 처리할 수 있게 되었다.

우선 uTrade-Hub가 제공하는 기능과 효과를 정리하면 다음과 같다.

첫째, 무역업체는 업무처리의 절차를 간소화하고 무역업무 효율성을 높일 수 있게 되었다.

둘째, 무역업무 절차별 서비스를 구축하여 전자무역 포탈에서 모든 무역업무 처리의 흐름별로 업무를 모두 처리할 수 있도록 함으로써 무역업체 사용자에게 단일화된 업무환경을 제공한다.

셋째, 업무창구가 단일화된 포탈을 통해 서류 또는 단절된 서비스 중심이 아닌 사용자 중심의 작업 공간을 제공한다.

넷째, 개별 수출입 건수 기준으로 업무의 진행상황 추적, 요청 업무 처리결과, 관련 문서 등을 실시간으로 포탈의 사용자 업무 프로세스에서 확인이 가능하게 되었다.

다섯째, 전자문서 중복제출 방지 및 유통의 간소화로 인한 비용과 인력을 절감하게 되었다.

아울러 전자문서의 유통체계를 꾸준히 개선하고 있어서 전자무역의 프로세스가 개선되는 효과를 얻을 수 있다.

(1) uTrade-Hub 서비스의 개요

무역포탈은 마케팅, 상역, 외환, 통관, 물류, 결제까지 모든 무역 업무 프로세스를 신속하고 편리하게 단절 없이 처리할 수 있도록 정부기관, 관세법인, 은행, 물류회사뿐만 아니라 해외의 글로벌 무역포탈과 연결하여 단일화된 작업공간(workplace)을 제공하고 있다.

uTrade-Hub는 무역과 관련 업무단위로서 수출업무, 수입업무, 국내구매, 국내공급, 전자문서보관소, 전자신용장, e-Nego, e-B/L, 요건확인, 원산지관리, 전자상거래와 글로벌 포털 등을 연계하여 필요한 서비스를 제공하고 있다.

[그림 11-14] uTrade-Hub 서비스의 개요도

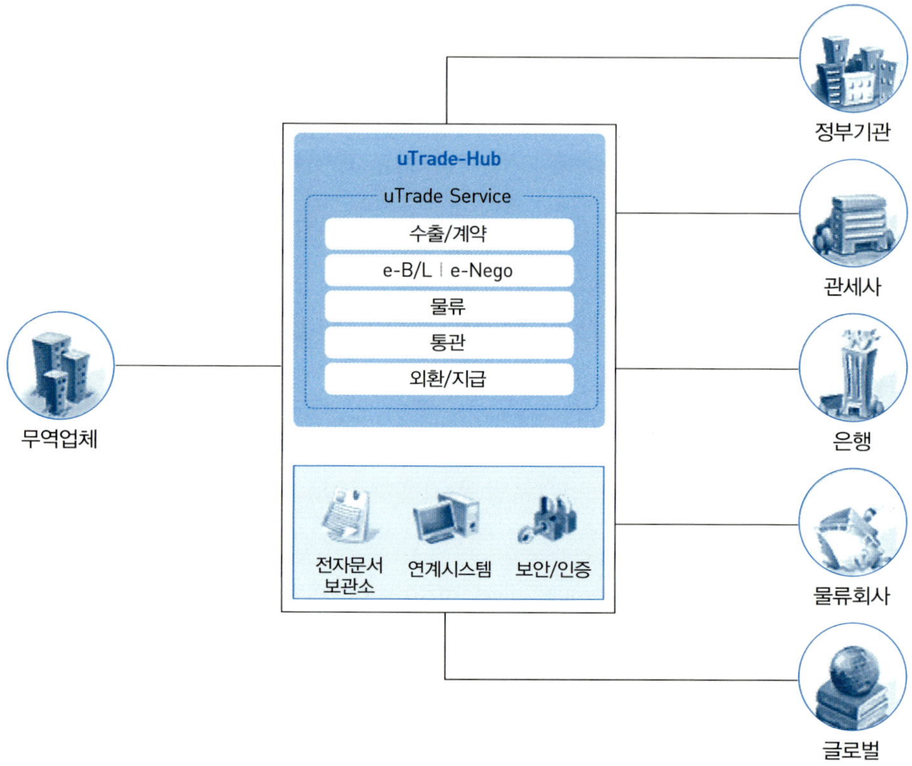

자료: KTNET의 uTradeHub 홈페이지

(2) 수출입 업무

수출업무로서 수출계약 후 수출 신용장통지, 통관, 선적, 입금확인 등의 제반 업무와 수입업무로서 수입계약후 수입신용장개설, 선적서류 입수 및 통관, 대금 지불 등의 제반 업무를 전자적으로 서류를 처리하고 체계적으로 관리하는 시스템을 갖추고 있다.

(3) 국내구매 – 공급업무

수출업체가 물품을 제조, 가공하는데 소요되는 원자재 또는 완제품을 국내에서 원활하게 조달하거나 국내 공급업체가 수출용 물품을 수출업체에 납품하고 대금 회수를 하기 위하여 내국신용장이나 구매확인서와 관련된 물품매도확약, 내

국신용장/구매확인서 발행, 세금계산서, 물품수령증발행, 대금결제 등의 제반 업무를 전자적으로 처리하고, 체계적으로 관리하는 시스템을 갖추고 있다.

(4) 전자문서보관소

전자문서보관소는 무역업무를 처리하는 과정에서 발생되는 각종 전자문서를 안전하게 보관하는 전자무역 기반시설이다.

전자무역서비스를 통해 발급된 수출신용장, 수출입신고필증 등의 전자무역문서는 자동으로 전자문서보관소에 증명서와 함께 저장되고, 기업의 무역담당자는 전자문서보관소를 통해 종이문서와 동일한 효력을 인정받은 전자무역문서를 제3자인 유관기관에 전자적으로 유통할 수 있도록 한다.

[그림 11-15] uTrade-Hub의 전자문서보관소

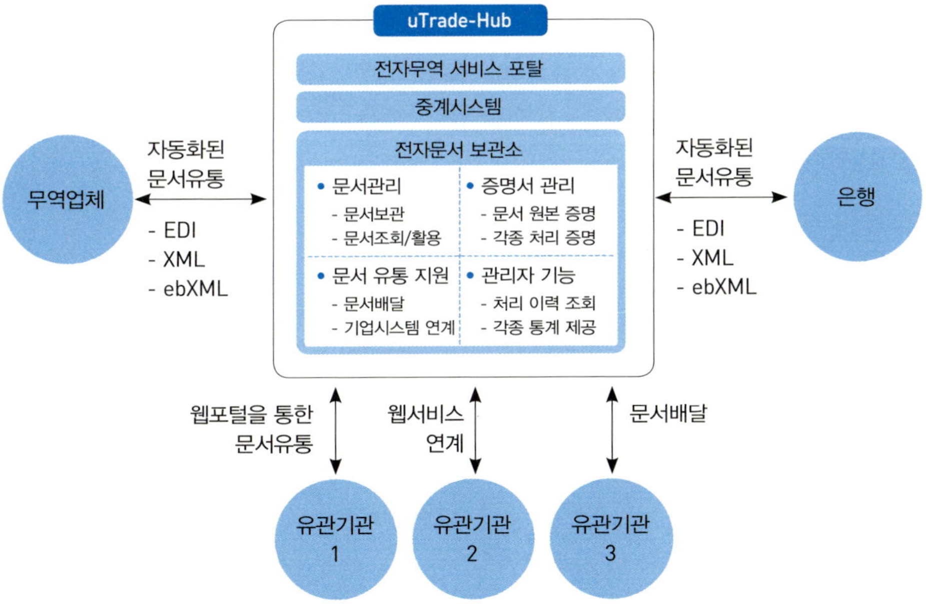

자료: KTNET의 uTradeHub 홈페이지

(5) 전자신용장과 네고업무

은행으로부터 신용장, 조건변경, 수수료 등의 업무를 통지받을 수 있으며, 매입, 양도 등의 신청업무를 온라인으로 처리하는 시스템이다. 무역업체에게 전자신용장(e-L/C)을 통지하고, 신용장 원본 확인을 요청하는 매입은행 등 제3자에게 문서보관소에 저장된 전자신용장(e-L/C)을 유통할 수 있고, 통지나 매입은행이 전자신용장(e-L/C)의 한도, 매입내역, 통계 등을 관리할 수 있도록 하는 기능을 가지고 있다.

아울러 수출자의 수출대금회수를 위한 환어음을 포함한 선적서류의 매입(nego)업무와 관련하여 수출업체가 관련 기관이나 은행을 방문하지 않고도 네고업무를 수행할 수 있는 시스템을 갖추고 있다.

(6) 전자선화증권

선적요청(shipping request)은 일부 전자적으로 이루어지고 있으나, 유가증권인 선화증권(Bill of Lading)이나 항공화물운송장(Air WayBill)을 전자적으로 수신하고, 그 소유권을 등록한 후 원본은 전자무역문서보관소(uTrade Document Repository)에 보관되면서 전자선화증권(e-B/L)이 전자적으로 유통되기 위한 기반을 마련하였다.

[그림 11-16] e-B/L의 활용

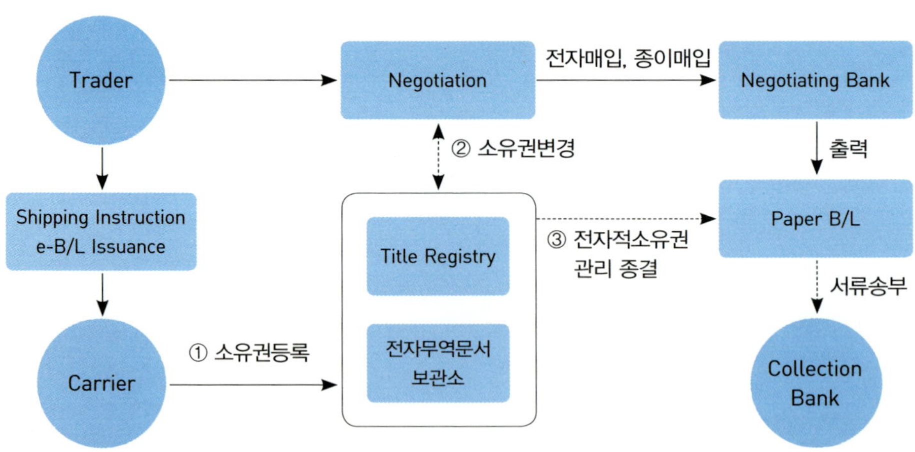

자료: KTNET의 uTradeHub 홈페이지

(7) 수출입 요건확인 업무

수출입요건 확인을 진행하기 위해 대부분 무역업체가 요건확인기관을 일일이 방문하거나 팩스 등의 방법으로 허가, 추천, 신고, 검사, 검정, 시험방법, 형식승인 등의 절차를 대신해 인터넷을 통한 전자적인 방법으로 처리할 수 있는 시스템을 갖추고 있다.

(8) 원산지증명업무

uTradehub의 'FTA Korea'는 웹 기반의 원산지 판정과 입증서류 관리하는 시스템이다. 대한상공회의소와 연계하여 원산지 확인 및 판정관리, 원산지증명서 발급, 유통, 보관 서비스를 제공하며, 사후검증 대비용 자료보관 등의 서비스를 제공한다.

이 외에도 FTA 협정과 지역별 원산지정보 조회, FTA 규칙관리, 품목분류와 관련된 HS 코드 조회 등의 원산지 확인 및 판정과 관련된 정보를 제공하고 있다.

[그림 11-17] 원산지증명 관리시스템

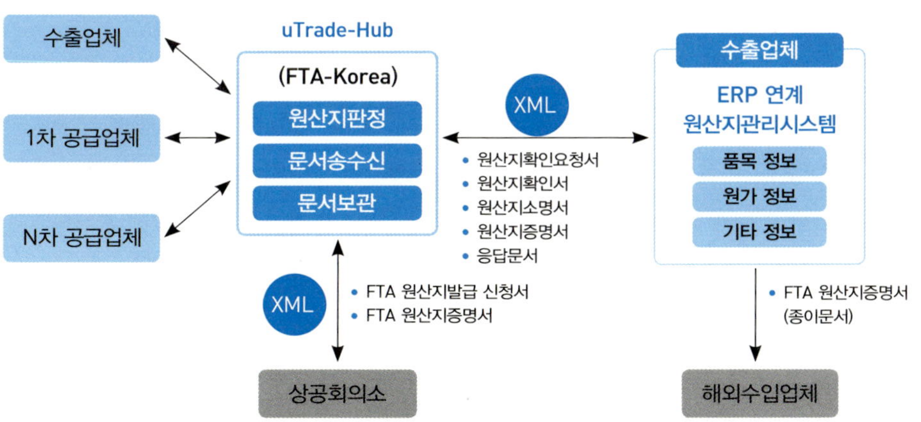

자료: KTNET의 uTradeHub 홈페이지

uTradeHub를 활용한 한국과 대만의 원산지증명업무 사례

기존에는 대만으로 수출되는 농수산물에 대해서 원산지증명서를 발급받은 후, 대만 대표부(서울, 부산 소재)를 직접 방문하여 직인을 득한 후 대만으로 별도 송부하였으나, uTradeHub를 통해서 발급받은 전자원산지증명서를 그대로 대만측에 전송하여 수입통관에 활용이 가능하다.

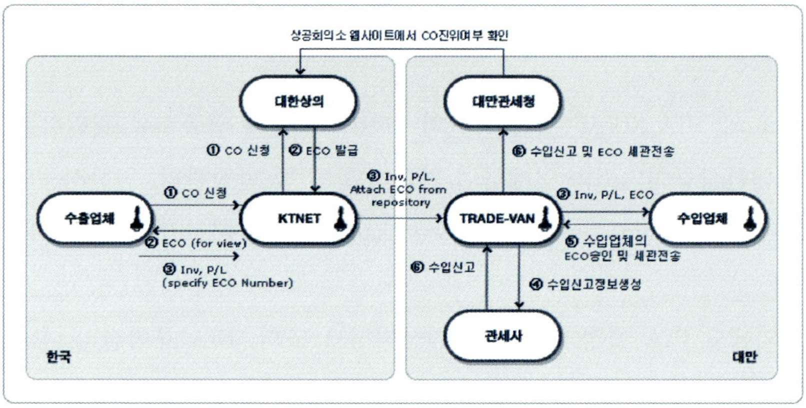

이를 통해 대만 대표부의 직인 획득절차 생략, 종이원산지 증명서 발급 생략 등에 따른 비용 절감 및 업무효율성 향상에 획기적으로 기여하고 있다.

5. 글로벌 전자무역 네트워크와 연계

한국의 전자무역 플랫폼 uTradeHub는 글로벌 전자무역 네트워크와 연계하여 전자무역 서비스를 제공한다. 현재 한국, 일본, 중국, 홍콩, 싱가포르 등 범아시아 11개국 간 범아시아 전자무역 네트워크 구축연맹(Pan Asian eCommerce Alliance)과 독일, 영국 등 EU 회원국과의 ASEM 전자무역 네트워크 구축사업과 관련하여 협력을 진행하고 있다.

[그림 11-18] 글로벌네트워크와 연계협력

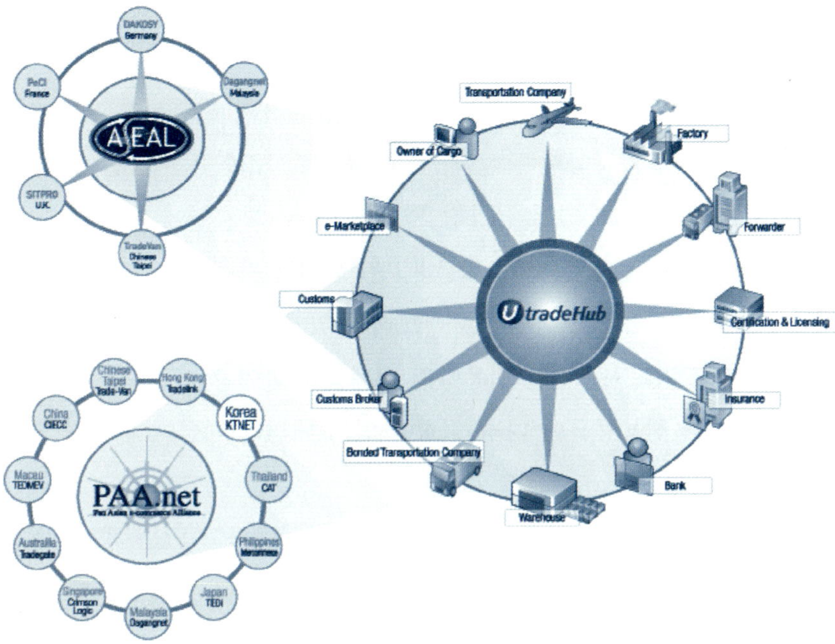

자료: KTNET의 uTradeHub 홈페이지

(1) 전자무역서류 교환

전자무역 서비스를 국내에 국한하지 않고 해외 파트너사와의 B2B 정보를 작성, 교환할 수 있는 서비스를 제공한다. 또한, 글로벌 포워더를 위한 해외 본사와 지사간 전자거래 지원 및 데이터 통합관리, 무역거래 파트너와 전자문서 교환서비스(B/L, AWB, INV, P/O등 18종 문서)는 물론 전자무역을 위한 무역솔루션과 포탈 제공하고 있다.

(2) 결제시스템과 국제인증

전자무역의 결제시스템을 원활하게 유지하기 위해 국제협력이 필수적이다. 전자무역의 실현을 위해 전자신용장, 전자선화증권 등과 관련하여 국제인증 서비스는 국제 네트워크 구축을 통한 통합적 서비스가 제공되어야 한다.[14] 현재까지 등장한 전자무역결제 시스템은 볼레로(Bolero)시스템, 트레이드 카드(Trade

Card)시스템, 스위프트(SWIFT)시스템과 인덴트러스(Identrus)시스템 등이 있다.

볼레로시스템, 트레이드 카드시스템, 스위프트시스템, 인덴트러스시스템은 무역의 전자결제시스템과 관련된 것이다.

볼레로시스템은 서류기반 선화증권과 동일하게 전자선화증권의 유통성을 확보하여 양도를 가능하도록 한다. 특히 볼레로시스템을 이용함에 있어 다자간 협약의 성격을 가지고 있는 규약집을 통해 전자선화증권에 대한 기존 국내외의 법이 가지고 있는 법적 문제를 해결하고 있으며 전자선화증권의 법적 지위를 보장하여 이용자로 하여금 신뢰성을 확보하고 있다.

트레이드 카드시스템은 신용장의 배제를 통하여 거래절차를 간소화하고 각 기업을 평가한 신용등급에 따라 일정한 범위 내의 거래금액에 대하여 지급보증을 하고 있다.

스위프트시스템은 회원 은행의 접속만을 허락하고 있는 폐쇄망을 통한 전자신용장을 사용하고 있으며, 신용장발행과 통지 및 변경업무가 이루어지고 있다.

인덴트러스시스템은 또한 IICP 및 IUCP의 3.2.2 해석 및 시행에서 "본인증서의 시행 가능성, 의미, 해석 및 유효성은 뉴욕주의 법에 따라 해석되어 규율되어야 하고 당사자들은 뉴욕주 법원의 배타적 재판관할권에 복종해야한다"고 규정함으로써 특정 지역의 법규를 일방적으로 강행 적용하는 것은 글로벌 전자상거래 규범을 표방하는 인덴트러스의 법적 체계의 한계를 드러내고 있어서 향후 개선의 여지를 남겨 두고 있다.

참고문헌

1) 김병술, 『무역업의 창업과 경영』, 두남, 1998년, 278-285쪽.

2) 농림축산검역본부 홈페이지(https://www.qia.go.kr/listindexWebAction.do)

3) 이봉수, 『무역실무』, 두남, 2012년, 248쪽.

4) 구종순, 『무역실무』, 박영사, 2015년, 333쪽.

5) 국제원산지정보원 홈페이지(https://www.origin.or.kr/)

6) 오원석 외, 『무역상무』, 삼영사, 2020년, 319쪽.

7) 세법연구센터, '교역안전 재고를 위한 국제 수출통관제도의 동향 및 시사점,' 한국조세재정연구원, 2014년 12월, 7쪽.

8) 홍재화, 『무역& 오퍼상 무작정따라하기』, 길벗, 2016년, 224쪽.

9) 강원진, 『최신 국제상무론』, 두남, 2013년, 216쪽.

10) 정기인 외, 『최신 무역실무』, 두남, 1998년, 582-584쪽.

11) 한국무역협회 홈페이지-무역통상정보(https://www.kita.net/)

12) http://busan-hcmc.org/cyber_trade/Lectures/lesson04/lesson04_02.html

13) uTrade Hub 홈페이지:https://www.utradehub.or.kr/

14) 한소, '전자무역결제 시스템의 발전방안에 관한 연구,' 배제대학교 석사논문, 2007년.

핵심내용정리

- 무역계약의 이행: 무역계약 이행절차의 개요, 수출입계약의 이행
- 수출계약의 이행절차
  - 계약물품의 확보, 수출물품의 검사, 운송계약, 보험계약, 수출승인, 원산지발급, 수출신고(통관), 물품의 선적과 선화증권(B/L), 수출대금의 회수
- 수입계약의 이행절차
  - 대금결제를 위한 준비, 신용장과 추심결제의 과정, 선적서류(B/L 등)의 내도와 대금결제, 수입승인, 수입신고(통관), 수입물품의 인수, 사후관리
- 전자무역을 통한 무역계약의 이행
  - 전자무역의 개념, 전자무역을 위한 플랫폼과 uTradeHub 소개, 글로벌 전자무역 내트워크와 연계

토론과제

1. 현재 글로벌 전자무역 네크워크의 연계 현황과 실적을 조사해보자.
2. 현재 우리나라의 무역에서 수출입 결제 수단별 이용현황과 그 의미를 정리해보자.
3. 현재 우리나라 무역업체의 전자선화증권(e-B/L)의 이용실태를 파악하고 현업에서 도입하고 활용하는 데 따른 문제점과 개선점을 논의해보자.
4. 현재 우리나라 무역업체의 전자신용장(e-L/C)의 이용실태를 파악하고 현업에서 도입하고 활용하는 데 따른 문제점과 개선점을 논의해보자.

Chapter 12

전자상거래를 통한 온라인무역

International Trade on the e-Commerce

제 1 절 전자상거래와 무역

제 2 절 B2C 온라인무역

제 3 절 B2B 온라인무역

전자상거래(e-commerce)는 국제무역의 주요 유통수단으로 확고하게 자리 잡아가고 있다. 최근 국경 간 전자상거래로서 크로스보더 이커머스가 주목받기 전에 이미 전통적인 무역에 인터넷을 기반으로 하는 전자문서교환(EDI) 기술을 도입하여 무역계약의 이행과정을 혁신하는 전자무역(e-Trade)이 꾸준히 발전되어 왔다.

코로나19에 의한 팬데믹 현상을 겪으면서 특히 국경 간 무역 수단으로서 기업과 해외 고객 간의 글로벌 B2C가 활성화되면서 크로스보더 이커머스 시장은 더욱 주목의 대상이 되었다. 아울러 국제무역의 유통시장의 규모에서 글로벌 B2C시장보다 6배 이상의 글로벌 B2B시장은 전통방식의 무역을 빠르게 흡수하면서 성장을 가속화하고 있다.

따라서 본 장에서는 다음과 같은 주제를 주로 다룰 것이다.

첫째, 전자상거래의 개념을 바탕으로 전자상거래의 특성이 온라인무역으로 발전할 수밖에 없는 조건과 구체적인 관련 인프라를 살펴볼 것이다.

둘째, 국경 간 기업과 해외고객의 거래로서 B2C시장의 성격과 수출자를 중심으로 거래를 어떻게 시작할 수 있는지 제시한다.

셋째, 전자무역의 플랫폼과 긴밀히 관련된 국경 간 B2B거래의 성격과 온라인무역의 주요 수단으로 활용되고 있는 대표적 무역알선사이트를 소개한다.

전자상거래와 무역 제 1 절

1. 전자상거래의 개념

원래 전자상거래(Electronic Commerce: e-Commerce)라는 용어는 1989년 미국방성이 군사 프로젝트를 수행하는 과정에서 처음으로 사용되었으며, 1993년 미국 연방정부가 정부 용품의 구매·조달 프로그램에서 이 용어를 공식적으로 채택하면서 전자상거래라는 개념이 확산되기 시작하였다.

이후 전자상거래는 민간의 영역에서 인터넷쇼핑몰(Internet Shopping Mall)을 통하여 기업과 소비자 사이에 이루어지는 거래를 의미하기도 했으나, 거래의 영역이 확대되면서 기업과 기업, 기업과 정부, 기업과 소비자간 거래관계 등 모든 거래 전반에 걸쳐 생산, 구매, 결제, 재무, 수송, 행정, 서비스 등 거래와 관계된 모든 업무를 전자적인 매체를 통하여 수행하는 것을 의미하게 되었다.[1] 즉 전자비즈니스(e-business)의 한 부분으로서 인터넷이나 모바일 통신 네트워크, 디지털 기술들을 이용해 전자적으로 제품이나 서비스를 사고파는 것을 말한다. 이 과정에서 전자상거래는 광고, 마케팅, 고객 지원, 배송, 결제 등과 같은 활동이 포함된다.

그러므로 전자상거래는 인터넷을 활용하여 수행되는 모든 상거래 행위와 이를 지원하는 활동이며, 전자상거래 영역은 상품의 구매와 판매 활동을 넘어서 금융, 교육 등 다양한 분야로 확산하고 있다.

한국의 경우 법령상 전자상거래에 대한 정의는「전자상거래 등에서의 소비자보호에 관한 법률」에 나타난다. 이 법률 제2조 제1항은 전자상거래를 전자거래의 방법으로 상행위를 하는 것을 말한다고 정의하고 있다. 그리고「전자문서 및 전자거래 기본법」 제2조 제5호에 따르면, "전자거래"란 재화나 용역을 거래할 때 그 전부 또는 일부가 전자문서에 의하여 처리되는 거래를 말한다. 즉 한국의 경우 법령상 전자상거래는 재화나 용역을 거래할 때 그 전부 또는 일부가 전자문서에 의하여 처리되는 거래로서 상거래 과정에서 주문, 결제, 이행 등의 단계에서 전자문서[i]가 활용된다면 전자상거래로 정의된다.

---

[i] 전자문서란 컴퓨터 등 정보처리시스템에 의하여 전자적 형태로 작성, 송·수신 또는 저장된 정보를 말한다(「전자문서 및 전자거래 기본법」 제2조 제1항).

2. 전자상거래의 유형

전자상거래의 유형은 다양한 방식으로 분류될 수 있으나 상거래의 수행 주체에 따라 기업과 기업(B2B: Business to Business), 기업과 정부(B2G: Business to Government), 기업과 소비자(B2C: Business to Consumer), 소비자와 소비자(C2C: Consumer to Consumer), 정부와 개인간(G2C: Government to Consumer) 전자상거래로 구분할 수 있다. 하지만 최근에 순수한 상거래의 주체에 따라 주로 기업과 기업, 기업과 소비자, 소비자와 소비자간 전자상거래시장에 주목하고 있다.[2)]

[그림 12-1] 전자상거래의 유형

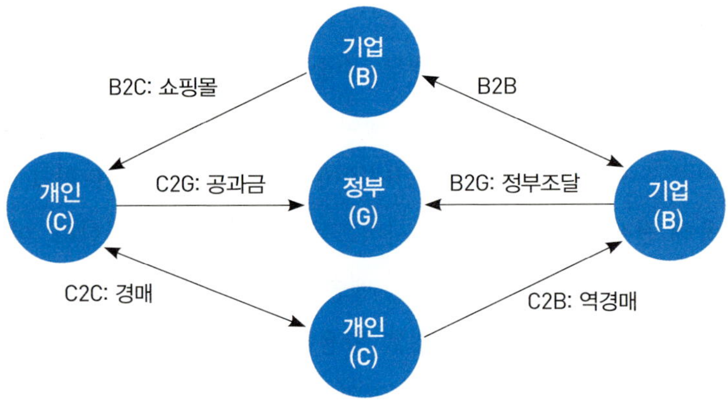

(1) 기업과 기업의 거래(B2B)

인터넷을 기반으로 하는 전자상거래의 유형 가운데 하나로, '기업간 거래' 또는 '기업 간 전자상거래'라고도 한다. 기업(Business)과 기업(Business)이 거래 주체가 되어 상호 간에 전자상거래를 하는 것을 말한다. **B2B**의 '2'는 영어에서 'to'와 발음이 같은 숫자를 차용한 것이다. 거래 유형은 구매자가 운영하는 전자상거래 사이트에 다수의 판매자가 접속하여 거래가 이루어지는 구매자 중심형, 이와 반대로 판매자가 운영하는 사이트에 다수의 구매자가 접속하여 거래하는 판매자 중심형, 그리고 거래를 중개하는 사이트로서 다수의 판매자와 구매자가 접속하여 거래하는 중개자 중심형으로 구분된다.

기업들이 온라인상에서 상품을 직거래하여 비용을 절감하고, 시간도 절약할 수 있다는 장점이 있다. 초기에는 주로 부품이나 기계, 원료, 소재 등의 산업재를 거래하다가 오늘날에는 제조와 유통, 서비스 등을 포함하여 기업이 제공하는 모든 물품과 서비스까지 포괄하는 개념으로 확대되었다.

(2) 기업과 소비자의 거래(B2C)

B2C는 기업과 소비자 간의 전자상거래를 의미한다. 기업은 제공하는 물품 및 서비스를 소비자에게 직접 제공한다. 소매 중심 상거래 사이트를 의미하기도 한다. 기업이 소비자를 상대로 수행하는 인터넷 비즈니스로서 가상의 공간인 인터넷에 상점을 개설하여 소비자에게 상품을 판매한다. 실제 상점이 필요 없기 때문에 임대료나 유지비와 같은 비용이 절감되는 장점이 있으며, 소비자의 편리한 쇼핑을 지원할 수 있는 소비자나 기업의 인증, 카드 회사·은행과의 결제시스템, 내비게이션이나 데이터베이스 등과 같은 지원시스템이 구축되어 있다.

소비자 입장에서 기업과 소비자 간의 직접 거래로 인해 중간 단계의 거래가 생략됨으로써 할인된 가격으로 물품을 구매할 수 있다. 이러한 장점으로 인해 기업과 소비자간 거래는 전자상거래시장의 성장을 주도하였다. 일상생활 속에서 다양한 온라인 쇼핑이 대표적인 예이다. 오늘날 일반 소비자가 이용하는 아마존, 쿠팡, G마켓, 옥션 등이 대표적 사례이다.

(3) 소비자와 소비자의 거래(C2C)

C2C는 소비자가 다른 소비자에게 상품 등을 판매하는 것으로 이베이(eBay) 등과 같은 경매회사가 C2C 전자상거래를 위한 중간상의 역할을 한다.

(4) 정부와 소비자의 거래(B2G)

B2G는 정부가 조달할 상품을 전자상거래 사이트에 공시하고, 기업들은 사이트를 통해서 공급할 상품을 확인한 후 거래를 성사시키는 일련의 과정을 인터넷을 통해 처리하는 것이다.[3] 전자정부 구현을 위한 인프라 구축과 전자문서교환(EDI)과 같은 정보기술을 응용하여 업무의 효율을 증가시킬 뿐만 아니라 투명한 거래를 촉진하는 부수적인 효과도 있다.

3. 전자상거래를 이용한 온라인무역

일반적으로 무역거래는 시장조사와 마케팅, 거래선 발굴, 거래교섭과 계약체결, 계약의 이행과 관련된 운송과 물류, 대금결제, 그리고 계약의 이행과정에서 발생할 수 있는 클레임에 대한 해결업무로 구분할 수 있다.

전자상거래를 통한 무역의 경우 수출자는 인터넷상에 자신의 홈페이지를 개설하거나 무역거래를 중개하는 알선사이트를 활용하여 인터넷상에서 거래를 제의하고, 이에 대해 수입자는 인터넷상에 제시된 거래제의를 확인하고, 이를 토대로 거래조회(inquiry)를 하여 수출자로부터 오퍼를 받고, 거래교섭을 통해 거래의 여부를 결정하게 된다.

수출자와 수입자 사이에 거래에 대한 조건이 합의되면 전자문서를 통해 계약을 체결하고, 대부분 계약이행 절차를 거치는 과정에서도 선적과 결제, 통관, 각종 수출입 승인 등의 이행과정에서 필요한 서류를 전자적인 방식으로 주고받는다. 전자적으로 서류를 주고받으려면 수출자와 수입자는 물론 거래를 지원하는 은행, 관세청, 운송사, 보험사, 수출입승인 관련 기관 등은 물론 각국의 무역 플랫폼은 반드시 국제적인 네트워크에 연결되어야 한다.

물론 이 과정에서 거래 당사자의 신원에 관한 확인과 주고받는 전자서류를 신뢰할 수 있도록 인증할 수 있는 제3의 기관으로서 인증기관(certificate authority)

[그림 12-2] 전자상거래를 통한 무역의 흐름도

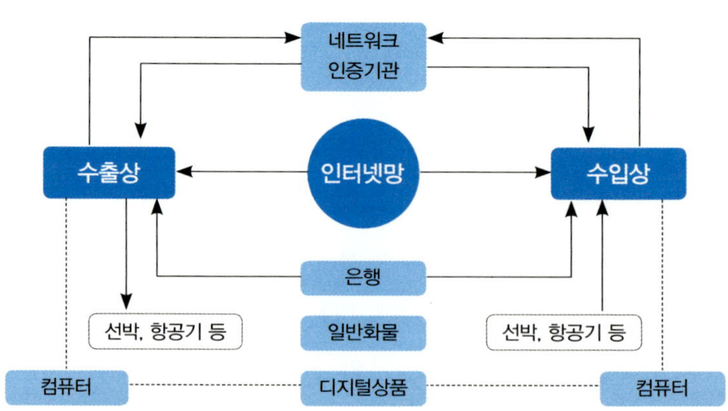

이 필요하며, 무역거래 관련 당사자들은 미리 인증기관에 자신의 정보를 등록하여 언제든지 확인할 수 있도록 준비되어 있어야 한다.

B2C 온라인무역 제 2 절

1. 크로스보더 이커머스

국경간 전자상거래(cross border e-commerce)는 그동안 B2B가 주류를 이루고 있었으나 인터넷을 기반으로 하는 컴퓨터 사용율의 증대와 스마트폰과 태블릿과 같은 모바일 기기의 보편적 사용,[4)] 소비자들의 라이프 스타일과 소비방식이 근본적으로 변화되면서 B2C 또는 C2C 방식의 거래규모가 빠르게 확대되고 있다([그림 12 - 3] 참조).[ii)]

크로스보더 이커머스는 말 그대로 국경을 넘어 전자상거래가 이루어지는 시장이다. 소위 말하는 해외직구 거래와 해외역직구 거래를 모두 포함한다. 여기서 해외직구 거래는 국내에 거주하는 고객이 해외의 온라인 사이트에서 상품을 구매하여 국내로 배송받는(inbound) 거래인 반면 해외역직구 거래는 해외에 거주하는 고객이 국내 온라인 사이트에서 상품을 구매하여 해외에서 배송받는(outbound) 거래를 의미한다.

최근 유튜브 등을 통한 해외 콘텐츠 경험, 국내보다 저렴한 가격수준, 신속한 물류 서비스의 등장으로 글로벌 해외직구 시장은 빠르게 성장하고 있다. 이는 협소한 내수시장의 한계 극복과 글로벌시장의 개척이 요구되는 국내 중소기업, 스타트업에게는 국경 간 전자상거래가 새로운 기회로 작용하고 있다.

전통적 무역은 국내 수출업체와 해외 수입업체간 오프라인 기반의 무역거래로서 최종 소비자에 대한 상품의 판매는 대개 현지 도소매업체를 통해 이루어

ii) Statista는 2021년 전 세계 전자상거래 시장의 매출은 약 2조 6,996억 달러에 이를 것으로 예상하고, 2025년에는 약 3조 4,533억 달러를 상회할 것이라고 전망하였다.

[그림 12-3] uTradeHub에서 글로벌 온라인무역

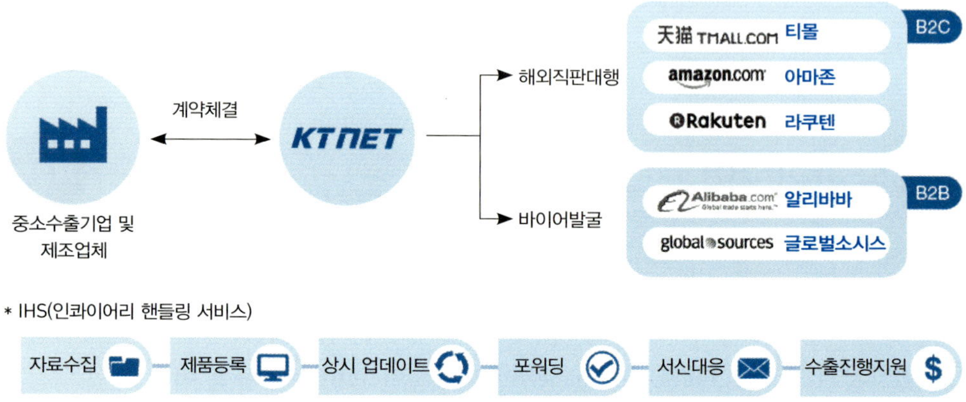

자료: KTNET의 uTradeHub 홈페이지

져 왔으나 전자상거래를 통한 무역은 플랫폼을 통해 거래참여자들 간에 직접적 거래를 통해 성사된다. 예를 들면 특정 제품을 생산하는 기업은 그 제품의 구매를 희망하는 다른 국가의 기업이나 소비자와 온라인 기반으로 중간 유통단계를 거치지 않고 직접적인 무역거래가 이루어진다.

전자상거래 통한 무역은 온라인 기반으로 거래가 이루어지므로 간단한 수출통관, 신속한 배송, 계약 해지의 용이성 등 전통적 무역에 비해 상대적으로 간결한 구조를 갖는다. 국경 간 전자상거래 물류 프로세스 역시 국제운송과 국내운송, 물류센터의 보관, 통관, 배송, 반품 등으로 이루어진다. 즉 소비자가 온라인으로 제품을 구매하면 소비자의 주문·결제정보가 수출자인 공급자와 물류업체에 전달된다. 그 후 물류업체는 국제운송, 보관, 통관을 거쳐 최종 소비자에게 주문된 제품을 배송하는 것이다. 이 외에도 반품물류는 재고로 반납되어 재판매되거나 재활용, 기부, 폐기된다.

[그림 12-4] 크로스보더 이커머스의 물류체계

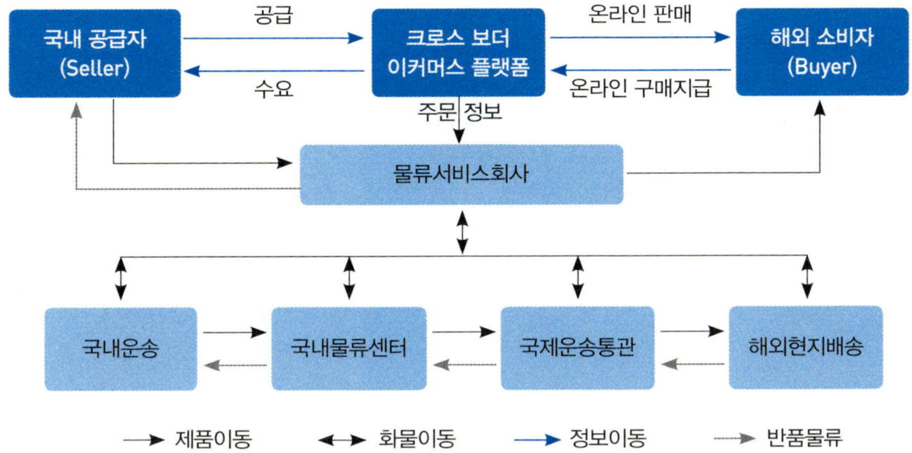

자료: Xaiopeng Zhao(2019), A Mode of Cross-Border E-Business Export Logistics Based on Value Chain.

2. B2C 온라인무역의 방법

인터넷을 이용한 온라인 무역 중 온라인 수출을 중심으로 설명하자면 온라인 수출은 국내 물품을 외국의 소비자에게 판매하는 것이다. 물품을 해외의 소비자에게 직접 판매하고자 하는 수출자의 온라인 수출방법은 크게 나누어 **해외쇼핑몰의 입점, 역직구, 현지화 독립몰 해외직판 방식**이 있다.

[그림 12-5] 온라인 수출방식

현지화 독립몰 해외직판	역직구	해외쇼핑몰 입점
Thejamy.com Adprint.jp Dholic.co.jp Shishanggiyi.com	Stylenanda Nanning9	Amazon Tmall Rakuten Qoo10 Vs 11st Gmarket Aucion

자료: tqoonglobal.com

(1) 중개사이트 입점 방식

물품을 해외 소비자에게 직접 판매하고자 하는 수출자가 진출하고자 하는 주요국의 쇼핑몰이나 글로벌 해외쇼핑몰을 선정하여 해당 쇼핑몰에 일정한 수수료를 지급하고 입점한 후 물품을 판매하는 방식이다.

[그림 12-6] 주요 글로벌 쇼핑몰

1) 글로벌 쇼핑몰

국가 혹은 지역별 글로벌 쇼핑몰로서 북미지역은 아마존이나 이베이, 중국은 타오바오, 일본은 라쿠텐, 동남아는 큐텐, 쇼피 등이 있다.

2) 쇼핑몰의 입점절차

일반적으로 글로벌 쇼핑몰의 입점절차는 우선 입점하고자 하는 해외쇼핑몰을 선정한 후 첫 번째 단계로서 입점상담과 함께 개인사업자 혹은 법인의 자격으로 회원가입, 두 번째 단계는 결제를 위한 수단확보(예: 카드등록), 세 번째 단계는 판매할 상품의 등록, 네 번째 단계는 판매가 이루어지면 결제를 확인하고, 다섯 번째 단계는 입금을 확인한 후 해외 배송절차를 수행한다.

3) 주요 쇼핑몰의 동향

글로벌 전자상거래시장을 선도하는 대표적인 미국기업은 아마존이다. 아마존의 성공은 FBA[iii]라 불리는 선진화된 물류 자동화 기술과 아마존 프라임 서비스 등의 도입을 통한 경쟁력 있는 모델의 구축에서 비롯된 것으로 평가된다.

중국의 대표 기업인 알리바바는 Cainiao 네트워크 중심으로 다수 물류업체와의 협력을 통해 자국 및 해외로 제품을 배송하는 제3자 물류방식을 채택하고 있다.

아마존과 알리바바는 물류시스템의 구축과 운영 측면에서 두 기업의 명확한 차이에도 불구하고 전 세계 전자상거래시장을 주도할 수 있는 기저에는 효율적인 물류시스템의 확보라는 공통된 요소가 발견된다. 현재도 아마존과 알리바바는 물류시스템 고도화를 위한 기술개발 및 자국과 현지 물류인프라 지원을 위한 대규모 투자를 진행하고 있다.

---

iii) 풀필먼트(Fulfillment)는 판매자 상품보관, 주문관리, 상품포장, 배송, 판매대행 등을 제공하는 전자상거래 물류서비스를 의미하며, FBA(Fulfillment by Amazon)는 아마존 셀러를 대상으로 고객 주문처리 전반에 이르는 업무를 대행하는 서비스이다.

(2) 해외 역직구 방식

해외 역직구는 국내 소비자가 외국 인터넷 쇼핑몰에서 물건을 직접 구입하는 해외직구와 반대 방향의 구입 형태를 일컫는다. 해외 소비자가 한국에서만 구입할 수 있는 상품이나 한국 연예인의 패션, 화장품 등이 주요 구매 대상이다. 국내 인터넷 쇼핑몰을 통한 역직구는 중화권 소비자가 가장 많고 러시아, 중동 등지에서도 종종 이뤄지고 있다.[5)]

(3) 현지화 해외직판 방식

현지화 해외직판은 세계 여러 나라에 그 나라 쇼핑몰과 똑같은 현지화된 쇼핑몰을 만들어서 상품을 생산하는 기업은 쇼핑몰을 통해 해외에서 판매하고, 현지 사업자인 쇼핑몰 운영자는 상품을 안정적으로 공급받으면서 판매하는 방식이다. 여기에 통관, 물류, 운송, 정산 등 모든 운영 프로세스를 제공한다. 특히 해외직판을 하기 위해서는 반드시 현지화된 쇼핑몰이 필요하다. 그 나라 언어로, 결제도 현지의 화폐로 하는 경쟁력 있는 쇼핑몰이다.[6)] 현재 이러한 온라인 수출 플랫폼 서비스를 제공하는 대표적인 업체로서 ㈜티쿤글로벌 외 다수가 있다.[7)]

(4) 시장확대를 위한 해결과제

크로스보더 시장의 성장을 저해하는 요소는 무엇이 있을까? 국경을 넘어서 온라인 상거래가 이루어지고 있다는 점에서 거래 과정에서 발생하는 장애요인이 있는데 이를 정리하면 다음과 같다.

- 어디서부터 어떻게 시작해야 할까? 어느 국가를 타깃해야 하지?
- 어떤 플랫폼이 가장효과적일까? 자사몰? 아마존? 가쿠텐?
- 지역별로 배송비가 천차만별이야. 시작부터 해외에다 창고를 두어야 하나? 그러기엔 재고 리스크가 큰데… 현지 통관/인증은 어떻게 하는가?
- 글로벌 고객 대상 디지털 마케팅은 어떻게 하나? CRM은 가능한가?
- 다채널판매는 필수인데, 정책도 다르고 관리화면도 다르고… 관리포인트가 너무 많은 건 아닌가?
- 내가 현재 사용하고 있는 관리 시스템에 간편하게 해외 플랫폼 판매정보를 통합할 수 있을까?

자료: SpurSell

1) 언어 장벽

소비자의 75%는 모국어로 된 웹사이트에서 제품을 구매하는 것을 선호하고, 59%는 영어 전용으로 된 사이트에서 거의 구매하지 않는다 한다. 따라서 구매자가 브라우저를 영어로 설정한 상태로, 사이트에서 구매하도록 설득하는 것만으로는 충분하지 않을 수 있다.

2) 문화적 차이

단어를 단순히 번역하는 것과 동일한 의미와 문맥을 유지하는 것은 완전히 다르다. 예를 들어, 영어 단어 'present'은 독일에서 'poision'으로 번역되지만 덴마크, 노르웨이, 스웨덴에서는 'married'로 번역된다.

3) 통신 인프라

국내의 빠른 인터넷 환경에서는 고객이 사이트에서 쉽고 빠르게 구매할 수 있다. 하지만 해외 구매자는 인터넷 연결 속도의 문제로 반응속도가 느린 사이트에서 구매하는데 어려움을 겪을 수 있고, 이는 사이트 구매 전환율에 영향을 미칠 수 있다.

4) 고객 지원

판매하는 제품이 조립이 필요한 제품이거나, 또는 높은 수준의 지속적인 지원이 필요한 제품인 경우 신규 해외시장에 판매할 때마다 고객 지원 체계를 확장해야 한다. 예를 들어, 제품 사용 설명서는 현지에 맞게 번역되어야 하며, 현지언어로 실시간 지원이 가능한 체계가 마련되어야 한다.

5) 결제수단

가격을 현지 통화로 변환한 후, 고객이 신뢰하고 편안하게 느끼는 결제수단도 제공해야 한다. 신용카드가 국내에서는 표준이 될 수 있지만, 신규 시장에서는 더 널리 사용되는 결제수단이 있을 수도 있으며, 이에 대응하지 못하면 막대한 비용이 발생할 수 있다.

6) 배송문제

글로벌 배송도 크로스보더 이커머스의 성장을 저해하는 주요 요소다. 현지의 통관정책과 세금체계 역시 상황에 따라서 해결해야 할 과제이다.

B2B 온라인무역 (제 3 절)

1. B2B 전자상거래의 진화

B2B(business-to-business) 온라인무역은 국경간 기업과 기업 사이의 거래를 기반으로 한 비즈니스 모델을 의미한다. 지난 1999년과 2000년 초반 인터넷를 기반으로 하는 사업은 일찍이 소비자를 대상으로 한 B2C 전자상거래 사업이었지만 B2C 전자상거래시장 뒤에는 이미 매출규모 면에서 B2C 사업을 훨씬 능가하는 B2B 전자상거래시장이 빠르게 성장하고 있었다.[iv)]

사실 B2B 전자상거래는 B2C 전자상거래에 비해 더 오랜 역사를 지니고 있다. 초기 단계에 여러 업계에서 전자문서교환(EDI: Electronic Data Interface)이나 CALS(Commerce At Light Speed)의 형태로 거래가 이루어져 왔으며, 인터넷 웹의 보급과 함께 자연스럽게 B2B 전자상거래가 발전하였다.[8)]

[그림 12-7]은 인터넷의 도입 초기에 기업간 폐쇄적인 전자문서교환(EDI) 네트워크를 바탕으로 거래가 형성되어 널리 확산하지 못한 시작단계, 온라인광고와 오프라인판매가 이루어지던 초보적인 이커머스 시대를 거쳐 오늘날과 같은 다수의 공급자와 구매자로 이루어진 다자간 상거래 형태의 B2B 전자상거래 시장의 진화과정을 보여주고 있다.

이후 **이비즈니스(e-Business)**에 대한 기업의 관심은 단순한 전산 시스템의

iv) 2019년 B2B 전자상거래의 글로벌 매출은 전년 대비 18.2% 증가한 12조 2,000억 달러로 이미 B2C 부문의 시장규모를 넘어섰다. 특히 코로나19에 따른 디지털화의 가속화로 인해 글로벌 B2B 전자상거래의 규모는 2027년까지 20조 9,000억 달러에 이를 것으로 추정하고 있다(DHL 익스프레스).

[그림 12-7] **B2B 전자상거래의 진화과정**

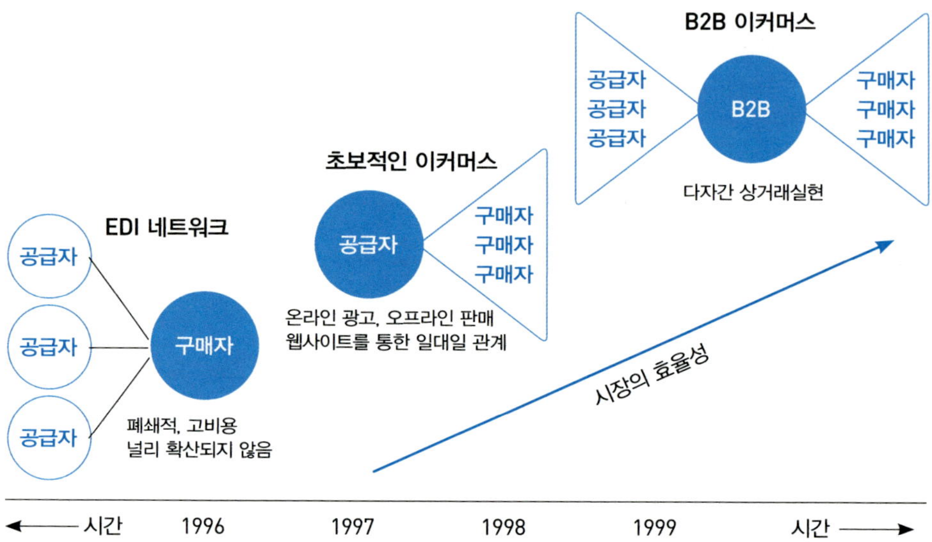

자료: Morgan Stanley(https://slideplayer.com/slide/17311505/)

도입이 아닌 효율적인 비즈니스를 영위하기 위한 새로운 비즈니스 패러다임으로 전환하게 되었다. 즉 새로운 고객 확보와 기존 고객의 충성도 제고, 조달 및 공급 비용의 감소, 내부조직의 역량 강화, 장소와 시간을 뛰어넘는 실시간 의사결정 등과 같은 비즈니스의 미션을 수행하는 수단으로서 개방성과 확장성을 특징으로 하는 인터넷과 결합하면서 새로운 비즈니스 패러다임이 만들어졌다. 이러한 결과물이 바로 이마켓플레이스(e-Marketplace)이다.

2. 이마켓플레이스와 B2B 전자상거래

(1) 이마켓플레이스

일반적으로 이마켓플레이스는 "수요자와 공급자가 인터넷 기반의 가상공간에 모여 필요한 물품을 매매하고, 정보도 교환하면서 거래 커뮤니티(trading communities)를 형성할 수 있는 장소(가상시장)"로 정의되고 있다. 또한 "하나 이상의 이마켓이 모여 조직의 형태로 개설된 전자 공동체(electronic community)"를 이마켓플레이스로 정의하기도 한다. 여기에서 이마켓은 구매자들과 판매자들의 관심 대상이 되는 제품이나 서비스를 중개하는 중개자(intermediary)이다.

이마켓플레이스를 활용하면 오프라인의 거래에서 발생하는 불필요하고 복잡한 과정을 제거하고 혁신적인 프로세스와 투명한 거래를 통해 거래 기간을 크게 줄이고 구매비용을 절감할 수 있다. 또한 이마켓플레이스는 기업간 협업(collaboration)을 수행하기 위한 수단으로 활용될 수 있다. 일차적으로 이마켓플레이스가 주로 기업의 구매조달과 같은 공급체인으로 이용하지만 필요에 따라 한 기업 내의 조직간 그리고 여러 외부의 기업과 협업을 위한 워크플로우와 제품개발 등을 제공한다. 현재 이마켓플레이스가 지향하는 발전방향과 효과는 다음과 같이 요약할 수 있다.

첫째, 재화의 구매조달에 따른 거래비용의 절감이다.

둘째, 이마켓플레이스들 사이의 상호연결성이다. 특히 주문에서부터 배송완결까지 이르는 전 과정에서의 물류관리의 구축은 중요하다.

셋째, 제품설계, 개발, 사후관리에 이르는 기업의 전체 비즈니스 프로세스에 걸쳐 기업 간의 협업을 지원하기 위한 통합적 기반의 구축이다.

현재 산업별로 제조업과 유통업 관련하여 효율적인 거래를 위한 목적을 넘어서서 기업 간 협업을 위한 다양한 이마켓플레이스가 구축되고 있으며, 주목할 점은 글로벌 차원에서 이마켓플레이스의 활용이 더욱 확대되고 있다.

(2) B2B 이마켓플레이스의 기본유형

B2B 이마켓플레이스는 특정 산업이나 시장을 수직적으로 전문화하거나, 아니면 특정한 기능이나 비즈니스 프로세스를 수평적으로 전문화할 수 있다. 이에 따라 이마켓플레이스의 유형은 수직형 이마켓플레이스(vertical e-marketplace)와 수평형 이마켓플레이스(horizental e-marketplace)로 구분할 수 있다.[9]

1) 수직형 이마켓플레이스

수직형 이마켓플레이스는 특정 산업재나 시장에 초점을 두고, 화학, 전자부품, 금속, 에너지 등 어느 특정 산업분야에 특화된 서비스를 제공하는 가상공간의 시장이다. 디지털화되고 표준화된 상품 카탈로그에 의한 공급망의 자동화를 통해 시장 유동성을 개선하거나 전통적인 구매과정을 자동화시켜서 각 산업에 특화된 방식으로 서비스를 제공하는 것이 한 예이다.

수직형 이마켓플레이스의 성공 가능성은 판매자와 구매자 사이에 시장 분할이 심화되어 있고, 기존 공급체인에 비효율성이 높다는 점에서 찾을 수 있다. 그리고 성공요인으로는 최소로 필요한 주요 판매자와 구매자의 조기 확보가 필요하며, 해당 분야의 전문지식과 경험 및 관계, 마스터 카탈로그와 아주 섬세한 정보탐색 기능, 그리고 기존에 확보한 판매자와 구매자를 위한 인접산업의 보유 여부 등이라고 할 수 있다.

대표적인 예로 특정 산업에 기반을 둔 업종별 이마켓플레이스는 철강제품과 관련된 전자상거래 e-steel, 전 세계 종이제품에 대한 구매자와 판매자 간의 전자상거래를 담당하는 PaperExchange, 병원, 의약 제품 및 서비스 공급을 담당하는 Broadlane, 생명과학산업 실험용 제품 거래를 담당하는 Chemdex, 플라스틱과 화학제품의 거래 중개하는 ChemConnect, 플라스틱산업에 원료 중개는 CommerxPlasticsNet, 항공, 금융, 건강, 소매 등의 거래는 Marketsite(Commerce One), 지적자산 검색, 사무 컴퓨터, 건축, 제지 등을 거래하는 SupplierUniverse(Clarus), 전자부품업자와 제조업자간을 중개하는 TRADEC, 전자부품의 조달은 NECX.com, 비상업용 재화, 식음료, 섬유, 일반 기계 그리고 소매약품 등의 조달과 중개를 수행하는 GlobalNetXchange(GNX) 등이 있다.

2) 수평형 이마켓플레이스

수평형 이마켓플레이스는 서로 다른 산업에 걸쳐 동일한 기능이나 동일한 비즈니스 프로세스를 제공하는 것으로서 업무 프로세스의 유지, 보수, 조달, 프로젝트 관리, 인력관리, 광고, IT 서비스 등의 기능적 측면의 자동화에 초점을 맞추고 있다. 수평형 이마켓플레이스는 기업의 구매자측의 소프트웨어나 IT 아웃소스 서비스 등의 확장을 통해 업무의 효율성을 높이는 역할을 한다.

대표적인 수평형 이마켓플레이스의 예로서 중고기자재 판매를 담당하는 iMark.com, 반품과 회수물류(reverse logistics)의 Processors Unlimited, 기업소

모성자재 관련 MRO.com(Maintenance, Repair, and Operating Procurement), 글로벌 로지스틱스 모니터링의 Celarix, 프로젝트 관리의 BidCom, 미디어 구매의 Adauction, 에너지 관리와 관련된 YOUtilities 등이 있다.

수평형(기능형) 이마켓플레이스의 성공 가능성은 프로세스 표준화 정도, 프로세스에 대한 지식, 작업흐름 자동화 전문성, 프로세스 자동화에 대한 보완 능력, 고객의 특별한 요구를 소화할 수 있는 능력에 달려있다.

끝으로, 이마켓플레이스의 끊임없는 진화는 플랫폼을 제공하는 것으로 콘텐츠, 거래, 네트워크 및 기타 소프트웨어 관련한 실행기술(enablng technologies)이 뒷받침되어야 한다.

3. B2B 온라인무역 플랫폼

전통적인 방법의 무역은 인터넷을 기반으로 하는 전자무역 체제가 도입되면서 무역거래 절차와 과정에서 필요한 서류를 전자화함으로써 무역거래 절차가 간소화되었고, 인터넷상의 가상시장(e-marketplace)이 만들어지면서 중간상을 거치지 않고 물품의 공급자와 구매자가 직접 거래할 수 있는 기회가 확대되었다. 2021년 현재 미국무역위원회의 예측에 따르면 글로벌 B2B시장의 규모는 약 23.6조 달러로 글로벌 B2C시장보다 6배 이상이며, 기존의 전통방식의 무역을 빠르게 흡수함으로써 성장 잠재력 또한 주목할 부분이다.[10] 여기서는 국내외 B2B 온라인무역을 주도하고 있는 주요 플랫폼을 소개하고 한다.

(1) 국내 주요 B2B 무역플랫폼

글로벌시장에서 수출자와 수입자를 알선하고자 구축된 플랫폼은 다양하다. 먼저 수출을 지원하기 위한 기관이 운영하는 플랫폼과 글로벌 전자상거래시장을 주도하고 있는 아마존이나 알리바바와 같은 사이트가 있다.

1) 고비즈코리아

중소기업진흥공단의 고비즈코리아(Gobiz Korea)는 해외시장 판로개척에 어려움을 겪는 중소벤처기업에게 온라인 수출 인프라 구축 및 해외마케팅, 해외바

[그림 12-8] 고비즈코리아 홈페이지

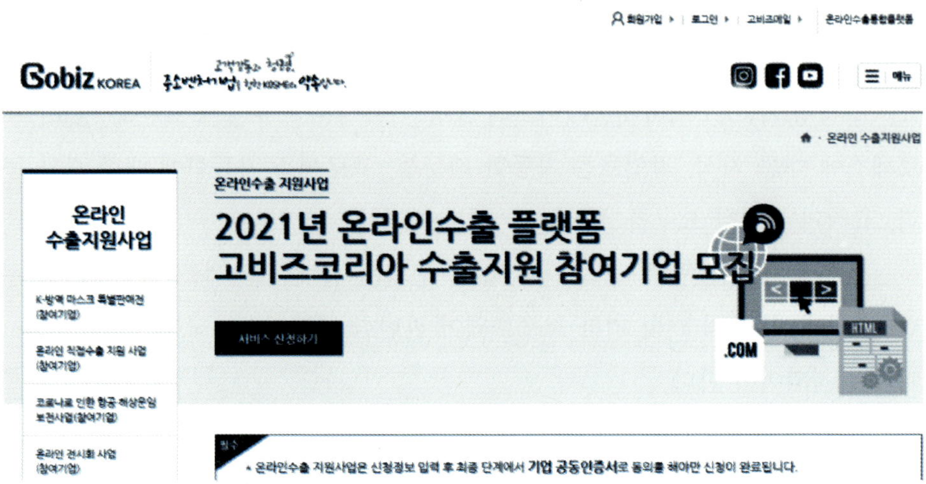

이어, 구매오퍼, 사후관리 등을 통한 글로벌 전자상거래 시장진출과 수출활성화를 지원하고 있다.[11)]

2) 바이코리아

무역진흥공사(KOTRA)의 바이코리아(Buy Korea)는 전 세계 바이어와 한국

[그림 12-9] 바이코리아 홈페이지

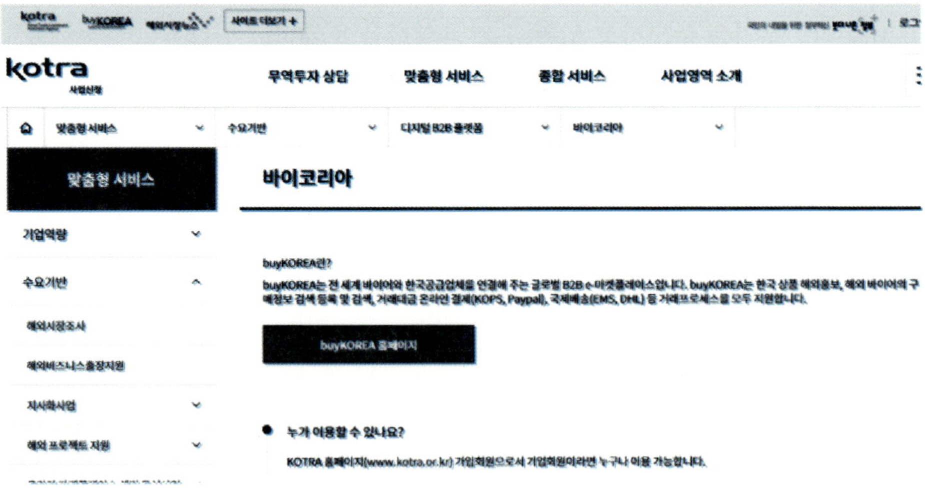

공급업체를 연결해 주는 글로벌 B2B 이마켓플레이스이다. 한국 상품 해외홍보, 해외 바이어의 구매정보 검색 등록 및 검색, 거래대금 온라인 결제(KOPS, Paypal), 국제배송(EMS, DHL) 등 거래 프로세스를 모두 지원한다.

3) 트레이드코리아

한국무역협회의 트레이드코리아(Trade Korea)는 온라인 글로벌 시장개척을 지원하고 국내 수출중소기업과 해외기업과의 거래를 활성화하기 위한 이마켓플레이스이다. 구체적으로 수출을 위한 상품홍보, 거래알선, 해외 바이어 정보, 사후관리, 전시회 참여 등 해외 마케팅을 지원하고 있다.

[그림 12-10] **트레이드코리아 홈페이지**

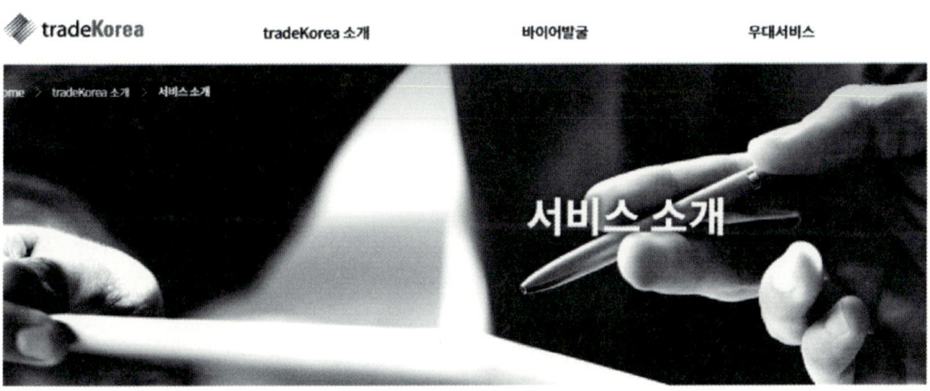

4) EC21

EC21은 한국의 수출마케팅 및 무역컨설팅 전문기업이다. 지난 2000년 한국무역협회(KITA)로부터 분사한 이후 글로벌 B2B 이마켓플레이스 운영을 통해 수출 인프라 구축, 해외 시장조사, 해외 바이어 발굴, 무역 실무교육에 이르기까지 한국 중소기업의 해외시장 개척을 지원하고 있다.

[그림 12-11] EC21 홈페이지

(2) 글로벌 주요 B2B무역 플랫폼

1) 알리바바닷컴

알리바바닷컴(Alibaba.com)은 세계 최대 B2B 온라인무역 플랫폼이다. 회원으로 가입하면 상품 등록과 미니 사이트를 구축하고, 바이어 인콰이어리를 획득할 수 있다. 알리바바닷컴과 협업을 수행하고 있는 국내 다섯 개의 알리바바닷컴 파트너사[v)]가 업무를 지원하고 있다. 각 파트너사는 회원사를 위해 고유의 서비스를 지원하고 있다.[12)]

v) 이프로(https://e-pro.kr/), 코리아 옐로페이지(http://www.yellowpage-kr.com/), 지엔지 커머스(https://gng.ggook.com/), 이셀러스(https://www.esellers.co.kr/), 씨케이 브리지(http://ckbridge.co.kr/)

[그림 12-12] 알리바바닷컴 홈페이지

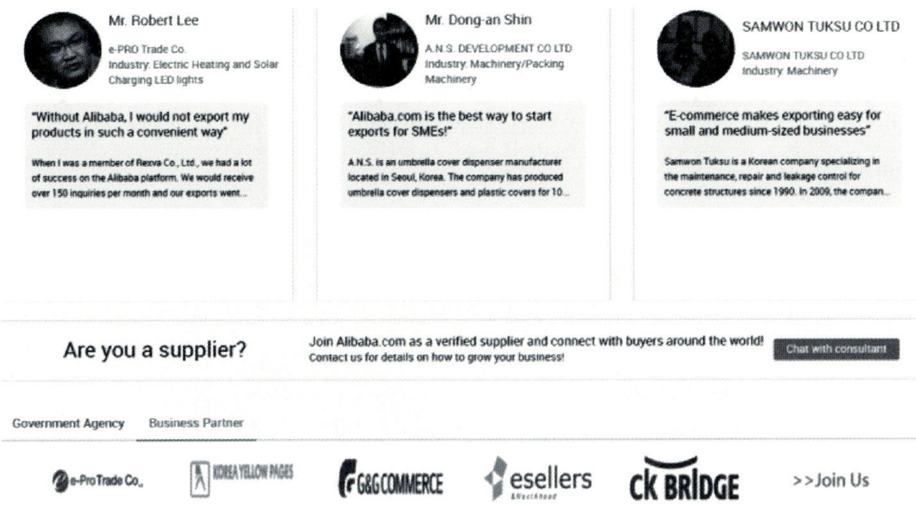

2) 아마존 비즈니스

아마존 비즈니스(Almazon Business)는 기업과 기관 구매자들이 이용하는 B2B 마켓플레이스로서 병원, 교육 기관, 정부 기관 등 수백만 개의 기업과 기관의 구매 담당자들에게 제품을 B2B로 판매할 수 있다. 특히 아마존의 FBA(Fulfillment by Amazon)을 통해 포장, 배송 및 고객 서비스까지 이용할 수 있다는 것을 강조하고 있다.

[그림 12-13] 아마존 비즈니스 홈페이지

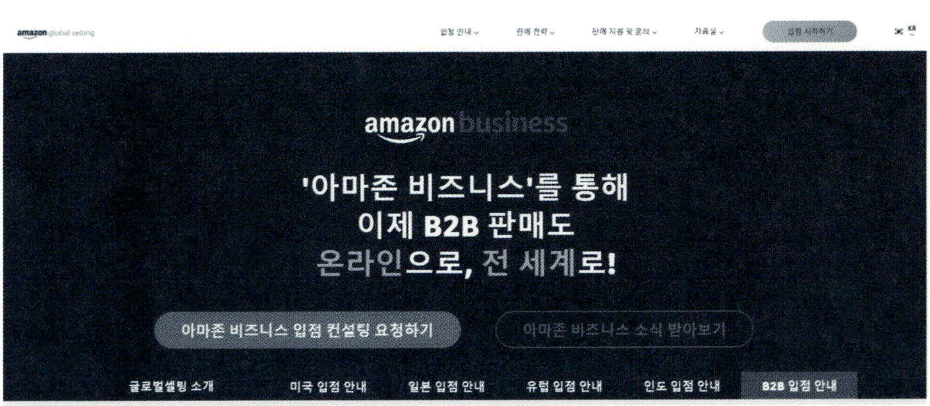

3) 글로벌 소스

글로벌 소스(Global sources)는 홍콩에 기반을 둔 B2B 멀티채널 미디어회사로 시작해 1971년부터 온라인과 오프라인으로 구매자와 공급업체에게 서비스를 제공하고 있다. 핵심 사업은 공급업체와 글로벌 소스 커뮤니티 간의 거래를 촉진하는 것이다.

[그림 12-14] 글로벌 소스 홈페이지

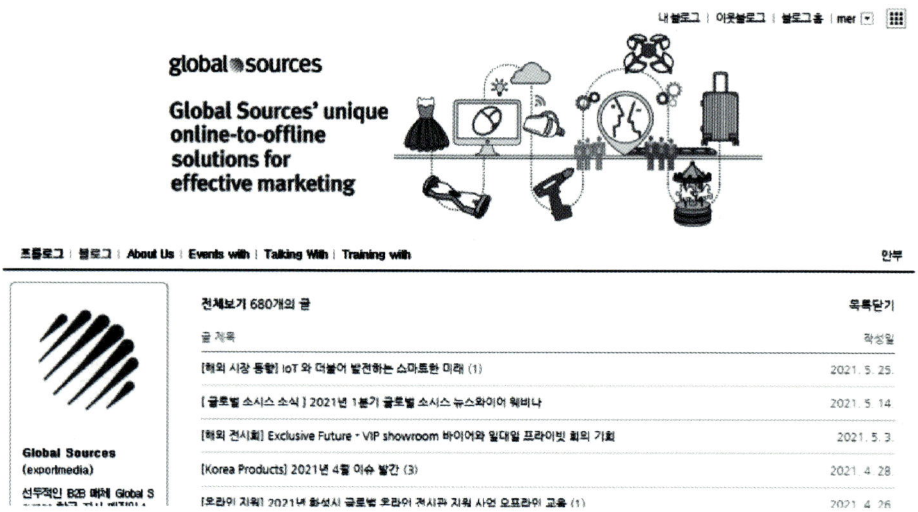

(3) uTradeHub를 활용한 B2B 온라인무역

한국의 전자무역시스템인 uTradeHub를 이용하면 해외 주요 거래선과의 무역문서(B/L, I/V, P/L 등)의 전자적 교환을 할 수 있게 된다.

한국의 현대자동차는 필요한 부품을 공급하기 위해 국내의 글로비스와 거래하기도 하지만 KTNET의 글로벌 B2B 무역플랫폼을 통한 이마켓플레이스에서 보쉬, 지멘스, TRW 등의 부품공급사들과 거래를 통해 필요한 부품을 공급할 수 있다.[13)]

[그림 12-15] 현대자동차의 B2B거래를 통한 부품 조달

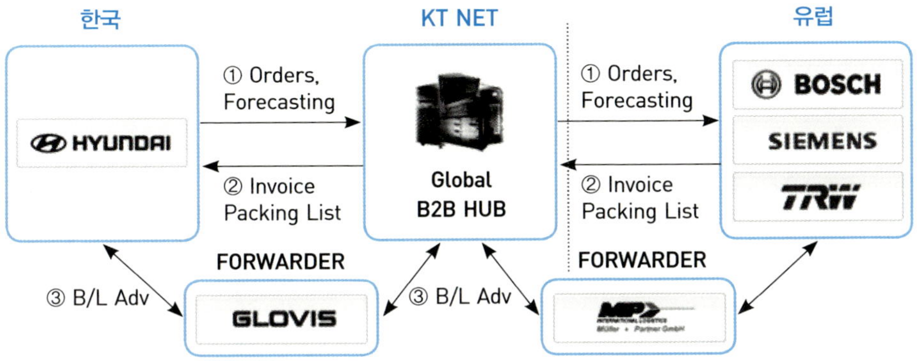

참고문헌

1) 윤광운·김철호,『전자상거래론』, 삼영사, 2002년, 47쪽.

2) 홍승표 외, 'B2C 및 B2B 전자상거래의 시장 전망', 전자통신동향분석, 제15권 6호, 2000년 12월, 107-108쪽.

3) 위키백과- https://ko.wikipedia.org/wiki/B2G

4) https://www.epnc.co.kr/news/articleView.html?idxno=200764

5) [네이버 지식백과] 역직구, 시사상식사전, pmg 지식엔진연구소.

6) 무역경제신문(http://www.tradetimes.co.kr)

7) ㈜티쿤글로벌(https://www.tqoon.kr/)

8) 홍승표외, 'B2C 및 B2B 전자상거래 현황과 비즈니스 유형,' 정보통신진흥원 보고서, 2001년.

9) 상게논문.

10) The Players: Voice Of The Industry,Seizing the marketplace opportunity: B2B ecommerce cross-border expansion, 2021. 3. 3.(https://thepaypers.com/expert-opinion/seizing-the-marketplace-opportunity-b2b-ecommerce-cross-border-expansion%E2%80%941247509)

11) 중소기업진흥공단 고비즈코리아(https://kr.gobizkorea.com)

12) 알리바바닷컴(https://www.alibaba.com/)

13) uTradeHub의 글로벌 전자무역포털 소개(https://www.utradehub.or.kr/)

핵심내용정리

- 전자상거래(e-commerce)와 무역
  - 전자상거래의 개념, 전자상거래의 유형, 전자상거래를 통한 온라인무역
- B2C거래와 국경간 전자상거래(cross-border e-commerce)의 활성화
- B2C 온라인무역 방법
  - 글로벌 쇼핑몰 입점, 해외직판 독립몰, 해외 역직구
- B2B거래와 온라인무역
  - B2B 전자상거래의 진화과정, 이마켓플레이스와 B2B 온라인무역, B2B 온라인무역을 위한 플랫폼 소개와 활용

토론과제

1. 현재 B2C 온라인무역 방법으로서 소위 크로스보더 이커머스를 위한 글로벌 쇼핑몰(아마존, 알리바바 등) 입점 방법과 절차에 대해 구체적으로 조사해보자.
2. 현재 B2C 온라인무역 방법으로서 소위 크로스보더 이커머스를 위한 현지화 독립몰 구축을 지원하는 서비스업체를 조사하고, 쇼핑몰 구축 방법과 절차에 대해 구체적으로 조사해보자.
3. 전통적 무역을 하고 있는 무역업자가 B2B 온라인 무역으로 전환할 때 생기는 장애요인과 문제점을 조사해보자.

P / A / R / T

04

글로벌기업의 경영관리

Chapter 13

글로벌기업의 투자와 재원관리

Foreign Direct Investment and Financial Management

“

본 장은 글로벌기업의 해외직접투자에 필요한 자금조달과 투자결정에 필요한 투자대안의 평가기법으로서 자본예산편성, 운영자금, 수익의 배분 문제를 중심으로 하는 기업의 재무관리 영역을 소개한다.

첫째, 해외 자회사의 운영에 소요되는 자금을 어디에서, 어떻게 조달할 것인가? 특히 글로벌기업에게 있어 기업 내부로부터 자금조달뿐만 아니라 기업외부의 자금조달은 자국에 국한되지 않고 글로벌 금융시장으로부터 다양한 금융기법을 활용할 수 있어서 의사결정이 그만큼 복잡하다. 자금조달 방식에 따른 자금의 조달비용의 차이는 기업의 경쟁력에 큰 영향을 미친다. 그러므로, 자금조달과 운영의 전반적 활동 과정에서 발생하는 특유의 위험을 어떻게 예측하고 관리할 것인가 하는 문제까지 고려하여 결정해야 한다.

둘째, 조달된 자금을 어떻게 관리하고 운용할 것인가? 즉 자금의 운용과 관리에 관한 문제이다. 기업은 수익을 극대화하기 위하여 조달된 자금을 이용하여 여러 가지 투자활동을 수행하게 될 때 합리적인 의사결정이 필요하다.

셋째, 현금흐름의 관리 차원에서 운영자금의 관리목표는 무엇이며, 목표를 달성하기 위해 어떻게 관리해야 하는가?

넷째, 조달될 자금을 운용하여 얻어지는 이익을 어떻게 처분하고 배분할 것인가?

”

글로벌기업의 자금관리 제1절

1. 글로벌기업의 경영환경

[그림 13-1] 글로벌기업 운영의 예시

세계화가 진행되면서 기업의 경영활동은 한 국가 또는 한 지역에서 점점 세계로 확대됨으로써 다양한 환경에 노출된다. 세계화의 결과, 국가 간 자원의 이동장벽 약화로 인해 국가 상호의존도가 높아졌고, 최적의 생산지를 선택하여 생산시설을 해외로 옮겨 해외 현지 생산공장과 유통망을 구축하게 되는 세계화 양상을 띠게 되었다([그림 13-1] 참조).

글로벌기업의 투자와 경영활동 과정에서 다양한 환경의 영향을 받는다. 글로벌기업의 경영환경을 좀더 구체적으로 기업의 내부환경과 외부환경으로 나누어 규명해 볼 수 있다.

먼저 기업의 내부환경은 주로 특정 기업이 가지고 있는 독특한 특성이나 기업문화, 보유자원과 종업원의 구성이다. 이를 토대로 기업은 내부 조건의 변화에 대한 적절한 대응과 갈등을 조정하는 것이 과제가 된다. 기업 스스로 어느 정도 통제 가능한 요인이다.

다음은 글로벌기업에게 일방적으로 주어지는 외부환경이다. [그림 13-2]에 보듯이 외부 환경요인은 환율의 변동과 유가를 비롯한 원자재 가격변동, 해외자산의 가치변동, 국제금융시장의 금리변동 등이 있다. 아울러 현지국의 경제여건의 변화와 정치 상황 등도 경영관리를 위한 의사결정에 중요한 요인을 작용하게 된다. 이러한 기업의 외부환경은 조직의 의사결정이나 투입 요소의 변환과정에 영향을 미치는데 그 영향의 범위에 따라 일반환경(general environment)과 과업환경(task environment)으로 나눌 수 있다.

[그림 13-2] 글로벌기업의 경영환경

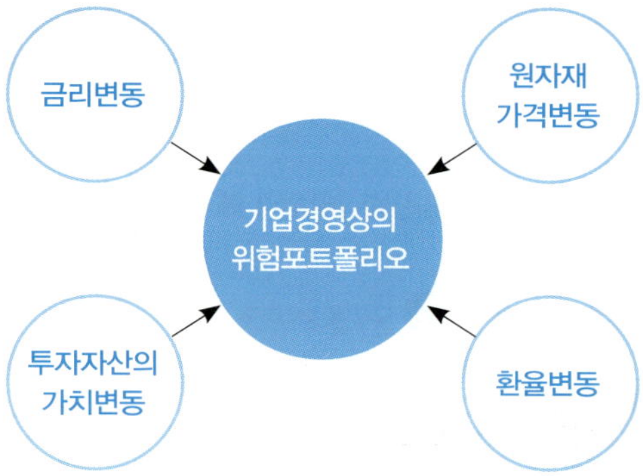

일반환경은 경제적 환경, 국가 및 정치적 환경, 기술적 환경, 사회문화적 변화 등을 들 수 있다. 이러한 환경요인은 모든 기업에 간접적인 영향을 미치고, 광범위하다는 특징이 있다.

과업환경은 소비자 환경, 경쟁자 환경, 공급자 환경, 대체품 등이 있는데, 이들 요인은 기업의 전략수립과 목표 달성에 관한 의사결정에 직접적인 영향을 미치게 된다.

2. 글로벌기업의 재무관리

(1) 재무관리의 목표

글로벌기업이 경영활동을 전개하기 위한 자금의 조달과 운용 등 자금의 흐름을 계획하고 통제하는 경영업무 분야가 재무관리이다. 일반적으로 글로벌기업의 한 형태로서 다국적기업의 운영과 관련한 자금흐름의 관리 대상은 기업을 구성하는 본사와 해외 현지의 자회사를 포함하지만 실제로 해외 현지의 자회사를 위한 재무관리 문제로 국한해서 취급하는 것이 일반적이다. 즉 글로벌기업의 재무관리는 해외의 현지 자회사를 경영하는데 소요되는 자금을 조달하고, 조달된 자금을 투자하고 운용하면서 그 운용에서 생긴 이익을 관리하는 활동이다.

글로벌기업은 자금조달, 투자기회의 평가와 결정, 운전자금의 관리와 같은 재무관리 활동을 전개할 때 특별히 환위험이나 국가신용위험(country risk) 등 국제적인 리스크까지 고려해야 한다. 국경을 넘나드는 국제거래에서 발생하는 현금의 유출입 관리는 상이한 금융기관과 다양한 금융수단이 동원되기 때문이다.

요컨대, 글로벌기업의 재무관리는 글로벌경제에 대한 새로운 환경의 인식, 다양한 위험의 출현, 그리고 세계적 차원의 재무관리 시스템의 경제성과 효율성을 창출해야 하는 과제를 안고 있다. 따라서 글로벌기업의 재무관리의 목표는 물가수준, 환율, 세제, 자본비용 및 정부의 통제 등 환경적 요인을 고려하여 세계적 차원에서 효과적인 자금의 조달과 투자, 수익의 배분을 최적화하는 데 있다.

[그림 13-3] 글로벌기업의 재무관리 기능과 목표

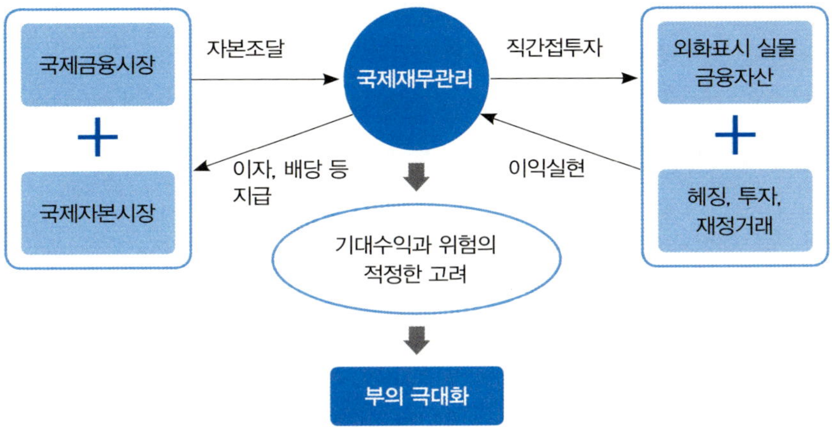

(2) 재무관리의 범위

글로벌기업의 재무관리 활동의 범위를 보다 구체적으로 살펴보면 다음과 같다.

첫째, 해외 자회사의 운영에 소요되는 자금을 어디에서, 어떻게 구할 것인가, 즉 자금조달의 원천과 자금조달의 수단의 선택 문제이다. 글로벌기업은 자국에 국한되지 않고 다양한 국가와 시장에서 자금을 조달할 수 있는 기회가 열려 있다. 이것은 의사결정에 있어서 고려해야 하는 변수와 대안이 그만큼 복잡하다는 것이며, 동시에 그 결정의 결과에 따라 기업의 경쟁력은 큰 차이가 날 수 있다는 의미가 내포되어 있다.

둘째, 조달된 자금을 어떻게 관리하고 운용할 것인가, 즉 자금의 운용과 관리에 관한 문제이다. 기업은 수익을 극대화하기 위하여 조달된 자금을 이용하여 다양한 분야에 투자 활동을 수행하게 되는데, 이때 필요한 의사결정은 기업이 어떤 사업 분야에 얼마나 투자할 것인가 하는 결정이다. 이러한 투자의 결정은 기업의 미래수익성과 성장성 그리고 위험뿐만 아니라 기업의 생존 여부에 영향을 준다. 투자는 자본의 해외직접투자와 글로벌 금융시장의 간접투자를 포함하게 된다.

셋째, 조달될 자금을 운용하여 얻어지는 이익을 어떻게 처분할 것인가 하는 이익분배 관리에 관한 문제이다.

넷째, 자금조달과 운영의 전반적 활동 과정에서 글로벌 경영환경에서 발생하는 특유한 위험을 어떻게 예측하고 회피할 것인가 하는 문제도 함께 다룬다.

다섯째, 재무관리를 가장 효과적으로 운용하기 위한 조직을 어떻게 구성할 것인가 하는 문제다. 즉 재무관리자는 경영계획을 결정하면서 예산 통제시스템을 수립한 후 전사적 차원에서 조직을 통제하게 된다.

(3) 글로벌 재무관리의 특성

글로벌기업의 경영자는 세계를 무대로 활동하고 있어서 그 기업이 이용 가능한 정책을 기준으로 사업 활동의 과정에서 항상 어려운 의사결정을 하게 된다. 글로벌기업의 사업 활동 역시 사업을 영위하기 위해 다른 기업조직의 사업 활동과 같이 항상 일정 규모의 자금이 소요된다. 특히 글로벌기업의 사업 활동 범위는 국경을 넘나드는 국제무역과 투자가 포함되어 있다.

이러한 글로벌기업의 활동 영역을 고려할 때 재무관리는 우선, 국경을 넘나드는 환경 속에서 전개되는 재무 활동을 바탕으로 모든 정책과 전략을 결정하고 수행한다는 점이다. 둘째, 국제사업 활동 과정에서 재무관리는 오늘날 회계, 마케팅, 인사관리, 기타 경영관리 영역을 종합적으로 고려하여 체계적으로 이루어진다. 즉 적절한 예산의 편성에 따른 재무성과가 달성되려면 마케팅, 생산, 로지스틱스, 기타 연구개발 전략과 밀접한 연계가 절대 필요하다. 예산과 재무계획이 전략적 계획수립에 물론 중요하긴 하나 그것이 전부가 아니라는 점이다. 재무에 대한 예측을 너무 강조하다 보면 혁신적이고 창조적인 계획의 수립과 이행을 방해할 수 있다. 일례로 연구개발 같은 창의적인 활동은 손익계산서와 투자수익률 등을 기준으로 적용하기 어려운 분야이다.

요컨대 글로벌기업의 재무관리는 기본적으로 일반 국내기업의 재무관리와 유사한 기대수익률과 위험의 상관관계에 바탕을 두고 있으나, 다양한 이종통화 간의 거래와 국제중개기관의 개입, 그리고 컨트리 리스크(country risk)라는 환경 속에서 실행하게 된다. 오늘날 기업의 자금조달과 운용과 관련된 재무적 의사결정은 범세계적 통합금융시장(global integrated financial mareket)이 형성된 환경 속에서 세계적 차원의 자산과 부채관리 전략을 추구하게 되는 특성을 보인다.

글로벌기업의 자본조달

제 2 절

1. 자본조달의 의의

(1) 자본조달의 의사결정 단계

글로벌기업이 자본조달(financing)을 할 수 있는 원천은 기업 외부의 조달로서 국내금융시장가 국제금융시장, 기업 내부를 통한 조달 방법으로서 본사나 해외 자회사의 유보이익 혹은 기업 내 차입 등이 있다. 기업 자금조달의 목표가 궁극적으로 기업가치를 극대화하는 데 있다면 이용할 수 있는 다양한 국내외 금융상품을 검토하여 적절한 타인자본과 자기자본의 구성비를 결정하는 것부터 시작해야 한다. 이를 위한 글로벌 자본조달의 합리적 의사결정 과정과 단계를 살펴보면 다음과 같다.

첫째, 글로벌기업의 입장에서 예상 현금유입과 유출에 대한 추정을 통해 필요한 소요 자본을 확정한다.

둘째, 소요 자본을 조달할 방법과 시장을 결정한다. 가령 자금을 외부에서 차입할 것인가 내부조달을 할 것인가, 직접금융을 할 것인가 간접금융을 통할

[그림 13-4] 국제자본조달의 의사결정 과정

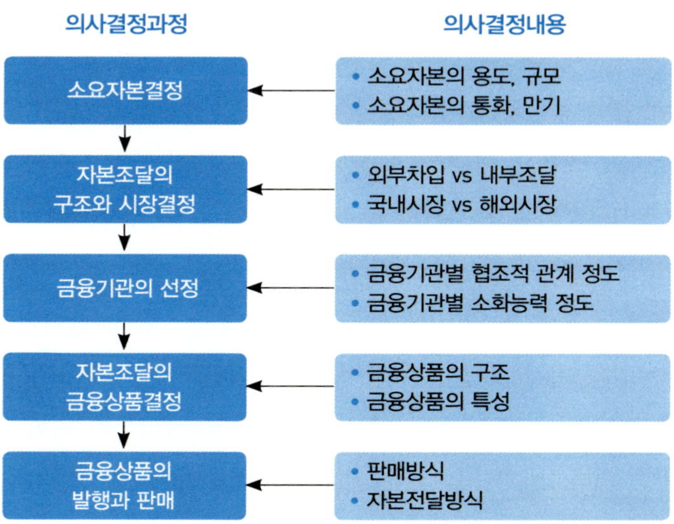

것인가, 국내금융시장을 이용할 것인가 아니면 국제금융시장을 이용할 것인가, 장기자본을 조달할 것인가, 단기자본을 조달할 것인가 하는 문제이다. 소요 자금의 규모와 용도, 향후 전망 등 다양한 요인을 고려하여 필요한 자금의 만기와 원하는 차입의 형태에 따라 가장 적합한 차입 수단을 선택한다.

셋째, 소요 자본을 조달하기 위한 중개 및 알선을 해 줄 적절한 금융기관을 선정한다.

넷째, 조달할 자금의 통화별 환율과 금리 전망, 스왑 조건 등과 액면 이자나 만기 등의 금융 상품의 구조와 특성을 파악하여 금융상품을 결정한다.

다섯째, 결정한 금융을 이용하는 단계로서 채권의 경우 채권의 발행과 판매를 실시한다.

(2) 자본조달을 위한 고려사항

글로벌 자본조달을 할 때 정확한 자본조달 비용은 자본조달의 방법을 결정하는 데 중요한 기준을 제공한다. **자본조달비용(cost of capital)**은 자기자본비용과 타인자본비용의 가중평균 자본조달비용을 의미한다. 또한, 투자자의 입장에서는 **요구수익률** 또는 **필수수익률**을 의미하며, 기업이 최적의 자본구조를 결정하는 데 기준이 된다.

글로벌 자본조달 비용을 산출할 때는 국경을 초월하여 조달하는 데 따르는 불확실한 환경요인을 반영해야 한다. 그 위험요인은 **환위험(exchange risk)**, **정치적 위험(political risk)**, 상이한 조세제도 등이 있다.

환위험은 불확실성을 증가시켜 기업의 자본조달비용을 상승시키는 요인으로 작용하기 때문에 여러 나라에 효율적인 분산투자를 통해 환위험을 분산시킬 수 있다.

정치적 위험은 현지 정부에 의한 외국기업 몰수 또는 송금 제한, 현지 생산비율의 강요 등에 따른 불확실성을 말하는데, 이를 소홀히 생각하여 자본비용 최소화에 너무 치중하다 보면 오히려 정치적 위험으로 인해 추후 더 큰 자본비용을 발생시킬 수도 있다. 정치적 위험을 효과적으로 관리하기 위한 다양한 방법들이 활용되고 있다. 현지금융기관으로부터의 차입을 증가시킨다든가, 현지 기업과 합작을 한다든가, 투자 자본의 일부를 제3국에서 조달하는 방법 등이 있다. 제3국 정부 또는 국제금융기구가 자본 참여를 하는 경우 현지 정부에 의한 몰수, 수용 혹은 국유화와 같은 정치적 위험을 크게 줄일 수 있다. 필요에 따라 법인세를 비롯한 각종 세금을 거의 부과하지 않는 솔로몬, 마셜, 바하마, 바베이도스 등의 국가들과 벨기에, 룩셈부르크, 네덜란드 등 조세회피국(tax haven)을 이용한다든가 외국기업을 유치하기 위하여 외국기업에 대하여 수년간 세금을 면제하여 주는 등 각종의 특혜를 부여하고 있는 국가를 적절히 활용할 필요도 있다.[1)]

(3) 자본조달의 방법

글로벌기업은 경영활동에 필요한 자금의 조달원이 국내기업에 비해 훨씬 다양할 뿐만 아니라 자금 운용상의 이점도 많이 가지고 있다. 일반적으로 글로벌기업의 자금 조달원은 크게 본국에서의 자본조달, 현지국에서의 자금조달, 그리고 글로벌 금융시장을 이용한 자금조달 등 세 가지 형태로 분류할 수 있다.

본국에서 자금을 조달하는 방법은 모기업의 자본을 이용하는 방법과 본국 내 금융시장에서 자금을 차입하는 방법이 있다. 먼저 모기업의 자본을 이용하는 경우에는 모기업의 이익잉여금이나 주식발행에 의한 조달자금을 활용하는 것이 일반적이다. 그리고 본국 금융시장에서 자금을 차입하는 경우에는 본국 내의 금

[그림 13-5] 기업의 일반적인 자본조달 방법

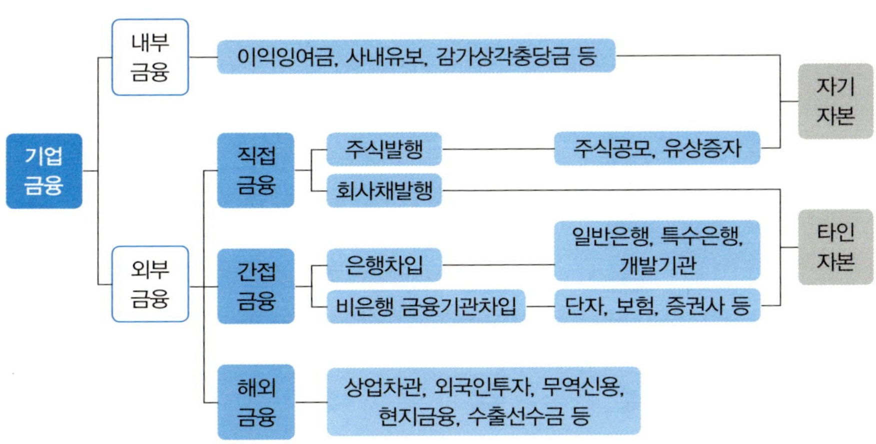

융기관에서 직접 차입하거나 자본시장에서 회사채를 매각하여 자금을 조달한다. 만약 정부의 해외투자 프로젝트에 대한 지원제도가 있는 경우 이러한 금융지원제도를 이용하여 해외 활동에 필요한 자금을 조달하기도 한다.

현지에서 자금을 조달하는 방법은 현지 금융기관에서 차입하는 것과 현지의 자본시장을 이용한 회사채의 발행 등이 있다. 글로벌기업이 현지에서 자금조달을 할 수 있을 정도로 자본시장이 형성되어 있는 국가가 그리 많지 않은데, 이런 경우에는 현지국의 상업은행과 같은 금융기관이나 사채업자 등을 통해 자금을 차입하기도 한다.

글로벌 금융시장에서 자금조달 방식은 크게 나누어 간접금융방식과 직접금융방식이 있다. 간접금융방식은 외국의 정부 또는 법인으로부터 공공차관이나 뱅크론(bank loan)과 같은 대외지불수단을 차용하거나 무역거래에 따른 연불수출이나 외국은행으로부터 얻을 수 있는 무역신용 등이 있다.

사례 13-1 | 쿠팡 "미 증시 상장 통해 10억 달러 조달"

쿠팡이 미국 뉴욕증권거래소(NYSE) 상장을 통해 10억 달러(약 1조 1,000억원)를 조달할 계획이다.

월스트리트저널(WSJ)에 따르면 쿠팡은 12일(현지 시각) 미국 증권거래위원회(SEC)와 뉴욕증권거래소(NYSE)에 제출한 자료에서 이번 상장을 통해 총 10억 달러를 조달한다는 계획을 담았다.

앞서 로켓배송 서비스를 출시한 2014년, 쿠팡은 미국 실리콘밸리의 유명 VC 세쿼이아캐피털과 블랙록 등으로부터 4억 달러(약 4,750억원)를 투자받았다. 2015년과 2018년 두 차례 소프트뱅크로부터 총 30억 달러(3조 3,000억원)를 투자받았다.

해외 큰손들의 통 큰 투자 덕에 물류센터, 배송 인력 등 로켓배송에 꼭 필요한 인프라를 구축할 수 있었다. 이 회사는 쿠팡이츠와 로켓프레시 등 신사업과 물류 투자를 확대 하기 위해서 자금을 추가적으로 확보해야 한다. 상장이 성공적으로 이뤄진다면 이에 필요한 실탄을 확보하게 되는 셈이다.

쿠팡의 뉴욕증시 IPO는 이미 예상됐던 바다. 쿠팡은 종목코드를 'CPNG'로 신청했다. WSJ은 최근 기업가치가 500억 달러 이상으로 예상된다고 보도했다. 소프트뱅크의 대규모 비전펀드는 쿠팡 지분 38% 정도를 보유하고 있다.

쿠팡의 지난해 매출액은 119억 7,000만 달러(약 13조 2,500억원)로, 전년(7조 1,000여 억원)보다 약 91% 늘었다. 적자 규모는 4억 7,490만 달러(약 5,257억원)로, 전년(7,205억원)보다 약 1,500억원 줄었다.

자료: 조선비즈, 2021. 2. 13.

직접금융방식은 외국채권(foreign bond)과 유로채권(euro-bond)의 발행이 있으며, 이외에도 유로어음(euro note)과 유로상업어음(euro commercial paper), 유로 양도성 정기예금증서(euro certificate of deposit)와 은행인수어음(banker's acceptance), 예탁증서(deposit receipt) 등이 있다.[2)]

2. 환위험 관리

(1) 환위험 관리의 의의

글로벌기업은 필연적으로 해외투자와 각종 상거래의 결과로 외화표시 자산이나 부채를 가지게 되며 수출입대금은 주로 외화로 결제한다. 그래서 기업의 경영활동 과정에서 환율이 변동하면 기업은 결제와 재무의 상황에 따라 손실 혹은 이익이 발생할 가능성이 생기는데 이것을 환위험(foreign exchange risk)이라 한다. 하나의 예를 들면 $1당 1,000원의 환율이 900원으로 하락(원화 가치의 상승)하게 되면 수출기업의 경우 $1당 100원의 손실을 보게 되고, 100만 달러의 해외자산을 가진 기업은 원화로 환산할 경우 10억원이었던 자산이 9억원으로 평가된다. 반면 수입을 하거나 외화표시 부채를 가진 기업의 경우 이익이 발생하게 된다. 만약 원/달러 환율이 상승(원화 가치의 하락)한다면 상반된 결과를 가져올 것이다.

이같이 기업경영 활동 과정에서 환율변동으로 인해 기업의 성과가 불확실한 경우 환노출(foreign exchange exposure) 상태에 있다고 한다. 즉 환위험에 노출되어있는 글로벌기업은 항상 금전적으로 예기치 않은 손해나 이익을 볼 수 있어서 향후 재정수입의 불확실성으로 인해 장기적 예산 및 투자 계획을 어렵게 한다. 따라서 글로벌기업은 이러한 환위험을 합리적으로 관리하여 재정수입의 안정성을 높일 필요가 있다.

(2) 환위험의 유형

글로벌기업이 처하게 되는 환위험의 원인은 위험의 성격과 시간적 속성에 따라 거래적 환노출, 환산 환노출 그리고 경제적 환노출에 기인하는 것으로 설명할 수 있다.[3)]

[그림 13-6] 환노출의 유형과 성격

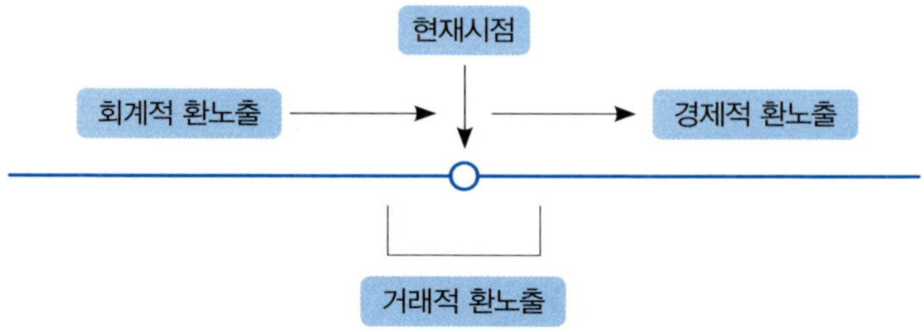

1) 거래적 환노출

거래적 환노출(transaction exchange exposure)은 재화나 서비스의 무역거래에서 외화로 결제하는 과정에서 발생하는 손익의 불확실한 상태를 의미한다.

[그림 13-7]에서 보듯이 계약의 체결 혹은 차입시점과 거래대금지급 혹은 상환시점 사이의 시간적 차이로 인해 발생한다. 기업의 무역거래 외에 단기적 자본 투자에서도 발생한다. 실제 연불수출입금융, 추심결제방식인 D/P, D/A 거래, 외국차관, 외화대출, 해외지사와 거래 등이 거래적 환노출에 놓이게 되는 원인이다.

[그림 13-7] 거래적 환노출

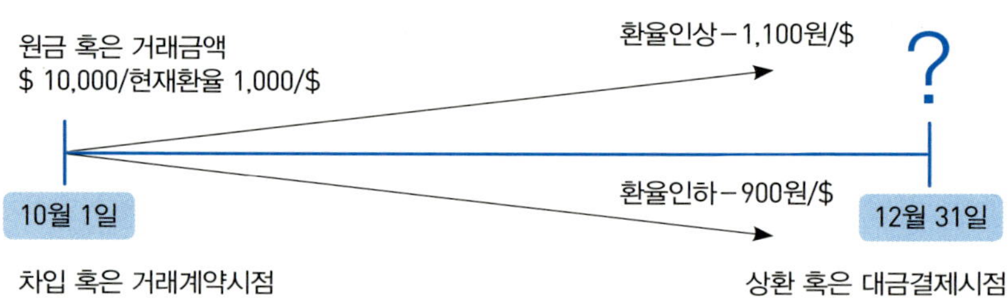

2) 환산 환노출

환산 환노출(translation exchange exposure)은 회계적 환노출(accounting exposure)이라고도 하는데 환율변동의 영향으로 인해 장부상 기업가치가 불확실한 상태에 놓이는 경우를 말한다. 이러한 환위험은 미리 확립되어 있는 회계원칙에

[그림 13-8] 환산 환노출

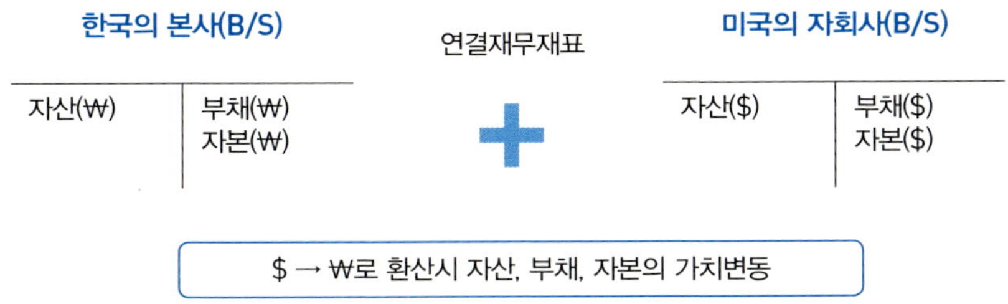

따라 각국에 위치한 자회사의 영업활동의 성과를 본사와 연결하는 연결재무제표의 작성과정에서 발생한다. 즉 외화로 표시된 자산, 부채, 수익, 비용은 본국 통화로 다시 환산하여 표시하는 과정에서 환산 환노출이 생긴다.

3) 경제적 환노출

경제적 환노출(economic exchange exposure)이란 예상하지 않은 환율변동으로 인하여 기업 미래현금흐름의 순현재가치(net present value)가 변동할 가능성이 있는 상태를 의미한다. 일반적으로 기업의 가치는 미래에 발생이 기대되는 현금흐름의 현재가치(present value)로 평가한다. 따라서 환율의 변동은 글로벌기업의 미래 생산비용과 판매량, 판매가격 등 전반에 영향을 주어 미래의 현금흐름을 변화시키고 그 결과에 따라 기업의 가치가 결정된다.

글로벌기업의 경영자는 단기적으로는 거래적 환노출이나 환산 환노출에 관심을 기울이게 되나, 장기적으로는 기업의 가치에 영향을 미칠 수 있는 경제적 환위험의 관리에 주목하지 않을 수 없다.

(3) 환위험의 관리기법

환위험의 관리는 예상치 못한 환율의 변동으로 초래되는 환손실을 최소한으로 줄이고 환차익을 극대화하기 위한 목적으로 최적의 전략과 기법을 활용한다. 글로벌금융시장이 자유변동환율제도를 유지하는 한 환율의 변동성에 따른 환위험은 늘 고려해야 할 상수다. 즉 기업이 국제적인 활동을 수행하게 되면 자연히 외화표시의 수입과 지출 그리고 그 결과로서 자산과 부채가 발생하게 된다. 환율이 변동하게 되면 각 회계 항목들의 실질적 가치는 변하게 되고 이것이 환위험으로 이어진다. 따라서 환위험은 기업의 경영활동, 현금흐름, 수익성 또는 시장가치에 항상 영향을 주게 된다. 그러므로 오늘날 기업들은 예상치 못한 환율변동에서 초래되는 환위험을 최소화하고, 환차익을 극대화하기 위해 전략적으로 적절한 관리기법들을 동원하게 되며 경영관리의 주요 과제가 된다.

환위험의 관리기법은 내부적 관리기법과 외부적 관리기법으로 나뉜다. 우선 내부적 관리기법을 소개한 후 외부적 관리기법의 정의와 종류를 설명하기로 한다. 아래에 소개하는 바와 같이 환위험의 관리기법은 다양하다. 다만 이러한 기법들이 모든 환경에서 언제든지 이용할 수 있는 것은 아니며 나라마다 각종 외환관리제도나 금융제도를 통해 지정한 내부 또는 외부기법의 사용을 금지 또한 제한하고 있어서 기업 현장에서 실제 활용하는 데 일정한 한계가 있다는 점은 유념할 필요가 있다.[4)]

1) 내부적 관리기법

내부적 관리기법은 기업 내부에서 환노출 금액을 최소화하기 위해 취하는 모든 전략을 말한다. 이러한 유형의 관리기법은 외부적인 금융상품을 이용하지 않고 기업 자체적으로 외화자금의 수요와 공급의 흐름을 조절하는 방법이다. 내부적 관리기법의 종류는 매칭, 네팅, 리딩과 래깅, 가격정책 그리고 자산·부채종합관리 등이 있다.

가. 매칭

매칭(matching)은 외화자금의 유입과 지급을 통화별, 기간별로 일치시켜 외화 자금수지의 흐름이 불일치할 때에 발생할 수 있는 환위험을 원천적으로 제거하는 관리기법이다. 즉 수입대금의 결제 시점과 수출신용장 매입시점을 서로 일치시켜 환율변동에 따른 위험을 자동으로 제거하는 방법이다.

매칭은 수출과 수입을 모두 하는 기업에서 주로 활용할 수 있으며, 글로벌기업, 무역회사의 본사와 지사 간에도 사용할 수 있다. 이해를 돕기 위해 매칭의 사례를 하나 들어보면, A라는 회사는 원재료를 수입하여 완제품을 제조한 후 다시 수출하는 기업으로서 만약 원재료를 수입하여 완제품을 수출하는데 3개월의 시간이 소요되는 조건이고, 수입의 결제시점은 90일 기한부 신용장을 이용하게 된다면 수출신용장 매입시점과 수입대금 결제시점을 거의 일치시킬 수 있게 된다. 만약 수입 결제금액과 수출신용장 매입금액이 일치하지 않을 수도 있어 금액의 차이가 발생할 수도 있다. 그러나 A사로서는 서로 매칭시킨 금액만큼은 적어도 환위험을 제거한 결과를 얻게 된다.

나. 상계

상계(netting)는 환위험 관리를 위한 가장 간단하고 효과적인 방법으로 본사와 지사 또는 지사 상호 간의 외화부채와 외화자산을 상계하여 차감 후 남은 차액만을 정기적으로 결제하는 방법이다. 예를 들어 원단을 수입하여 의류로 가공한 후 다시금 수출하는 B사라는 기업이 있다면 원단의 수입을 미국에 있는 자회사를 통해 한 후, 완제품 의류를 역시 미국의 자회사를 통해 판매하게 되면 본사와 자사 간에 채무와 채권 관계가 형성된다. 이 채권과 채무를 정기적으로 상계처리하여 상호 순채무 금액만을 결제하게 되면 환위험의 손실을 최소화할 수 있는 효과를 얻게 된다.

다. 리딩과 래깅

리딩(leading)과 래깅(lagging)은 환율변동에 대비하여 외화자금 흐름의 결제시기를 의도적으로 앞당기거나 지연시킴으로써 환율변동에 따른 환차손을 극소화하거나 환차익을 극대화하는 환노출 관리기법이다. 리딩과 래깅은 본사와 지사나 그룹기업 내 거래에서는 물론 수출업자 또는 외화자금 관리자들의 환위험의 헷징(hedging) 수단으로 널리 이용되고 있다.

오늘날 리딩과 래깅은 그룹기업이 주로 활용하는데, 이는 그룹기업 내 리딩과 래깅은 기업 전체의 이익을 추구하는 목표를 달성하기 위한 전략적 차원에서 실행되기 때문이다. 반면에 삼자 간 거래에서는 활용도가 저조하다. 그 이유는 매매 쌍방은 항상 이해관계가 상충하여 어느 일방이 이익을 실현하면 상대방은 손실을 보기 때문이다. 그런데도 수출입업자 간의 리딩과 래깅을 실행하는 경우가 있다. 먼저 수출업자는 장래 자국의 통화가 약세가 될 것으로 전망하는 경우 수출상품의 선적이나 수출환어음의 매도 시기를 가능한 한 지연시킴으로써 결제시점에서 자국통화표시 수출대금의 수입을 증대시키고자 한다. 반면 자국통화가 약세될 것으로 전망되는 경우 수입업자는 수입대금의 결제를 가급적 앞당김으로써 결제시점에서 자국통화표시 수입대금 지급의 부담을 경감시키고자 한다.

리딩과 래깅은 결제시점에서 실제로 실현된 환율수준에 따라 그 결과가 달라질 수 있으므로 위험이 수반되는 투기적 요소를 내포하고 있다. 또한 과도한 리딩과 래깅은 환투기를 수반하거나 원활한 국제거래의 질서를 저해할 우려가 있어 각국은 대개 이를 외환관리의 대상으로 하고 있다는 것을 유념해야 한다.

라. 가격정책

가격정책(price policy)은 원래 기업의 판매관리와 구매관리 정책의 일환으로서 판매수익의 극대화 또는 구매비용의 최소화를 위한 가격의 수준에 관한 정책을 말한다. 환위험의 관리수단으로서 가격정책은 수출입 상품가격의 조정시점과 조정폭을 결정하는 가격조정(price variation)과 수출입 상품가격을 어떤 형태로 표시하여 거래할 것인가를 결정하는 거래통화의 선택(currency of involving)에 관한 문제를 다룬다.

가격조정의 경우 자국통화의 평가절상 때에는 자국통화표시 수출대금이 감소할 것이므로 이때 수출업자는 수출에 의한 자국통화 현금 수입액이 환율변동 전과 같은 수준을 유지하도록 수출상품의 가격을 평가절상의 폭만큼 즉시 인상하여야 하나 현실적으로 이러한 수출가격조정은 해당 상품의 수출시장에서의 가격 경쟁력이나 소비자의 기호와 수요의 가격탄력성, 그리고 수입국의 가격통제 여부 등을 고려하여 가능한 수준에서 조정되어야 한다.

거래통화의 선택은 거래상품가격의 표시통화를 신축적으로 선택함으로써 환위험을 회피하는 방법으로서 수출의 경우 거래표시통화를 강세 예상통화로 하고, 수입의 경우 약세 예상통화로 거래계약을 체결하고자 하는 것이다. 다만 거래가격 표시통화의 선택에서 문제가 되는 것은 거래통화의 결정과정에서 수출입업자 쌍방 간의 이해가 대립된다면 계약의 성립을 어렵게 할 수 있는데 이럴 때는 수출입업자가 50:50 방식을 이용하여 쌍방이 거래규모의 반을 각각 자국통화표시 거래로 계약함으로써 환위험의 부담을 양자 간에 균등하게 배분할 수도 있을 것이다. 또한 글로벌기업의 경우 그룹의 지사 간의 수출입가격을 상호간에 적절히 보상함으로써 그룹 전체의 세후(稅後) 순이익을 극대화하는 가격 정책이 이용되기도 한다.

마. 자산 – 부채 종합관리기법

자산부채종합관리 전략은 자금관리 전략(funds management strategy)의 일환으로서 이자율 위험과 자금의 유동성 위험을 관리하기 위해 자산과 부채를 탄력적으로 관리하는 방법이다. 자산부채종합관리 전략은 환율 전망에 따라 기업이 보유하고 있는 자산과 부채의 비율을 조정함으로써 환위험을 효과적으로 관리하는 방법이다. 주로 외화자산과 부채를 자국 통화나 특정 통화로 환산할 때 발생하는 환산 환위험이나 거래 환위험을 관리하는 것이 주요 목적이다.

예를 들어 미국 달러에 대한 환율이 인상될 것으로 전망한다면, 달러표시 외상매입금이나 부채는 빨리 갚고, 외상매출금이나 채권 등은 가능한 지체시키는 방법이다.

2) 외부적 관리기법

외부적 관리기법은 선도환 혹은 선물환 거래나 옵션거래, 환율변동보험, 다양한 파생상품을 활용하는 방법이 있다.

가. 선도환

선도환(forward exchange)이란 외환거래에서 거래 쌍방이 미래에 거래할 특정 외화의 가격과 거래규모를 현재 시점에서 미리 계약하고, 이 계약을 미래의 특정시점에 이행하는 금융거래를 말한다.

나. 통화선물

통화선물(currency futures)의 기본 원리는 위에서 기술한 선도환 거래와 같다. 단지 차이가 나는 것은 통화선물은 선물환 거래의 장소, 거래금액과 결제일시를 표준화해 시장에서 거래하는 표준화된 계약이다. 예를 들어, 3개월 후에 25,000달러가 필요하다면 한국선물거래소에서 통화선물 5단위 계약(5×$50,000 =$250,000)을 사면 3개월 후에 250,000달러를 사는 선도환 계약과 동일한 효과를 가지게 된다.

다. 통화옵션

선도환 계약이나 통화선물을 매입했을 경우 계약금액보다 환율이 상승했을 경우 상승한 만큼 이익을 볼 수 있고, 환율이 하락했을 경우 하락한 만큼 손해를 보게 된다. 이와는 달리 통화옵션(currency option) 상품의 경우 두 가지 상품이 있는데 콜옵션(call option)은 특정 통화를 일정 가격으로 살 수 있는 권리를 프리미엄을 지급하고 매입하는 상품으로서 약속한 일정가격, 즉 행사가격보다 환율이 상승했을 경우 상승한 만큼 이익을 보지만, 환율이 하락했을 경우는 옵션을 행사하지 않아도 되어(애초 약속한 행사사가격으로 사지 않아도 된다) 환거래에 따른 손해를 보지 않을 수 있다. 풋옵션(put option)은 특정 통화를 일정 가격으로 팔 수 있는 권리를 프리미엄을 지급하고 매입하는 상품으로서 콜옵션의 반대 상황을 위한 상품이다. 미래에 특정 통화를 일정한 가격으로 팔거나 살 수 있는 권리인 옵션을 사는 것은 보험료를 내고 위험을 보장받는 것과 유사한 개념이다.

라. 환율변동보험

환율변동보험은 수출기업이 환율변동으로 입게 되는 손실을 보상하고 이익

사례 13-2 | "환율은 예측하는 것이 아닌 대응·관리하는 것"

무역보험공사 환위험관리팀의 김형률 부팀장은 "좋은 환위험관리란 미래의 환율을 고정함으로써 기업의 영업이익을 환율변동 위험으로부터 지키는 것"이라고 강조했다.

- 중략-

액체여과기 제조업체 A사는 2014년부터 한국무역보험공사의 일반형 환변동보험을 이용하기 시작했다. 환변동보험을 통해 이익을 극대화하는 것이 아니라 안정적인 수익관리를 추구하며, 환율 예측을 배제하고 실제 대금결제일에 맞춰 꾸준한 헤지 전략을 펼쳤다. 이후 A사는 2018년 말까지 총 16억원의 이익금을 납부하고, 16억원의 보험금을 수령했다.

일본에 수산물을 수출하는 B사는 2006년부터 환변동보험 상품을 장기간 분할해 이용했다. 엔저가 이어졌던 2006년부터 2012년 9월까지는 25억원의 이익금을 납부하고 7억원의 보험금을 수령해야 했지만, 이익금 납부에도 불구하고 환헤지를 이어갔다. 그 결과 아베노믹스로 인해 엔저가 심화된 2012년 10월부터는 이익금 회수가 1,000만원에 불과한 반면 총 26억원의 보험금을 수령할 수 있다.

자료: 한국무역신문, 2021. 1. 21.

을 환수하는 보험제도이며, 이 보험을 통하여 수출기업은 수출계약금액을 원화로 계약시점에 미리 고정함으로써 영업이익을 확보하고, 환차손익을 제거하는 목적으로 이용한다.

자본예산편성과 투자의 결정

제 3 절

1. 자본예산편성의 의의

해외직접투자에 앞서 투자의 여부는 투자 대안에 대한 평가를 통해 최종적으로 결정을 하게 되는 데 투자 대안의 경제성 평가기법을 자본예산편성(capital budgeting)이라 한다. 기업의 모든 투자에 대한 의사결정은 현재의 시점을 기준으로 이루어지고 투자로부터 얻는 대가는 미래에 실현되는 것이 보통이므로 이러한 투자안을 평가하기 위해서는 시간적 가치를 고려하게 된다. 화폐의 시간적 가치를 고려하면서 해외직접투자 대안을 평가하기 위해서 사용될 수 있는 대표적인 방법으로 순현가법과 내부수익률법을 들 수 있다.[5)]

순현가법(NPV: net present value)은 해외투자로 인하여 발생할 미래의 모든 현금흐름을 적절한 할인율로 할인하여 현재가치로 평가하여 투자안을 결정하는 방법이다. 즉 해외투자에 따른 현금흐름을 현재가치로 환산하고 여기에서 최소의 투자액을 공제하여 산출한 순이익의 현재가치를 측정하는 것이다.

내부수익률법(IRR: internal rate of return)은 투자에 관한 의사결정에서 평가를 위한 할인율을 기업이 투자를 위해서 요구하는 최소한의 수익률(minimum required rate of return)을 사용하는 기법으로서 내부수익률은 그 기업의 자본비용(cost of capital)과 같다.

2. 투자대안의 평가방법

(1) 순현가법

순현가법(Net Present Value)의 산식에 의해 의사결정할 때 기준은 NPV의 값이 0보다 클 경우에 그 투자안을 채택하고, 반대로 NPV의 값이 0보다 작은 경우에 그 투자안을 기각한다. 상호 배타적인 여러 투자안이 있는 경우 투자 대안들에 대한 순현가 중 가장 큰 값을 갖는 투자 대안을 선택한다.

$$NPV=\left[\frac{CF_1}{(1+R)}+\frac{CF_2}{(1+R)^2}+\cdots+\frac{CF_n}{(1+R)^n}-I_0\right]$$

$$=\sum_{t=1}^{n}\frac{CF_t}{(1+R)^t}-I_0$$

CF_t : t시점에 원화로 환산한 현금흐름
I_0 : 최초의 투자액
R : 할인율(자본비용·요구수익률)

(2) 내부수익률법

내부수익률법(IRR: internal rate of return)은 투자 대안에서 현금유입의 현재가치와 현금유출의 현재가치를 일치시키는 할인율을 말한다. 즉 현금유입의 현재가치와 현금유출의 현재가치를 일치시켜 투자안의 순현가를 0으로 하는 할인율을 구한 후 이를 요구수익률과 비교하여 투자 여부를 결정하는 방법이다. 이때 **요구수익률(required rate of return)**은 투자자가 이자율과 위험을 고려해서 바라게 되는 최소요구 투자수익률을 의미한다.

$$\left[\frac{CF_1}{(1+IRR)}+\frac{CF_2}{(1+IRR)^2}+\cdots+\frac{CF_n}{(1+IRR)^n}-I_0\right]=0$$

$$\sum_{t=1}^{n}\frac{CF_t}{(1+R)^t}-I_0=0$$

CF_t : t시점에 원화로 환산한 현금흐름
I_0 : 최초의 투자액
IRR : 내부수익률

투자안 평가사례

전제조건

- 설립초기 100만 달러 지출
- 3년간 예상 현금흐름 : 1년 20만 달러, 2년 40만 달러, 3년 60만 달러
- 한국의 금리 12%, 미국 금리 9%로 3년간 불변 가정
- 환율: W 1,200 / U$
- 최소요구 투자수익률(자본비용) : 10%

NPV계산

매년의 외화표시 현금흐름을 원화로 환산하여야 원화표시 순현가 계산 가능

(1) 원화환산에 적용할 환율을 구하기 위해서 명목금리와 환율과의 관계식인 **국제피셔효과(international Fisher effect)이론**을 적용함.

국제피셔효과이론 $= i_h - i_f = (S^e - S)/S$

i_h : 자국통화의 연간금리, i_f : 외국통화의 연간금리

S^e : t시점에 예상되는 현물환율, S : 현재의 현물환율

- 1년 : $0.12 - 0.09 = \{S(1) - 1,200\}/1,200 \rightarrow S(1) = 1,236$(원)
- 2년 : $0.12 - 0.09 = \{S(2) - 1,236\}/1,236 \rightarrow S(2) = 1,273$(원)
- 3년 : $0.12 - 0.09 = \{S(3) - 1,273\}/1,273 \rightarrow S(3) = 1,311$(원)

원화현금흐름 계산

- 0년 : 원화표시 현금흐름 (−100만 달러) × 1,200 = 120,000(만원)
- 1년 : 원화표시 현금흐름 (20만 달러) × 1,236 = 24,720(만원)
- 2년 : 원화표시 현금흐름 (40만 달러) × 1,273 = 50,920(만원)
- 3년 : 원화표시 현금흐름 (60만 달러) × 1,311 = 78,660(만원)

순현가$(NPV) = (-120,000) + (24,720)/(1.1) + (50,920)/(1.1)^2 + (78,660)/(1.1)^3$

$= 3,652$(만원)

→ 순현가가 0보다 크게 나타났으므로 이 투자안은 **채택**됨.

IRR계산

$120,000 = 24,720/(1+IRR) + 50,920/(1+IRR)^2 + 78,660/(1+IRR)^3$

$IRR =$ 약 11(%)

→ IRR이 최소요구 투자수익률보다 높으므로 이 투자안은 **채택**됨.

n이 2 이하이면 수식으로 간단히 해결되지만 n이 2 이상일 경우에는 내부수익률을 대입해 가면서 만족스러운 결과를 얻을 때까지 반복 계산해 나가는 시행착오법(trial and error method)을 사용한다.

내부수익률법을 통해 의사결정을 할때 내부수익률이 요구수익률보다 클 경우 투자 대안을 채택하고 반면에 내부수익률이 요구수익률보다 작을 경우 투자 대안을 기각한다. 상호 배타적인 여러 투자안을 놓고 의사결정할 경우에는 내부수익률이 가장 큰 투자안을 선택한다.

제 4 절 운영자본의 관리와 배당정책

1. 운전자본의 관리

글로벌기업이 일상적인 영업활동을 원활하게 수행하는데 필요한 단기적 자본을 운전자본(working capital)이라 한다. 통상적으로 기업 내에 적절한 유동성을 유지함으로써 지급불능위험(insolvency)을 줄이고 동시에 수익성을 증대시킬 수 있도록 적절한 운전자본의 운영과 관리가 필요하다.[6)]

운전자본은 개념적으로 현금 및 현금등가물, 매출채권, 재고자산 등 유동자산에 투하된 단기자금과 같은 넓은 의미의 총운전자본(gross working capital)과 유동자산에서 유동부채를 차감한 금액을 나타내는 좁은 의미의 순운전자본(net working capital)으로 구분할 수 있는데, 일반적으로 사용되는 운전자본은 넓은 의미의 총운전자본을 말한다.

따라서 운전자본관리(working capital management)는 기업의 현금 및 현금등가물, 매출채권, 재고자산 등 유동자산에 투하된 단기적 성격을 가진 총운전 자본을 효과적으로 관리하는 것을 의미한다. 글로벌기업의 운전자본관리는 보는 관점에 따라 운전자본의 각 항목별로 현금관리, 매출채권관리, 재고자산관리 등의 스톡(stock) 차원과 전 세계를 대상으로 기업가치를 극대화하기 위한 기업 내에서의 효율적인 자금이전 등을 다루는 플로우(flow) 차원으로 나눠 볼 수 있다.

운전자본관리의 목표는 글로벌기업의 유동성과 수익성을 최적으로 조화시켜 유지하는 것이다. 글로벌기업이 유동성을 지나치게 강조할 경우 유동자산을 과도하게 보유하게 되어 상대적으로 수익성이 저하되며 반대로 수익성을 지나치게 강조하면 유동성이 낮아지게 되어 단기적 지급능력이 약화되어 심할 경우 도산위험에 빠질 수 있어 유동성과 수익성 간의 균형을 유지하는 것이 중요하다.

2. 배당정책의 관리

배당정책(dividend policy)은 투자수익의 처분에 관한 정책이다. 주식회사 형태의 기업은 경영자가 기업의 유지(going-concern)라고 하는 장기적 관점에서 배당에 관한 실질적 결정을 하게 된다. 요컨대 배당정책은 당기처분 가능이익금에 대해 배당금과 내부유보의 비율을 적절하게 분할하는 의사결정으로서 결국 배당의 성향 또는 내부유보율을 결정하는 일이다.[7)]

소유와 경영이 분리된 현대 주식회사에서는 주주에 대한 장기적으로 안정적 배당이 환영을 받는다. 배당의 형태로 현금배당과 비현금배당이 있는데, 비현금배당에는 현물배당, 채권배당, 사채배당, 주식배당 등이 있다. 주식배당의 경우 자사의 신주를 주주에게 교부함으로써 배당금을 대신하는 방법도 있다.

참고문헌

1) 최생림 외, 『국제재무관리론』, 법문사, 2001년, 286쪽.

2) 곽대환 외 역(Ian H. Giddy), 『글로벌시대의 국제재무전략』, 경문사, 1994년, 413-543쪽.

3) Eiteman, David K. & Stonehill, Arthur I., *Multinational Business Finance*, Addison-Wesley Pub., 1986, pp. 154-198.

4) 강호상, 『국제기업재무론』, 법문사, 1995년, 121-143쪽.

5) 이필상 외, 『국제재무관리』, 박영사, 2001년, 296-303쪽.

6) Eiteman, David K. & Stonehill, Arthur I., *Multinational Business Finance*, Addison-Wesley Pub., 1986, p. 330-371.

7) 이필상 외, 전게서, 315쪽.

핵심내용정리

- 글로벌기업의 자금관리
  - 글로벌기업의 경영환경, 글로벌기업의 재무관리, 글로벌기업의 재무관리 업무영역과 특성
- 글로벌기업의 자본조달
  - 자본조달의 의의, 자본조달방법, 자본조달과 환위험의 관리, 환위험의 다양한 관리기법
- 글로벌기업의 자본예산편성(capital budgeting)과 투자의 결정
  - 자본예산편성의 의의, 투자대안의 평가방법
- 운영자본의 관리와 배당정책
  - 운전자본(working capital)관리, 배당정책

토론과제

1. 현재 우리나라의 주요 대기업 중 하나를 선택하여 해외투자를 위한 자금조달방법을 조사하고 그 의미를 분석해보자.
2. 현재 우리나라 해외투자기업들이 주로 활용하고 있는 환위험 관리기법은 무엇인지 조사해보자.

Chapter 14

글로벌기업의 공급사슬관리

Global Supply Chain Management of Global Enterprise

제 1 절 글로벌 공급사슬관리

제 2 절 글로벌 분업생산

제 3 절 해외공장의 입지선정과 운영

제 4 절 글로벌소싱

제 5 절 글로벌 로지스틱

세계화 시대는 최고의 경쟁력을 가진 기업만이 살아남는다. 이에 대비하기 위해 대부분 기업은 자신의 핵심역량을 바탕으로 글로벌시장에서 경쟁력 있는 기업으로 살아남기 위해 다양한 방법으로 사업을 확장하고 이윤을 극대화하는 노력을 경주한다. 즉 세계시장에 진출하는 기업은 자국의 경제 상황이나 문화적 배경뿐만 아니라 진입하고자 하는 시장에 대해 여러 가지 요인들을 고려하여 효과적으로 제품을 생산하고 판매하는 것이 선결 과제이다. 이러한 목적을 달성하려면 합리적인 공급사슬관리가 밑바탕이 되어 있어야 한다.

기업의 공급사슬 운영과 관리는 자국에서 자체 생산하여 수출하는 것에 만족하지 않고, 세계시장에서 글로벌 수요에 적합한 원자재와 부품을 조달하여 완제품을 생산할 수 있어야 한다. 결국, 글로벌 공급사슬관리는 글로벌기업이 생산비나 수송비, 규모의 경제, 진입비용, 정치, 경제, 문화 등 해외 환경의 다양한 요인들을 고려하여 제품을 효율적으로 생산하고, 동시에 생산된 제품을 목표시장에 효과적으로 공급하는 방법을 구축하는 활동이라고 할 수 있다.

본 장에서는 글로벌 공급사슬문제와 관련한 제반 문제를 다룬다.

첫째, 글로벌 공급사슬이 형성된 배경과 관리영역을 제시한다.

둘째, 글로벌 분업생산과 해외 생산기지의 입지선정을 위한 고려사항을 다룬다.

셋째, 글로벌소싱과 로지스틱의 개념과 전략을 소개한다.

글로벌 공급사슬관리 제1절

1. 공급사슬관리란?

오늘날 기업은 시장경쟁의 심화, 고객의 기대수준 향상, 급속한 기술발전으로 인한 제품의 수명주기 단축과 같은 경영환경의 변화로 인해 상당히 어려운 상황에 놓여 있다. 이러한 경영환경에 대처하기 위해 이제까지 자사 중심의 부분적이고 제한적인 경영혁신 방법을 추구해 왔으나, 이제는 공급사슬 단위 차원의 새로운 경영혁신이 필요하다.

최근 선도적인 기업들은 경쟁우위의 확보를 위해 자사의 역량을 강화하는 내부적인 노력과 함께 공급업체와 자사, 그리고 고객들을 연결하는 상품, 서비스, 정보, 자금의 흐름을 총체적인 관점으로 바라보는 '공급사슬(supply chain)'의 흐름에 관심을 가지게 되었다.

[그림 14-1]에서 보듯이 공급사슬이란 제조업체가 공급자로부터 원자재나 부품을 구매하여 완제품을 생산하고, 유통을 담당하는 판매업체는 소비자인 고객을 상대로 판매 기능의 수행에 필요한 생산설비 네트워크와 물자 분배와 관련한 총체적인 활동이라고 할 수 있으며, 이러한 활동을 계획하고 실행하고 통제하는 활동이 공급사슬관리(supply chain management)이다.[1)]

[그림 14-1] **공급사슬의 활동체계**

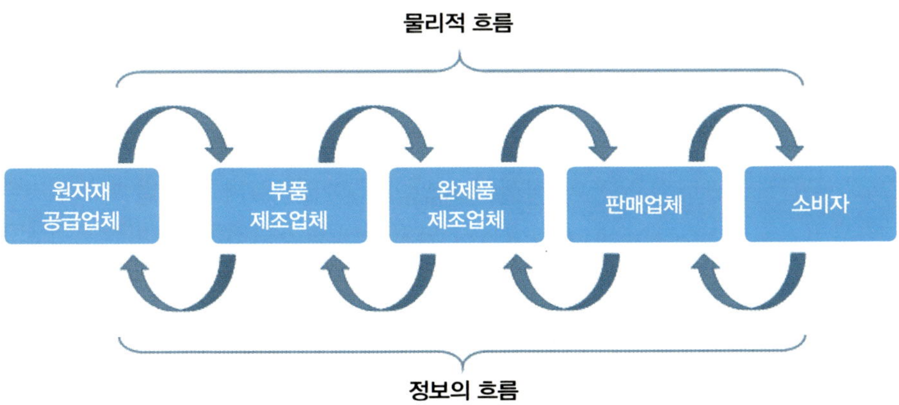

따라서 공급사슬관리는 공급자로부터 기업 내 생산과정, 그리고 유통망을 거쳐 최종고객에 이르기까지의 자재의 흐름을 공급망 전체 시스템의 관점에서 설계한 후 구축하고 운영하는 것이다. 공급사슬관리는 최종 소비자가 원하는 품질 수준의 제품을 고객이 원하는 양만큼, 원하는 장소와 시기에, 가장 싼 값으로 공급한다는 목표를 달성하기 위해 시작된 개념이다. 이러한 목적을 효과적으로 달성하기 위해 원료와 원자재, 부품의 조달에서부터 생산과 제조 그리고 생산 후 완제품의 유통으로 최종소비자에 이르기까지 공급사슬을 하나의 단위로 종합적으로 관리하는 방법이 등장하게 되었다.

요컨대 공급사슬관리의 목표는 기업의 공급사슬망에 물자 흐름의 불확실성과 위험을 줄일 수 있도록 수송, 하역, 포장 재고의 수준과 리드타임의 조정, 정보교환 등의 활동을 최적화하고, 기업의 물류비용의 절감과 고객서비스의 수준을 향상하고자 하는 데 있다.

2. 글로벌 공급사슬의 관리

(1) 공급사슬관리의 의의

글로벌기업의 가치창출 활동은 원재료의 구입에서부터 실질적인 생산활동, 완성된 제품의 원활한 유통은 글로벌 차원의 배분시스템과 최종소비시장을 향한 마케팅 활동으로 구현된다.

공급사슬 활동의 세계화는 중앙 집중적인 연구개발의 필요성, 동질적인 시장과 글로벌 제품의 등장, 제품에 대한 세분시장의 개발, 특정 산업에 있어서 규모의 경제 필요성, 선진국과 후진국 간의 임금 격차, 무역규제의 완화 등과 같은 복잡한 환경 속에서 이루어지고 있다. 급속한 경영환경에 대처하는 기업의 대응책으로 공급사슬관리의 운용이 최선의 대안이며, 이를 위해 글로벌 네트워크의 구축이 필수적 조건이다. 지리적 공간의 격차에도 불구하고 인터넷을 근간으로 하는 통신기술과 운송기술의 진전은 실현 가능한 글로벌 네크워크를 구축하는 데 기반이 되었으며 그 결과 기업의 관리 역량은 크게 향상되었다.

따라서 글로벌 공급사슬(global supply chain)은 이러한 공급사슬(supply

[그림 14-2] 글로벌 공급사슬관리

chain)의 설비 네트워크와 분배 단위가 글로벌 차원에서 이루어지게 됨으로써 국제적으로 지리적 범위가 확대한 것이라고 할 수 있다. 전 세계에 널려 있는 각종 시설에서 원재료의 구매하고 생산한 후 유통하는 활동이 국경을 넘나들면서 이루어진다. 당연히 글로벌 공급사슬관리(supply chain management)는 글로벌 공급자로부터 기업 내 변환과정, 기업 외부의 유통망을 거쳐 전 세계의 최종고객에 이르기까지의 자재의 흐름에 대해 글로벌 공급망의 관점에서 설계한 후 구축하여 운영하는 것이다.[2)]

(2) 글로벌 공급사슬관리의 과제

글로벌 공급사슬을 관리하기 위해서는 국가별 경제적 기반구조, 원자재 및 부품 조달비용과 인건비, 금융비용, 생산성, 물류비용, 관세와 환율, 수출입 관련 법규, 지역별 제품사양 등의 국가 혹은 지역간 차이는 물론 국가 간의 운송 방법과 물류체계, 범세계적인 업무 프로세스, 정보시스템의 구축 등 많은 요인이 고려되어야 한다. 널리 알려진 바와 같이 글로벌 경영환경은 정치, 경제, 사회, 문화적 환경과 제도가 근본적으로 다양하고 상이할 뿐만 아니라 현지국의 정부가 개입하는 등의 특성이 있다. 그러므로 글로벌 공급사슬관리는 국내 위주의 공급사슬 활동을 하는 것보다 훨씬 복잡하고 더 큰 불확실성을 안고 있어서 더 세심한 계획과 통제가 필요하다.

따라서 글로벌 공급사슬관리의 주요 과제는 우선 해외 생산입지(location)의 선정, 분업생산과 생산네트워크의 구축, 원료와 부품의 조달(sourcing), 물류(logistics) 관리가 그 핵심이며[3] 이 문제들을 글로벌 차원에서 다루어야 한다는 것이다.

제 2 절 글로벌 분업생산

글로벌기업은 범세계적 활동을 근거로 지역과 공간의 특성에 따라 경영의 기능을 분리 배치하여 운영함으로써 시장을 확대하고, 이윤을 극대화하려는 특성이 있다. 예를 들면, 기업의 경영기획관리 기능은 본국의 핵심 지역인 대도시에 위치한 본사에서 수행하고, 연구개발은 전문인력에 대한 접근성이 좋고 환경이 쾌적한 선진국 대도시의 교외 지역에서 수행한다. 이에 반해 생산시설은 주로 임금과 지대가 저렴하고 현지 정부의 지원정책이 잘 이루어지는 신흥공업국가에 둔다. 이처럼 기업의 기획관리, 연구개발, 생산기능 등을 세계적인 규모에서 공간적으로 안배하여 운영하는 것이 국제분업에 기반한 공급사슬 체계의 특성이다.

1. 글로벌 분업생산이란?

글로벌 분업생산이란 복수의 해외공장을 상호연계시켜 보완적인 생산활동을 전개하는 것을 말한다. 즉 기업이 특정 제품을 생산할 때 국제적으로 생산성이 높은 경쟁력 있는 지역의 공장을 선택하여 생산한다는 개념을 기초로 하는 것이며, 복수의 해외공장을 상호 연계시켜 보완적인 생산활동을 통한 시너지효과를 얻고자 생산을 네트워크화하는 것을 의미한다. 글로벌 분업생산의 형태로는 공정의 분업과 제품의 분업이 있다.[4]

공정의 분업은 하나의 완제품 생산을 노동집약적인 공정과 자본집약적인 공정으로 나누어 각 공정을 각기 다른 나라의 자회사에서 수행하는 것을 말한다. 제품의 분업은 고급기술이 요구되는 고가품은 선진국에서 생산활동을 수행하며, 표준기술로 생산이 가능한 저가품은 개도국에서 생산하는 방식을 말한다.

예를 들어, 글로벌기업이 단순 조립은 노동력이 풍부한 중국에서 하고, 제품의 연구개발은 싱가포르에서 수행하며, 핵심부품은 지리적으로도 가깝고 아시아권에서 가장 선진기술을 보유한 일본에서 하는 등 각 분야의 특성에 맞게 지역적 우위가 있는 곳에서 생산을 분담하게 된다면 기업은 제품개발에 따른 가격경쟁력과 품질에 있어서 비교우위와 효율성을 모두 확보할 수 있게 된다.

[그림 14-3]에서 한 글로벌 자동차 제조사의 글로벌 공급사슬 사례를 예시하고 있다. 우리나라에 본사를 둔 한 글로벌 자동차 H사는 임금이 비교적 저렴한 동남아시아, 중국, 아프리카, 남아메리카 등지에 현지 조립공장을 두고 있으며, 연구소는 한국, 미국, 유럽 등에 두고 있다. 지역 판매본부는 주요 소비지역을 유럽, 동남아, 북아메리카, 중국 등으로 분산 배치하고 있다. 현지의 생산과 판매 법인은 국내자본으로 외국에 설립된 외국 국적의 회사 법인으로 시장성과

[그림 14-3] 글로벌 자동차 H사의 생산네트워크

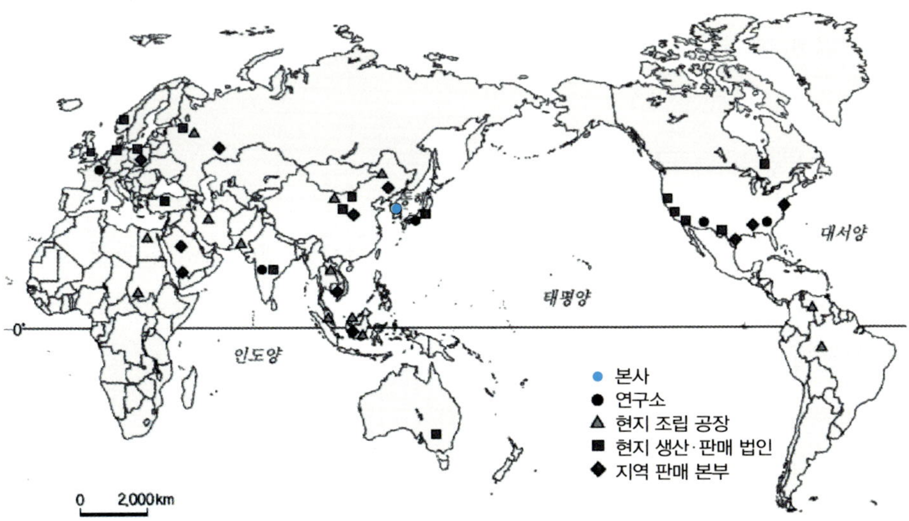

생산성, 지역별로 안배하여 적합한 국가에 설립 운영하고 있다.

글로벌 자동차 제조사의 생산은 원자재에서부터 최종제품에 이르기까지 전 과정이 분업생산에 기반한 공급사슬 체제가 구축되어 있다. 자동차를 구성하는 차체, 좌석, 휠, 바퀴, 브레이크, 냉각기, 클러치, 에어컨, 전기 배선 등과 같은 부품은 여러 국가에서 생산되며, 수많은 부품을 조립하여 한 대의 자동차를 완성한다. 결국 자동차 산업의 생산공정은 크게 부품 생산공정과 완성차 조립공정으로 구분된다. 한 대의 자동차를 만들기 위해서는 2만(20,000)여 개가 넘는 부품이 필요한데, 이를 생산하는 공정을 부품 생산공정이라고 한다. 그리고 이들 수많은 부품을 하나로 합쳐 완성차를 만드는 공정을 완성차 조립공정이라고 한다.

최근 자동차 산업은 소비자의 요구에 유연하게 대응하기 위해 생산공정의 많은 부분을 외주화(outsourcing)하고 있다. 특히 완성차 조립공장은 어느 정도 완성된 반제품 상태인 모듈 단위의 부품 생산업체와 거래함으로써 생산방식의 유연성을 확보하고 있다. 이같이 자동차의 생산공정을 외주화하는 과정에서 자동차 조립공정이 지리적으로 분산되는 국제분업이 나타나면서 제품의 분업이 이루어진다.

예를 들면, 자동차의 디자인, 엔진, 변속기 등과 같은 핵심부품은 본국이나 연구 인력을 확보하기 쉬운 선진국에서 담당하는 반면 자동차의 부품 생산과 완성차의 조립은 저임금 노동력을 확보하기 쉽거나 시장 확보의 필요성이 높은 선진국의 주변 지역이나 개발도상국의 공장에서 수행하는 방식이다.

2. 분업생산과 공급사슬관리

글로벌 분업생산을 수행하는 것은 결과적으로 글로벌 공급사슬의 관리 문제와 직결된다. 제품생산을 위한 관리는 필요한 원료의 확보에서부터 생산된 제품을 해외시장에 공급할 때까지의 모든 과정과 관련된 활동을 포괄하는 공급사슬의 체계라는 포괄적 개념으로 이해해야 한다.

대표적 예를 하나 들면, [그림 14-4]는 글로벌 자동차 회사가 자동차 조립에 필요한 다양한 부품이 수많은 국가로부터 공급되어 조립되고 있음을 보여주

[그림 14-4] 자동차산업의 글로벌 공급사슬체계

고 있다. 라디오는 일본, 계기판과 천정 열개는 미국, 에어컨과 냉각기 그리고 클러치는 프랑스, 브레이크는 영국에서 조달되고 있음을 보여준다.

의류산업의 사례를 하나만 더 제시하면 일례로 청바지를 만들어 세계시장에 판매하는 회사는 [그림 14-5]에서 보는 바와 같다.

상품의 기획과 디자인은 프랑스 본사가 담당하고, 원자재와 원료에 해당하는 면화는 카자흐스탄에서 조달하며, 방적은 일본산 방적기를 사용하여 터키의 공장에서 방적을 분담하게 한다. 그리고 면사의 염색은 독일산 염료를 사용하여 대만에서 이루어지고, 편직은 독일산 편직기를 사용하여 폴란드에서 수행한다. 이후 다시 프랑스에서 특수 세척을 거쳐 본사의 주문에 따른 디자인으로 일본산 재봉기를 이용하여 임금이 저렴한 노동력을 제공할 수 있는 필리핀에서 최종적으로 재봉하여 청바지라는 완제품을 생산할 수 있음을 보여주고 있다.

이런 관점에서 볼 때 글로벌 공급사슬관리의 목적은 글로벌기업이 생산비나 수송비, 규모의 경제, 진입비용, 정치, 경제, 문화 등의 해외 현지 환경의 다

[그림 14-5] 청바지의 글로벌 공급사슬

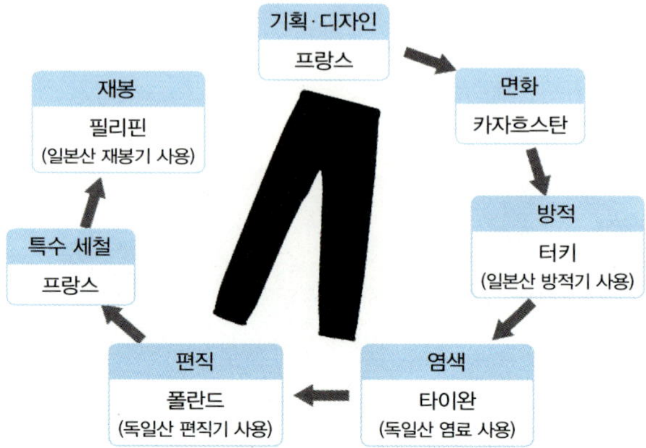

양한 요인들을 고려하여 제품을 생산하고, 동시에 생산된 제품을 목표시장에 가장 효율적으로 공급하는 방법을 마련하는 것이다. 다시 말해 세계 각 지역과 국가의 생산자원에 대한 비교우위를 효율적으로 활용하여 국제경쟁력을 제고시키고자 하는 것이다.

제 3 절 해외공장의 입지선정과 운영

1. 해외공장의 입지선정

(1) 입지선정의 의의

글로벌 생산관리에서 우선 고려해야 할 점은 생산시설의 입지가 기업 생산시스템의 효율성에 직접 영향을 준다는 사실이다. 생산공장이 입지해 있는 지역이나 국가에 따라 제품원가를 구성하는 수송비, 노무비, 용수비, 에너지비용 등의 차이가 크기 때문에 최적의 생산입지를 선정하기 위해서는 여러 후보 지역의 환경을 면밀하게 분석하고 이를 상호 비교, 평가하여 판단할 필요가 있다. 이를 위해 기본적으로 고려할 요소는 자연적 요인, 사회적 요인, 경제적 요인 그리고 제

도와 정책의 환경요인이다.[5)]

자연적 요인은 물리적인 요건으로 기후조건이나 부지의 상태, 용수 등이며, 경제적 요인은 지가, 원재료. 수송시설, 시장, 노동력, 경쟁사, 원료, 전력 등이다. 사회적 요인은 공해요인, 풍속, 습관, 지역개발계획 등이 있다. 제도와 정책 관련 환경요인은 현지국의 시장규모, 소비자의 기호, 현지국 정부의 정책 및 제도, 현지국의 기술수준, 현지국의 생산인력, 현지국의 지원 산업발전 정도, 생산시스템 등이다.

결국, 현지국의 경제, 사회, 문화적 환경, 정부의 정책 및 규제, 소비자의 기호 등 모든 여건이 다르기 때문에 무엇보다 현지국의 시장 특성과 생산환경을 고려하여 공장을 설립한 후 생산활동을 전개하는 것이 중요하다. 특히 해외직접투자를 통해 저렴한 생산비용을 실현하려는 생산효율 추구(efficiency seeker)형의 경우는 입지 선택이 제조원가에 미치는 영향이 더욱 크다. 해외에 공장을 설립할 때 최소한의 위험을 부담하면서 장기적으로 공장을 운영할 수 있는 지역을 선정함으로써 투자의 효과를 극대화하는 것이 중요하다.

(2) 입지 선택의 고려요인

해외공장의 입지를 결정할 때 고려해야 하는 요인들은 다음과 같다.[6)]

첫째, 현지국의 정책과 제도이다. 현지국 정부의 정책과 제도는 투자기업의 성공 여부를 결정하는 데 영향을 미친다. 특히 현지국의 해외투자에 관한 유인정책, 해외투자기업에 대한 지원정책, 과실송금과 조세제도 등이 중요한 고려요인으로 작용한다.

둘째, 현지국의 기술요인이다. 기술요인은 주로 생산활동에 영향을 미치는 것으로서 투자기업은 현지에서 원자재와 부품의 이용 가능성에 맞춘 기술과 생산공정을 적용해야 한다. 아울러 현지국의 현지 부품사용 의무비율에 관한 규정은 적용할 기술 수준에 큰 영향을 미친다.

셋째, 현지국의 생산인력이다. 개발도상국은 공장의 생산계획, 통제기능을 담당할 생산관리 요원을 구하기 어렵고, 작업자들에게 올바른 생산기술을 익혀주고 건전한 작업 태도를 심어주기가 어렵다. 또한, 현지공장의 기계, 설비, 생산계획과 통제 시스템 등을 결정할 때 현지 종업원의 가치관, 관습, 태도 등은 중요한 변수이다. 기업의 입장에서 작업 의욕이 부족하고 작업능률이 비교적 낮는 동남아, 중남미, 아프리카 등지에 생산공장을 세울 경우에는 본국과 제3국인을 활용하는 것도 하나의 방안이 될 수 있다.

넷째, 현지국의 지원 및 연관산업의 발달 수준이다. 글로벌기업의 해외생산은 현지국의 지원산업의 발전 조건에 의해 크게 영향을 받는다. 글로벌기업이 개도국에서 현지생산을 할 때 원부자재의 구매와 생산 문제에 당면하게 되면 높은 원가와 저질의 제품으로 인해 매출과 이익에 타격을 주어 적자가 발생할 가능성이 있다. 그러므로 기업은 선진국에서 생산할 때와는 다르게 때로는 자금, 기술 등을 지원하여 현지 공급업체들의 공급력을 길러주면서 원자재, 부품 등을 공급받는 경우가 많다. 만일 현지 지원산업이 제대로 갖추어져 있지 못한 경우 당해 현지의 공장을 수직적으로 통합하여 주요 부품만이라도 자체 생산하여 조달하거나 주요 부품을 본사나 제3국의 타 기업으로부터 수입 구매하는 전략도 활용할 만하다.

(3) 입지 선택의 결정과정

해외 공장입지를 결정할 때 그 결정 과정은 보통 세 단계로 나누어진다. 먼저 대상 지역을 검토한 후, 다음으로 특정한 지역을 선정하고, 이후 선정된 지역의 부지를 평가하여 최종적으로 입지를 결정하는 단계를 거친다. 이 과정을 그림으로 보면 다음과 같다.

[그림 14-6] **생산공장의 입지 선택과정**

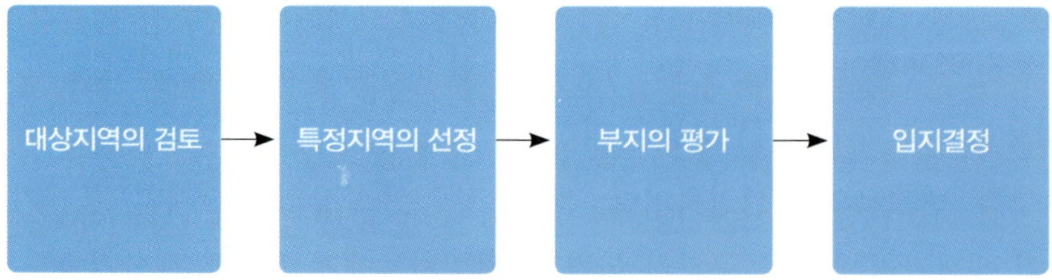

1) 대상지역의 검토

공장의 입지를 결정하는 데 있어 첫 번째 단계는 대상 지역을 검토하는 것이다. 이것은 기업이 생산하는 제품의 특성이나 생산투입 요소의 구성과 관련해서 공장을 설립하려는 지역이나 국가를 조사하고 분석하는 것이다. 예를 들면 석유 화학이나 철강 등은 원자재의 공급을 제일 우선 고려하는 데 반해 섬유나 신발은 노동력의 공급을 더 중시한다. 전통적 입지요건에서는 경제적 생산요소로써 비용 측면을 중요시해 왔으나, 최근에는 각 요인의 이용 가능성, 확보의 용이성, 접근성, 시설의 구비 여부 등과 같은 비경제적 요인들을 더 중요하게 생각하는 경향이 있다.

이를 구체적으로 살펴보면, 먼저 교통요인의 경우 과거에는 원료와 완제품의 운송비가 기본적인 고려사항이었으나 오늘날에는 그 중요성이 낮아지고 비용보다는 교통시설, 운용 수단의 이용 가능성을 더욱 중요하게 고려한다. 노동력 역시 노동비나 임금수준보다는 필요한 만큼의 풍부한 노동력의 양과 질적 요소를 갖춘 숙련노동력, 전문기술자와 관리경영자 등의 확보 가능성, 노동생산성, 노동자 집단의 이미지 그리고 노동조합의 활동을 포함한 노동자 집단의 태도 등을 우선하여 고려한다.

시장요인 측면에서는 판매량과 관련된 시장의 규모 및 잠재력과 함께 시장의 접근과 시장개척을 위한 입지가 고려된다. 원료와 부품의 구매 측면에서도 운송비의 영향보다 원료 산지의 접근성, 부품과 소재 공급기업에 대한 접근성, 그리고 이들의 확보가 중요한 것으로 나타나고 있다. 이외에도 정보, 하부구조, 정책과 개인적 관계의 연관성 측면이 강조되고 있다.

2) 특정지역의 선정

입지 대상지역의 평가와 검토가 끝나면 다음 단계는 잠재적으로 대안이 될 수 있는 지역 가운데에서 특정 지역을 최적의 입지로 결정하는 순서이다. 입지의 결정 과정을 상세히 살펴보면 첫째, 대안이 되는 지역을 평가하기 위한 평가기준(예: 비용-수익 등)을 선정하고, 둘째, 관련된 주요 입지요인을 확인하며 셋째, 제시된 입지요인과 제약조건을 만족시키는 지역을 일차적으로 선정한 후,

마지막으로 일차적으로 검토된 입지 대안을 평가하고 결정한다.

최적의 입지를 평가하는 데는 주로 후술하는 계량적 입지결정 모델이 이용되나, 중소규모의 기업에서는 보통 계량적인 접근 방법보다는 경영자의 개인적인 선호도에 의해서 특정 지역을 선정하기도 한다. 예를 들면 대만 기업인들이 중국에 해외직접투자를 하는 경우 대부분 기업이 단순히 경영인의 출생지를 공장입지로 선택하는 경우이다.

사례 14-1 | 포스코(POSCO) 인도공장의 입지선정

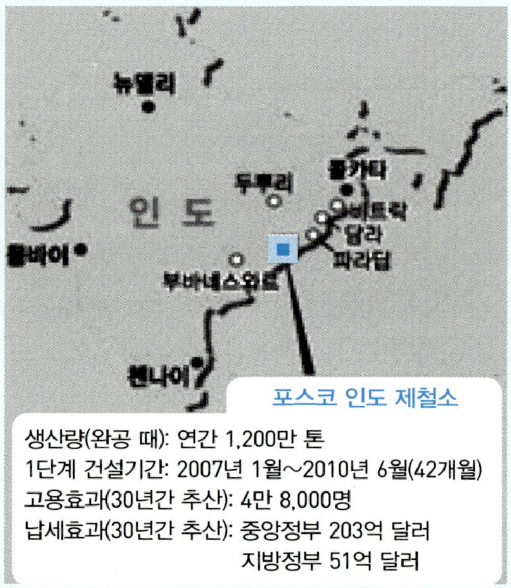

인도는 남한의 33배에 달하는 땅의 규모와 10억 8,000만 명에 달하는 세계 2위의 인구수를 가진 거대시장으로서 매력을 갖고 있다. 2005년 현재 8%의 경제성장률을 유지하며 급속한 경제성장을 지속하고 있는 국가이다. 향후 도로, 항만 등 사회 인프라 투자가 증가할 것으로 예상되며, 잠재적인 철강수요가 증가할 가능성이 가장 큰 국가이다. 즉 경제규모가 2050년 세계 3위의 수준이 될 것이라고 예측되고 있어서 중국과 함께 최대의 잠재력을 가지고 있는 것으로 평가된다. 또한, 저렴하고 풍부한 노동력을 보유하고 있으며, 경제활동인구는 세계 최대이며 매년 공학을 전공한 인력이 20만 명 배출될 정도로 고급인력이 풍부하다. 따라서 인도는 관리자나 기술인력의 활용이 중국이나 다른 개도국보다 유리한 상황이다. 중저급 인력이 풍부한 점은 제철소 생산직 근로자의 확보 측면에서 유리하게 작용한다. 이러한 인적 자원의 활용 가능성 이외에도 풍부한 양질의 철광석 매장량은 포스코가 인도에 제철소를 건설하는 데 있어서 가장 중요하게 고려한 요인 중 하나이다. 인도는 세계 6위의 철광석 보유국일 뿐 아니라 중저급의 철광석과 양질의 철광석을 다량 보유하고 있다. **오리사** 주에는 인도 전체 철광석 매장량 중 약 절반에 해당하는 약 49억 9,404만톤의 철광석이 매장되어 있다. **파라딥으로부터** 300킬로미터 떨어진 **반스파니네** 철광석 광산이 있다는 점도 제철소 입지 조건으로서 매우 매력적이었다.

자료: 박의범, 『글로벌경영 Case 100』, 두남출판사, 300쪽.

3) 부지의 평가

공장의 설립할 지역이 선정되면, 다음으로 공장이 실제로 건설될 구체적인 장소, 즉 부지를 결정하여야 한다. 부지를 평가하는 데 검토되는 요소는 토지가격, 지형이나 넓이 등의 부지의 특성, 전기와 용수 등의 유틸리티 가용성, 배기와 배수 등과 같은 폐기물 처리의 용이성, 도로 건설비용, 관계법규의 저촉 여부 등이 있다. 물론 업종의 성격에 따라 공장 부지의 검토 요소가 다를 수 있다. 예를 들면 철강공장의 경우 지반이 강한 것이 가장 중요한 반면 염색, 도금, 주물 등의 공해 유발 업종의 경우는 배수시설 처리의 용이성을 중요한 요소로 먼저 검토하게 된다.

4) 입지의 결정

상기의 세 단계의 과정을 세심하게 고려한 후 최종 입지를 결정한다.

2. 생산규모와 범위의 결정

생산의 입지가 결정되면 다음으로 생산의 규모와 범위를 판단해야 한다. 생산규모는 평균생산비용이 최소가 되는 최적의 공장규모를 의미하는 것이나, 글로벌기업의 경우 여러 지역에 다수의 공장을 운영하게 되므로 모든 공장을 평균생산비용이 최소가 되는 규모로 한다는 것은 기업의 자본동원 능력의 한계나 자사의 시장점유율 등을 고려할 때 결코 단순한 문제가 아니다. 그래서 글로벌기업의 생산규모는 그 지역에 투자한 투자목적에 따라 달라진다. 현지 내수시장에의 판매를 투자목적으로 한 것이라면 그 지역의 내수시장 규모와 성장성에 맞추어야 한다. 그러나 제3국에 수출하는 경우라면 오히려 가격경쟁력을 지닐 수 있는 규모의 경제에 초점을 맞추어야 한다.

글로벌생산에 있어 생산의 범위는 '범위의 경제(economy of scope)'효과를 고려하여 결정한다. 규모의 경제(economy of scale)가 한 제품의 생산량이 축적됨에 따라 원가가 감소하는 효과라면 범위의 경제는 유사한 제품을 생산함으로써 원가가 감소하는 효과를 의미한다. 이러한 원가감소는 제품계열 간에 투입되는 생산요소를 공유하여 사용하게 됨으로써 얻게 되는 결과이다. 때로는 다른 제품계열이라고 하더라도 마케팅 정보에 의해 영향을 받아 서로 연관하여 생산함으로써 효과를 보기도 한다.

오늘날 시장의 수요가 대량소품종 형태에서 소량다품종 형태로 바뀜에 따라 공장에서 생산되는 제품의 범위를 더욱 넓혀주고 있어서 그 중요성이 더욱 커지고 있다. 범위의 경제는 공장의 분산화와 주문생산의 증가에 대처하기 위해 생산시스템의 유연성을 최대한 확보함으로써 그 효과를 극대화할 수 있다.

3. 생산공장의 운영

공장을 효율적으로 운영하기 위해서 물적 자원과 더불어 인적 자원의 중요성을 간과할 수 없다. 해외에서 생산활동을 하는 경우 당연히 인력의 수급 문제에 직면하게 되는데, 이를 해결하기 위해 생산인력에 대한 적절한 교육과 훈련이 필요하다. 인력에 대한 체계적인 선발, 훈련, 동기부여, 감독 등을 통하여 능률적인 작업집단을 구성하려면 현지의 고유한 사회적 특성과 문화를 바탕으로 종업원의 가치관, 관습, 태도 등을 세심하게 반영해야 한다. 또한, 현지인 경영자를 통해 노사관계와 인사관리를 담당하게 함으로써 평상시에 원만한 관계를 유지하는 등 문제를 사전에 대비하는 것도 한 방법이다.

제 4 절 글로벌소싱

1. 글로벌소싱의 의의

(1) 글로벌소싱의 개념

글로벌 공급사슬관리의 주요 과제의 하나로 글로벌소싱(global sourcing)을 들 수 있다. 글로벌소싱은 기업의 생산에 필요한 원료와 부품의 구매활동의 범위를 전 세계시장으로 시야를 확대하여 외부조달 비용의 절감을 시도하는 구매전략이다. 가령 완제품을 만드는 제조사가 생산에 필요한 원료나 부품을 해외 공급자로부터 조달한다든지 해외건설공사를 수주한 업체가 공사의 모든 공정을 혼자 도맡아 하지 않고, 각각의 공정별로 다른 업체에 하청을 주어 공사를 추진하는 것이 전형적인 예라고 할 수 있다.[7)]

글로벌소싱을 왜 시도하는가? 그 장점을 살펴보면 먼저 해외에서 부품이나 원자재를 싸게 조달하는 경우가 많으므로 가격경쟁력 면에서 유리하다는 점이다. 현재 중국이나 베트남이 글로벌소싱의 주요 대상국이 되고 있는데 그 이유로 값싼 노동력, 무료 혹은 저렴한 임대가 가능한 토지의 활용 등으로 인해 조달비용 측면에서 매력적이기 때문이다. 국내 제조업체의 제품보다 중국이나 베트남에서 조달하면 제품가격이 30~40% 정도 저렴하다. 특히 상대적으로 디자인이나 품질이 덜 고려되는 단순 기능성 제품들은 가격에 따라 매출이 크게 좌우되므로 글로벌소싱은 필수적이다. 따라서 세계적으로 생활용품이나 공산품 등은 전체 생산물량의 70~80%가 중국이나 베트남에서 생산되는 것이 현실이다. 요컨대, 글로벌소싱은 제품의 가격경쟁력을 제고시키는 효과가 있다. 새로운 디자인과 기술로 만들어진 차별화된 제품을 글로벌시장에서 소싱하여 고객에게 공급한다면 고객가치를 더욱 증대시킬 수 있을 것이다.

(2) 글로벌소싱의 고려요인

글로벌소싱은 많은 장점에도 불구하고 신중하게 판단해야 할 고려 요인들이 있다.

첫째, 글로벌소싱은 글로벌 시장을 대상으로 다양한 제품을 조달하기 때문에 높은 거래비용(transaction cost)이 발생할 수 있다. 거래비용은 가격대비 고품질 제품을 공급할 수 있는 공급처를 찾아내는 정보탐색과 협상비용, 그리고 계약한 제품의 품질, 납기 등을 준수하도록 하는 데 따르는 부대비용 등을 말하는데 이와 관련된 비용을 어떻게 낮출 수 있을 것인가를 고민해야 한다.

둘째, 불확실한 환경으로 인해 예기치 못한 비용이 발생할 수 있는데 이 또한 고려요인이다. 예를 들면 환율변동에 따른 비용변동의 가능성이다. 자국통화가 강세일 때에는 글로벌소싱을 실시하는 것이 이익이지만 약세일 경우에는 가격의 절감효과가 감소될 수 있다. 따라서 예기치 못한 환율변동으로 발생할 수 있는 글로벌소싱의 위험을 분산하기 위해 소싱 지역을 다각화할 필요가 있다.

셋째, 갑작스런 소비시장의 위축은 과잉재고가 발생하는 원인이 되므로 소비시장의 동향도 면밀하게 분석해야 한다.

넷째, 글로벌 환경에 대한 깊이 있는 분석이 선행되어야 한다. 국내 유통업체와 다국적 유통업체의 경쟁력을 비교해 볼 때 가장 큰 차이는 글로벌 환경에 대한 분석 능력이라고 할 수 있다.

다섯째, 유통업체들은 경쟁력 있는 품질과 가격으로 필요한 제품을 제공할 수 있는 안정적인 공급선(supplier)을 확보하는 것이다. 이를 위해 무엇보다도 중요한 것은 제품을 공급해주는 파트너와의 안정적인 관계 구축해야 한다. 제휴를 통한 협력방안이 좋은 대안이 될 수 있다.

2. 글로벌소싱의 동기

글로벌기업이 글로벌소싱을 하는 동기는 첫째, 국내에서의 완제품 생산에 필요한 부품과 원자재의 구입이 곤란한 경우이다. 둘째, 외국의 부품이나 원자재가 가격 또는 품질 면에서 유리한 경우이다. 셋째, 제품생산이 외국에서 도입된 제조기술에 의존하고 있는 경우이다. 넷째, 다품종 소량생산으로 다종다양한 부품이나 원자재 조달이 필요한 경우이다. 다섯째, 현지의 국가에서 제조 생산할 경우 현지국 정부의 제도에 따라 현지부품 비율을 충족시켜야 하는 경우이다.

3. 글로벌소싱 전략의 고려사항

글로벌 소싱전략을 실행하기 전에 다음과 같은 사항들이 먼저 고려되어야 할 것이다.

첫째, 글로벌소싱은 국내에서 기업 자체 생산할 것인가, 아니면 외부로부터 조달할 것인가의 결정과 연계되어 이루어져야 한다.

둘째, 글로벌소싱은 그로부터 야기되는 원가절감 효과와 운송과 관세의 비

사례 14-2 | 애플의 아이폰 글로벌 공급사슬

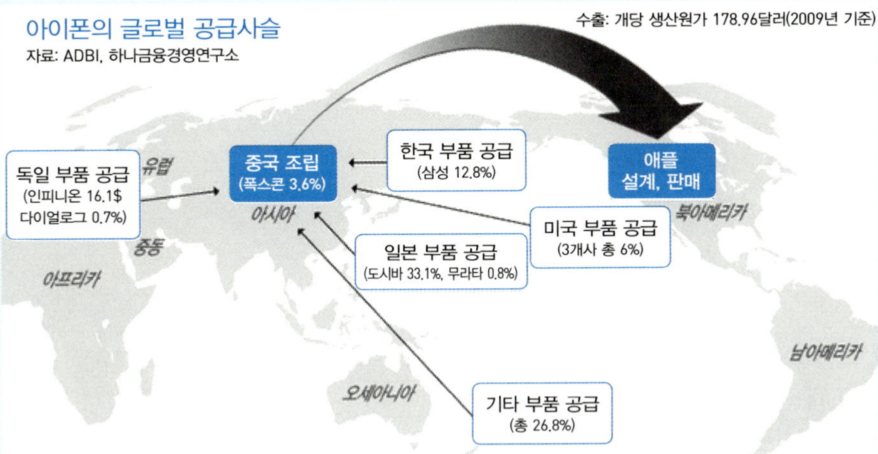

애플은 세계 각국의 각기 다른 제조업체에서 부품과 소재를 조달한다. 예를 들어 디스플레이는 일본에서 생산한 재팬 디스플레이와 샤프의 제품을 주로 사용한다. LG가 한국에서 생산한 제품도 일부 사용하고 있다. 최신 아이패드와 아이폰에 탑재된 터치 ID 센서는 대만의 TSMC(Taiwan Semiconductor Manufacturing Company)와 진테크(Xintech)가 생산한 제품들이다. 실제 2014년부터 2015년까지 공급업체 리스트에는 전 세계 각국의 200여 공급업체가 포함되어 있다.

애플의 공급 체인은 이같이 수많은 공급업체를 관리해 하나의 제품을 완성시키고 있다. 경제성을 유지하기 위해, 여러 국가와 대륙에서 다양한 부품을 생산, 조립, 조달하고, 전 세계의 고객에게 '신뢰할 수 있는 속도'로 제품을 공급하기 위해 세계 각국의 여러 장소에 창고를 운영하고 있다.

실제, 아이폰은 어디에서 만들어질까? 이 질문의 답은 '전 세계 도처에서 만들어진다'가 답이다. 각 회사의 공급 체인은 매우 복잡하기 때문에 애플 기기의 생산 및 조립 공정에 관여하는 국가의 수 또한 다양하다. 다만 애플은 제품의 원산지를 '중국'으로 표기하고 있는데, 그 이유는 부품의 절반 이상을 중국에서 조달하기 때문이다. 대만 등 다른 국가에서 만들어진 부품도 많지만, 애플 기기의 조립공정 대부분이 중국의 폭스콘(Foxconn)에서 이뤄진다. 디자인을 담당하는 미국을 포함해 여러 국가가 조립공정에 관여하고 있음에도 불구하고 원산지가 중국인 이유다.

자료: 한겨레신문, 2011. 3. 27.

용부담이 종합적으로 검토된 후 결정되어야 한다.

셋째, 자사에 원자재와 부자재를 공급하고 있는 국가를 대상으로 자사의 완제품 시장과 연계시켜 개발하는 방안을 마련해야 한다.

넷째, 제품의 특성에 따라 상이한 글로벌소싱 방안이 마련되어야 한다. 예를 들면 국내시장에서 가격경쟁력이 중시되는 성숙기에 접어든 제품들에 대해

사례 14-3 | 홍콩 리앤펑의 글로벌 공급사슬

리앤펑의 반바지 생산 네트워크 편성 사례

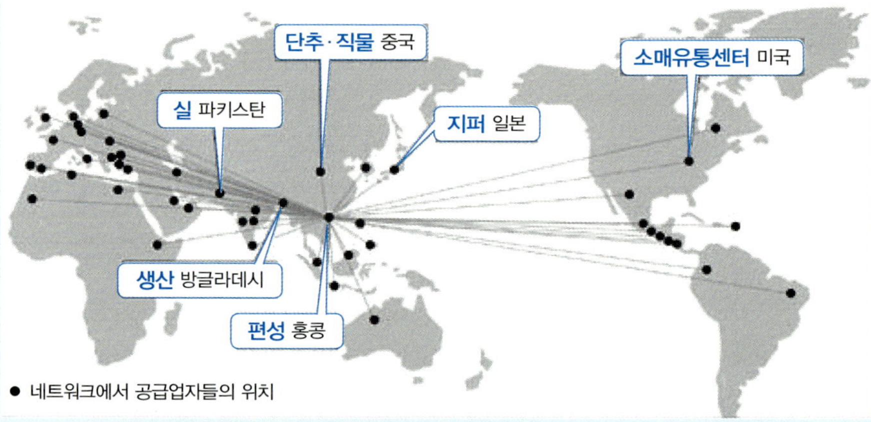

홍콩을 대표하는 기업으로서 리앤펑(Li & Fung)은 1906년 광저우에 가족이 경영하는 무역회사로 설립돼 중국에서 생산한 의류·도자기·폭죽·장난감 등을 미국·유럽 등에 수출했다. 제조업자와 고객 간의 거래를 중개함으로써 얻는 중개료가 주 수입원이었으나 1970년대 중반 제조업자 간 직접거래가 증가하는 등 기업 이익이 감소하며 경영상태가 악화하면서 이익 창출을 위해 1976년 공급사슬관리(SCM: Supply Chain Management) 시스템을 구축한 후 자체 생산설비 없이 공급업체와 고객을 조정하는 역할만 수행하면서 매년 20억 벌이 넘는 의류를 생산하는 세계적인 의류회사로 성장하였다.

예를 들어 미국의 어느 의류회사가 이 회사에 남자 반바지 30만 벌을 주문했다고 하자. 그러면 이 회사는 단추와 직물은 중국, 지퍼는 일본, 실은 파키스탄에 주문한다. 파키스탄에서 받은 실은 중국에 보내 직물로 짜서 염색을 하게 한다. 이 모든 것을 꿰메는 일은 방글라데시의 공장에 맡긴다. 고객이 원하는 납기를 위해 세 개 이상의 공장에 나누어 작업한다.

이 회사는 이런 방식으로 전 세계 40여 개 국가에 퍼져 있는 3만 개의 공급업자(공장)와 200만 명의 공급업자의 직원을 움직인다. 이 회사가 직접 월급을 주는 직원은 1%도 안된다. 이 회사의 한 해 매출은 대략 삼성전자의 1/4 정도라고 한다.

자료: https://globalcoo.tistory.com/173

서는 글로벌소싱에 의존함으로써 이 제품의 수명주기를 국내시장에서 연장할 수 있을 뿐만 아니라 기업은 더 복잡하고 더 부가가치가 높은 제품의 개발과 생산에 집중할 수 있는 효과를 얻을 수 있다.

다섯째, 글로벌소싱에 있어서는 필요한 물품을 최저가격으로 공급하는 공급선의 발굴도 중요하나, 자사의 통제를 통해 일정 수준의 품질을 유지하도록 하는 것도 중요하다.

여섯째, 유망한 공급선과 장기적인 관계의 구축에 노력해야 하며, 필요할 경우 지분참여가 이루어지는 전략적 제휴도 적극적으로 고려해야 한다.

제 5 절 글로벌 로지스틱스

1. 글로벌 로지스틱스의 의의

글로벌 로지스틱스(global logistics)란 글로벌기업이 고객서비스의 향상과 물류비용의 절감을 목표로 원료 취득지점으로부터 최종 소비점에 이르기까지 제품의 흐름과 그에 따른 정보의 흐름을 원활하게 하는 모든 이동과 저장 활동을 계획하고, 조직하고, 통제하는 활동이다.[8] 즉 국제적인 상업적 거래에 따른 물류 활동과 관련된 물품의 수송, 보관, 재고, 포장, 하역 등의 각 기능을 합리화하면서 이러한 기능들의 통합된 시스템을 구축하여 물류관리의 최적화를 추구하는 기업활동을 의미한다.

최근 수출에 따른 물류비용이 전체 비용의 10~25%를 차지함에 따라 물류관리의 전략적 중요성이 더욱 높아지고 있다. 물류관리의 기능을 성공적으로 수행하기 위해서는 물류관리를 구성하고 있는 수송, 포장, 보관 등의 기능이 합리적으로 이루어져야 할 뿐만 아니라 이들 모든 기능이 하나로 통합되어 범세계적 로지스틱스 시스템을 구축하여 운영할 필요가 있다.

세계화된 글로벌기업의 입장에서는 국제거래에서 발생하는 물류관리뿐만 아니라 전 세계적으로 분산된 생산거점들을 가장 효율적으로 네트워크화하여 원재료, 부품, 완제품의 흐름을 합리화하고 생산거점 간의 유기적인 관계를 어떻게 유지할 것인가 하는 문제도 중요한 과제이다.

이러한 상황을 종합적으로 고려할 때 글로벌 로지스틱스는 고객에 대한 서비스 수준의 향상과 물류비용의 절감이라는 목표를 달성하기 위해 공급사슬의 전반적인 흐름으로서 조달-생산-판매를 하나의 관리 단위로 설정하여 연관된 협력기업들을 포함하는 공급사슬관리(SCM: supply chain management) 차원의 전략적 운영으로 발전하였다.

글로벌기업의 로지스틱관리가 공급사슬관리로 점차 이행하게 된 원인은 시장이 생산자 시장에서 소비자 시장으로 변화하고, 저성장시대가 도래하면서 매출 증대와 생산비 절감에 의한 이윤 창출의 한계 등이 배경으로 작용한 탓이다. 즉 이윤 확보의 대안으로서 합리적인 로지스틱 관리에 의한 물류비용 절감 효과로 얻을 수 있는 '제3의 이익원천'에 주목하게 된 것이다.

이러한 목적을 달성하기 위해 물류관리는 전사적인 차원에서 물자의 흐름과 물류정보를 관리하는 방법이 필요했다. 실수요정보와 재고정보, 그리고 생산의 진행에 따른 자재의 흐름에 대한 정보의 통합관리를 바탕으로 물자의 조달은 물론 생산과 판매에 대한 물류 흐름과 수급의 효과적인 조정을 공급사슬관리라는 개념을 통해 수행하게 되었다.

2. 글로벌 로지스틱스의 관리영역

로지스틱스은 조달-생산-판매 활동을 수행하면서 물품의 수송, 보관, 재고, 포장, 하역 등의 기능별 주요 결정사항은 다음과 같다.

첫째, 수송활동은 공급원으로부터 최종소비자에게 이르는 물자흐름의 과정에서 가장 중요한 활동이다. 수송비용은 로지스틱스 비용 중 가장 큰 항목(전체 물류비용의 60% 이상)이다. 수송활동과 관련하여 로지스틱스의 관점에서 수송수단의 결정이나 노선의 결정 등이 주요 핵심 의사결정 사항이다.

둘째, 주문처리 활동은 자재의 흐름을 유발하고, 고객수요를 충족시키기

[그림 14-7] **로지스틱스의 활동영역**

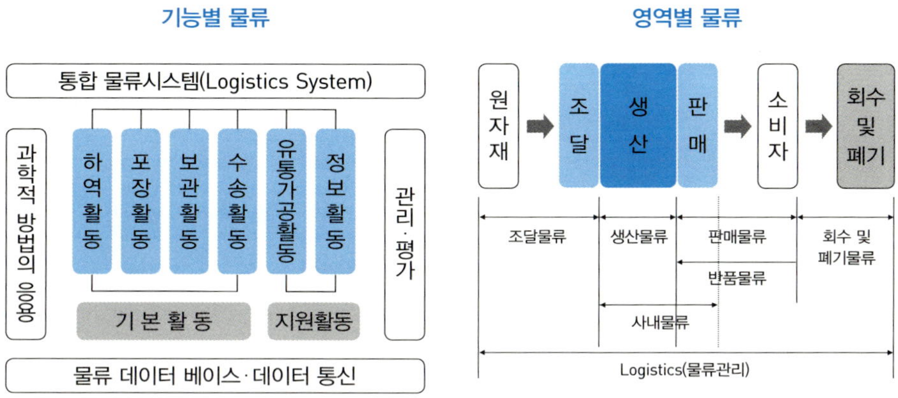

위한 일련의 조치를 지시하는 활동으로서 주문기장, 선적서류 준비, 송장발부 등의 운영적 요소와 주문수정, 주문상태 조회 등의 정보교환 요소, 신용조회, 외상매출금 처리와 회수 등의 재무적 요소로 이루어져 있다. 주문처리의 신속성과 정확성은 기업의 고객서비스 수준에 결정적인 영향을 미친다.

셋째, 수요예측을 통해 미래의 특정 시점에 고객이 요구하는 제품과 서비스의 양과 수준을 산정하여 예측한다. 수요정보는 기업의 생산, 마케팅, 로지스틱스 등 각 활동 분야에 중요한 정보를 제공한다. 이러한 수요예측은 로지스틱스 측면에서 시장별 수송계획, 물류센터의 재고계획, 그리고 판매와 생산의 조정과 통합을 위하여 필요하다.

넷째, 재고관리는 외부고객과 기업 내부의 수요에 대처하기 위해 적절한 재고를 유지하여야 하며, 동시에 최적의 재고유지를 통해 각종 경비를 절감할 수 있다. 재고관리는 자금의 소요와 납기지연 등과 관련되므로 적절한 유지가 중요하며, 동시에 재고와 유통정보의 공유는 기업의 전체 로지스틱스 과정과 고객을 연결하는 핵심적 요소로서 작용한다. 그리고 보관과 재고관리는 공장과 물류센터의 입지선정, 필요한 공간관리, 자재처리, 조달, 포장, 반품처리, 폐기품 회수 등의 여러 활동과 깊이 관련되어 있다.

이 외에도 로지스틱 관리는 고객서비스와 관련하여 물류의 납기, 도달 시간 준수, 더 나은 물류 품질, 상품 준비, 정보제공 등의 활동을 통해 고객서비스를 제공함으로써 고객만족을 일정 수준 유지하거나 개선할 수 있는 활동이 필요하다.

3. 글로벌 로지스틱스의 의사결정기준

글로벌시장에서 활동하는 기업은 다음과 같이 그 기업을 둘러싼 기업환경에 따라 로지스틱스 전략을 구축하고 실행해야 한다.[9)]

첫째, 관리시스템이 지역별, 시장별로 분산되어 있는가 아니면 집중되어 있는가?

둘째, 글로벌소싱인가 아니면 현지소싱인가?

셋째, 현지공장은 세계시장을 목표로 하는가 아니면 현지시장을 목표로 하는가?

넷째, 해외 자회사에 원자재, 부품, 완제품, 기계설비를 어떻게 공급할 것인가?

다섯째, 특정 시장에 대해 수출로 공급할 것인가 아니면 현지 마케팅을 할 것인가?

여섯째, 재고를 위한 물류센터를 얼마나 어디에 둘 것인가?

일곱째, 각 공장의 생산공정을 수직적으로 통합할 것인가 아니면 각 공장의 생산공정을 전문화시키고 상호교역을 통해 주요 부품을 조달할 것인가?

참고문헌

1) 양창호, 『물류와 SCM의 이해』, 박영사, 2019년, 3-4쪽.

2) 김태현 외 역(David Simchi-Levi), 『물류 및 공급체인관리』, McGraw-Hill Korea, 2003년, 3-5쪽.

3) Griffin, Ricky W. & Pustay, Michael W., *International Business-A Managerial Perspective*, Pearson, 2015, p. 501.

4) 박의범 외, 『세계화와 글로벌경영』, 도서출판 두남, 2010년, 302쪽.

5) 어윤대, 『국제경영』, 학현사, 1998년, 498쪽.

6) 박의범 외, 전게서, 300-301쪽.

7) 어윤대, 전게서, 514쪽.

8) 이장로, 『국제마케팅』, 무역경영사, 1997년, 418쪽.

9) 박의범 외, 전게서, 304쪽.

핵심내용정리

- 글로벌 공급사슬관리(supply chain management)
  - 공급사슬관리의 의의, 글로벌 공급사슬관리의 영역과 과제
- 글로벌 분업생산
  - 글로벌 분업생산의 의의, 분업생산과 공급사슬관리
- 해외공장의 입지선정과 운영
  - 해외공장 입지선정의 고려사항, 입지선정의 결정과정
- 글로벌소싱(global sourcing)과 로지스틱(logistics)
  - 글로벌소싱의 고려요인, 글로벌소싱의 동기, 로지스틱의 관리영역

토론과제

1. 삼성전자의 베트남 스마트폰 공장의 사례를 바탕으로 입지선정의 기준과 선택요인을 조사하여 분석해보고, 그 의미를 정리해보자.
2. 우리나라의 대표적인 스마트폰 제조업체의 부품별 글로벌소싱의 실태를 파악하고, 그 의미를 정리해보자.
3. 반도체산업의 생산과정에서 글로벌 분업생산체제가 어떻게 이루어지는지 파악하고, 그 의미를 정리해보자.

Chapter 15

글로벌기업의 마케팅관리

Marketing Management of Global Enterprise

“

최근 기업을 둘러싸고 있는 세계시장의 환경은 급속하게 변하고 있다. 세계무역기구(WTO)의 무역규범 적용의 확대, 유럽공동시장(European Union)과 북미자유무역지대(NAFTA)와 같은 지역 간 통합과 자유무역협정(FTA)의 체결 확산 등 세계화 물결이 글로벌기업에게 역동적인 경영환경을 제공하고 있다. 그야말로 ‘국경 없는 세계시장’이라는 단어는 이제 우리에게 낯설지 않다.

이러한 상황에 직면한 많은 산업과 일선 기업들의 입장에서 글로벌 경영전략과 마케팅의 필요성은 그 어느 때보다 높아졌다. 실제 많은 글로벌기업은 총매출의 60% 이상을 해외 비즈니스를 통해 올리고 있다는 사실은 기업 경영활동의 무대가 전 세계를 대상으로 한다는 것을 나타내는 증거라고 할 수 있다.

특히 글로벌기업을 위한 마케팅관리는 직접 해외시장과 고객을 상대로 하는 만큼 글로벌 차원에서 마케팅전략을 수립하고 실행하는 것은 당연한 일이다.

따라서 본 장에서는 마케팅관리에 관한 기초적 개념에서부터 글로벌 마케팅의 관리과정, 마케팅믹스를 중심으로 마케팅 전략을 살펴본 후 글로벌 마케팅의 개념이 변화하는 방향으로서 마케팅의 미래와 전망을 예측해 보고자 한다.

”

글로벌 마케팅이란?

제 1 절

1. 마케팅의 개념

마케팅은 시대적 경영환경의 변화에 따라 조금씩 다르게 정의되어왔다. 1953년 미국 마케팅협회의 용어정의위원회(AMA:The Committee of the American Marketing Association)는 '마케팅은 상품이나 서비스의 생산에서 소비까지의 흐름에 따른 경영의 제반 활동을 포함한다(Marketing includes those business activities on the flow of goods and services from production to consumption)'고 정의하였으나, 1985년에는 '개인과 조직의 목적을 충족시켜 주는 교환을 창출하기 위해 아이디어, 제품 및 서비스에 대한 발상, 가격의 결정, 촉진 및 유통을 계획하고 실행하는 과정이다'라고 재정의한 바 있다.

협회(AMA)는 2013년에 다시 '마케팅이란 고객과 의뢰인, 동업자 그리고 크게 사회에 가치 있는 제공물을 창출하고 알리며 전달하고 교환하기 위한 일련의 행동이며 제도이고 과정이다(Marketing is the activity, set of institutions, and processes for creating, communicating, delivering, and exchanging offerings that have value for customers, clients, partners, and society at large)'라고 하고 있다.

한편 한국마케팅학회(KMA)는 마케팅이란 조직이나 개인이 자신의 목적을 달성시키는 교환을 창출하고 유지할 수 있도록 시장을 정의하고 관리하는 과정이다.[1] 라고 하였으며, 미국의 마케팅 분야의 저명한 학자인 필립 코틀러는 마케팅을 기업이 고객을 위해 가치를 창출하고 강한 고객 관계를 구축함으로써 그 대가로 고객으로부터 상응한 가치를 얻는 과정이라고 정의를 내린 바 있다.[2]

이같이 마케팅에 관한 정의를 처음 정리한 이래 시대적 흐름을 반영한 각각의 견해들을 종합해 보면 마케팅은 제품 중심에서 시장 중심으로 다시 고객의 가치와 관계의 구축에 주목한 것으로 보인다. 기업의 입장에서 '욕망을 충족하는 재화와 서비스를 계획하고, 가격을 정하고, 판매를 촉진하여 유통하려는 의도를 갖는 상호작용을 포괄하는 경영활동의 전체적 시스템'이라고 해석할 수 있다. 여기서 전체적 시스템이라는 것은 기업의 여러 기능이 시장조작을 위하여 총력을 집중하는 전사적 마케팅을 의미하며, 그 활동은 고객과의 관계구축으로 수렴하고 있다. 다시 말해, 마케팅은 크게 보아 생산자와 소비자를 연결시키고, 미시적으로는 그러한 연결 작용을 촉진시키는 촉매과정으로서 일종의 플랫폼(platform) 역할을 하고 있다.

결국, 마케팅은 관련 기관이나 학자, 현업의 전문가에 의해 다양한 관점에서 정의되고 있으며, 오늘날처럼 웹과 같은 유무선 통신수단이 일상적으로 활용되고 있는 유비쿼터스(ubiquitous) 시대의 도래에 따른 패러다임(paradigm)의 전환으로 인해 그 시장환경의 변화를 반영하는 수정작업은 계속될 것이다.

2. 기업의 세계화와 마케팅

마케팅의 정의를 그대로 반영한다면 글로벌 마케팅이란 기업이 특정 목적을 달성하기 위하여 두 개국 이상의 시장을 대상으로 전사적 마케팅 활동을 통해 고객과의 지속적인 관계를 구축하는 활동이라고 할 수 있다. 정보화와 세계화의 가속화로 기업환경이 변화하고, 기업의 경영활동 범위가 세계시장으로 확장됨에 따라 기존 글로벌기업(global corporation)의 차원에서 마케팅 활동을 수행하

[그림 15-1] 펄뮤터(H. V. perlmuter)의 EPRG모델

고 관리하는 행위이다. 그래서 일반적으로 기업의 마케팅 활동은 기업의 국제화 단계에 따른 전략적 관점에서 관리 행위가 이루어져야 한다. 기업의 국제화에 대해서 펄뮤터(Permuter)[3]는 기업이 국제경영활동을 수행하는 데 있어서 네 가지 기본적인 접근 방법으로 설명하고 있다. 글로벌기업이 지향하는 목표, 통제 방식, 의사소통, 자원배분, 전략, 구조 및 문화 등에 따라 경영방식을 구분한다. 펄뮤터는 글로벌기업관리의 유형에서 국제화가 진행될수록 기업경영자의 태도나 의사결정과정이 본국시장중심(ethnocentric firm), 현지시장중심(polycentric firm), 지역시장중심(Regiocentric firm), 세계시장중심(Geocentric firm)으로 점차 변모해 간다면서 이를 EPRG모델로 정립하였다.

(1) 본국중심 기업

본국중심 기업(ethnocentric firm)은 기업의 생산활동이 본국을 중심으로 이루어지는 단계이다. 본국에서 대부분 연구개발과 제품의 생산이 이루어지고, 외국에 생산제품 중 일부를 수출하는 형태의 기업을 말한다. 이러한 기업들은 주로 수출전담부서, 해외영업부서 등을 통하여 국제적인 활동을 수행한다. 우리나라의 경우 대규모기업이 소위 독립적인 무역상사를 통해 해외영업을 수행하는 형태다.

(2) 현지중심 기업

현지중심 기업(polycentric firm)은 기업의 생산활동이 다수 국가에서 각각 이루어지는 단계이다. 현지국 시장에서 판매할 제품의 전부 혹은 일부를 현지에서 생산하지만 주요한 기술혁신은 일반적으로 본국에 있는 본사에서 이루어지고, 자회사에서는 본사로부터 기술지원을 받아 약간의 개량을 통해 현지국 시장에 적합한 제품을 내놓는다. 그러므로 자연스럽게 마케팅 활동은 현지국의 시장과 고객에게 초점을 맞추어 활동을 전개한다.

(3) 지역중심 기업

지역중심 기업(regiocentric firm)은 해외 활동의 지역적 범위를 다수 국가로 확대하여 지역별로 다소 독립적인 연구개발, 생산, 판매가 이루어지도록 하는 기업 형태이다. 세계시장을 북미, 중남미, 중동, 서유럽, 동유럽, 동남아, 아프리카 지역 등으로 구분하여 지역별로 본국의 본사와 유사한 역할을 하는 지역의 본사를 설립 운영하며, 각 지역 내에서 독자적인 운영을 하는 방식이다. 몇 개 국가들의 블록을 하나의 목표시장으로 삼고 지역고객의 요구사항에 적합한 제품을 개발해 그 지역 내에서 분업 생산을 수행하여 판매한 후, 이익은 지역 내에서 재분배하는 시스템이다. 마케팅 활동은 복수의 해외시장 대상으로 이루어지게 되며, 개별 해외시장보다 통합과 조정의 과정이 중요하다.

(4) 세계중심 기업

세계중심 기업(geocentric firm)은 전 세계를 하나의 단일 시장으로 보고 연구개발, 생산, 판매 활동을 수행하는 형태다. 소재와 관계없이 연구개발은 기술 수준이 높은 지역의 연구소에서, 생산은 생산비용이 가장 싼 곳에서, 판매는 전 세계시장을 대상으로 가장 물류비용이 적게 드는 방법으로 국제분업을 통해 기업을 운영한다. 전 세계적으로 표준화된 제품을 가장 적은 비용으로 생산할 수 있는 지역을 찾아 생산-판매하는 방식으로 글로벌 배치와 조정을 통해 경영활동을 수행하는 방식이다.

3. 글로벌 마케팅

글로벌기업의 마케팅 활동은 기업이 공략 대상으로 하는 시장의 영역과 활동의 범위에 따라 마케팅관리의 차원이 달라진다. 가령 수출마케팅이나 해외마케팅은 기업 세계화의 진전과정이나 수출지향 단계에서 단순히 해외 바이어에 의존하여 해외의 불특정 다수의 시장에서 특정한 현지시장을 대상으로 하는 것이지만 글로벌 마케팅은 다수의 해외 국가나 지역에 현지의 생산시설을 갖추고 복수의 시장을 유기적으로 연결하면서 기업의 경영자원, 상품, 자본, 서비스, 판촉 등의 마케팅 요소에 대한 표준화 전략을 주로 활용하며, 세계시장 지향단계의 기업에 의해 주로 수행된다는 특성이 있다.

다수의 해외 국가에서 마케팅 활동을 진행한다는 것은 순전히 한 국가에 집중하는 마케팅에 비해 복잡성과 다양성, 위험성이 따르게 되므로 마케팅관리의 어려움이 가중될 수밖에 없다. 그래서 글로벌 마케팅을 위해서는 각 나라의 정치·경제·문화·법률적인 환경요인을 분석하고, 글로벌 차원에서 경영다각화와 시장 다변화, 경영 리스크의 분산 등을 고려하게 된다. 또한, 세계시장을 세분화하여 표적시장을 선정하고, 각 나라의 특성에 적응할 수 있도록 마케팅믹스(marketing mix)를 통합하고 조정하는 전략이 수반된다.[4)]

글로벌 마케팅의 경우 효율적인 마케팅 활동을 수행하기 위해 기본적으로 마케팅믹스 요인을 전 세계적으로 동일하게 적용하거나, 유사하게 표준화하는 방식으로 사용하는 경우가 많다. 예를 들면 네슬레는 전 세계에서 동일 브랜드를 사용하고, 코카콜라는 세계 어느 나라에서나 동일한 광고 테마를 사용해 왔으며, 제록스는 세계적으로 일괄된 리스정책을 사용하여 성공을 거두고 있다는 점을 들 수 있다.

결국, 글로벌 마케팅관리는 범세계적인 시장 기회를 최대한 활용하기 위해 기업의 자원과 목표를 맞추어 나가는 과정이다. 다시 말하면 범세계적 시장의 기회와 위협을 확인하고, 글로벌 마케팅 계획을 수립한 후 글로벌 마케팅의 조직과 통제를 통해 인적 자원과 물적 자원, 그리고 자본을 적절히 활용할 수 있도록 하는 것이다. 나아가 자사의 경영능력을 경쟁기업들과 차별화하면서 광범위한 시장에서 고객의 욕구와 필요성에 민첩하게 대응함으로써 기업의 생존과 성장에 이바지하는 데 목적을 둔다.[5)]

글로벌 마케팅의 관리과정 제 2 절

일반적으로 기업은 일정한 시장에 진출하거나 기존의 시장을 확대하기 위한 마케팅 관리과정(process)을 체계적으로 실행한다. 마케팅 관리과정을 단계별로 설명하자면 다음과 같다.

첫째, 해당 시장을 통해 기업 달성해야 하는 목표를 설정한다. 가령 그 시장에서 달성할 시장점유율이라든가 매출의 규모, 경쟁자의 견제, 생산기지의 확보 등이 목표가 될 수 있다.

둘째, 기업의 목표가 정해지면 시장의 환경분석이 필요하다. 시장을 둘러싼 사회, 경제, 문화, 법과 제도를 면밀히 조사하여 시장기회의 분석 자료로 활용한다.

셋째, 구체적인 해외시장조사(mareket research)를 한다. 해외시장조사를 통해 마케팅 전략으로서 시장을 세분화(segmentation)하고, 목표시장을 구체화(targeting)한 후 제품에 대한 포지셔닝(positioning)을 설정한다. 소위 STP를 확정한다.[6)]

넷째, STP 마케팅 전략을 실현하기 위한 마케팅믹스(4P)전략을 수립한다.

마지막으로 전사적 차원에서 마케팅 활동을 조정하고 통제하는 반복적인 과정을 통해 범세계적인 시장기회에 초점을 두고 기업의 자원과 목표를 맞추어 나가는 과정이 필요하다.

[그림 15-2] 마케팅 관리과정

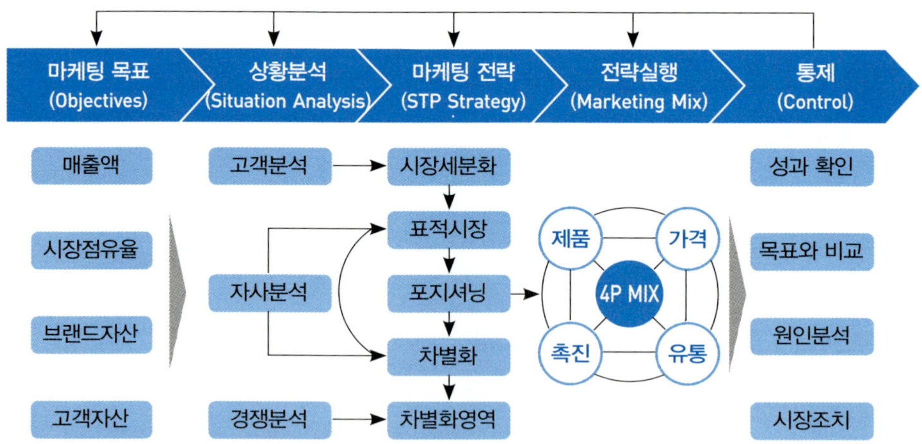

1. 목표설정

기업은 고객을 대상으로 시장 활동을 하면서 다양한 형태로 그 나름대로 추구하는 경영이념과 목적에 따라 명확한 목표를 먼저 정해야 한다. 가령 기업의 목표는 진출할 시장, 제품, 진출전략, 매출액, 시장점유율 등이며, 이는 대부분 형태로 구체화할 수 있는 장단기 활동 범위와 수치로 나타낼 수 있는 것들이다.

기업의 목표는 주어진 시장환경에서 기회를 극대화하고 위협을 최소화하면서 전략적인 행동과 조치를 통해 실현되는 것이며, 설정된 목표에 따라서 기업은 시장 활동에 필요한 조직의 내부활동과 자원을 적절하게 결합하고 조정하는 작업이 필요하다.

기업이 목표를 달성하기 위한 노력으로서 중요한 것은 목표를 조직구성원들에게 제시하고 이를 이해시키고 공유하게 함으로써 실현해야 할 공동의 목표로 확실히 인식하도록 하는 것이다. 가령 삼성전자가 "월드 베스트 전략"을 목표로 정한 후 전체 조직구성원과 이를 공유하고 품질, 원가, 디자인, 기능 등 전반에 걸쳐 세계시장의 일류 혹은 최고의 제품을 개발하고 수출하는 데 있어서 글로벌 시스템과 지역본부(사) 중심의 유기적 통합운영체제를 구축한 것이 대표적 예이다.

2. 시장의 상황분석

해외시장의 상황분석을 위한 시장환경조사는 끊임없이 변화하는 해외시장에서 기회를 포착하기 위한 전략을 수립하기에 앞서 실행할 과제다. 왜냐하면, 전략이 환경변화에 적응하지 못한다면 기업은 계속 높은 성과를 낼 수 없을 뿐만 아니라 시장에서 도태될 수밖에 없기 때문이다. 따라서, 기업은 해외시장의 요구와 환경변화에 민감하게 대응하고 적응하는 능력이 필요하다. 즉 해외시장에 있어서 기업의 전략은 고객의 수요, 경쟁, 기술 등의 변화하는 시장환경 요소에 끊임없는 적합성을 이루어 내야 한다. 일례로 고객의 수요와 경쟁자의 행동은 출시할 제품의 기본적 특성을 결정하는데 실마리를 제공하고, 기술적 환경의 추세와 특성은 제조과정뿐만 아니라 제품에 대한 기업의 선택을 결정한다.

따라서 기업이 처한 시장의 외부적 환경이 경영에 영향을 미칠 수 있는 잠재적인 기회와 위협 요인을 파악하는 과정이 필요하다. 기회와 위협은 기업의 의도와 관계없이 외부환경으로부터 주어지는 것이다. 또한, 기업은 자체적으로 보유하고 있는 기업 내부의 강점과 약점에 대한 환경분석을 통해 이를 활용하기 위한 전략을 수립해야 한다.

(1) 시장환경 조사내용

해외시장조사의 내용은 첫째, **소비자 분석**이다. 주로 소비자 현황과 추이, 구매동기, 잠재적 욕구 등에 관한 내용이다. 둘째, **경쟁자 조사**이다. 이는 경쟁기업의 문화, 경쟁기업의 강점과 약점 분석 등과 같은 것이다. 셋째, **시장구조**이다. 시장규모, 예상 성장 규모, 이익 창출, 진입장벽, 가격구조, 유통구조, 주요 성공 요인 등에 관한 것이다. 넷째, **거시적 시장환경**에 대한 조사이다. 해당 시장의 기술, 정부의 정책, 경제적 환경, 종교, 문화, 관습, 인구통계적 특징 등과 같은 광범위한 내용이 이에 해당한다. 이러한 조사의 내용을 바탕으로 면밀한 분석이 뒤따라야 한다.

(2) SWOT 분석

시장의 상황과 자사의 내적 경쟁의 조건을 결합하여 일목요연하게 정리하는 분석 도구로서 **SWOT 분석기법**을 주로 활용한다. SWOT은 강점(Strength), 약점(Weakness), 기회(Opportunities), 위협(Threats)을 뜻하는 합성어로서 기업의 내부 조건으로서 강점과 약점, 기업의 외부환경 조건으로서 기회와 위협 요인을 일목요연하게 정리하여 제시하는 기법이다.

사례로서 글로벌 마케팅을 추구하는 스타벅스의 SWOT분석 사례를 제시하였다.[7] [그림 15-3]에서 보듯이 스타벅스의 강점(Strength)은 높은 브랜드 인지도를 바탕으로 실질적인 커피 전문점으로서 시장을 선도하는 기업이다. 커피만을 판매하는 기업이 아닌, 색다른 문화공간인 카페를 만들었다. 이에 더해 본사에서 직접 선택한 원두를 가지고 미국에서 일괄적으로 로스팅을 한다. 스타벅스

[그림 15-3] 스타벅스의 SWOT분석 사례

STRENGTH	WEAKNESS
• 높은 브랜드 이미지 • 고급 원두커피 사용 • 다양한 상품과 아이템 • 일관된 매장 이미지와 커파의 맛 • 차별화된 유통망 • 소비자의 높은 신뢰와 만족도 • 우수한 인사관리	• 경쟁사에 비해 높은 가격 • 무리한 사업 확장 • 경쟁사들의 저가 프리미엄 커피 출시
OPPORTUNITIES	**THREATS**
• 커피시장의 분할 • 인스턴트 커피시장의 축소 • 소비자의 커피품질에 대한 욕구 증가 • 고급 커피시장의 성장 가능성	• 일반 소매음료 시장의 확대 • 낮은 진입장벽 • 다수의 경쟁자와 대체재 • 커피시장 성장의 둔화 • 원재료의 가격변동에 대한 위험

의 모든 매장마다 커피 원두의 질이 같으므로, 고객들은 좋은 원재료로 만든 커피를 어느 곳에서나 즐길 수 있다. 실제로 스타벅스는 신선한 커피를 공급하기 위해 일주일이 넘은 원두는 사용하지 않는다. 일관된 매장의 이미지도 강점 중 하나이다. 스타벅스의 모든 매장은 거의 서로 비슷하다. 이러한 비슷한 매장 이미지는 스타벅스 고객에게 친근감을 줄 수 있고, 그만큼 단골고객을 많이 확보할 수 있다.

이에 반해 약점(Weakness) 중 하나는 높은 가격이다. 스타벅스의 제품들은 다른 커피 전문점의 제품보다 확실히 더 비싸다. 이는 더 좋은 재료로 커피를 만들겠다는 스타벅스의 프리미엄 가격정책이지만, 오히려 역효과를 가져올 수 있다. 기본적으로 가격은 소비량에 막대한 영향력을 끼치기 때문이다. 무리한 사업확장 정책과 매장의 직영관리 체제는 또 다른 약점이다. 이는 각 매장이 체인점이 아니라서 직영 관리하는데 비용이 더 들고, 각 매장의 개성을 고객들이 느끼지 못하게 된다.

기회(Opportunities) 요인은 커피 전문점 시장의 계속되는 성장이다. 국내 커피 전문점 시장의 성장률이 매년 10% 이상씩 기록하고 있다. 특히 커피 전문점

중에서도 인지도가 높은 스타벅스는 꾸준한 성장을 이어가고 있다. 이제 소비자들은 단순히 커피를 잠을 깨기 위한 용도로 마시지 않는다. 소비자들은 커피 전문점을 찾으면서 커피의 품질을 따지기 시작하였다. 동시에 카페는 친구들을 만나는 공간, 연인과 데이트 하는 공간, 여유롭게 공부하는 공간 등 제3의 공간으로 이용하기 위한 목적으로 찾는다. 이로 인해 고객들은 더욱 다양해지고 많아질 것이다.

위협(Threats) 요인은 시장의 포화 현상을 들 수 있다. 커피 전문점이 급격히 늘어나면서 시장이 포화상태에 이르렀다. 실제로 스타벅스가 한국에 입점한 이후로, 카페베네, 투썸플레이스, 엔제리너스 등 많은 커피 전문점들이 생겨났고, 수백 개의 체인점도 보유하고 있다. 아울러 저가 커피를 제공하는 경쟁사의 등장은 시장을 위축시키고 분할하는 하나의 요인이다. 기본적으로 소비자들은 가격에 민감하기 때문이다.

3. STP 마케팅 전략

해외시장에서 경쟁제품이 증가하면서 기업은 이제 대중 마케팅(mass marketing) 전략으로 경쟁력을 갖기가 어려워졌다. 시장을 세분화하여 기업의 역량을 발휘할 수 있는 특정 시장을 집중적으로 공략하여 고객을 확대하고, 지속적인 수익을 창출할 방법을 생각하게 되었다. 즉 기업은 개별 고객의 선호에 맞춘 제품 혹은 서비스를 통해 타사와 차별성을 확보함으로써 경쟁력을 확보하는 마케팅 기법이 필요하다. 이러한 목적을 수행하기 위해 STP 모델이 개발되었다.

STP 모델은 시장세분화(Segmentation), 목표시장 설정(Targeting), 포지셔닝(Positioning)의 세 단계로 이루어진다. 일정한 기준에 의해 전체 시장을 구분하고, 특정 시장을 목표로 정하여 고객에게 타사와 다른 자사 제품의 이미지를 각인시킴으로써 기업의 목표를 달성하고자 하는 방식이다.

[그림 15-4] STP 모델

(1) 시장세분화

시장세분화(marketing segmentation)란 한 기업이 시장을 일정한 기준에 따라서 몇 개의 동질적인 소비자 집단으로 나누는 것을 말한다.

[표 15-1] 시장세분화 기준

지리적 변수	지역, 인구밀도, 도시의 크기, 기후 등
인구통계적 변수	나이, 성별, 가족규모, 가족수명수기, 소득, 직업, 교육수준, 종교
심리분석적 변수	사회계층, 생활양식, 개성
행태적 변수	추구하는 편익, 사용량, 제품에 대한 태도, 상표애호도, 가격에 대한 민감도

특정 시장을 공략하기 위한 선행 작업으로 고객의 성별, 소득수준, 연령 등과 같은 인구통계적 변수, 지역, 인구밀도, 도시의 크기, 기후 등과 같은 지리적 변수, 소비성향, 개성, 가치관, 사회계층 등 심리적 변수, 추구하는 편익, 사용량, 제품에 대한 태도, 상표 애호도, 가격에 대한 민감도 등에 관한 형태적 변수 등 다양한 기준에 의해 시장을 세분화할 수 있다.[8)]

(2) 목표시장의 선정

적합한 목표시장을 선정할 때 시장세분화에 따라 제품의 이미지나 특징을 먼저 고려하되 기업의 내외적 환경을 함께 고려한다. 외적 환경으로서 시장의 크기와 성장성, 장기적인 수익성이 있으며, 내적 환경은 기업의 목표와 자원 등이다.

목표시장을 선정하는 절차는 세분화된 시장을 먼저 평가한 후, 이들 중에서 경쟁적 우위를 점할 수 있는 하나 또는 복수의 세분된 시장을 자신의 표적시장(target market)으로 정하게 되는데 다음 세 가지 기준을 근거로 선택할 수 있다.

첫째, 비차별적 마케팅 전략(undifferentiated marketing strategy)으로서 세분된 시장 중에서 가장 규모가 큰 시장을 표적시장으로 하여 하나의 마케팅믹스 프로그램을 실행하는 전략이다. 이는 규모의 경제(economies of scale)효과를 달성할 수 있는 이점이 있다. 예를 들어, 고객들의 선호도의 차이가 크지 않은 생수 제품의 경우 시장을 세분화하지 않는 비차별화 마케팅이 효과적일 수 있다.

[그림 15-5] 목표시장선정 방식

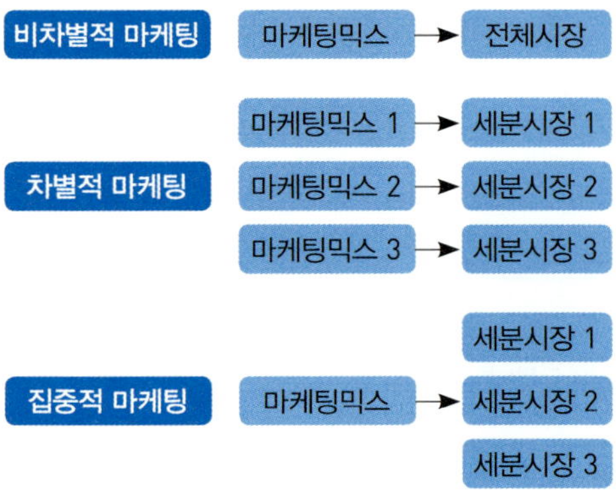

둘째, 차별적 마케팅 전략(differentiated marketing strategy)으로서 둘 이상의 세분된 시장을 표적으로 선정하여, 각각의 표적 세분시장에 적합한 마케팅믹스 프로그램을 실행하는 것이다. 이 전략은 각 세분시장마다 고객의 욕구에 일치하는 마케팅믹스를 실시할 수 있다는 것이 장점이지만 각 세분시장에 따라 각기 다른 마케팅믹스 프로그램을 실행해야 하므로 비용이 증가한다는 단점이 있다. 이러한 선택은 보유한 자원이 한정적이거나 제품을 선호하는 특정 고객층이 있을 경우이다. 예를 들어, 유아용 이유식은 고객층에 따라 선호하는 가격이나 성분 등에 큰 차이가 있어서 이 전략이 유효할 수 있다.

마지막으로 집중적 마케팅 전략(concentrated marketing strategy)으로서 세분된 시장 중에서 자신에게 가장 큰 경쟁우위를 제공하는 하나의 세분시장을 선정하여 마케팅믹스 프로그램을 실행하는 전략이다. 이 전략은 중소기업에게 적합한 전략으로서 생산과 마케팅의 전문화를 통해 고객의 욕구를 잘 충족시킬 수 있다는 이점을 지닌다. 반면, 표적시장 내 소비자들의 기호와 욕구가 변화하거나 더 강력한 경쟁자가 출현하게 되면 기존의 경쟁우위를 잃어버릴 위험도 있다.

(3) 포지셔닝

포지션(position)이란 특정 브랜드가 경쟁 브랜드들과 비교하였을 때 소비자들의 마음을 차지하고 있는 상대적인 위치를 말한다. 따라서 포지셔닝(positioning)이란 표적고객의 마음속(mind-set)에 기업이 원하는 위치를 차지하는 과정이라 할 수 있다.

유사한 의미로 자사 브랜드의 이미지를 고객의 마음속에 심어주는 이미지 구축(image building)이며, 고객에게 경쟁 브랜드들로부터 자사 브랜드 상품을 다르게 인식시키는 차별화(differentiation)이며, 고객들로부터 전문성이 있다고 인정되는 일종의 특화(specialization)이다.

[그림 15-6] 커피 전문점의 포지셔닝 사례

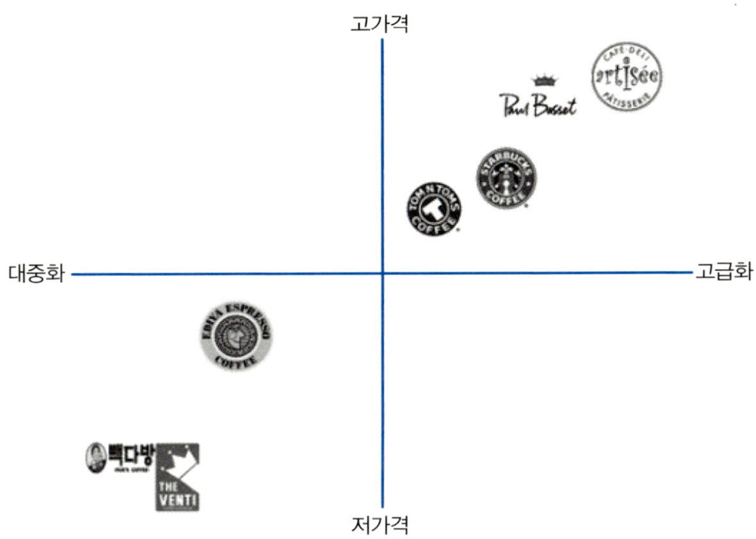

포지셔닝은 다양한 기준에 의해 정립될 수 있는데, 주로 상품의 속성, 이미지, 사용상황, 상품사용자, 경쟁상품에 의해 만들어진다.

첫째, 상품의 속성에 의한 포지셔닝은 자사 브랜드의 중요한 속성을 소비자의 편익과 연결하는 것이다. 예를 들어, 고급자동차 브랜드 이미지를 갖고 있는 벤츠는 고급스러움과 품격을 강조하고, 볼보는 광고에서 충돌 장면을 보여주거나 여러 대의 자동차를 쌓아놓은 장면을 보여줌으로써 안전성을 강조하면서 나름의 상품 속성을 강조한다.

둘째, 이미지에 의한 포지셔닝은 상품의 추상적인 편익으로 소구하는 포지셔닝이 있다. 보통 상품의 속성이 경쟁사와 별 차이가 없거나 상품의 속성이 다양하지 않은 음료수나 옷 등과 같은 상품들이 좋은 예이다.

셋째, 사용상황에 의한 포지셔닝은 자사상품이 특정 상황에서 사용되고 있는 것을 연관 지어 포지셔닝하는 것이다. 음료 브랜드 게토레이가 운동 후 갈증해소에 좋다거나 박카스-디가 피로의 회복에 좋고 활력을 되찾게 해준다는 식으로 해당 상품의 사용 장면을 보여주면서 포지셔닝하는 것이 그 예이다.

넷째, 상품사용자에 의한 포지셔닝은 상품을 사용하는데 적절한 사용자 집단이나 계층과 연관 지어 포지셔닝하는 것이다. 상품사용자에 의한 포지셔닝은 대개 유명인을 연결하여 포지셔닝을 실행하는 경우가 많다. 광고 모델의 이미지가 자사 브랜드의 이미지와 일치하는 경우 이러한 유명모델을 기용하여 상품 포지셔닝을 하는 것이 대표적인 예이다.

다섯째, 경쟁상품에 의한 포지셔닝으로서 이미 소비자의 지각 속에 자리 잡은 경쟁상품과 직접 혹은 간접적으로 비교함으로써 자사상품의 위치를 잡아주는 방법이다.

주목할 부분은 기업의 포지셔닝은 고정된 것이 아니라는 사실이다. 소비자 기호의 변화, 강력한 경쟁상품의 진입 등 시장의 환경변화에 따라 기존의 포지셔닝이 경쟁우위를 잃거나 혹은 그 밖의 이유로 기존의 포지셔닝이 기업이 원하는 상태가 아니라고 판단될 때는 재포지셔닝(repositioning)을 수행한다.

사례 15-1 | 닌텐도와 STP 분석

1. Segmentation 단계

Segmentation을 위해 콘솔게임 시장의 사람들을 게임의 네트워킹 기능을 이용하는 사람, 소셜 기능을 사용하는 사람으로 나누었다. 그 결과 시장은 오프라인에서 혼자 게임을 즐기는 사람/온라인에서 혼자 게임을 즐기는 사람/오프라인에서 지인들과 게임을 즐기는 사람/온라인을 통해 지인들과 게임을 즐기는 사람으로 나누었다.

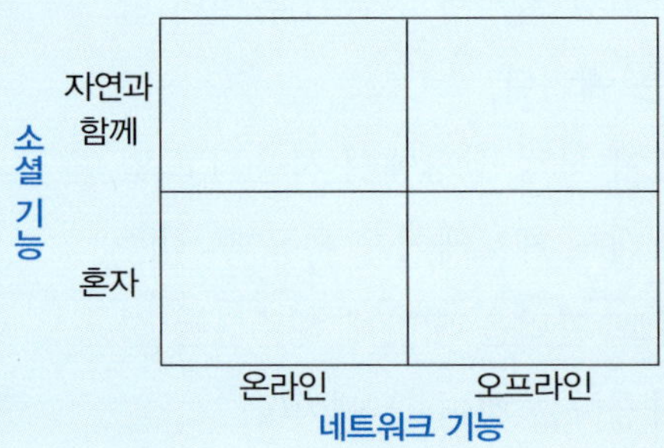

2. Targeting 단계

게임 시장의 사용자층을 크게 네 가지로 분류한 다음 지인과 함께 **오프라인에서 지인과 함께 게임을 즐기는 Segment**를 Main Target으로 설정한다. 닌텐도의 게임기는 기본적으로 오프라인 기반의 사용자층을 공략하고 있었고, 회사의 R&C는 이러한 오프라인 기반의 게임 소프트를 만드는 데 집중되어 있었다. 아울러 앞서 언급한 대

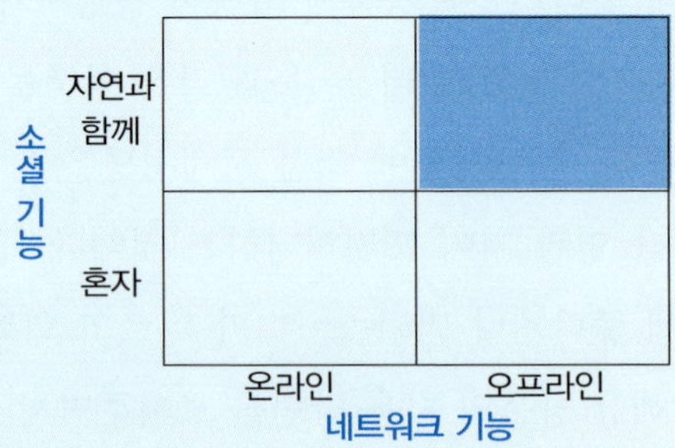

로 컨트롤러 조작성의 극대화를 통해 여러 사람이 함께 즐길 때 더욱 큰 재미를 주는 제품을 만들어냈기 때문에 탁월한 Targeting이었다. 이렇게 설정한 Target의 속성을 들여다보는 일은 쉬웠다. '오프라인에서 지인과 함께 게임을 즐기는 집단'으로 가족의 개념을 떠올린 것이다.

3. Positioning 단계

'오프라인에서 지인과 함께 게임을 즐기는 집단', 즉 가족을 대상으로 마케팅 전략을 펼치기 위해 닌텐도는 조금은 독특한 포지셔닝 방식을 선택합니다. 자신의 포지셔닝을 결정 짓는 두 축으로 **조작의 편의성**과 **게임 소프트의 접근성**을 선택한 것입니다. 모션 컨트롤러를 통해 쉽게 조작할 수 있으며, 처음 게임을 접하는 사람들이 쉽게 적응할 수 있는 게임을 만들어낸 것이다. 확실히 이 부분은 PS나 XBox가 접근하기 힘든 부분이었고, 사람들의 뇌리에 '편하고 재밌게 가족들이 즐기는 게임기'라는 인지적 차별화를 가져온 것이다.

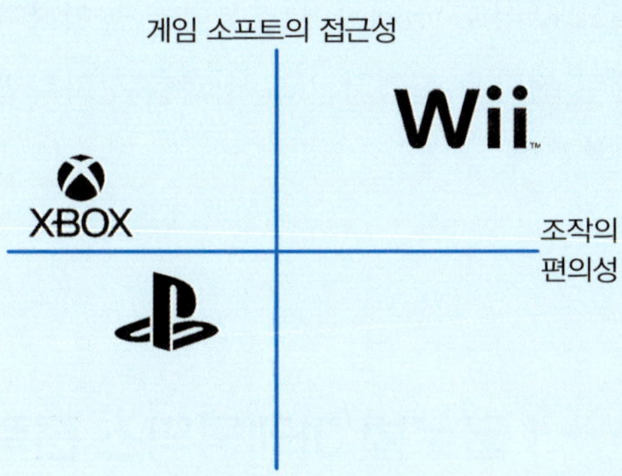

이처럼 Target에 딱 들어맞는 독특한 Positioning은 전 세계 가족들의 생활 패턴을 바꿔 놓으며 온 가족을 게임기 앞에 앉혀 놓는 엄청난 성과를 이룩합니다. 2009년 3월 31일 기준으로 5,039만 대가 팔렸다고 한다.

4. 닌텐도의 미래와 전망

독특한 마케팅 전략을 펼친 닌텐도는 앞서 언급대로 1인당 매출 약 4억 엔을 달성한 엄청난 기업이 되었다. 남들과 차별화되기 위해 끊임없는 노력을 했던 결과다. 하지만, 닌텐도에게 장밋빛 미래만 있는 것은 아니다. 근래에는 소니의 PS3에 밀려 판매량이 떨어졌다는 기사도 종종 볼 수 있다. 스트라베이스는 가족용 캐주얼 게임이 주를 이루는 닌텐도 위의 게임 소프트 라인업이 쉽게 질리기 때문이라고 분석을 하고 있다. 독특한 마케팅 전략을 통해 블루오션을 발견했지만, 오히려 그 독특한 마케팅 전략이 다시금 자신의 발목을 붙잡은 셈이다.

또한, MS에서 프로젝트 나탈을 발표하며 닌텐도 Wii가 가져왔던 컨트롤러의 혁신보다 훨씬 더 큰 혁신을 가져올 것이라 예고한 상태이다. 많은 사람들이 이러한 MS의 움직임을 주시하며 Wii가 나탈에 비해 경쟁력을 잃을 것이라 조심스레 이야기하고 있는 실정이다.

자료: https://blog.vcnc.co.kr/24 [VCNC Blog]

4. 마케팅믹스 전략

마케팅 전략을 실행할 수 있는 **마케팅믹스**는 기업 활동의 틀을 결정하고 변화하는 시장환경에 대처하며 나아가 환경에 영향을 미치도록 기업 활동을 조정할 수 있는 지침을 제공한다. 즉 변화하는 환경에 적응하고 대응해 나갈 수 있도록 조직이 보유하고 있는 자원을 결합하고, 조직 내부의 활동을 조정하는 하나의 메커니즘으로서 미래를 위한 행동체계를 수립한다는 의미를 지닌다. 성공적인 마케팅 전략을 개발하기 위해 기업의 내외부의 환경을 고려하여 마케팅의 기본 요소들을 적절하게 결합해야 하는데, 이는 주로 **4P**로 일컬어지는 **제품(product), 가격(price), 유통구조(place), 촉진수단(promotion)** 등이 중심축이 된다.

5. 전략의 실행과 통제

해외시장의 환경이 변화함에 따라 새로운 정보의 흐름을 파악하여 이에 적합한 전략적 수단을 재조정할 수 있도록 각 지역에 독립적으로 산재되어 있는 생산과 마케팅 활동의 지역적 거점을 전략적으로 상호 연계하여 경쟁력을 높여나가야 한다. 경쟁우위를 확보하기 위해 마케팅 전략을 실행하고 그 성과를 평가하면서 평가 결과에 따라 조정하는 과정을 반복한다.

제 3 절 글로벌 마케팅믹스 전략

마케팅믹스(marketing mix)란 기업이 국내외 시장의 통제 불가능한 환경변화에 대응하기 위하여 기업 내부에서 통제할 수 있는 모든 요소들을 유기적으로 혼합·조정·통합하는 활동을 말한다. 마케팅믹스의 구성 요소는 글로벌 마케팅에서도 동일하게 적용할 수 있다. 다만 글로벌 마케팅은 여러 국가의 시장을 상대로 동시에 마케팅 활동을 전개하기 때문에 4P를 중심으로 한 믹스구성의 폭이

[그림 15-7] 마케팅믹스 구성요소

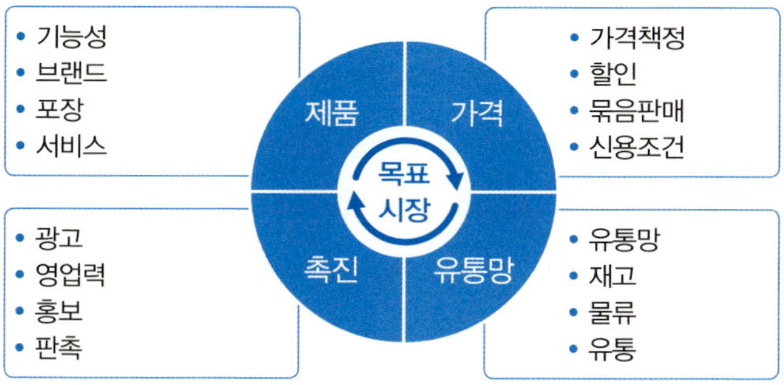

더욱 넓어지고 복잡해진다는 차이가 있다.

[그림 15-7]에서 보는 바와 같이 글로벌 마케팅 전략을 수립할 때도 제품(product), 가격(price), 유통경로(place), 광고와 판매촉진(promotion)이라고 하는 4P는 마케팅믹스의 기본 요소이며, 아울러 포장(package), 힘(power), 공적 관계(public relations)를 포함하여 **7P**라고 한다.

글로벌 마케팅믹스의 구성 요소에는 통제 불가능한 해외의 환경 요소를 충분히 고려하여야 한다. 글로벌 마케팅전략의 주요한 과제는 이와 같은 마케팅 요소들을 세계적인 안목에서 전사적으로 일관성 있는 마케팅전략으로 통합하는 것이다.

글로벌 마케팅믹스전략은 제품(product), 가격(price), 유통경로(place), 광고와 판매촉진(promotion) 등의 4P를 바탕으로 수립하되 기본방향은 **표준화(standardization)** 또는 **차별화(differentiation)** 중 선택하여 지향한다.

1. 제품전략

글로벌기업의 마케팅믹스 요소 가운데 가장 중요한 것은 제품이다. 왜냐하면 글로벌기업의 **제품전략**에 의해 4P의 나머지 요소가 결정되기 때문이다. 기업이 판매하고자 하는 제품에 따라 고객과 경쟁자가 결정된다. 그래서 마케팅믹스는 기업의 제품전략에서 시작된다고 할 수 있다. 여기서 말하는 **제품(Product)**은 단순히 눈에 보이는 실체적 형태 이상의 것이다. 즉 제품이라는 실체적 형태 말고도 포장, 상표, 부착물, 설치, 배달, 애프터서비스(A/S), 보증 그리고 사용 설명서 등의 의미를 포함하고 있다. 이같이 제품을 종합인 개념으로 인식할 때만이 제품의 형태적 특성을 변경하지 않고도 현재의 제품을 해외의 현지시장에 맞게 수정하거나 새로운 개념의 제품으로 제공할 수 있는 여지가 생긴다.

제품전략은 기본적으로 표준화 전략과 현지적응화 전략, 그리고 신제품개발 전략, 기타 상표와 포장 전략으로 나눌 수 있다.[9)]

(1) 표준화 전략

표준화(standardization) 전략은 기업 전체의 이익증대를 위하여 범세계적으로 통일된 시스템으로 해외 자회사들의 활동을 통합할 필요성이 있을 때 본국의 시장에서 적용했던 제품과 마케팅 전략을 해외시장에서도 바꾸지 않고 활용하는 것이다. 표준화 전략을 선호하는 요인은 규모의 경제, 연구개발의 경제성, 마케팅의 효율성, 소비자의 상표에 대한 충성도를 극대화하고자 하는 데서 찾을 수 있다.

첫째, 규모의 경제는 특정 제품의 생산입지가 특별히 한 곳에 있을 때 장기간에 걸친 대량생산에 의한 경제성을 활용할 수 있다는 의미이다.

둘째, 연구개발의 경제성은 표준화 제품의 세계적 도입으로 제품 단위당 연구개발비를 절감시킬 수 있다는 의미이다.

셋째, 마케팅의 효율성은 제품 표준화로 인해 판매자료, 판매원, 훈련, 광고 등의 마케팅 활동 측면에서 비용의 절감이 이루어지면서 얻을 수 있는 결과다.

넷째, 해외여행이 빈번한 소비자들이 구입하는 제품의 경우 제품의 표준화 전략은 소비자들의 상표 충성도(brand loyalty)를 유인하는 효과가 있다.

그 외에도 표준화 전략을 추진할 때 제품의 원산지를 중요한 변수로 고려해야 한다. 일반적으로 외국제품의 경우 제조국이 어디인가에 따라 실질적인 품질 그 자체를 떠나 소비자에게 주는 이미지는 아주 달라진다. 예컨대, 동일한 한국의 삼성 제품이라도 원산지가 "Made in Korea"아니라 "Made in –기타국"라고 한다면 소비자에게 저품질이라는 인상을 심어주게 된다. 이와 같은 부정적인 이미지를 벗어나기 위해서는 적극적인 광고와 촉진 활동이 필요하다.

(2) 현지적응화 전략

현지적응화(adaptation) 전략이란 해외 현지시장에서 경영전략을 모국시장과 차별화하는 것을 말한다. 다른 문화권에 속해 있는 사람들은 사고방식과 가치관이 다르기 때문에 한 국가에서 성공한 전략을 다른 문화권의 시장에 효과적으로 이전시키는 데는 어려움이 있게 마련이다. 표준화의 이점이 있음에도 불구하고 해외 현지시장에서 지속적인 성장과 발전을 도모하기 위해 현지 경영환경에 맞는 적응화(adaptation)가 필요하다. 기업은 표준화를 통해 효율성을 높이고, 적응화를 통해 해외 현지시장의 침투라는 두 가지 목표의 균형을 이루는 수준에서 마케팅 전략을 수립해야 한다.

제품의 포지셔닝(Product positioning) 측면에서 생각해보면 표준화가 적응화보다 쉬우나 유통과 판촉의 경우 해외 현지의 적용 요소를 더 많이 필요로 한다. 특정 기업의 제품과 서비스가 경쟁제품과 뚜렷하게 차별화하여 고객의 마음속에 확실히 자리 잡도록 제품과 마케팅믹스를 설계하여야 한다. 예를 들어 베엠베(BMW), 메르세데스 벤츠(Mercedes-Benz)와 같은 고급승용차는 세계 어느 시장에서도 고급승용차라는 이미지를 확실하게 소비자에게 전달하면서 마케팅 활동을 전개하고 있는 것이 대표적이다. 또한, 일반적으로 소비재 제품이 산업재보다 해외 현지시장의 요구를 맞추기 위해 더 많은 적응화 전략이 필요하다. 특히 유행에 민감한 소비재이거나 스타일을 중시하는 제품일 경우에는 현지의 적응화를 우선 고려해야 한다.

(3) 신제품개발 전략

신제품개발(invention) 전략은 현지시장의 소비자들의 욕구를 알맞게 채워 줄 수 있는 신제품을 개발하여 시장을 공략하는 것이다. 신제품개발은 신제품에 대한 아이디어 창출에서부터 시장에 출시하기까지 막대한 투자와 긴 시간이 소요되므로 신제품개발에 대한 의사결정은 신중할 필요가 있다. 신제품의 개념 설정, 시장성과 구매잠재력, 수익성 등에 대한 분석을 토대로 글로벌시장에 신속하면서도 지속적으로 신제품이 출시될 수 있도록 개발 프로세스를 관리할 필요가 있다. 시장기회에 대한 정보를 효과적으로 처리할 수 있는 전담개발부서의 일관되고 체계적인 관리능력이 뒷받침되어야 한다.

(4) 상표와 포장 전략

소비자는 일반적으로 제품의 속성보다 그 상품의 상표(brand)와 포장 때문에 소비를 선호하는 경향도 있다. 그래서 해외 현지시장마다 다른 상표를 사용할 것인지 혹은 같은 상표를 사용할 것인지를 결정해야 한다. 해외 현지시장의 문화가 달라도 상표 충성도가 높은 제품은 소비자로부터 좋은 이미지와 신뢰를 쉽게 얻을 수 있다. 이런 경우 동일한 상표의 사용을 통해 비용의 절감과 좋은 이미지를 그대로 확장할 수 있다. 글로벌 상표의 대표적인 예로 Coca-Cola, Visa, Microsoft 등이 있다. 한편, 국제시장에서 지명도가 낮은 상표를 가진 제조업자는 유통업자의 상표를 사용하는 것도 좋은 방법이며, 시장이 이질적이고 세분화가 필요한 경우에는 제조업자가 단일상표를 고수하기보다는 여러 가지의 상표를 가지는 것도 좋다. 예컨대, 미국시장에서 포드의 머큐리는 유럽시장에서 "시에나"라는 상표로, 현대자동차의 그랜져는 미국에서 '아제라'로 판매되고 있는 것이 그런 경우다.

2. 가격전략

글로벌 마케팅에서 가격의 결정은 국내 시장에서 마케팅 활동을 전개할 때더 많은 환경요인을 고려해야 한다. 우선 고려요인으로 해외 현지시장 소비자의 소득수준, 인플레이션, 환율의 변동, 정부의 통제와 지원, 경쟁상품의 가격, 시장수요의 변동 등이 있다. 아울러 취급하는 제품의 성격이 산업재인지, 기호품인지, 일상용품인지가 중요한 변수이며, 이에 따라 이들 제품을 어떠한 유통망으로 판매할 것인지에 대해 상호 복합적으로 연계하여 체계적인 가격결정을 할 필요가 있다.

기업이 가격을 책정할 때 기본적으로 제품의 생산원가에 부대비용과 마진을 더하는 방식으로 가격을 책정(cost plus pricing)한다. 글로벌시장에서는 제품의 원가에 운송비, 통관비, 보험료 등과 같은 부대비용이 추가됨으로써 적정한 가격책정(pricing)이 그리 단순하지 않다. 이에 더해 가격을 책정할 때 시장의 환경이나 경쟁상황을 고려해야 한다. 그래서 글로벌기업의 가격전략은 대체로 초고가 가격전략 아니면 시장침투 저가전략을 기본방향으로 먼저 설정하고, 시장의 상황에 따라 소비자, 제품, 가격, 장소, 시간 등의 기준에 의한 가격차별(price discrimination) 정책과 실제 가치와는 상관없는 보석, 모피 등에 높은 가격을 책정하는 위신가격(prestige pricing), 999원과 같은 단수가격(odd-even pricing) 등과 같은 기법을 활용한다.[10)]

(1) 초고가 가격전략

초고가 가격전략(market skimming pricing strategy)은 제품의 차별성이 높은 경우 초기에 높은 가격을 책정하여 구매집단 중에서 제일 충성도가 높은 '알짜' 고객을 주요 대상으로 적용할 수 있는 방안이다. 이런 경우 초기 구매고객은 제품의 관련 정보에 늘 관심을 가지는 정보 추구자들이며, 중간 이상의 소득수준을 가진 특정 지역이나 국가의 시장에 속하는 특수 구매집단에 속하는 특성을 보인다. 초고가 전략은 시장을 세분화하여 틈새시장에 대해 높은 가격을 책정함으로써 판매 단위당 높은 이익을 실현하면서 제품에 대한 이미지를 높이는 것이 목적이다. 물론 점차 시장의 규모가 커지고 경쟁자가 몰리게 되면 가격을 낮추는 전략으로 변경할 유연성은 항상 염두에 두어야 한다. 이처럼 초고가 전략을 사용하는 글로벌기업의 경우, 자사의 제품이 시장 내에서 독점적 지위를 가지고 있거나 특정 지역이나 국가의 시장에서 제품의 차별성이 뛰어나서 경쟁자가 생길 때까지 수요의 최상위층을 대상으로 단기적으로 최대한의 이익을 얻기 위한 수단으로 활용한다.

(2) 시장침투 저가전략

경쟁자를 의식해 수익보다는 단기간 내에 높은 시장점유율을 달성하는 것이 기업의 전략적 목표라면 가격을 가능한 한 낮게 책정하여 시장을 더 확대하고자 할 때 적용할 수 있는 방법이 시장침투 가격전략(penetration pricing strategy)이다. 대체로 다음과 같은 조건이 있는 경우에 시장침투 가격전략이 적합하다.

첫째, 현지 시장수요의 가격탄력성이 높은 경우이다.

둘째, 생산과 판매 활동에서 규모의 경제효과가 중요하게 작용하는 경우이다.

셋째, 소비자의 상품 수용도(상품이 보급되는 속도)가 높거나, 현지 소비자의 소득이 낮은 경우이다.

넷째, 경쟁사가 모방상품을 빠르게 시장에 내놓을 가능성이 있을 경우이다.

3. 유통전략

유통경로(distribution channel)란 생산물이 최초의 생산자로부터 최종소비자에게로 이동되어 가는 경로이다. 즉 유통경로는 생산자로부터 소비자에게 제품과 서비스를 판매하는 과정에서 개입되는 모든 판매경로와 물적유통(physical distribution) 경로를 포함한다.

글로벌 유통경로는 기업이 생산한 재화나 용역을 해외소비자들이 사용할 수 있도록 하는 과정과 관련한 일체의 조직이라고 할 수 있다. 전통적으로 유통

[그림 15-8] 국제유통경로의 기본유형

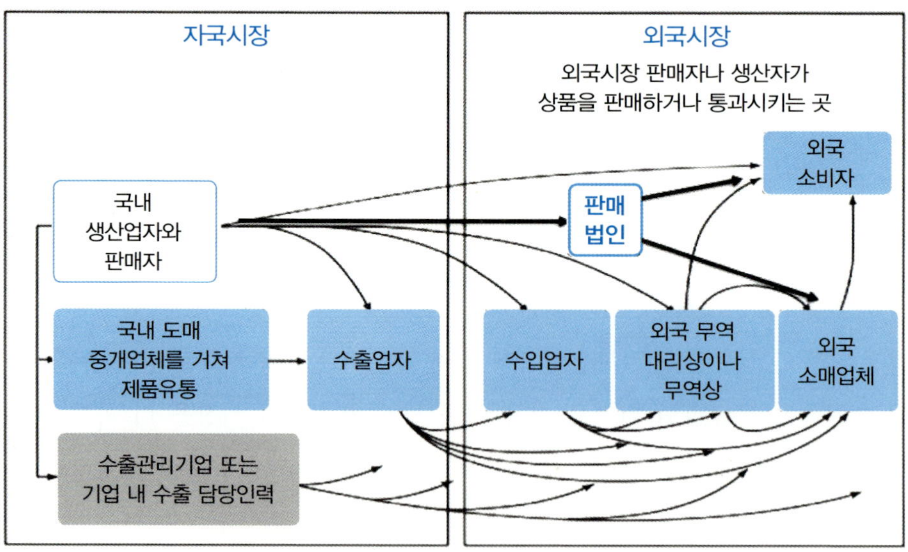

경로는 생산자 - 도매 - 소매 - 소비자를 기본 계통으로 하며, 주로 도매상과 소매상 같은 중간상의 역할에 주목하였다. 1980년대부터 도입된 편의점, 대형 할인점, 창고형 대형할인점 등은 브랜드 이미지와 규모의 경제효과를 바탕으로 기존의 유통개념을 변화시켰다. 아울러 정보와 통신기술을 바탕으로 공급사슬관리(SCM)의 도입으로 물류와 유통을 통합하는 관리체제로 변모하였다.

최근에는 유통환경이 변화하면서 기존의 유통방식에서 탈피하여 케이블 TV 쇼핑, 인터넷 쇼핑, 모바일 쇼핑 등의 통신 매체가 활용되면서 다양한 유통경로가 생성되고 있다.

이러한 유통환경의 변화로 인해 글로벌 마케팅관리는 체계적인 분석과 합리적인 시스템의 도입에 의한 운영이 필요하게 되었다. 즉 글로벌 유통과 관련하여 고려하고 통제해야 할 변수가 그만큼 많아지고 이를 체계적으로 관리할 수 있는 시스템과 역량이 필요하다.

(1) 유통경로의 기능

일반적으로 유통경로의 기능은 정보수집을 위한 조사, 제품구매를 촉진시키는 커뮤니케이션, 잠재구매자의 접촉, 가격 또는 기타의 제품구매조건을 충족시키는 협상, 상품의 보관과 수송에 관한 물적유통 등을 포함한다. 아울러 유통활동이 원활하도록 자금의 조달과 금융, 구매자의 필요에 따라 제품의 형태를 변경하거나 적합하게 개조하는 부수적 기능이 있다.

(2) 유통경로의 결정 요소

글로벌 유통경로를 결정할 때에는 소비자, 제품, 중간상의 특성, 법적 규제, 현지의 관습, 통제의 정도 등을 고려하여야 한다.

첫째, 소비자와 관련하여 인구, 소득, 관습 등이 시장에 따라 다르므로 목표시장의 소비자 특성에 맞는 유통경로의 길이, 폭, 수를 고려하여 적합한 유통경로를 선정하여야 한다.

둘째, 제품의 유형과 이미지 등 제품의 특성이 유통경로의 결정에 영향을 미칠 수 있다. 가격이 높고 회전율이 낮은 전문품은 유통경로를 짧고 좁게 하여야 할 것이고, 가격이 낮고 회전율이 높은 편의품은 많은 중간상이 필요하므로 유통경로의 넓이가 넓어야 할 것이다.

셋째, 중간상의 특성을 고려할 필요가 있다. 중간상들은 자신들의 단기적 이익을 극대화하기 위해 고객의 수요가 많은 제품만을 취급하려고 하고, 판매촉진 활동이 적극적으로 필요한 제품은 기피하려는 경향이 있다. 경로의 폭이 넓어지고 경로의 수가 많아지면 경로갈등을 유발할 가능성이 높아진다.

넷째, 국가의 제도에 의해 방문판매, 피라미드 판매 등 유통경로에 대한 규제를 두는 경우가 있다. 예컨대 프랑스에서는 방문판매, 바레인에서는 외국인의 무역대리점 소유를 금지하고 있다. 한국에서도 피라미드 판매를 불법으로 정하고 있다.

다섯째, 현지관습에 따라 유통경로의 길이와 넓이가 달라질 수 있다. 일본의 유통경로는 여타 선진국에 비하여 더 길고 더 많은 유통경로에 의존하는 경향이 있다.

끝으로, 제조업자가 유통경로에 대한 통제권을 많이 가지려고 하는 경우 유통경로를 줄이거나 좁게 해야 할 것이다.

더불어 유통경로를 결정하고 집행할 때 유통의 6C를 고려하여 전략목표에 맞게 수립되고 집행되어야 한다. 먼저 유통경로를 계속 유지하고 관리하는 데 소요되는 경로유지비용(cost)과 전문유통업자나 중간상과 같은 유통경로 개발에 필요한 자본(capital), 유통경로에 대한 통제력(control), 기업목표에 부합하는 시장침투의 범위(coverage), 기업과 시장 그리고 제품의 특성(character), 중간상이 도태되거나 업종을 바꾸는 경우를 대비하여 유통경로의 연속성(continuity)이 확보될 수 있도록 해야 한다.

(3) 유통경로의 유형

상품이나 서비스의 국제적인 이동경로를 고려하면 유통경로의 유형은 직접유통경로와 간접유통경로로 나눌 수 있다.

간접유통경로는 수출(판매)기능을 종합무역상사 또는 수출대행기업을 통하여 간접적으로 하는 방식이다. 간접유통경로의 장점은 유통경로의 단순성으로 위험과 비용을 절약할 수 있으며, 클레임이 발생할 때 수출중개상에게 일차적 책임을 지울 수 있다. 단점으로는 생산업자와 수출중개상 간의 이해관계의 충돌로 인한 손실과 유통경로의 단절에 대한 우려가 있다.

직접유통경로는 해당 기업이 수출기능을 직접 수행하는 유통전략이다. 이는 중간상을 거치지 않고 직접 해외기업과 거래하는 방식이다. 직접수출을 하려면 목표시장의 탐색과 개척, 시장조사, 유통경로 확립과 관리 등의 제반 유통경로와 관련된 문제를 기업 내부의 조직을 활용하여 실행하고 관리하게 된다.

이 방식의 장점은 중간수출상의 마진을 흡수할 수 있고 애프터서비스의 강화로 현지의 고객과 긴밀한 관계를 유지하여 적극적인 시장개척과 통제력을 가질 수 있다는 것이다. 한편, 단점으로는 위험부담과 비용이 훨씬 커지며 해외시장의 직접 운영으로 인한 어려움이 따른다.

끝으로 해외 현지생산은 가장 적극적인 방법이다. 현지시장에서 직접 제품을 생산 판매하는 방식으로 가장 적극적인 방법이기는 하나, 위험부담이 크고 어려운 유통방식이다.

실제 해외 현지의 지역이나 시장 내에서 유통경로를 구축할 때 유통경로의 범위, 길이, 유통통합전략 등을 고려하여 기본적으로 다음과 같은 선택이 가능하다.[11)]

첫째, 집중적 경로(intensive distribution) 방식으로 한 지역이나 국가의 시장에서 가능한 많은 중간상에게 자사의 제품을 취급하도록 하는 유통방식이다. 일상 용품이나 편의품을 주로 취급하는 편의점이 흔히 선택하는 방법이다.

둘째, 전속적 경로(exclusive distribution) 방식으로 한 지역이나 국가의 시장에서 하나의 중간상을 두어 독점적으로 자사의 제품을 취급하게 하는 유통방식이다. 기계나 장비와 같은 산업재를 위급하는 업종에서 선택하는 방법이다.

셋째, 선택적 경로(selective distribution) 방식으로 한 지역이나 국가의 시장에서 일정한 자격을 갖춘 소수의 상인들에게만 자사의 제품을 취급하게 하는 유통방식이다. 가전제품이나 카메라 등과 같은 선용품을 취급하는 업종에서 선택하는 방법이다.

(4) 공급사슬관리

공급사슬관리(SCM: Supply Chain Managememt)는 고객의 가치를 높일 목적으로 공급체인 내 업체들 간의 협력적인 업무 운영체제를 구축하는 '윈-윈 전략(win-win strategy)'이라 할 수 있다. 즉 제품개발에서 최종판매에 이르는 공급체인 내 공급-생산-판매 관련 업체들이 상호 협력하여 정보를 공유하고, 시장변화에 적시에 대응할 수 있는 체제를 구축하는 전략이다. 최근 글로벌기업은 유통물류를 포함하는 전사적 차원의 통합관리체제로서 공급사슬관리를 실행하고 있다.

4. 촉진전략

글로벌 마케팅에서 촉진(promotion)은 유통경로 구성원이나 최종고객에게 판매와 관련한 정보를 적극적으로 제공하여 기업이나 제품에 대한 우호적인 반응을 얻으면서 궁극적으로 제품이나 서비스의 구매를 유도하기 위한 커뮤니케이션 활동이다.[12] 기업은 커뮤니케이션 과정에서 제품과 서비스에 대한 정보를 고객에게 전달하고, 고객과 의사소통을 원활하게 하기 위한 촉진의 수단이 필요한데, 그 수단으로서 광고, 판매촉진, 인적판매, 홍보 등이 활용되고 있다. 이 수단들은 상호 배타적이 아니라 상호 보완적 관계에 있다는 특성이 있다.

(1) 광고

광고(advertising)란 기업은 물론 제품과 서비스에 대한 각종 정보를 제공하고, 제품과 서비스의 판매촉진을 유발하는 커뮤니케이션 활동이다. 광고를 통해 상품과 서비스, 아이디어에 관한 메시지를 소비자에게 전달한다.

광고 활동은 크게 광고매체 선정과 광고 메시지 선정으로 구분된다. 광고의 매체는 신문과 잡지 등의 인쇄매체, 라디오, TV, 라디오 등의 방송매체와 옥외광고, 전시이벤트, 직접우송광고(DM), 영화, 인터넷 포탈 등이 있다. 일반적으로 광고매체를 선정할 때 광고매체의 이용 가능성, 광고매체의 보급률과 도달범위, 제품의 특성, 세분화 시장의 특성 등을 고려한다.

다음으로 광고 메시지를 선정할 때는 고객과 의사소통이 잘 이루어질 수 있는 메시지를 선택해야 한다. 이를 위해서는 시장과 조화를 이루는 소구(appeal) 내용을 담고 있어야 한다. 예컨대 코카콜라나 펩시콜라처럼 전체 해외시장에 이용될 수 있는 표준화된 광고 메시지를 이용하는 표준화 전략이 있을 수 있고, 특정 현지국의 문화와 상황을 고려하여 이에 부응하는 광고 메시지를 만들어 전달하는 적응화 전략이 있다.

글로벌 광고활동을 하는 데 있어서 반드시 고려하여야 할 것은 현지국의 광고에 대한 법적 규제와 광고 메시지가 현지국의 풍속과 관습에 맞는지를 검토해 보아야 한다. 주류나 담배 등의 보건 관련 제품이 TV와 라디오 등 특정 매체의 광고가 현지국 법규에 금지되어 있을 수도 있다. 또한, 특정 광고의 내용이 현지국의 독특한 문화적 환경으로 인해 실패할 수도 있다. 예컨대 동물을 천하게 여기는 태국에서 안경을 쓰고 있는 동물을 광고 메시지로 활용한 안경 브랜드의 광고 실패가 그것이다.

(2) 인적판매

인적판매(personal selling)란 판매원이 고객과의 접촉을 통해 판매를 실현시키는 판매촉진 수단이다. 글로벌 인적판매에서 판매원은 해외시장에서 실질적인 판매활동을 할 뿐만 아니라 촉진프로그램이나 광고 계획에 이용될 수 있는 정보수집도 할 수 있다. 인적판매는 판매촉진의 속도가 느리고, 고객당 소요되는 비용이 많으므로 대중을 상대로 한 소비재보다는 제품의 단가가 높고 고객에게 제품의 기술적 복잡성을 이해시킬 필요가 있는 산업재를 대상으로 많이 활용되는 수단이다.

(3) 판매촉진

판매촉진(sales promotion)은 광고, 인적판매, 선전 이외의 판매촉진 활동으로서 이들을 보조하거나 강화시키기 위한 방법이다. 판매촉진은 대체로 단기적으로 이루어지며 전시회, 설명회, 경연, 경품, 견본, 가격할인, 카탈로그 등의 수단이 있다. 글로벌 판매촉진은 단순수출의 경우보다 해외 현지의 유통경로에 적극적으로 개입하는 경우에 보다 중요한 의미를 지니며, 특히 제품이 시장에 처음 소개될 때 효율적일 수 있다.

(4) 홍보선전

홍보선전(PR: public relation)이란 기업이 비용을 부담하지 않고 어떤 매체에 의해 기업과 제품에 관한 뉴스를 자극하는 간접적인 촉진 수단이다. 이는 기업과 독립적인 제3자의 입장인 신문, 방송, 잡지 등에 의해 자연스럽게 시행되므로 높은 신뢰성을 갖는다. 촉진효과가 크긴 하지만 기업의 통제영역 밖이란 특성이 있다. 글로벌기업은 현지국에서 공중활동 지원, 상금기부, 현지 지역정부의 방침에 일조할 수 있는 회사조직원의 활동 등의 홍보선전 방법도 동원한다.

사례 15-2 | 로만손시계의 글로벌 마케팅 전략

1. 브랜드 전략

브랜드 자산을 관리하기 위한 노력은 제품, 가격, 유통, 촉진, 등 마케팅의 모든 요소에서 브랜드 개념을 유지하는 것이 중요하다. 여기에는 품질관리에서부터 브랜드 적용, 디자인, 가격결정, 유통방법, 광고표현, 매체선정에 이르기까지 모든 것이 포함된다.

로만손은 창업 초기부터 세계시장 진출을 목표로 해외의 현지 소비자의 정서와 기호에 맞는 브랜드 네임과 아이덴티티를 개발하는 것이 중요하다고 판단하여 브랜드명이 어느 나라, 문화권에서나 동일한 발음과 긍정적인 의미 연상이 가능한 이름을 찾도록 노력했다. 그래서 스위스 유명 디자이너인 볼프강 옌슨(Wolfgang Jonsson)에 의뢰하여 나온 이름이 「Romanson」이며, 이는 스위스의 'Romanshorn'이라는 시계 공업도시 지명(地名)에서 따왔다고 한다. 또한, 로만손은 BIP(Brand Identity Program)의 도입을 통해 시각적인 브랜드 이미지 개성과 통일감을 가질 수 있도록 브랜드 마크, 로고, 칼라를 통일화하여 제품디자인, 포장, 디스플레이, 판촉물 등의 각종 커뮤니케이션 요소에 일관되게 적용하고 있다.

로만손은 회사명(Corporate Name)과 브랜드 네임(Brand Name)을 동일하게 사용하는 단일 브랜드 전략을 펼치고 있는데, 이는 브랜드 시너지 효과뿐만 아니라 마케팅 비용을 절감할 수 있어 매우 유효하다.

2. 유통 전략

독자적인 해외 마케팅을 하기 위해서는 현지 유통망 구축에 과감한 투자전략을 추구하였다. 가급적이면 중간 수입상이나 현지 유통 중개인의 개입을 배제시키고 직접 수출 또는 직접 판매 방식으로 현지시장에 침투하기 위해 해외시장진출 초기에는 홍콩, 두바이(Dubai), 러시아와 같은 무역이 자유로운 주요 중개 거점지역을 침투하고 이를 통해 수출을 확대하는 전략을 선택하였다. 한 국가에 하나의 대리점(Agent) 체제를 유지하여 판매에서의 과당 경쟁을 방지하고 대리점과의 유대 강화를 통해 최고 수준의 대리점을 확보하면서 판매망을 확충하는 데 주력하였다.

3. 제품전략

중동시장의 경우 상류층은 가격보다는 브랜드 명성에 따라 충동적으로 구매하는 성향이 높은 반면, 중산층은 가격과 품질 등 여러 측면을 신중히 고려하여 구매하는 경향을 고려하여 로만손은 이런 중산층을 주요 표적으로 수출하는 포지셔닝 전략 선택하였다.

중동 및 러시아 소비자들은 자신의 몸을 보석, 액세서리 등으로 화려하게 치장하는 것을 좋아한다. 로만손은 이러한 소비자 기호에 맞게 「Cutting Glass」 시계와 팔찌(Bracelet) 시계를 개발하여 히트시켰다.

「Cutting Glass」란 시계 윗면의 유리를 정교하게 절삭 가공하여 독특한 보석 이미지를 연출하는 공법으로 로만손이 세계 최초로 상품화하여 국내는 물론 중동시장에서 큰 성공을 거두었다. 로만손 팔찌시계는 패션 액세서리 개념을 부각시킨 여성용 시계로 타사의 제품과 달리 현지 소비자의 취향에 맞게 모델을 차별화, 다양화하여 성공한 모델이다. 즉 품질은 스위스 시계에 근접하면서 디자인은 현지인의 기호에 맞게 차별화되고 가격은 상대적으로 저렴하다는 점이 적중하였다.

4. 가격전략

로만손의 가격전략은 중산층을 표적시장으로 설정한 중·고가 전략이다. 중동의 상류층 소비자들은 유명 명품 브랜드를 많이 구매하는 반면에 대중시장의 소비자들은 홍콩, 중국제의 저가 시계를 많이 구매하는 경향을 반영하였다. 로만손의 가격전략은 바로 중·고가 시장을 틈새시장으로 선정하여 비교적 치열한 경쟁을 거치지 않고 시장을 선점할 수 있었다.

로만손이 중·고가 전략을 추구한 또 다른 이유는 단기적인 이익을 위한 저가정책보다 브랜드 이미지 관리를 통한 안정적인 이윤 추구를 위해서였다. 한편 후발 브랜드로서의 불리함을 극복하기 위해 초기에는 대리점의 마진율을 비교적 높게 책정하여 판매 취급률을 높이도록 노력하였다.

5. 촉진전략

로만손의 촉진전략은 단기적인 판매촉진보다는 브랜드 이미지 제고를 통한 안정적인 성장 기반을 구축하는데 목표를 두었다. 진출 초기 중동시장에서는 한국 시계에 대한 정보나 이미지가 거의 없는 상황이었기 때문에 브랜드 세계화 관점에서 커뮤니케이션 전략을 전개했다. 즉 브랜드 네임에서 제품 전략, 광고 전략, 포장(Package) 등에 이르기까지 커뮤니케이션 전반에서 한국적 이미지를 배제하고 유럽 브랜드 이미지가 형성되도록 노력했다.

로만손의 주요 촉진수단으로 세계적 규모의 스위스 바젤, 홍콩, 뉴욕, 독일, 모스크바 시계 전시회에 적극적으로 참가하였고, 시계 딜러들이 주로 보는 시계, 보석 전문잡지에 홍보 기사를 포함하는 광고를 게재하여 브랜드 인지도와 신뢰도를 높여나갔고, 주요 대도시 중심가의 옥외광고와 공중파 티브이를 활용한 광고를 꾸준히 시도하였다. 로만손은 현지 딜러, 언론을 초청하여 신상품 발표회나 패션쇼를 주최하고 인기 연예인, 예술인 공연 협찬, 재난에 대한 기부 등을 통한 이벤트로 '로만손은 좋은 친구'라는 인식을 심어주었다.

자료: https://blog.naver.com/alwjdtls/30004743289

제 4 절 글로벌 마케팅의 미래와 전망

미국의 경영학자 필립 코틀러는 마케팅의 주 관심은 제품 - 시장 - 고객의 가치 - 고객중심의 사고로 변천되어왔다고 전제하면서 전통적인 마케팅에서 4P(Product, Price, Place, Promotion)가 기업이 중심이었는데 반해, 이제는 기업이 아닌 고객의 관점에서 다시 정의해야 한다고 주장하고 있다. 즉 이제는 고객가치 중심의 4C(Customer Benefit, Cost, Convenience, Communication)가 중요하다고 강조하고 있다.

4P는 기업의 시각과 관점이며, 기존의 관점과 방식을 고객의 시각인 4C로 재정립해야 한다는 것이다. 4P를 고객의 관점으로 보면 제품(product)은 고객 시각에서는 고객이 가지는 가치 또는 혜택(customer value 또는 benefit)이고, 기업이 제시하는 가격(price)은 고객에게는 비용(cost)이다. 판매처(place)는 고객이 얼마나 쉽게 접근할 수 있는지의 관점에서 편의시설(convenience)의 하나로 봐야 하고, 촉진(promotion) 활동은 고객과 원활한 소통(communication)이 되어야 한다는 것이다.

이같이 피터 드러커는 '주다'라는 행위를 받는 사람 쪽에서는 '받다'는 행위가 되는 것처럼 관점을 바꿨다. 물론 관점을 바꾼 데에는 소비자 중심이라는 시

[그림 15-9] **필립 코틀러의 4C**

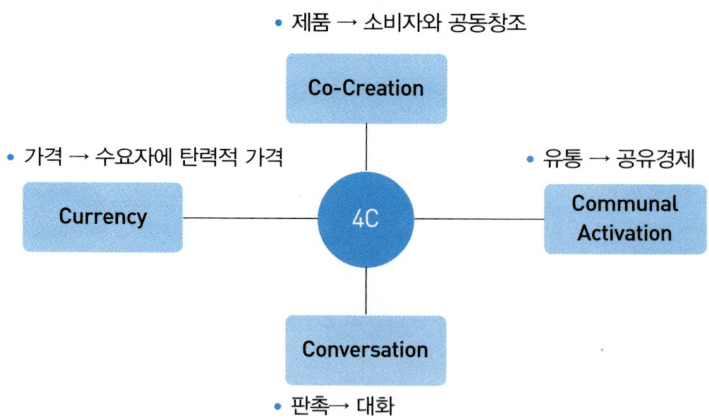

대의 요구가 있다. 이에 더하여 필립 코틀러 교수는 '마켓 4.0'이라는 새로운 저서에서 이제 기업들이 기존의 마케팅 전략인 STP나 4P가 아닌 4C를 고민하고 수용해야 한다고 하였다.[13)]

'마켓 4.0'에서 새로운 4C(Co-Creation, Currency, Communal Activation, Conversation)에 대해 기업이 어떻게 적용해야 하는지 상세한 사례를 들어 자세히 설명하고 있다. 먼저 그는 기존의 소비자 중심은 그대로지만 소비자가 변했다고 주장한다. 이제는 소극적이고 수동적인 소비자가 아니라 연결성의 혁명으로 적극적이고 사회적인 소비자로 변했고 이러한 관점에서 4P 중심의 마케팅은 변해야 한다는 것이다. 기본적으로 4P는 기업 시각의 적극성과 주도성이라는 개념이 깔려 있는데 이제는 소비자 중심의 적극성과 주도성의 개념을 포용해야 한다는 것이다.

기업이 만드는 제품(product)은 이제 소비자와의 공동 창조(co-creation)로, 가격(price)은 환율처럼 가치가 수요와 공급에 따라 계속 변하는 통화(currency)로, 유통(place)은 '우버'처럼 개인과 개인이 거래하는 공유경제(communal activation)로, 판촉(promotion)은 고객과의 대화(conversation)로 변화시키는 방식이 그것이다.

당장 이러한 개념을 현업에 그대로 적용하기엔 일정한 한계가 있다. 특히 통화의 개념과 공유경제의 도입은 미래를 향한 방향성으로 적절하지만 앞서가는 몇몇 기업 이외에는 현실에서 대다수 기업에 반영하여 적용하기에는 무리가 따른다.

최근 커피 전문점 시장에서 스타벅스의 독주가 이어지고 있다. 스타벅스는 시장점유율 측면에서 2, 3위 브랜드들과 큰 격차를 벌리고 있어 커피 전문점 시장이 양극화됐다는 분석까지 나오고 있다.[14)] 스타벅스는 4C의 관점에서 적용해 보면 2008년 론칭한 '마이 스타벅스 아이디어'라는 공동창조 플랫폼으로서 공유·투표·토론·검토의 4단계로 구성되어 공동창조(co-creation)와 소통에 활용되고 있다. 2011년 출시한 '스타벅스 앱'은 주문과 결제의 편의성과 등급에 따른 할인이라는 의미에서는 통화라는 개념의 적용이라 할 수 있다. 물론 앱을 통한 접촉의 개별화 혹은 개인화라는 의미에서 고객과 대화로서 기능도 겸비하고 있다. 4C 중 공유경제와 같은 공동체 활성화를 제외한 나머지 개념들은 잘 실행되고 있다고 평가할 수 있다. 사실 공유경제 모델로서 우버나 에어비앤비를 제외하고는 일반 기업들이 공동체 활성화 개념을 적용하기에는 아직 어려워 보인다.

기업이 디지털 기술을 활용해 운영체계와 고객의 경험을 변화시키는 것을 '디지털 트랜스포메이션(digital transformation)'이라고 하는데, 스타벅스는 현재 이러한 디지털 트랜스포메이션을 가장 성공적으로 진행한 기업이라고 할 수 있다.

참고문헌

1) 한국마케팅학회, 한국마케팅학회의 마케팅 정의, 「마케팅연구」, 17권 제2호, 2002년, 6, 5-6쪽.

2) Kotler, Philip & Armstrong, Gary(안광호외 2인 역), 『코틀러의 마케팅 원리(제12판)』, (주)피어슨에듀케이션코리아, 2008년 1월, 25쪽.

3) Perlmutter, Howard, "The Tortuous Evolution of Multinational Enterprises". Columbia Journal of World Business (1), 1969, pp. 9 – 18.

4) [네이버 지식백과], 글로벌마케팅(global marketing), 두산백과.

5) Hill, Charles, W. L., *International Business*, McGraw-Hill, 2002, p. 533.

6) 어윤대, 『국제경영』, 학현사, 1998년, 421쪽.

7) 손기자의 쿠키뉴스, https://news3.tistory.com/11

8) 권영철 역(풀랭클린 루트), 『해외시장진출전략』, 비봉출판사, 1992년, 191-197쪽.

9) 어윤대, 『국제경영』, 학현사, 1998년, 429쪽.

10) 권영철 역(풀랭클린 루트), 『해외시장진출전략』, 비봉출판사, 1992년, 203-208쪽.

11) Hill, Charles, W. L., *International Business*, McGraw-Hill, 2002, pp. 538-540.

12) 이장로, 『국제마케팅』, 무역경영사, 1997년, 349쪽.

13) 필립 코틀러 외(이진원 역), 『필립 코틀어의 마켓4.0』, 더퀘스트, 2017년 11월.

14) 주간 한경 Business, 매거진 한경, 제1121호, 2017년 5월 24일. (http://magazine.hankyung.com/business/apps/news?popup=0&nid=01&c1=1&nkey=2017052201121000141&mode=sub_view)

핵심내용정리

- 글로벌 마케팅관리
  - 마케팅의 개념, 기업의 세계화 과정과 마케팅, 글로벌 마케팅
- 글로벌 마케팅의 관리과정
  - 마케팅목표의 설정, 시장의 상황분석(SWOT), STP(Segmentation, Targeting, Positioning: 세분화, 목표설정, 포지셔닝), 마케팅믹스(4P) 전략, 전략의 실행과 통제
  - 제품전략, 가격전략, 촉진전략, 유통전략 - 표준화와 현지화 전략 비교
- 글로벌 마케팅의 미래와 전망
  - 마케팅4.0으로 전환(4P → 4C)

토론과제

1. 국내 자동차기업의 해외마케팅 전략을 조사-분석하여 그 의미를 정리해보자.
2. 우리나라의 대표적인 가전제품의 삼성과 LG의 해외시장 진출과 관련하여 마케팅 전략을 비교-분석해보자.
3. 우리나라 대표적인 전자상거래 기업(쿠팡, SSG 등)과 글로벌 전자상거래 기업(아마존, 알리바바 등)과 유통전략을 비교-분석해보자.

찾아보기

ㄴ

ㅇ

ㅊ

ㅋ

ㅌ

ㅍ

ㅎ

기타

【저자 약력】

이정세

서강대학교, 대학원 무역학전공, 경영학박사
대진대학교 국제통상연구소, 소장 역임
대진대학교 평생교육원, 원장 역임
호주 UNISA, 방문교수 역임
한국국제상학회, 부회장 역임
현재 대진대학교 국제통상학과 교수

손상기

서강대학교, 대학원 무역학전공, 경영학박사
대진대학교 중국 쑤저우(Suzhou)캠퍼스, 국제협력대학 학장 역임
중국 쑤저우(Suzhou)대학, 초빙교수 역임
중국 쑤저우(Suzhou)한국상회, 수석부회장 역임
미국 Oregon State University, 초빙교수 역임
(주)흥창, 수석경영고문 역임
영국 MEI사, 수석고문 역임
한국 경영지도사
현재 대진대학교 국제통상학과 교수

국제통상학의 이해

초판 발행 2021년 8월 31일
지은이 이정세 · 손상기
펴낸이 김중용
총괄기획 박노일 · 최준규
편 집 심성보
펴낸곳 도서출판 정독
경기도 고양시 일산서구 하이파크로 113,102-204
등록 제406-2014-000093호
전 화 070)7550 - 3758 **팩 스** 02)718 - 8554
홈페이지 www.jeongdok.co.kr **이메일** pnc@pncmedia.co.kr
ISBN 979-11-90899-88-8 93320

정 가 25,000원